律师思维与技能实战教程

Tips for Lawyer's Practice Skills

律师实务技能十大要诀

朱加宁　徐鹏
——著

法律出版社
LAW PRESS·CHINA
北京

图书在版编目(CIP)数据

律师实务技能十大要诀 / 朱加宁，徐鹏著. -- 北京：法律出版社，2024
ISBN 978-7-5197-8696-0

Ⅰ. ①律… Ⅱ. ①朱… ②徐… Ⅲ. ①律师业务－中国 Ⅳ. ①D926.5

中国国家版本馆 CIP 数据核字（2024）第 014480 号

律师实务技能十大要诀
LÜSHI SHIWU JINENG SHIDA YAOJUE

朱加宁　徐　鹏　著

策划编辑 林　蕊
责任编辑 林　蕊
装帧设计 李　瞻

出版发行 法律出版社
编辑统筹 司法实务出版分社
责任校对 李慧艳
责任印制 胡晓雅
经　　销 新华书店

开本 710 毫米×1000 毫米　1/16
印张 25.75　　**字数** 408 千
版本 2024 年 3 月第 1 版
印次 2024 年 3 月第 1 次印刷
印刷 永清县金鑫印刷有限公司

地址：北京市丰台区莲花池西里 7 号(100073)
网址：www.lawpress.com.cn
投稿邮箱：info@lawpress.com.cn
举报盗版邮箱：jbwq@lawpress.com.cn

销售电话：010-83938349
客服电话：010-83938350
咨询电话：010-63939796

书号：ISBN 978-7-5197-8696-0　　**定价**：98.00 元

凡购买本社图书，如有印装错误，我社负责退换。电话：010-83938349

序

欣闻朱加宁老师和徐鹏律师又有新书出版。这实为值得祝贺及期待的事。

自中国人民大学律师学院建院以来，朱加宁老师历任学院的法律硕士实务导师，其所著律师业务类的书籍深受学院师生的喜爱及欢迎，并已被列入法律硕士（律师方向）研究生的教辅参考书目。

依我个人认知，法学教育属于应用科学，其中的实务教学和教材应该是法学教育的重要组成部分。为了法学教育的深化与完善，实务实践教学和实务人才培养亦应是重要的方向之一。因应现时的需求，实务类教材的编著已呈现纷繁多彩的局面，这些书籍如能切实和教学、教育对象相吻合，则是非常可贵的。精读《律师实务技能十大要诀》一书，我认为它已有典范之效。

从本书的结构和内容来看，其体现了作者在广博的知识基础上做了更精要的提炼；基于厚重的实务经验，以简洁的方式做了博发的点缀；书中虽无人发问和设问，但作者均以策对的方式予以了师说；虽不是条目词典，但本书又类似工具书能便捷索引；各篇章充满了画面感，用描绘的笔触呈现了实务操作的景象……这无疑都体现了作者贴心实用的用意。

如回应书中的“十字诀”，我则勉强地归纳于“精要、博发、策对、索引、景象”十字，并做心得以为附和。

近年来，律师行业发展迅速，仅就律师业务的划分就有诉讼律师、非诉律师、涉外律师……如依现有的规范，又可以有专职律师、兼职律师、公司律师、公职律师和军队律师的界定。如依此予以著说，则将会有更加精细的研究呈现。

中国人民大学律师学院为此已出版了各类“操典”丛书系列，其中已有《公司律师》等出版。就一个行业或一个实务问题的著说，“由厚写薄”是很可贵的，而将一个特定领域的问题由点及面、“由薄写厚”，更是难得的财富。所以，期待朱加宁老师在未来将会有更精深的著说以馈读者。

刘瑞起

2023 年 6 月 25 日

于中国人民大学明德法学楼

第三版说明

本书是笔者在2013年版《律师实务技能十字诀》和2018年版《律师办案的思维和方法》的基础上，根据新法律、新案例、新经验，整合、充实、修改而成的。

随着我国社会主义法治建设和律师事业的不断发展，律师队伍不断壮大。新加入的律师在受过系统法学教育并取得法律职业资格的基础上，迫切需要通过专业训练提升实务技能。笔者在给新律师上岗培训授课时，常有学员提问：如何提高专业技能？有无快速成长的诀窍？作者的回答是："学习""实践"四个字。学习、学习、再学习；实践、实践、再实践，这是做好律师工作的座右铭。只有不断学习和实践，并在此基础上总结提高，才能逐步成长为一名合格的律师，一名优秀的律师，一名卓越的律师。

律师工作是一门综合性、实践性很强的工作。这和做医生、开汽车一样，没有亲身实践，没有经验的积累，就很难胜任这一工作。律师作为实务工作者，在读了万卷书后，还要不断学习；行了万里路后，还要继续前行。在律师成长的历程中，不仅要学习书本上的知识。还要学习前辈和同行的实践经验，不断完善自己的知识结构，提高办案思维和能力，掌握实务技能和技巧。

律师办案需要全面的知识结构。首先是法律知识。律师作为"法律之师"，应当熟悉国家法律并精通某一领域的法律法规和司法解释。这是律师的"专业性"基础，是律师的"安身立命"之本。其次是基础知识。语言文字、政治、经济、哲学、逻辑学、外语、数字化信息技术等，特别是语言文字表达能力，都是律师专业水平发挥的"得力助手"。再次是相关知识。无论是担任政府、企业法律顾问，还是办理刑事、行政、民商事案件，都会涉及各部门各行业的专业知识，每项法律服务不仅涉及法律问题，而且涉及各类专业知识，律师需要“边学边干”，成为“复合型”的“通才”。最后是社会知识。律师作为“社会活动家”，必须具有相应的社会知识和社会阅历，法律知识、基础知识、相关知识等可以通过书本“恶补”，唯独社会经验很难“弯道超车”，很难“超常规”在短时间形成，需要日积月累，逐步修炼。

律师办案需要正确的思维和方法。思维是行动的指南，正确的思维是律师成功办案的基础。律师办案的思维可以分为两大类，一是基础思维，二是应用思维。这些思维是律师精准办案、“克敌制胜”的法宝。基础思维包括辩证思维和逻辑思维。辩证思维要求我们用联系、发展、全面的观点，用一分为二的方法来分析问题；逻辑思维要求我们用科学的方法进行判断和推理。律师办案的过程，就是分析案件处理案件的过程，辩证思维有助于精准分析案件，有助于透过现象看本质；逻辑思维有助于有效处理案件，其中的三段论、两难推理、归谬法等方法，在律师工作中非常实用。律师的代理词或辩护词，整篇整段都是一个三段论；两难推理和归谬法的运用在庭审辩论中往往可以“一剑封喉”。应用思维包括宏观的应用思维和微观的应用思维。宏观的应用思维是用战略的大视觉进行思考，微观的应用思维是律师办理各类案件时需要思考的具体问题。正确的思维方式和工作方法，对于做好律师实务，将会起到事半功倍的效果。

律师办案需要专业技能和技巧。我国《律师法》第 28 条规定了律师的七大业务：一是法律顾问，二是民事、行政案件代理，三是刑事辩护和代理，四是各类诉讼案件的申诉代理，五是参加调解和仲裁，六是非诉讼法律服务，七是解答法律询问、代写法律文书。各类不同的律师业务有不同的特点，需要用不同的方法来处理。为便于掌握要点，作者将第二类民事、行政案件代理，按性质分解为民事案件代理和行政案件代理，同时将民事案件代理分为一般民事案件代理和商事案件代理。此外又将法律咨询和代写法律文书一分为二，单独归类。这样将律师业务按不同性质分为十类，并按便于记忆的语序归纳为：稳、准、狠、细、韧、专、和、勤、全、精十个字，作为本书每章的“关键词”，归纳十大要诀，并加以说明和辅之案例，在附录部分添加了一些文书格式和范文，便于读者理解和运用。

本书从讲课稿到成书后多次改版发行，已历经15年，其间得到不少单位和朋友的支持帮助。浙江省律师协会多年来给笔者提供了在全省新律师上岗培训班上与新律师分享的机会；在时任法律出版社应用分社戴伟社长的鼓励支持及聂颖、李璐编辑的帮助下，陆续出版了《律师实务技能十字诀》和《律师办案的思维和方法》；现又在孙慧社长、林蕊编辑的支持帮助下，完成了《律师实务技能十大要诀》的修改完善；中国人民大学律师学院多年来为笔者提供了给研究生讲课和指导论文的机会，院长刘瑞起在百忙中为本书作序；作者不少同事为前后三书的成稿提供了帮助，张律伦、陶潺、卢北益、吴育琼、王芬芬、张劼等律师和助理为现书稿的修改付出了辛勤劳动。在此一并表示衷心的感谢！

同时，笔者期待读者阅后多提宝贵意见，共同探索律师办案思维和实务技能，不断提高律师法律服务的水平，做党和人民满意的好律师，以切实履行律师“维护当事人合法权益，维护法律正确实施，维护社会公平和正义”的神圣职责。

朱加宁　徐　鹏

二〇二三年十一月

目　　录

第一章　行政诉讼代理要“稳”

行政诉讼代理要“稳”,“要稳扎稳打,不要草率开打”。行政诉讼案件代理主要有三类:原告代理、被告代理和第三人代理,实践中以原告代理居多。代理“民告官”的诉讼,需要讲究诉讼战略和战术。诉讼战略和战术要“稳”,主要应从以下三个方面逐一考虑:一是要不要打。要考虑开打后有无不利后果,即考虑启动行政救济程序后,案子最终处理结果是否可能加重当事人的行政责任或是否有可能转换为刑事责任。二是在哪里打。要分析在哪里打的效果更好。是先行政复议,还是直接行政诉讼?如先行政复议,是向本级人民政府申请复议,还是向上级行政机关申请复议?如果是直接行政诉讼,如何在法定管辖范围内选择对己方更为有利的法院?三是怎么打。要思考主攻哪个方面能克敌制胜。是主攻执法主体资格,还是主攻行政程序,或是主攻事实认定或法律适用?是针对行政合法性,还是针对行政合理性?这些都是需要事先考虑周详的。

一、行政诉讼代理需要“稳中求胜”

(一)行政机关“居高临下”占尽先机

行政诉讼是“民告官”的案件,是行政相对人与国家行政机关对簿公堂。虽然《行政诉讼法》规定当事人在行政诉讼中的法律地位平等,但实践中行政诉讼双方在实质上并不平等。很多当事人提起行政诉讼时,起先都是满怀信心、踌躇满志,到最后却是垂头丧气、心灰意冷。究其原因,是他们对行政机关的“自由裁量权”以及对行政诉讼的艰难性估计不足,对一些居高临下、手握实权的行政机关可能“以权代法”“以权压法”的情况缺乏足够认识。因此,在行政诉讼提起前要反复论证,以求稳中取胜;如果盲目“开打”,则可能事与愿违,得不偿失。

笔者曾接到过一起行政争议的咨询:有一位当事人在取款机上取钱时,发现前一位取款者将银行卡遗留在取款机上。于是他便接着进行了取款操作,取走了3000元。后来他被公安机关抓获,处以治安拘留10天的行政处罚。释放后,他不服气,想跟公安机关打行政官司。笔者与他分析,“这个行政官司具有较大风险,因在法律定性上你的行为究竟是刑事犯罪、治安违法还是民法上的不当得利存在很大争议。公安机关因为吃不准,所以才对你进行了行政处罚。如果你找公安机关打行政官司,公安机关很可能在行政诉讼终结后启动刑事程序把你抓进去”。当事人听了笔者的分析,放弃了行政诉讼的想法。此外,有些因税务处罚等产生的争议,如果盲目启动行政诉讼程序,也很可能导致税务机关因此再来查账,致使处罚加重或者案件“升级”。还有对安全生产监督、食品卫生监督等可以进行日常监督管理的部门所作出的具体行政行为不服,是否要提起行政诉讼,也需要慎重考虑,以避免“轻举妄动”而带来的“无穷烦恼”。

可见,在行政诉讼中我们要面对的是在诉讼之内和诉讼之外都占有优势、实力强大的行政机关。首先,行政机关具有诉讼资源和财力上的优势。行政机关内设法制部门,有专业法律工作人员处理法律事务。且遇到重大诉讼纠纷时,还会聘请行政法领域内的资深律师。因此,行政机关可以享受高水平的诉讼服务,相比普通老百姓来说,优势明显。而且,行政机关有足够的财力和人力去扩大调查范围以及进行法律适用的论证,而一般的行政相对人则没有这方面的能力。其次,行政权对行政诉讼有一定的影响力。虽然行政权不能干预审判权,但在实践中,法院无法摆脱行政机关的影响。就原告而言,特别是公司等市场主体,平时均处于行政机关的监管之下;行政机关可以在行政职权范围内(如税务、安全生产监督、食品卫生监督、环保等各方面)对原告“特别关照”,给原告施加压力,迫使原告在诉讼中不战而败。此外,行政机关的行政行为具有先定的执行力。根据我国现行《行政诉讼法》第56条的规定,诉讼期间不停止具体行政行为的执行,特殊情况除外。行政行为的执行力,要求行政相对人自行履行或者强制履行义务。通常情况下提起行政诉讼并不能停止已生效行政行为的执行;这对原告而言会产生较大程度的压力,很多时候不得不半途而废。

由于行政诉讼中原告、被告之间的力量对比悬殊,原告起诉既有诉讼内的败诉风险，也有诉讼之外的重重顾虑；因此，打行政官司必须稳扎稳打，不能草率行事，以免造成处罚升级或其他不利后果。

（二）诉讼制度“关卡重重”逾越艰难

除了行政机关的先天优势，行政诉讼中我们还要面对行政诉讼制度上的关卡障碍。行政诉讼制度中有很多不同于民商事法律的规定，这些制度无形中对原告的起诉和胜诉造成了很多障碍，使行政相对人维护自身权益的难度大大提高。

在行政诉讼管辖方面，原《行政诉讼法》第 17 条规定：“行政案件由最初作出具体行政行为的行政机关所在地人民法院管辖。经复议的案件，复议机关改变原具体行政行为的，也可以由复议机关所在地人民法院管辖。”2015 年 5 月 1 日起施行的《行政诉讼法》在第 18 条中将其修改为“经复议的案件，也可以由复议机关所在地人民法院管辖”，给予了行政相对人更大的地域管辖选择权。但这一修改，仍然是在“原告就被告”这一法定管辖范围内的“微调”，行政相对人无论是诉在原作出行政行为的行政机关所在地法院，还是诉在复议机关所在地法院，均是在行政机关所在地，均无法改变同一区域行政机关与审判机关的“近亲”关系和可能存在的“官官相护”情况，增加了原告胜诉的难度。虽然现在进行的司法体制改革会逐步改变法院原先的财政供给关系和人事管理关系，但地方政府及工作部门与法院的相互依存度和对其的影响力，很难有大的改变。

另外，判决撤销重作等制度也削弱了胜诉的实际效果。现行《行政诉讼法》第 70 条规定，行政行为在主要证据不足，适用法律、法规错误，违反法定程序，超越职权，滥用职权，明显不当的情况下，人民法院应判决撤销或者部分撤销，并可以判决被告重新作出具体行政行为。因此，在法院判决撤销行政行为要求被告重作的情况下，尽管行政机关不能作出与原具体行政行为相同的行为，但行政机关仍可以重新作出“换汤不换药”的相似行政行为。原告有时候只能是出了口气，但无法改变行政机关作出不利于自己的具体行政行为。

还需要注意的是，行政诉讼中调解制度无法得到充分运用。行政诉讼不同于民商事诉讼，一般不适用调解。现行《行政诉讼法》第 60 条在“人民法院审理行政案件，不适用调解”的前提下，增加了对“行政赔偿、补偿以及行政机关行使法律、法规规定的自由裁量权的案件可以调解”的规定；但在实践中由于行政机关处理弹性小，内部报批手续复杂，原告在很多情况下仍难以取得满意的结果。

（三）代理工作"瞻前顾后"稳扎稳打

面对行政机关的强大实力、诉讼制度的种种不利，律师代理行政诉讼案件需要更谨慎。面对一个行政案件，不仅要在宏观上深入分析诉讼的走向和风险，还要在微观上部署代理工作的各个步骤和方案。因此，律师的代理工作需要瞻前顾后，只有步步为营，才能稳中求胜。

同时，律师担任行政诉讼原告的代理人，不仅应当尽到受托人的义务，还承担维护法律正确实施、维护社会稳定的职责。行政诉讼与国家政治密切相关，代理行政诉讼的律师要有一定的"政治头脑"，要熟悉党和国家的方针政策，了解我国政治体制和行政管理模式。我国不实行西方国家的三权分立制度，审判机关和行政机关都要在党的领导下开展工作、行使职权。因此，律师应当积极学习党和国家的各项政策和方针，关注国家政治动态。就律师而言，在行政诉讼中不仅要用好法律，还要用好各项政策。律师在代理行政诉讼时，既要依据法律规定，又要结合党和国家的方针政策；只有两者有机结合，才能达到行政诉讼的最佳效果。如果行政案件原告（特别是人数众多的集团诉讼）的行为影响了社会秩序，律师很可能被行政机关"告状"和受到司法行政机关的调查、警告甚至处分。因此，律师代理行政诉讼应注意谨慎稳妥：既要最大限度地为委托人争取合法权益；又要防止出现"赔了夫人又折兵"的情况，要注意防范自身的执业风险。

关于行政诉讼，我们讲"稳"，并不是"怕"。我们讲"稳"是为了取得好的代理效果。而且，对原告来说，行政诉讼"不以成败论英雄"。不少案件，原告虽败犹荣。通过行政诉讼，行政机关认识到了自身在行政执法中的问题，改变了执法理念和工作作风，解决了与原告之间的行政争议。因此，只要我们稳扎稳打，讲究战略和战术，找出行政机关执法中存在的问题，依法击中行政机关的"软肋"，就能最大限度地维护行政相对人的合法权益。

二、行政诉讼的战略要"稳"

"战略"（strategy）一词最早来自军事领域。我国春秋时期，孙武所著的《孙子兵法》就开始对战略进行全面的研究。就词义而言，"战"指战争，"略"指谋略。现代意义上的战略主要指统领性和全局性的谋略和对策。行政诉讼要打得好,必须从诉讼战略开始筹划。如果战略这个大方向不正确,案件就不可能胜诉。未经深思熟虑的战略策划就仓促上阵,容易产生“方向”或“路线”错误,开战后再行弥补和调整就难上加难,原告在二审或再审中扭转局面的可能性微乎其微。因此,行政诉讼的特点决定了原告必须充分重视诉讼战略。

(一)要不要打行政官司的决策要“稳”

要不要打行政诉讼是首要的战略考虑。虽然民商事案件也不能草率起诉,但是行政案件由于其特殊性,对要不要起诉更要谨慎和稳妥。

1. 防止案件“升级”风险

实践中,我们要特别注意有些案件可能存在“升级”的风险。例如,某塑料薄膜生产企业从国外进口了两条生产流水线。后因市场情况变化销量减少,企业经营陷入困境。为此,该企业将该生产设备长期租赁给其他企业,并一次性收取了租金。当地海关认为,该生产设备是免税进口的海关监管设备,未经批准不得擅自处分。考虑到本案的特殊性和实际情况,当地海关作出了巨额罚款的行政处罚。该案经上级海关行政复议,维持原处罚决定。该企业不服,欲提起行政诉讼。对此,笔者与该企业董事长进行了分析:既然企业对海关认定的事实没有争议,也认为海关在处罚时已作了从轻考虑,那么就需要郑重考虑是否会出现行政诉讼后海关重作处理加重处罚或转入刑事诉讼的可能。考虑到此类风险难以预测,该企业后来放弃了行政诉讼的打算。

2. 诉讼之外的风险评估

行政相对人如果起诉税务、公安、安监、质检等行政机关,应当注意评估诉讼之外的“风险”。对公司、企业来说,这些行政机关有对其进行监督管理的职能,是其“父母官”。行政相对人提起诉讼时可能会有顾虑。从务实角度来看,企业应当在充分衡量轻重得失和诉讼风险后,再作出诉讼与否的决定。当然,如果出现行政机关作出的具体行政行为关乎原告从事某种行业的经营资格,或者行政处罚决定数额巨大导致企业面临倒闭,或者行政处罚严重影响了企业的声誉等情况,原告则需要迎难而上,尽力争取合法权益。

（二）直接行政诉讼还是先行政复议的选择要“稳”

法谚云：有权利必有救济。行政机关作为国家行政权力的行使机关，在其履行职权的过程中造成对行政相对人权益的损害的情况时有发生。因此，赋予行政相对人充分的救济权利和救济途径，是现代行政法进步发展的标志。行政救济以是否由行政机关实施救济为标准，可分为行政内救济和行政外救济。行政内救济在我国的法律体系中主要是指行政复议、信访、行政仲裁等，涉及的法律规范主要有《行政复议法》、《行政复议法实施条例》以及各行政部门实施《行政复议法》的相关通知和规定；行政外救济在我国主要是指行政诉讼，涉及的法律规范主要有《行政诉讼法》、相关行政实体法及最高人民法院的司法解释等。根据现行《行政诉讼法》的规定，除法律规定的复议前置案件外，大部分行政争议均可以选择救济途径：可以先复议再诉讼，也可以直接诉讼。如何选择救济途径，取得较好的救济效果，要因案而定。

1. 涉及具体行政行为合理性的案件，可考虑先行行政复议

提起行政诉讼还是行政复议，应当从争议的行政行为的合法性与合理性角度进行考察。在行政复议中，合理性审查原则是全面适用的基本原则。在行政诉讼中虽也存在合理性审查的规范，但审查范围很窄。我国原《行政诉讼法》第54条第4项规定为“行政处罚显失公正的”，现行《行政诉讼法》第77条规定为“行政处罚明显不当”。对于其他情形如何判决，根据原《最高人民法院关于执行〈中华人民共和国行政诉讼法〉若干问题的解释》第56条的规定，被诉具体行政行为合法但存在合理性问题的，人民法院应当驳回原告的诉讼请求。根据《最高人民法院关于适用〈中华人民共和国行政诉讼法〉的解释》，行政诉讼中，人民法院对行政行为的合法性进行审查。因此，人民法院只对显失公正或明显不当的行政处罚行为进行合理性审查，而其他行政行为只审查合法性。

2. 涉及抽象行政行为的行政处罚案件，应考虑先行行政复议

行政复议属于行政机关的内部审查，“自家孩子自家管”，可以管得面面俱到；而行政诉讼则是外部监管，只管合法与否，一般不管合理与否，管的面相对较窄。因此，对于可以申请行政复议的情况，当事人通过行政复议进行权利救济，如果依据的抽象行政行为不合法，还可以附带提出审查申请，使行政案件得到更大范围的社会关注，给行政机关增加外部压力。例如，交警执法实践中存

在的“执法陷阱”,某道路规定时速 80 千米/小时,但是交警在岔路口又竖了个 40 千米/小时的限速标志,并进行测速。很多车辆在岔路口速度都不会马上降到 40 千米/小时,司机就被交警抓到并受到处罚。对这种情况,我们可以要求对超速的行政处罚申请行政复议,并同时根据《行政复议法》第 7 条的规定,要求对设立限速 40 千米/小时的抽象行政行为进行审查。按照公路技术规范,行政机关在没有学校或闹市等情况下设立这个 40 千米/小时限速标志不符合规范要求。因此,对于类似情况,我们通过行政复议进行维权比行政诉讼更加有利。现行《行政诉讼法》第 53 条增加规定,行政相对人在提起行政诉讼时也有权一并请求对与作出行政行为有关的规范性文件进行审查。据此,行政相对人也可以直接在行政诉讼中要求对行政规章以下的相关“红头文件”的合法性进行审查。但一般而言,在既可以选择行政复议又可以选择行政诉讼的情况下,先通过行政复议处理更为合适,至少是多了一次处理机会。

3. 对需要行政机关作出后续处理的案件,可以先申请行政复议

有些行政争议,需要行政机关在有了处理结论后,继续处理相关后续问题。对此类案件,不宜直接行政诉讼。可以先行行政复议,然后根据复议决定,由复议机关或复议机关的下属部门“一揽子”处理后续事项。

笔者曾办过一起要求政府根据会议纪要履行法定职责的案件。A 公司是一家从事房地产开发建设的企业,某区人民政府曾召开专题会议,要求 A 公司将房地产建设项目中的一部分土地用于市政公园建设。区政府的《专题协调会议纪要》明确:“×××以东共 9110 平方米为商住用地,系 A 公司通过市场招拍挂的方式取得,为实现××地段提升改造的整体性,要求该地块××公园合并统一设计,由 A 公司负责建设,政府给予××××的补偿。”之后,A 公司腾出了该土地,并垫资建设了该公园和运动中心。后来,区政府又召开专题会议,对此前的公园用地的补偿和其他事项做了进一步明确。但之后区政府一直未予处理和补偿。为解决补偿问题,A 公司在多次催促无果并在提出履职申请无答复的情况下,向 H 市人民政府提起行政复议,要求区政府履行法定职责,兑现行政允诺。市政府复议后作出决定,责令区政府履行法定职责,对复议事项进行处理。

4. 对经上级行政机关批准作出的具体行政行为,先申请行政复议更为有利

鉴于行政救济途径的多元化和争议处理方式的多样性,行政相对人和代理律师在选择救济途径方面需要多方权衡,选择最佳方案;如果走错第一步,则可

能影响之后的实体处理结果。对于经上级行政机关批准作出的具体行政行为，申请行政复议更为有利。

2007 年 8 月 1 日起施行的《行政复议法实施条例》第 13 条规定："下级行政机关依照法律、法规、规章规定，经上级行政机关批准作出具体行政行为的，批准机关为被申请人。"该规定不同于 2000 年《最高人民法院关于执行〈中华人民共和国行政诉讼法〉若干问题的解释》第 19 条"当事人不服经上级行政机关批准的具体行政行为，向人民法院提起诉讼的，应当以在对外发生法律效力的文书上署名的机关为被告"的规定和 2018 年《最高人民法院关于适用〈中华人民共和国行政诉讼法〉的解释》第 19 条"当事人不服经上级行政机关批准的行政行为，向人民法院提起诉讼的，以在对外发生法律效力的文书上署名的机关为被告"的规定。根据《行政复议法实施条例》的规定，可以列"内部批准机关"为被申请人，向上级行政机关申请行政复议；而根据最高人民法院的司法解释，只能将"对外署名机关"列为被告，且不能将"批准机关"列为被告或共同被告。经上级批准的行政行为常见于土地管理法规定的土地征收和收回土地使用权。若上级批准机关为人民政府，可以直接以人民政府为被申请人向上一级人民政府申请行政复议；对于行政复议结果不服的，则可以向中级人民法院进行第一审行政诉讼，摆脱了地方政府的影响，为行政相对人争取了更为有利的审判环境。充分用好这一规定，对行政救济将会起到事半功倍的作用。

5. 对行政程序明显违法或主体明显错误的案件，可直接提起行政诉讼

对于一些具体行政行为存在明显错误的案件，特别是程序上存在严重问题的案件，我们则可直接向法院提起行政诉讼，给行政机关更大的压力，最大限度地维护自己的权益。

例如，某印染公司诉某市环保局责令停产停业案。某印染公司在厂区对生产设备进行技术改造时，有少量污水排放，被市环保局查获。市环保局在查获后的第四天作出责令停业的行政处罚决定，但处罚前未依照《行政处罚法》的规定书面告知该印染公司有要求听证的权利，行政程序明显违法。对这类案件，律师可以建议直接提起行政诉讼。争取在行政诉讼过程中通过协商恢复生产。

又如，某县水利局认为某水产养殖研究所在未取得水产养殖证的情况下承包水库违规养鱼，对该所法定代表人作出了强制拆除养殖网箱的行政处罚决定。该所法定代表人提出：承包水利局所属的水库养鱼都是研究所的单位行

为，不是个人行为。且签订承包合同在水库养鱼是经县水利局批准的，现合同双方因经济补偿问题未能协商一致，水利局动用行政手段强拆养殖设施是违法行为。对于此类案件，因行政争议的主体和实体等方面均存在明显问题，律师也建议直接提起行政诉讼，以取得较好的处理效果。该案经二审判决确认行政行为违法（代理词见本章附录1－4）。

（三）对复议机关的选择要“稳”

行政相对人选择先行行政复议的案件，以及法律规定复议前置的案件，也同样存在再行选择的问题，即选择哪个行政机关复议更为有利的问题。复议前置案件是法律法规明文规定的在提起行政诉讼之前必须先行行政复议的案件。根据我国《行政复议法》的规定，除了涉及垂直领导体制部门（如海关、金融、外汇管理、税务、国家安全等部门）的案件必须向上级行政机关申请复议外，还新增了四项复议前置的情形：一是对当场作出的行政处罚不服的，二是对行政机关作出的侵犯其已经依法取得的自然资源的所有权或使用权的决定不服的，三是认为行政机关未履行法定职责的，四是申请政府信息公开而行政机关不予公开的。对其他非垂直领导部门的案件，根据《行政复议法》第24条的规定，以县级以上人民政府“集中管辖”改变了过去可在本级人民政府和上级人民政府工作部门中“选择管辖”的规定。

不同的复议机关的工作职责和工作角度不一，行政相对人选好复议机关有助于实现其诉求。例如，笔者代理的一起税务处罚案件中，某市地方税务局认定某医药集团公司偷税，少缴转让房屋的企业所得税、转让房屋的营业税等税费共计164万余元，并对此加收滞纳金101万余元。之后，该市地税局作出税务行政处罚决定书，对该医药公司处以82万余元罚款。该案发生在税务改革之前，地方税务和国家税务还没有合并，地方税务局属于地方管理，复议机关可选择上一级地方税务局或当地人民政府。针对案件情况，笔者建议该医药公司不要向上一级税务机关申请复议，而以税务局巨额罚款缺乏合理性、处罚过重为由向当地人民政府提起行政复议。同时提出该医药公司多年来为本市的社会经济发展作出了较大的贡献，为维护社会稳定，帮助企业渡过难关，请求市人民政府在查明相关情况后，依法减轻或免除对该医药公司的处罚。最终，通过行政复议，市地税局免除了对该医药公司82万余元的罚款。而近年来地方税务局已并入国家税务局，根据新《行政复议法》的规定，今后对此类税务行政争议，就应先向上一级税务行政机关申请复议；对复议决定不服，再提起行政诉讼。

(四)对法院的选择要“稳”

对于选择直接向法院提起行政诉讼的案件，同样也存在选择问题。法院管辖包括地域管辖和级别管辖等。地域管辖中，一般情况下是按照“原告就被告”原则，即由被告所在地法院管辖，但在部分案件中也可以选择由原告所在地法院管辖。例如，根据现行《行政诉讼法》第19条的规定，对限制人身自由的行政强制措施不服的诉讼，也可由原告所在地法院管辖（根据司法解释，原告所在地包括原告户籍所在地、经常居住地或限制人身自由所在地），不一定要告到被告所在地。这样可以更有效地保护原告的合法权益。

对于“原告就被告”管辖的案件，也存在级别管辖问题。在通常情况下，行政案件由最初作出行政行为的基层法院管辖，但对县级以上人民政府或本辖区内重大、复杂案件，海关处理的案件或其他法律规定由中级人民法院管辖的案件，由中级人民法院管辖。因此，对行政相对人来讲，能告到中级人民法院的尽量找理由告到中级人民法院，以争取更加超脱的审判环境。例如，对于本辖区确实有重大影响、复杂疑难的案件，可争取告到中级人民法院；对于政府工作部门作出的具体行政行为，行政相对人原本只能告到基层人民法院，但也可以通过先向上级人民政府申请行政复议，在人民政府逾期不作出行政复议决定的情况下，向中级人民法院起诉人民政府不履行法定职责。

对于经复议的案件，可以选择最初作出行政行为的行政机关所在地人民法院管辖，也可以由复议机关所在地人民法院管辖。在向上一级行政机关复议的案件中，复议机关所在地人民法院有极大可能与被申请人所在地人民法院是不同的。因此，这种情况下对行政复议决定不服的，选取复议机关所在地人民法院比最初作出行政行为的行政机关所在地人民法院更有利于行政相对人。例如，对某市A区外汇管理局行政处罚不服的，向其上一级某市外汇管理局申请行政复议；经复议仍不服的，可以向某市外汇管理局所在的B区人民法院提请行政诉讼，相比在A区人民法院，更有利于行政相对人。

（五）对诉讼请求的选择要“稳”

行政相对人有时候会碰到很难提起行政诉讼的情况，比如行政机关没有履行承诺或具有损害相对人利益而又不符合行政诉讼受案范围的情况。碰到这种情况，可以先向相关行政机关提交履行法定职责的书面申请；行政机关未在一定合理期限内回复，或者未履行法定职责的，行政相对人可以以行政不作为的理由起诉行政机关，提出要求其履行法定职责的诉讼请求。而对于行政机关就有关问题出具的回复意见不服的，则可以根据回复的内容确定下一步的行政救济路径。

对于诉讼请求为确定行政行为违法与行政赔偿是否一并提起的选择，也要根据案件实际情况进行选择。《国家赔偿法》第 9 条规定：“赔偿请求人要求赔偿，应当先向赔偿义务机关提出，也可以在申请行政复议或者提起行政诉讼时一并提出。”实践中往往分两种情况：一是当事人急于获得赔偿，并有可能达成调解协议的，就选择确认违法与行政赔偿一并提起，这样能在一个案件中更有效率地解决。二是当事人对时间没有要求，双方诉讼请求差距大，且法院很有可能判决确认违法，选择先确认违法诉讼，能对被告产生极大的败诉压力；判决确认违法后再提起行政赔偿诉讼，让当事人取得公平合理行政赔偿有了更好的审判环境，在调解时当事人也处于胜诉方的有利位置。因此，需要针对具体案情以及当事人的实际需求作出不同的选择，在诉讼过程中根据实际情况也可以作出改变诉讼请求的申请。笔者曾代理一起诉政府强拆房屋的行政案件，诉讼请求是判决确认强拆行为违法并作出行政赔偿。鉴于被告态度强硬且调解难度极大，且考虑到行政赔偿涉及评估鉴定等耗费时间，笔者及时调整诉讼策略，向法院申请变更诉讼请求为确认违法。法院很快作出判决确认被告强拆行为违法。笔者再根据这一有利判决向法院单独提起行政赔偿诉讼，经调解双方达成和解协议，取得了较为理想的结果。

三、行政诉讼的战术要“稳”

（一）主攻主体

在行政执法中，行政机关有时有一些“多管闲事”的“行政越权”行为。现在，虽然市场监督管理局收缴企业“排污许可证”、税务局责令企业“停业整顿”

的情况已经罕见，但有些执法权力交叉的部门，如城管与公安机关对违章停车、土地管理与林业管理部门对土地或林地管理、公安机关与文化管理部门对黄色出版物的查处，仍然时有职责不清、越权行政的情况。对于此类行政争议，律师应当审查作出具体行政行为的主体是否合法、行政机关是否超出自己的法定职权范围。对于"授权执法"和"委托执法"，还要审查是否有明确授权的法律规范和授权范围等问题。

这里列举一个笔者曾参与代理的涉及"授权执法"的深圳贤成大厦清算案。1988 年，泰国贤成两合公司（以下简称泰国贤成公司）与国内的四家公司共同合作建设深圳贤成大厦。贤成大厦公司在深圳市工商局注册登记并领取了营业执照。之后，因开发所需资金短缺，泰国贤成公司与国内公司之间的合作出现中断，贤成大厦处于全面停工状态。1994 年，深圳市外经贸委和工商局决定注销贤成大厦公司，之后由国内四家公司与另一投资者合作设立新的合作公司，接手处理贤成大厦公司的债权债务，并重新开发经营大厦的土地。1995 年，泰国贤成公司及投资人吴某成不服深圳市外经贸委和工商局注销贤成大厦公司等行政行为，向法院提起行政诉讼。该案经广东省高级人民法院一审和最高人民法院二审，判决深圳市外经贸委和工商局的具体行政行为违法，予以撤销。之后，国内四家公司通过仲裁解除了与泰国贤成公司的合作协议。深圳市工商局批准对贤成大厦公司进行清算。泰国贤成公司及吴某成认为深圳市工商局的批准行为超越法定职权。根据国务院批准原外经贸部发布的原《外商投资企业清算办法》，外商投资企业的清算，应当由外经贸部门主管，市工商局的批准行为超越了法定职权。为此，泰国贤成公司及吴某成向法院提起行政诉讼。深圳市中级人民法院一审，广东省高级人民法院二审，认为根据深圳市地方性法规的授权，深圳市工商局有权批准外商投资企业的清算，据此驳回泰国贤成公司和吴某成的诉讼请求。但结案后不久，《最高人民法院关于审理行政案件适用法律规范问题的座谈会纪要》出台，将此类情况认定为超越职权的行为。可见，超越职权的行为有时较难判断，要仔细分析研究。

（二）主攻程序

行政程序合法是现代行政法的基本要求。程序正义与实体正义并重，才能切实维护行政相对人的合法利益，才能体现依法治国的精神。在实践中，律师应当从一个具体行政行为的产生、经过、作出、救济等方面出发,分析行政机关的具体行政行为是否违反了程序合法的要求:行政机关程序是否合法,是否按照法律法规规定的步骤履行,有无颠倒程序的问题,如先裁决后取证、先执行后裁决、先裁决后告知权利义务等情况;行为形式是否合法,如必须采取书面形式却采取口头形式作出行政裁决等;基本权利是否告知,如是否告知申请回避的权利等;基本程序义务是否履行,如是否履行了告知义务、表明身份义务、告知权利救济途径,等等。

例如,原告陆某因不服某区房管局作出的房屋拆迁裁决,向法院起诉称:原告之父在某地块有一些房产,因产权的归属与被告房管局存在矛盾,导致拆迁补偿达不成协议,故被告应当回避,不应由其对原告与拆迁公司之间的拆迁补偿安置争议进行裁决,且拆迁公司未向原告送达过拆迁房屋的评估报告。故原告要求撤销该裁决。法院审理后认为,被告提供的送达回证上,“房屋评估报告”一项已经从送达材料目录中划掉,故该送达回证不能证明评估报告已经向原告送达的事实。基于正当程序原理,为保障被拆迁人等的合法权益,评估报告应送达各方当事人,以使其有异议时能及时提出意见和申请复估。故被告的行为违反法定程序,依法应予撤销。可见,如果具体行政行为存在程序违法,主攻程序可以取得立竿见影的效果。

再举一个行政复议中程序违法的案例。某市政府受理了第三人曹某的行政复议申请后,作出了行政复议决定,以张某不是某房屋的合法继承人为由,认定该市房管局为张某颁发房产证的行为违法。张某不服该行政复议决定,向法院提起行政诉讼。张某起诉的理由是:曹某申请行政复议的时间已超过法定期限,复议机关受理无据;人民政府在行政复议中对民事权利予以确认的行为,超出了其职权范围。法院审理后认为,复议机关在本案中对应由民事诉讼程序解决的民事权益纠纷作出确认的行为,超越了其职权范围。且根据正当程序要求,行政机关在可能作出对他人不利的行政决定时,应当听取利害关系人的意见。而该市政府却没有通知现持证人张某参与行政复议,属于严重违反法定程序。最终法院判令撤销了该行政复议决定。

可见,在代理实践中,主攻程序的胜算较大。这是因为程序违法性的判断比较明显和简单,而且证据容易固定。一旦具体行政行为的程序违法,法院就会判决撤销该具体行政行为,在某些情况下一并要求行政机关重新作出新的具体行政行为。因此,律师应当尽量从程序上寻找案件的突破口。

(三)主攻证据

现行《行政诉讼法》第34条规定,“被告对作出的行政行为负有举证责任,应当提供作出该行政行为的证据和所依据的规范性文件。被告不提供或者无正当理由逾期提供证据,视为没有相应证据。但是,被诉行政行为涉及第三人合法权益,第三人提供证据的除外”。其第67条规定,“被告应当在收到起诉状副本之日起十五日内向人民法院提交作出行政行为的证据和所依据的规范性文件,并提出答辩状”。而在实践中,行政机关不提交或逾期提交证据的情况也时有存在。例如,某区城管局执法人员以陈某擅自占用道路卖冷饮并影响市容为由,扣押了陈某经营用的冰柜等物品并作出了行政处罚。陈某不服,以城管局扣押财产的行政强制措施和行政处罚违法,向法院提起诉讼。法院经审理后认为,城管局在收到起诉状副本后的法定期限内,未提供行政处罚的证据和依据,根据法律规定,应承担败诉的法律后果。故判决撤销城管局行政处罚决定并将暂扣物品返还陈某。

需要注意的是,即使行政机关提供了相关证据,律师仍应当仔细审查这些证据是否符合证据的真实性、合法性和关联性要求。实践中,有时行政机关提供的证据存在作假的情况而不符合真实性要求;有的证据是事后补做的,不符合合法性要求;还有的证据不能证明行政相对人行为的违法性,不符合证据的关联性要求。例如,某市规划局根据某房地产开发公司的申请,对某处商铺拆迁安置事宜作出了《房屋拆迁行政裁决书》,对拆迁安置方案作出裁决。后商铺业主向法院起诉,称该规划局所做裁决依据的评估报告在委托主体等方面违法,且评估人身份等方面没有经过原告质证,请求法院撤销该行政裁决。一审法院认定被告的行政行为合法,判决驳回了原告的诉请。二审法院审理后认为,作出评估报告的两名评估人员中只有一名具有注册评估师资格,根据相关规定,该评估报告无效。且评估报告中的有关评估内容也不符合法律法规的规定。被告将该无效的评估报告作为其裁决的依据,应认定其裁决证据不足。故判决撤销原审判决,撤销该规划局的《房屋拆迁行政裁决书》。

（四）主攻实体

主攻实体主要是主攻具体行政行为在适用法律或处理结果上的问题。在法律适用上，首先，律师应当分析该行政行为适用的法律法规的效力，是否存在适用失效法律法规的情况，包括法律法规本身的失效以及因与其他上位法冲突而不能适用；其次，律师还应当分析所援引法律法规的具体含义、适用范围是否与案件相匹配，有时候具体行政行为援引的法律法规是否正确在解释上存在争议，此时律师应当详细分析论证；最后，律师还应当分析具体行政行为引用的法律法规是否明确，如果仅仅是引用法律法规的名称，但未指明具体运用哪一条款，这些都是存在问题的法律适用。

这里以一个撤销土地使用证纠纷的行政案件为例。2003 年，在安徽省接轨上海的招商引资洽谈会上，方元公司与安徽某市经济开发区管委会签订了投资产权式酒店项目的合同书。之后，方元公司在土地出让招投标程序中竞得该市某处土地使用权。后方元公司按约支付了首期土地款 200 万元，某市人民政府为原告颁发了国有土地使用证。方元公司筹集了足额资金准备动工建设，但土地出让方却未能按约进行土地的“五通一平”，无法及时交地，导致项目无法如期开工。后该市规划改变，该地块被规划为其他用途。2008 年，某市经济开发区管委会和市国土局致函方元公司，要求其前去办理注销土地使用权手续。因双方协商无果，某市国土局通过报纸公告该土地使用证作废。为此，笔者代理方元公司向法院起诉，要求撤销某市国土局的违法行政行为。笔者认为，被告宣告原告依法取得的土地使用证作废，没有说明其作出该具体行政行为所依据的法律条文，不符合行政法的合法行政原则。为此，笔者还向法院提交了《最高人民法院公报》2004 年第 4 期刊登的“宣懿成等 18 人诉衢州市国土资源局收回土地使用权行政争议案”。该案中行政机关作出的具体行政行为没有引用具体的法律条文，被法院依法确认违法并撤销，其情况与本案的情况基本一致。同时笔者还指出，被告在没有作出相关实体决定的情况下，就宣告土地使用证作废是违法的。且被告作为填证机关无权宣告其上级机关人民政府颁发的土地使用证作废，其行为属于超越职权的具体行政行为，是无效行政行为。在该案中，笔者就着重从实体违法上寻找案件的突破口，并引用司法判例来支持己方观点。

对于“显失公正”或“明显不当”的处罚决定中的实体问题，律师应当分析该处罚是否明显超出合理范围，从而导致行政相对人在法律上的权利义务严重失衡。在其他类型案件中，律师也应当分析该实体处理结果是否明显违反了行政法的信赖利益保护原则、比例原则以及人权保障原则等基本原则，从宏观和微观两个角度进行有理有节的分析。例如，曾产生很大影响的汇丰公司诉哈尔滨市规划局一案中，汇丰公司因需翻扩建其所有的房屋，向规划局提出申请。规划局许可后，汇丰公司又申请增建 4 层房屋。在未得到规划局答复的情况下，汇丰公司开始组织施工并完成增建。规划局检查后，认定汇丰公司行为违法，并作出了行政处罚决定，责令汇丰公司拆除多层已扩建的房屋，并处以数十万元罚款。汇丰公司不服，向黑龙江省高级人民法院起诉。法院审理后认为规划局处罚显失公正，对其具体行政行为予以变更，减少了拆除面积，变更了罚款数量。最高人民法院二审维持了一审判决。该判决引入了行政法上的“比例原则”，并通过适用 1989 年《行政诉讼法》第 54 条“显失公正”的条款变更了行政机关的处罚内容。现行《行政诉讼法》已将“显失公正”修改为“明显不当”，为人民法院行使有限变更权确定了更为科学合理的范围。

四、行政诉讼的其他注意事项

（一）要选准合适的被告

行政诉讼要找准被告，不能逮到谁就起诉谁。一般而言，作出具体行政行为的机关是被告；但由于行政诉讼法制度的特殊性，在诉讼被告的确定上有许多例外情况，如经过行政复议程序的被告确定。根据原《行政诉讼法》和司法解释的规定，相对人对经过行政复议程序，对行政复议决定依然不服的，被告的确定有以下几种情况：行政行为经复议机关复议，复议机关维持原具体行政行为的，作出原具体行政行为的机关为被告；复议机关改变原具体行政行为的，复议机关是被告；复议机关在法定期限内不作出复议决定，行政相对人对原具体行政行为不服的，以原行政机关为被告；对复议机关不作为不服的，可以以复议机关作为被告。《行政诉讼法》修改时，为了改变复议机关因为害怕当被告而对原具体行政行为一律维持的情况，在现行《行政诉讼法》第 26 条作了如下规定，“经复议的案件，复议机关决定维持原行政行为的，作出原行政行为的行政机关和复议机关是共同被告；复议机关改变原行政行为的，复议机关是被告。复议机关在法定期限内未作出复议决定，公民、法人或者其他组织起诉原行政行为的，作出原行政行为的行政机关是被告；起诉复议机关不作为的，复议机关是被告”。这些新规定扩大了行政相对人的救济选择权；代理律师应根据案件的不同情况，用足用好法律规定的权利，充分维护委托人的合法权益。

笔者曾经办理过一起苍南农民两告县政府的案件，由于选择被告和救济途径得当，取得了较好的效果。案件基本情况如下：苍南县某镇政府和县国土资源局发布通知，称某村民小组未经批准擅自非法占用土地建造农家乐饭店，违反了《土地管理法》等相关法律规定，要求村民在限定时间前腾空土地并自行拆除建筑物，否则后果自负。村民小组认为违章建房虽然违法但事出有因，涉案土地早在 10 年前已被政府公告征用，但 10 年来未被实际征用，村民小组也从未收到过征地补偿款，行政机关在没有明确土地性质并处理好征地补偿的情况下实施强拆的行为不合法、不合理。而且，两行政机关超越法定职权，具体行政行为适用法律错误，故要求县人民政府作出复议决定撤销通知。但该县人民政府在法定的 60 日复议期间内未依法作出复议决定书，并明确表示不作出行政复议决定。为此，笔者担任代理人后向温州市中级人民法院提起诉讼，要求依法判令苍南县政府履行法定职责，对原告复议申请作出复议决定，并确认县政府不作为的行为违法。法院审理后，依法判决县政府未履行法定职责的行为违法，判令县政府在法定期限作出复议决定。时隔 2 个月后，县政府作出复议决定，维持镇政府和县国土资源局的具体行政行为。村民小组不服，准备再次提起行政诉讼。通常情况下，对此类诉讼，应在当地基层法院对镇政府和县国土资源局提起诉讼。考虑到当地基层法院审理不利于本案处理，笔者以复议决定“改变了原具体行政行为”为由，将复议机关县人民政府作为被告，向温州市中级人民法院再次提起诉讼。本案经审理后，法院判决被告县人民政府败诉。

此外，对有的司法解释中关于确认被告的特别规定，也应当依法进行适用。例如，关于行政许可案件的被告问题，《最高人民法院关于审理行政许可案件若干问题的规定》第 4 条规定，“当事人不服行政许可决定提起诉讼的，以作出行政许可决定的机关为被告；行政许可依法须经上级行政机关批准，当事人对批准或者不批准行为不服一并提起诉讼的，以上级行政机关为共同被告”。而《最高人民法院关于适用〈中华人民共和国行政诉讼法〉的解释》第19条规定："当事人不服经上级行政机关批准的行政行为，向人民法院提起诉讼的，以在对外发生法律效力的文书上署名的机关为被告。"可见，对于行政许可案件经上级行政机关批准，当事人对批准行为不服一并提起诉讼的，可以将上级行政机关列为共同被告。这一特别规定与司法解释的一般规定明显不同；将上级行政机关列为共同被告提起诉讼对行政相对人更为有利，也可提升管辖级别。

因此，原告起诉应当首先确定合适的被告。实践中，选准、选好被告并非易事。行政职权不清、行政行为证据不足、行政机关相互推诿等因素都会使行政案件被告的确定远比想象的复杂。例如，房屋被人强制拆除了，是告城管局或者告国土资源局还是乡镇人民政府，在没有强制拆除决定书的情况下不容易确定。又如，要求查处违规摆摊行为是找城管局还是市场监督管理局不易确定；要求查处邻近的歌舞厅噪声扰民是找文化局、环保局还是公安局，也不易确定。因此，代理律师应当研究法律规定，总结实践经验，准确确定诉讼被告，争取做到"一抓一个准"。

（二）原告要找出法律上的利害关系

1989年《行政诉讼法》第2条规定：公民、法人或者其他组织认为行政机关和行政机关工作人员的具体行政行为侵犯其合法权益，有权依照《行政诉讼法》提起行政诉讼。原《最高人民法院关于执行〈中华人民共和国行政诉讼法〉若干问题的解释》第12条规定：与具体行政行为有法律上利害关系的公民、法人或者其他组织对该行为不服的，可以依法提起行政诉讼。该解释明确规定了行政诉讼的利害关系原则。现行《行政诉讼法》第25条规定，"行政行为的相对人以及其他与行政行为有利害关系的公民、法人或者其他组织，有权提起诉讼"。新法虽然将以前司法解释中的"法律上利害关系"改为"利害关系"，但利害关系的判断在实务中仍是一个需要考虑的问题（如直接利害关系与间接利害关系、必然利害关系与偶然利害关系、物权上的利害关系与债权上的利害关系等问题），各地法院在认定利害关系时的尺度也不一致。从代理行政诉讼稳妥原则出发，律师应当审慎分析原告与争议具体行政行为之间是否具有利害关系。有时候利害关系不明显，需要律师来寻找，进而为原告主张权利。当然，对于把握性不大的情况，律师应当明确提示原告诉讼的风险并记录在案。

例如,某市规划局批准在该市风景名胜区建造一个老年大学。该市一律师认为,这一具体行政行为违反了风景名胜区保护的地方性法规。为此该律师向法院提起行政诉讼,要求判令确认规划局的行政行为无效。法院审查后认为,该律师与规划局的具体行政行为没有利害关系,为此裁定不予受理。笔者认为,在表面上本案中该律师与该行政行为之间似乎没有直接利害关系,但是如果仔细分析,还是可以找出利害关系。规划局批准建造老年大学的地方,是原告每天早上打太极拳的地方,现在规划局批准建造老年大学,原告没有地方打太极拳了,这就侵害了原告的权益,原告就与该行政行为之间具有利害关系,法院应当依法受理该原告的起诉。可见,有时候利害关系要靠律师去寻找。

又如,笔者代理环亚公司诉某电子公司拖欠工程款一案,向某市中级人民法院起诉,并同时申请诉讼保全,要求查封某电子公司在工业区的土地使用权。法院向市国土资源局送达了查封裁定,但国土资源局借故未办。后法院判决某电子公司支付原告工程款等共计 12,166 万元。判决生效后,环亚公司向法院申请强制执行,拍卖某电子公司的土地使用权。不料法院书面通知原告,该市国土资源局经人民政府批准,已收回涉案土地使用权,案件无法执行。为此,笔者代理环亚公司向法院提起行政诉讼,要求依法撤销国土资源局收回涉案土地使用权的具体行政行为和市政府批准收回涉案土地使用权的具体行政行为。一审法院审理后认为:市国土资源局经市政府批准,收回某电子公司的土地使用权的行为可能影响建筑公司实现债权,但二者之间没有必然的因果关系。原告债权的实现取决于债务人的履约能力,与两被告收回土地使用权没有法律上的利害关系,裁定驳回环亚公司的起诉。为此,笔者代理环亚公司向省高级人民法院提起上诉,认为环亚公司就涉案土地使用权具有查封在前的在先权利,行政机关的收回行为使环亚公司无法就涉案土地拍卖优先受偿,两者之间具有直接的必然的因果关系,原审裁定的认定是完全错误的。最终,该案在省高级人民法院调解结案(该案代理词见本章附录 1－2)。

近年来,司法实践中关于"可诉利益"的问题也需要注意。目前,部分法院存在案件多审判力量有限的问题,在受理案件时会基于司法资源、当事人诉讼成本以及司法权行使的界限等考量,对于原告提出的诉讼请求,以是否存在"诉的利益"作为立案受理的条件,对一些符合《行政诉讼法》受理条件的案件,以没有"诉的利益"而拒之门外。对此,各地法院在司法实践中做法不一。江苏省南通市中级人民法院〔2019〕苏06行终644号袁某兰诉海安人社局劳动、社会保障行政确认一案中，法院认为："对是否具备诉的利益的审查和判断，较为复杂。从法院审理的顺序上，对起诉条件的审查应早于对诉的利益的审查。起诉条件以保障当事人及时得到救济、让当事人能够充分行使起诉权为目的，门槛较低；对诉的利益的审查，旨在从程序上排除不合法或者没有本案审理必要的诉（诉讼请求），属于实质性审查，门槛较高。但不管门槛高低，在对诉的利益进行判断时，人民法院不得以诉的利益取代对被诉行政行为的合法性审查。"因此，若在行政诉讼案件中法院以除不满足法定形式条件外的理由不予立案，当事人和代理律师可以参照此理由维护自己的正当诉讼权益。

（三）注意行政诉讼的特有原则和规定

行政诉讼与其他诉讼不同，有一些特殊规则和规定。一是诉讼不停止执行原则。具体行政行为与法院的判决不一样，法院一审判决后，只要当事人上诉，一审判决就不生效。但行政行为基于公定力和行政效率优先原则，一经作出就具有法律效力，所以诉讼不停止执行。如果想要停止执行，需要行政机关自己提出或者原告根据法律规定的特殊条件提出，以及法院认为执行后难以恢复，才准予停止执行。所以我们在提起行政诉讼的同时，要根据法定条件写一个书面申请要求停止执行。否则等我们打完官司有争议的建筑物已经拆除、有争议的商品已被销毁、被治安行政拘留的人已被关押，一旦这些不可逆转的执行情况出现，当事人即使打赢官司也毫无意义。二是法院一般只审查合法性而不审查合理性。对虽然合法但不合理的处罚，可以先申请行政复议而不直接提起行政诉讼，因为法院一般不管合理性。三是一般不适用调解原则。在以前的司法实践中，行政相对人是通过诉讼外协商，在实现诉讼目标后用撤诉的方法解决行政争议。现行《行政诉讼法》第60条规定了对行政赔偿、补偿和行政机关行使法律、法规规定的自由裁量权的案件可以调解，给行政相对人及代理律师增加了实现诉讼目标的余地。四是被告负举证责任。行政官司原告一般不需要举证，对书面的处理决定或处罚决定不服，就只要在行政诉讼状后面附上行政机关的行政决定就可以了。案件立案后，法院会通知行政机关提交案卷材料。对不履行法定职责的行政机关提起诉讼，现行《行政诉讼法》第38条增加规定了在起诉被告不履行法定职责案件中原告的具体举证责任。因此，原告需要提交行政机关不履行法定职责的证据。对此，我们可以先寄封信给行政机关，要求履职，如果行政机关没有答复，我们凭这封信的复印件和邮寄凭证就可以提起行政诉讼，要求行政机关履行法定职责。对行政赔偿、补偿的案件，原告应提交造成损害的证据或申请损失鉴定。

此外，行政诉讼与民商事诉讼不同，行政机关必须有工作人员出庭，不能仅委托律师。对某些案件，行政机关负责人应当出庭。现行《行政诉讼法》第 3 条第 3 款规定：被诉行政机关负责人应当出庭应诉。不能出庭的，应当委托行政机关相应的工作人员出庭。2015 年 4 月 22 日发布的《最高人民法院关于适用〈中华人民共和国行政诉讼法〉若干问题的解释》（已失效）第 5 条规定，“行政机关负责人”包括行政机关的正职和副职负责人。行政机关负责人出庭应诉的，可以委托一至二名代理人。2016 年 7 月 28 日，《最高人民法院关于行政诉讼应诉若干问题的通知》发布，对行政机关负责人出庭应诉又作了具体规定和要求，明确规定对“涉及重大公共利益、社会高度关注或者可能引发群体性事件等案件以及人民法院书面建议行政机关负责人出庭的案件，被诉行政机关负责人应当出庭”。2018 年颁布施行的《最高人民法院关于适用〈中华人民共和国行政诉讼法〉的解释》第 128 条规定“行政机关负责人”包括行政机关的正职、副职负责人以及其他参与分管的负责人。这些新规定为行政相对人有效地处理行政争议创造了条件，代理律师应用好这些规定，对于行政机关负责人应当到庭而不到庭的情况，应当庭提出异议，以促使行政机关认真面对行政诉讼，重视且负责地解决行政争议。

（四）充分了解掌握相关法律的最新修改

我国没有统一的行政法法典，行政法律规范散见在各部门实体法律、行政法规、地方性法规、部门规章中，内容纷繁复杂，尤其是近年来调整变化也较大，律师参与行政案件时应当及时掌握相关法律的最新变化。

2021 年 1 月修订的《行政处罚法》就做了很大变化：一是新增了行政处罚种类，增加了通报批评、降低资质等级、限制开展生产经营活动、责令关闭、限制从业等行政惩罚种类；二是增加行政执法公示、执法全过程记录制度，完善重大执法决定法制审核制度；三是赋予“乡、镇、街办”一定程度上的行政处罚权；四是增加没有主观过错不罚、首次违法可以不罚等新规定。基于上述变化，要及时调整对行政处罚的认识，从新规定中寻找有利于当事人的诉讼策略，如从执法全过程记录、法制审核环节寻找程序违法问题，也可从有无主观过错或是否首次轻微违法等方面来维护权利。

2023年9月1日，第十四届全国人大常务委员会第五次会议修订通过了新《行政复议法》，于2024年1月1日起施行。新法对原《行政复议法》做了大幅度的修改：一是明确了行政复议化解行政争议"主渠道"作用的功能定位，确立了合法、公正、公开、高效、便民、为民的原则；二是优化了行政复议管辖体制，除保留垂直领导行政机关的复议职责外，确定由地方各级政府统一行使行政复议职责；三是扩大了行政复议受案范围，明文规定行政赔偿、工伤认定、行政协议、政府信息公开等可以申请行政复议；四是健全了行政复议的申请和受理程序，增加了申请复议的诸多便民措施；五是完善了行政复议前置范围，将当场行政处罚决定、侵犯自然资源权利、未履行法定职责、不公开政府信息纳入复议前置范围；六是建立了行政复议的纠纷调解和和解制度，推动行政争议实质性化解；七是完善了行政复议的审理程序，建立了提级审理制度，增加了简易程序及适用情形；八是强化了行政复议决定的方式及监督体系，增加了确认无效、责令履行等决定类型，等等。

（五）充分利用政府信息公开制度打行政官司

行政案件难打，在某种程度上也体现在诉讼双方信息不对称上。行政机关控制行政行为过程中的大部分信息，而行政相对人了解到的情况却微乎其微。虽然现行《行政诉讼法》规定了被告负举证责任，但要打好行政官司，原告只有在获得充分信息的前提下，才能对诉讼作出合理的筹划，才能做到胸有成竹，稳扎稳打。《政府信息公开条例》的颁布，为律师代理原告参与行政诉讼提供了强有力的武器。我们应当用好这一制度，收集原告需要的各种信息和证据。例如，笔者代理过的撤销土地使用证的案件中，就利用政府信息公开手段，要求行政机关提供涉案土地审批过程中的各种审批文件和规定，从中寻找对我方有利的案件突破口，取得了很好的效果。

2019年修订的《政府信息公开条例》降低了申请门槛。原《政府信息公开条例》规定，公民、法人或者其他组织可以根据自身生产、生活、科研等特殊需要申请获取相关政府信息。2019年修订的《政府信息公开条例》规定，除涉及国家秘密、商业秘密、个人隐私以及行政机关内部事务信息外,其他政府信息均应当公开。也就是说,行政机关对申请信息公开不应再考虑申请目的是否具有生产、生活、科研等特殊需要的限制性条件。

律师在利用《政府信息公开条例》取证时应注意:其一,要充分利用依公众申请公开的方式以及公开的范围。其二,申请信息公开应当符合条例规定的程序要求,以避免行政机关因申请人申请程序不符合要求而拒绝提供信息。其三,要注意对申请事实予以留存,如通过 EMS 要求行政机关提供书面材料,相关邮寄凭证要保留,以备后用。

(六)律师异地代理防止干扰报复

律师代理行政诉讼除了本章前述的风险外,还存在两方面的风险:一是委托人;二是被诉行政机关和当地律师主管部门。由于行政诉讼胜诉率低,而当事人的期望值高,律师在接受委托时要充分提示当事人诉讼的风险,并以谈话笔录的方式记录在案,防止出现当事人输了案件(特别是案件“升级”和处理加重的案件)怪罪律师的情况。在诉讼过程中,律师也应当视案情发展和行政机关的态度,对诉讼理由明显不足的案件,要与委托人客观分析案件处理趋势,以维护当事人最大合法利益的原则,妥善选择结案方式。对行政机关也不宜“死缠烂打”,应合情合理处理行政争议。对因行政机关“告状”而发生的律师管理部门干预,律师要如实向律管部门汇报案件代理情况,取得律管部门的支持。实践中,对于行政诉讼,律师也可以采用交叉代理的方式与外地的律师进行合作,避免受到律师所在地相关部门的“打击报复”。

附录 1－1　原告一审代理词

A 公司诉 Z 省食品药品监督管理局不服行政处罚决定一案
一审代理词

尊敬的审判长、审判员:

北京浩天(杭州)律师事务所接受原告 A 公司的委托,指派我担任本案的代理人,依法参与原告 A 公司诉被告 Z 省食品药品监督管理局不服行政处罚决定一案的诉讼活动。现代理人根据本案事实和法律，结合法庭调查，发表如下代理意见：

一、原具体行政行为认定事实错误。被告关于原告有三批次空心胶囊铬超标的认定缺乏充分证据，被告关于原告生产、销售不符合法定要求产品性质恶劣、后果严重的认定与事实严重不符。

1. 被告关于原告有三批次空心胶囊铬超标的认定缺乏充分证据。被告认定这一事实的唯一依据是广东、广西药监局的回函和所属药检所的检验报告，没有其他证据印证。药监局的回函不是检验证据，不足为凭；药检所的报告本身不具有确定性，不能让人信服。如广东药检所对原告同一批次的产品检验结果也不一样，有的认定为百万分之三，有的认定为百万分之四。首先，这些产品药厂在购入时曾做过检验，是合格产品。其次，铬含量的检测在检验时由于检验条件、仪器设备、试剂、水的影响，均可能产生“合理误差”。被告不应在未排除其他可能性情况下，更不应在未依法进行复核的情况下，仅以百万分之一的差异就认定涉案产品为不合格。

2. 被告关于原告生产销售不符合法定要求产品情节恶劣、后果严重的认定与事实严重不符。我国现行胶囊生产标准是2010年10月实施的，规定铬含量不得超过百万分之二即PPM2，此前我国药典对此并无具体标准，我国现行标准比欧盟现行标准高出五倍(欧盟药典规定为百万分之十即PPM10)。虽然欧盟标准在我国不能直接适用，但对判断生产销售超标产品是否情节恶劣后果严重是有帮助的。即使涉案产品确实超过了国家规定的百万分之二的标准，达到了百万分之三，也只是超过了百万分之一，离欧盟合格标准还有百万分之七的空间。因此，即使原告生产销售这些不符合法定要求的产品，也只是情节显著轻微，后果不严重，而不是被告认定的“情节恶劣、后果严重”。被告在处罚决定书和答辩状中所称的“情节恶劣、后果严重”，均是针对全国“问题胶囊”的情况而言的，对本案没有针对性。被告的这些“上纲上线”的认定毫无事实依据。

二、原具体行政行为适用法律错误。被告的处罚决定书没有适用《药品管理法》*，缺乏法律依据；处理结论违反法定条件，显失公正。

---

* 本书附录收录的是作者实际办理过的案件中的文书(已隐名处理)，尽量保留了原格式，法条引用也为当时版本。全书同——编者注

1. 被告的处罚决定书没有适用《药品管理法》,缺乏法律依据。被告对原告作出的吊销药品生产许可证处罚,所适用的唯一依据是《国务院关于加强食品等产品安全监督管理的特别规定》第三条。该规定是国务院在2007年7月26日以国务院第503号令的形式发布的。其法律效力等级低于全国人大制定的《药品管理法》。根据法律适用原则,在《药品管理法》有具体规定的情况下,应首先适用《药品管理法》这一上位法律,继而再适用国务院第503号令这一下位行政法规。被告的处罚决定书弃《药品管理法》的具体规定不用,是完全错误的,其处罚决定书缺乏法律依据,应予撤销。

2. 被告处罚决定书的处理结论违反法定条件,且显失公正。《药品管理法》第75条规定:“生产、销售劣药的,没收违法生产、销售的药品和违法所得,并处违法生产、销售药品货值金额一倍以上三倍以下的罚款;情节严重的,责令停产、停业整顿或者撤销药品批准证明文件、吊销《药品生产许可证》、《药品经营许可证》或者《医疗机构制剂许可证》;构成犯罪的,依法追究刑事责任。”根据《国务院关于加强食品等产品安全监督管理的特别规定》第3条的规定,吊销许可证的条件也必须是“造成严重后果的”。因此,即使原告的产品铬超标,也没有达到“情节严重”“造成严重后果”这些法定条件。现被告撇开法定条件,只凭中央电视台已经曝光、国家药监局已经点名这一情况,而不谈经查证当初曝光确实有误的情况,对这些曝光、点名企业不分情节轻重,一律“格杀勿论”,这种“只唯上,不唯法”的行为违背了“以事实为依据,以法律为准绳”的原则,与维护法律尊严、依法行政的要求背道而驰。而且,被告在处理类似案件中,对同样是产品超标为百万分之三的企业,没有一视同仁,对其他企业未吊销许可证,而对原告作出了吊销药品许可证的“极刑”。可见,被告的处罚决定结论不仅不符合法定条件,而且也是显失公正的,应依法撤销或变更。

综上所述,被告作出的原具体行政行为认定事实错误,适用法律不当,处罚结论畸重。恳请贵院全面审查证据、理清事实真相,依法支持原告的诉讼请求。

以上代理意见望合议庭充分考虑并采纳。

原告诉讼代理人:(签章)

××××年××月××日

附录1-2　原告一审代理词

环亚建设集团有限公司诉A市国土资源局、A市人民政府撤销收回土地使用权决定案一审代理词

尊敬的审判长、审判员：

北京浩天（杭州）律师事务所接受本案原告环亚建设集团有限公司委托，指派我们担任其诉讼代理人，依法参与本案的诉讼活动。现在，我们根据事实和法律，对本案提出如下代理意见供合议庭参考。

一、两被告收回原告国有土地使用权的行为是具体行政行为，本案属于行政诉讼。两被告关于本案不属于行政诉讼的说法没有事实根据和法律依据。

本案中，被告A市人民政府作出收回原告国有土地使用权的决定（土收〔2008〕9号《国有土地使用权批准通知书》）和被告A市国土资源局收回原告国有土地使用权的行为，均属于明显的具体行政行为，两被告关于本案不属于行政诉讼的说法没有任何依据。

被告A市人民政府认为，其同意A市国土资源局解除与先新半导体有限公司（以下简称先新公司）土地出让合同，是其内部工作程序，不属于具体行政行为，不具有可诉性。原告认为，该说法没有任何法律依据。被告A市人民政府作出土收〔2008〕9号《国有土地使用权批准通知书》，决定收回涉案土地使用权的行为，是一个直接改变行政相对人权利义务的具体行政行为，该文书的收文单位写明是土地所有权人，可见这与不影响外部行政相对人的政府内部工作程序完全是两码事。事实上，政府收回土地使用权使用的行政文书名称应当为"收回国有土地使用权决定书"，而本案中A市人民政府却用了很少见的"国有土地使用权批准通知书"文书名称，但这种"半遮半掩"的做法是无法改变其收回土地使用权行为作为一个明显的具体行政行为的性质的。因此，被告A市人民政府的辩称没有任何法律依据。

被告A市国土资源局认为，其收回涉案土地使用权，是与先新公司协商一致的结果，其收回土地使用权的行为是普通民事行为而非行政行为，因此不具有可诉性。原告认为，该说法同样没有任何依据。国有土地使用权出让合同是政府对国有土地资源的处分，无论是合同的签订、履行，还是合同解除后土地使用权的收回，都需要有权机关的批准，都涉及政府公权力的使用。因此，将国有

土地使用权出让合同等同于一般民事合同,可以由出让方和受让方凭意思自治来处分,显然与我国《土地管理法》等法律法规不符。退一步讲,即使不追究出让合同的性质,作为出让方的 A 市国土资源局,其收回土地使用权的行为也毫无疑问是一个具体行政行为。因此,被告 A 市国土资源局的辩称显然没有法律依据。

可见,两被告关于本案不属于行政诉讼受案范围的说法,均没有任何事实根据和法律依据,依法不能成立。

二、原告依据法院生效判决对涉案土地享有拍卖受偿的在先权利,依法应受法律保护。两被告收回涉案土地使用权的行为侵害了原告的在先权利,原告作为利害关系人有权就本案提起行政诉讼。

本案中,原告与两被告收回涉案土地使用权的具体行政行为有“法律上的利害关系”,符合《最高人民法院关于执行〈中华人民共和国行政诉讼法〉若干问题的解释》(以下简称《解释》)第 12 条“与具体行政行为有法律上利害关系的公民、法人或者其他组织对该行为不服的,可以依法提起行政诉讼”的规定,属于适格的行政诉讼原告,有权依法就本案提起行政诉讼。两被告关于原告与本案没有利害关系的说法不能成立。

首先,原告对涉案土地享有合法确定和在先的权利。2008 年 2 月 25 日,原告就先新公司拖欠工程款一案,向 A 市中级人民法院(以下简称该市中院)起诉,并同时申请诉讼保全,要求查封先新公司名下的涉案土地使用权等财产。该市中院于 2008 年 2 月 27 日作出〔2008〕中民一初字第 13 号民事裁定书,并随即派员去被告 A 市国土资源局处办理冻结土地使用权手续,但被告 A 市国土资源局无故拖延。2008 年 6 月 30 日,该市中院就原告诉先新公司建设工程施工合同纠纷一案,作出〔2008〕中民一初字第 13 号民事判决,判决先新公司支付原告工程款等共计 12,166 万元。判决生效后,原告向该市中院申请强制执行,拍卖涉案土地使用权。因此,原告对涉案土地享有拍卖并以拍卖款进行受偿的权利。该权利有法院的生效判决为合法依据,且该权利的形成先于两被告作出的收回涉案土地使用权的具体行政行为。原告对涉案土地的在先权利依法受法律保护。

其次,两被告收回涉案土地使用权的行为已经侵害了原告的在先权利,原告与本案两被告的具体行政行为有直接的利害关系。本案中,原告曾在该市中院〔2008〕中民一初字第13号民事判决生效后，向该市中院申请强制执行，拍卖涉案土地使用权。由于两被告在其后违法收回了涉案土地使用权，故该市中院在2008年12月底书面通知原告：A市国土资源局经A市人民政府批准，已收回涉案土地使用权，故本案现无法执行。由于两被告作出收回涉案土地使用权的具体行政行为，使原告无法就涉案土地进行拍卖并受偿，故两被告收回土地使用权的行为对原告权利的侵害和影响属于已经确定发生的，而非不确定的或可能的影响。因此，原告与本案的具体行政行为有法律上的直接利害关系。

最后，两被告的具体行政行为与原告权利受侵害之间存在因果关系。本案中，原告依据法院的生效判决，本可以就涉案土地进行拍卖并以拍卖款受偿债权。但由于两被告为了涉案土地巨大的经济利益而非法收回涉案土地使用权，直接导致了原告在先权利的无法行使。因此，两被告的具体行政行为与原告权利的受侵害之间存在直接的因果关系。

结合上述三点可知，原告完全符合我国法律、司法解释以及司法审判通识对“法律上的利害关系”的判定条件，依法有权提起行政诉讼，维护自身合法权益。两被告关于原告与本案不具有利害关系的说法没有任何依据，完全不能成立。

三、两被告未经涉案土地原批准机关省人民政府的批准就收回涉案土地使用权，属于严重的程序违法，依法应予以撤销。

本案中，由于涉案土地的面积为211,971平方米，超过了A市人民政府5公顷以下的建设项目用地审批权，根据《Z省实施〈中华人民共和国土地管理法〉办法》第21条的规定，该土地是由省人民政府进行用地审批的，省政府的用地批文文号为A200510425号。因此，该土地的原批准机关为Z省人民政府。根据《土地管理法》第58条的规定，收回国有土地使用权的，应由有关人民政府土地行政主管部门报经原批准用地的人民政府或者有批准权的人民政府批准，才可以依法收回。本案中两被告未经涉案土地原批准用地的某省人民政府批准，就将涉案土地予以收回，显然是一种越权的行政行为，是违法和无效的。

至于被告A市人民政府关于其有权直接决定收回土地使用权，地方政府直接收回是实践中的通常做法等辩解，原告认为完全不能成立。首先，涉案土地在供地时有明确的批准机关即省人民政府，因此除非有法律明确的授权性规定，否则下级政府无权代替上级政府行使批准权，这是合法行政的基本要求。其次，被告A市人民政府也不属于《土地管理法》第58条中的“有批准权的人民政府”。我国《土地管理法》第58条中的“有批准权的人民政府”是指我国早期国有土地供地之时没有明确的批准机关或批准机关无法确定的时候,可以由相应的有权机关批准收回,而本案有明确的供地批准机关,因此被告A市人民政府无权越权收回,而两被告也未能出示任何其可以越过原批准机关直接收回土地使用权的法律规定或授权文件。最后,被告以实践中存在地方政府可以越过上级批准机关直接收回土地使用权的做法来证明其行为的合法性,则更加无依据且极不严肃。行政机关公权力的行使必须要有明确的法律依据,这是我国行政法的基本原则和依法行政的应有之义,任何违反法律规定和没有法律依据的行政行为都是违法无效的。

因此,两被告未经涉案土地原批准机关的批准就收回土地使用权的行为存在严重的程序违法,依法应予撤销。

四、本案中两被告并未履行收回土地使用权的相关手续,先新公司也不可能提出退地报告。两被告通过违法收回涉案土地使用权夺取巨大的土地价值,有违政府的诚信要求。

本案中,被告A市人民政府和A市国土资源局并未履行过收回土地使用权的相关法定手续。结合本案的证据和两被告在庭审中对原告提问的回答可以看到:(1)先新公司并未要求过退地。原告要求被告A市国土资源局出示先新公司提交退地报告的收文记录和相关笔录材料,但A市国土资源局无法提供;先新公司退地报告上的公司章与其在省工商局登记备案的公章不一致,且先新公司早在2005年就已经被吊销,故两被告存在伪造退地报告的嫌疑。(2)涉案土地使用权收回过程中,两被告也没有证据证明其履行过支付补偿款等款项和手续,对该土地使用权的收回也没有依法进行收回公告。(3)该市中院经原告申请在2008年2月时去被告A市国土资源局处办理涉案土地使用权的冻结手续,被告无故拖延不予办理,随后即于2008年4月作出收回土地使用权的决定,使原告无法拍卖涉案土地使用权受偿债权,两被告夺取巨大土地价值的用意明显。

因此,两被告通过越权收回土地使用权,实现了从合法土地权利人的原告处夺取涉案土地巨大经济价值的目的,其行为完全违背了诚信政府的要求,侵害了原告的合法权益,依法应予撤销。

综上所述,被告A市人民政府和A市国土资源局违法收回土地使用权的行为，严重违反了我国行政法的合法行政原则和正当程序原则等基本原则，严重损害了原告的合法权益，破坏了政府行为的公信力和政府的诚信形象，因此是完全无效的。望合议庭查明事实后，依法判令撤销A市国土资源局收回涉案土地使用权的具体行政行为和A市人民政府批准收回涉案土地使用权的具体行政行为，维护原告的合法权益。

以上代理意见望合议庭充分考虑并采纳。

原告诉讼代理人：(签章)

××××年××月××日

附录1-3 被告一审代理词

Z省新闻出版广电局与颜甲履行法定职责案
一审代理词

尊敬的审判长、审判员：

北京浩天(杭州)律师事务所接受本案第一被告Z省新闻出版广电局的委托，指派我担任其代理人，依法参与原告颜甲诉第一被告Z省新闻出版广电局、第二被告国家新闻出版广电总局履行法定职责案的一审诉讼活动。现在，我根据事实和法律，对本案提出如下代理意见：

一、第一被告Z省新闻出版广电局对原告颜甲的履职申请已依法进行了处理

2015年9月3日，Z省新闻出版广电局(本节简称本局)收到颜甲的《履行监督管理职责申请书》后，立即交办本局有关处室负责处理。9月15日，本局召集有关职能处室专题研究处理意见。会后，本局报刊期刊处对《×××报》当年的新闻报道事件再次进行调查和研究后，于11月2日上午由本局工作人员王乙用办公室电话答复颜甲：关于监管问题，根据《报纸出版管理规定》第46条“报纸出版活动的监督管理实行属地原则”的规定，申请人应向A市文化广电新闻出版局提出其要求履行监督管理职责的申请，且此前A市文化广电新闻出版局已对相关单位和人员进行了处理，原《×××报》也已登报致歉。如还有异议，可通过其他法律途径解决。关于要求本局对《×××报》进行行政处罚的问

题，因没有证据证明《×××报》的行为符合行政处罚的标准，故对申请人要求本局履行行政查处的要求不能满足。本局依法答复颜甲的情况事实，有中国电信股份有限公司Z省分公司出具的本局办公室电话（××××－××××××××）与原告颜甲手机（×××××××××××）的通话记录为凭证，也有本局内部的书面电话记录等证据证实，以及颜甲2015年12月30日写给第二被告承认收到电话回复的《说明》为证，且颜甲在今天庭审中对上述事实和证据也均予认可。

关于电话通知形式是否符合法律规定的问题，目前我国法律法规对要求履行法定职责的答复形式没有明确规定，国家新闻出版广电总局也没有相关的规章规定。在此情况下，本局按照程序正当原则，采用电话通知的方式回复当事人并无不妥。而且，根据Z省人民政府法制办浙府法办〔2014〕14号《关于行政复议审理不履行法定职责案件若干问题的指导意见》第2条第3项的规定，行政机关可以用口头或书面形式作出答复。事实充分说明，本局对颜甲的履职申请已作出了合法合理的处理。

二、原告颜甲要求本局履职的申请事项，不属于本局的法定职责范围

关于原告颜甲要求本局履行的申请事项不属于本局法定职责范围的法律依据主要有：(1)《出版管理条例》（国务院2001年12月25日发布）第27条规定，“出版物的内容不真实或者不公正，致使公民、法人或者其他组织的合法权益受到侵害的，其出版单位应当公开更正，消除影响，并依法承担其他民事责任。报纸、期刊发表的作品内容不真实或者不公正，致使公民、法人或者其他组织的合法权益受到侵害的，当事人有权要求有关出版单位更正或者答辩，有关出版单位应当在其近期出版的报纸、期刊上予以发表；拒绝发表的，当事人可以向人民法院提起诉讼”。(2)《报纸出版管理规定》（新闻出版总署2005年9月30日发布）第26条第3款规定：“报纸刊载虚假、失实报道，致使公民、法人或者其他组织的合法权益受到侵害的，当事人有权要求更正或者答辩，报纸应当予以发表；拒绝发表的，当事人可以向人民法院提出诉讼。”该条第5款还规定：“报纸刊载虚假或者失实报道，损害公共利益的，新闻出版总署或者省、自治区、直辖市新闻出版行政部门可以责令该报纸出版单位更正。”根据以上法规规章的规定，结合颜甲提交的《履行监督管理职责申请书》及相关附件（A市局查处情况及法院判决），本局认为没有证据证明《×××报》涉案报道

中的不实部分"损害公共利益",因此本局对颜甲要求履职的申请事项没有行政查处的法定职责。

关于"公共利益"的含义,根据我国《民法通则》和《合同法》的规定,是指"社会公共利益"。从学理解释的通说来讲,是指为公众所能享受的公益性整体利益,不是个人利益。而涉案报道的失实部分,可能涉及颜甲或少数个人的民事权利,不是公共利益。因此,颜甲应当通过其他法律途径维护自己的民事权利,而不应当坚持要利用公权力来解决自己的私权利纠纷。

综上所述,原告颜甲要求本局履行法定职责的诉讼请求和理由根本不能成立。本局对原告的申请事项没有法定管辖权,且已依法作出了答复,本局的处理合法合理。为此,望你院查明事实后,依法驳回原告的全部诉讼请求。

Z省新闻出版广电局代理人:(签章)

××××年××月××日

附录1-4　上诉人二审代理词

某水产养殖研究所与某县水利局行政争议案二审代理词

尊敬的审判长、审判员:

北京浩天(杭州)律师事务所接受本案上诉人某水产养殖研究所(以下简称上诉人或研究所)委托,指派我担任其诉讼代理人,依法参与其与被上诉人某县水利局(以下简称被上诉人或水利局)"行政执行"案的二审诉讼活动。现在,本代理人根据事实和法律,对本案提出如下代理意见供合议庭参考:

一、原审判决关于水利局被告主体资格适格的认定是错误的

本案强拆行为的执法主体是水利局。原审判决认为主体适格的理由是某县人民政府办公室发布的《关于印发某县水利局主要职责、内设机构和人员编制规定的通知》(某县政办发〔2012〕97号)。该文件的发布日期是2012年5月16日,而在一年后的2013年6月17日,某县已经设立了渔业局。县渔业局设立的行为本身就证明了上述文件原"三定方案"的变化,否则就失去了设立县渔

业局的意义。渔业局设立后,虽然与水利局是“两块牌子,一套班子”,但并不意味着水利局可以与以前一样继续行使渔业执法的职能。原审判决无视新执法机构出现的情况,用先前的部分失效的批文作为水利局执法主体适格的依据,显然是错误的。

二、原审判决关于水利局强拆行政行为合法的认定完全错误

本案是作为财产所有权人的研究所不服水利局强行拆除养殖网箱而提起的诉讼,从性质上讲是研究所不服行政强制措施提起的诉讼,而不是针对水利局先前对路某〔2014〕1 号行政处罚决定书提起的诉讼。原审法院将该案案由确定为“行政执行”,并围绕对路某的处罚是否正确进行审理,显然是文不对题的,偏离了方向。水利局的强拆行为搞错了执法对象,显属行政行为错误。原审判决回避了这一主要问题,将错就错,是明显错误的。

三、原审判决关于研究所与路某属于同一主体的认定是完全错误的

原审判决认为,涉案水库的承包人是研究所,但研究所在 2012 年度的审计报告中,没有缴纳水库承包费的财务支出记录,也没有购买网箱养殖设施的财务支出记载。原审判决依此认为实际承包人和财产所有人为路某。原审判决的这一推理是违反常理的。认定谁是承包人的唯一依据是承包合同,既然承包合同的签约人是研究所,在没有其他充分证据否认承包主体的情况下,承包人和财产所有人理所当然是研究所。研究所当年的审计报告中没有该承包费支出,并不能否定该承包合同的主体,因为该款项可能是由他人代为支付或垫付的,这是研究所与他人之间的借款或其他法律关系。网箱养殖设施的支出也是同样的道理,也有可能是拖欠他人未付的。总之,没有财务支出并不能否定承包主体,更不能推出就是路某个人支付,从而认定路某是承包人或财产所有人并予强拆。

四、原审判决关于〔2014〕1 号行政处罚决定书合法有效的认定是错误的

原审判决认为水利局对路某的处罚事实清楚、证据充分、适用法律正确、程序合法,这明显是在转移论题。研究所认为水利局强拆行为违法,原审应围绕强拆研究所的网箱养殖设施是否正确这一问题审理,与〔2014〕1 号行政处罚决定书没有大的关联。既然原审判决认定对路某处罚的合法性,那么上诉人也来讲一讲其究竟是否合法:(1)主体错误。如前所述,一是执法主体错误,二是执法对象错误。(2)认定事实错误。原审判决书第 4 页认定“养殖方式为大库养殖,非网箱养殖”,而合同中并没有如此说法。(3)违法行为认定承包费“未依

法取得养殖证”错误,作为当时渔业主管部门的水利局,以及下级单位常山中型水库管理局,应当在签订《水产养殖承包合同》时就清楚养殖证的情况,研究所基于对政府的信赖利益与其签订承包合同,合同履行过程中水利局也一直未要求中型水库管理局或研究所申办“养殖证”,现在到了要赶人家走时才提出要办养殖许可证,如果这里有违法行为,首先是水利局行政失职,而且侵害了相对人的信赖利益。(4)违反程序正当原则。在协商解除承包合同但补偿金额有差距的情况下,用行政权力压人,属于报复性执法,毫无正当性。

五、原审判决关于水利局强拆行为未超出处罚决定的认定完全错误

原审判决认为:路某作为行政处罚相对人,又是研究所的法定代表人,受处罚后既不提起复议或诉讼,也不履行拆除义务。水利局经该院裁定准予后强拆,其行为合法。在此,原审判决继续将研究所与路某混为一谈,转移“被强拆的财产属于谁”的主要问题,并以该院准许,被执行人未申请监督纠正为由,论证水利局强拆行为不违法。这是不能成立的。路某对水利局的处罚未提起行政救济,并不等于该行政行为不违法,更不等于因此就可以强拆路某所在单位的财产。路某或研究所不申请法院监督纠正违法执法行为,是当时不知法院有此裁定。而且,研究所向法院起诉,认为水利局搞错了执法对象并要求确认违法,这更是要求法院监督纠正违法行政行为的有效措施。

综上所述,被上诉人水利局对上诉人研究所的强拆行为明显违法。原审判决无论在认定事实还是在适用法律方面均明显错误。需要指出的是:在本案中,原审法院与行政机关已从先前的裁判员的角色变成了运动员角色,“自己当了自己的法官”,从裁定准予执行到确认执行合法性,再到驳回研究所起诉,在衢州中院裁定继续审理的情况下,又继续偏袒水利局,作出违背事实和法律的裁判。为此,望你院查明事实后,依法改判,确认被上诉人水利局的强拆行为违法,以维护法律的正确实施,维护当地政府的诚信形象和招商引资的软环境,维护行政相对人对行政机关的信赖利益。

以上代理意见望合议庭充分考虑并采纳。

上诉人诉讼代理人:(签章)

××××年××月××日

第二章　刑事辩护要“准”

刑事辩护要“准”，“要有的放矢，不要狂轰滥炸”。律师的刑事业务主要是刑事辩护、被害人代理和自诉代理，其中主要是刑事辩护。刑事诉讼主要是“官告民”的诉讼，处理力度大，可抗辩的理由少，因此在三大诉讼中，刑事诉讼的抗辩精准度要求是最高的。这要求律师辩在点子上，要辩得准。如果辩得离谱，动辄做无罪辩护，不仅起不到任何作用，反而会造成被告人因不认罪而被重判的不利后果。律师办理刑事辩护案件，可从以下三个层面逐一分析考虑：首先考虑被告人有罪还是无罪；如果排除了无罪，其次考虑是此罪还是量刑更轻的彼罪；如无法排除此罪，最后考虑是罪重还是罪轻，并找出从轻减轻处罚的法定和酌定情节。

一、刑事辩护要力争“弹无虚发”

（一）“狂轰滥炸”往往“殃及池鱼”

刑事案件是典型的“官告民”案件。在刑事公诉案件中，检察机关代表国家对犯罪行为人进行追诉，要求法院对被告人定罪量刑；被告人根据法律赋予的权利进行自我辩护或委托律师辩护。在刑事辩护中，被告人和辩护人要面对的是强大的公权力，过度的不适当辩护，就好比炸弹未炸中对方目标反而炸在自己阵地一样，不仅无济于事，反而会“越辩越重”。就此角度而言，刑事辩护对准确性的要求远远高于民商事案件。如果辩护“狂轰滥炸”，没辩到点子上，则可能造成事与愿违、适得其反的后果。

笔者曾参与过一件刑事案件的二审辩护。被告人蔡某是一名学生，参与了打架斗殴，但他仅仅是一起到了现场，并未直接进行斗殴。一审的时候，被告人不认罪,辩护人做了无罪辩护。法院判决认定蔡某犯故意伤害罪,是从犯,判处有期徒刑2年。同时,法院还认为,被告人蔡某系未成年人,犯罪情节较轻,本来可以判处缓刑,但由于被告人不认罪,不符合缓刑条件,所以不适用缓刑。被告人不服,以自己不构成犯罪为由提出上诉。上诉期间被告人聘请笔者为二审辩护人。笔者认为,蔡某参与故意伤害的事实清楚,本案关键是法律认定和处理。在一审已判决蔡某实刑的情况下,若继续坚持原先的辩护思路,则改判的可能性极小。考虑到被告人的上诉状中全是无罪理由,如果"急转弯"辩护也不妥当。为此,笔者建议蔡某作"模糊的认罪",即一方面在二审法庭上讲清对自己有利的事实;另一方面承认自己确实有错,愿意服从法院的处理。而笔者作为辩护人,一方面认为一审时被告人和辩护人的辩护观点有事实根据和法律依据;另一方面从退一步的角度讲,认为即使被告人的行为构成犯罪,也应依法从轻处罚并宣告缓刑。后二审法院采纳了笔者的辩护意见,改判减轻了蔡某的刑期并适用缓刑。可见,刑事辩护的角度和准确度要求较高,要面对现实,尽可能辩得"准"。

刑事辩护要"准"还有一个原因是:在刑事案件中,事实与证据基本已经固定,被告人的抗辩事由较少。在实践中,律师进行刑事辩护,应首先考虑罪与非罪(是否构成犯罪),其次考虑此罪与彼罪(构成重罪还是轻罪),最后考虑罪重还是罪轻(有无从轻、减轻情节)。辩护理由主要集中在刑事责任能力、证据是否能达到刑事证明标准、是否符合犯罪构成以及是否存在从轻、减轻情节等方面。由于可辩理由少,其也就显得特别宝贵。因此,刑事辩护特别需要强调"准",只有珍惜手中的"炸弹","有的放矢",炸在点子上,辩在关键上,才能达到"事半功倍"的效果。

(二)驾驭刑诉规则方能精准辩护

刑事法律有其特殊规则,这些规则相比民商事法律缺乏足够的弹性,往往让初涉刑事辩护的律师感到无所作为。但事实上,"死板"的刑事法律规则,正是刑辩律师"大展拳脚"的有力武器。

从刑法基本原则来讲,我国《刑法》第3条规定,"法律明文规定为犯罪行为的,依照法律定罪处刑;法律没有明文规定为犯罪行为的,不得定罪处刑",这是我国罪刑法定原则的法律明文。根据罪刑法定原则,法院定罪量刑必须要符合犯罪的法定构成要件。因此，律师可以针对公诉机关指控的罪名，在犯罪构成要件上花大工夫，寻找公诉机关指控罪名成立的漏洞。司法实践中诸如受贿罪、行贿罪等常见罪名中，也有一些因为指控的罪行不符合犯罪构成，如受贿罪中没有“利用职务便利”，行贿罪中没有“谋取不正当利益”等，而出现无罪辩护成功的案例。除此之外，刑事诉讼中的严格证明标准、证据裁判、疑罪从无、刑法谦抑性等原则，也是刑辩律师很好的辩护武器。

从刑事证据规则来讲，虽然公诉机关指控犯罪会提交相应证据证实犯罪，但律师还是有很大的辩护空间的。民商事案件的审理采用优势证据原则，即使原被告一方的证据还不能完全排除存在相反事实的可能性，也允许法官根据优势证据认定事实。而在刑事案件中，采用严格证明标准，需要排除一切合理怀疑，认定被告人构成犯罪，其证据必须达到“无可置疑”的程度。因此，这就要求辩护律师准确发现并指出公诉机关提供的有罪证据中的问题，进而达到成功辩护的目的。

可见，刑事辩护的制度特性决定了律师为被告人辩护必须选好辩护角度和辩护理由。滥辩、乱辩不仅不能取得好的辩护效果，还有可能适得其反。因此，“准”是刑事辩护的精髓所在。

二、律师在侦查阶段的工作及注意事项

（一）提供法律帮助要“准”

现行《刑事诉讼法》第 34 条第 1 款规定：“犯罪嫌疑人自被侦查机关第一次讯问或者采取强制措施之日起，有权委托辩护人；在侦查期间，只能委托律师作为辩护人。被告人有权随时委托辩护人。”第 38 条和第 39 条规定，“辩护律师在侦查期间可以为犯罪嫌疑人提供法律帮助；代理申诉、控告；申请变更强制措施；向侦查机关了解犯罪嫌疑人涉嫌的罪名和案件有关情况，提出意见”；“辩护律师可以同在押的犯罪嫌疑人、被告人会见和通信”；“辩护律师会见在押的犯罪嫌疑人、被告人，可以了解案件有关情况，提供法律咨询等”。这是律师在侦查阶段的主要工作依据。律师在侦查阶段为犯罪嫌疑人提供法律帮助时，要注意做到“准”。

1. 提供法律咨询要“准”

犯罪嫌疑人在侦查阶段聘请律师，特别渴望得到律师的专业帮助。律师提

供的法律咨询对犯罪嫌疑人了解自己行为的性质以及如何做无罪辩护或有罪陈述等具有指导意义。因此,律师应当在会见犯罪嫌疑人前认真研究相关法律规定,并在会见时为犯罪嫌疑人提供诉讼程序、诉讼权利义务、涉嫌罪名、犯罪构成、量刑幅度及量刑情节等各方面的法律知识,不能不懂装懂、胡乱回答,否则可能会误导犯罪嫌疑人,导致后阶段的律师工作处于被动地位。

2. 代理申诉控告要"准"

律师在侦查阶段,可以依法代理犯罪嫌疑人申诉、控告。因此,需要询问犯罪嫌疑人在侦查阶段是否受到过刑讯逼供或羁押虐待等情况,询问其是否需要代理申诉和控告。但律师对此工作要格外谨慎。一是不能偏听偏信;二是方式方法要适当,不要过激;三是要加强自身保护,以免作出不必要的"牺牲"。

3. 申请取保候审要"准"

根据现行《刑事诉讼法》的规定,律师在侦查阶段可以为犯罪嫌疑人申请取保候审,时间点是在犯罪嫌疑人被刑事拘留之后。律师在提出取保候审申请时,应当充分注意时间节点,需要赶在侦查机关提请检察机关批捕之前。对于单独作案的犯罪嫌疑人,侦查机关在对其刑事拘留后的提请批捕的法定时间,是在 3 日内或延长至 7 日内;对流窜作案、多次作案、结伙作案的犯罪嫌疑人,提请批捕的法定时间是 30 日内。律师提出取保候审的时间不能太早,也不能太晚。太早了案件事实没有查清,证据尚未固定,侦查机关不会轻易同意;太晚了已研究决定提捕,提了也白提,错失时机。可见,在刑事拘留后提捕前的"黄金 30 天",对辩护律师来讲至关重要。同时,应当注意准确书写取保候审申请书,特别是申请理由,应对照法定条件来写,如犯罪情节较轻或犯的是轻罪,犯罪事实已基本查清且被告人认罪认罚,采取取保候审不致发生社会危险性且不致妨害作证,或患有严重疾病。此外,申请主体可以是辩护律师,也可以是犯罪嫌疑人的近亲属。但特别要注意的是:律师不要作为取保候审的担保人,否则一旦犯罪嫌疑人逃跑,会给律师增添麻烦。

(二)"会见难"的应对方法

律师"会见难",以前是"老三难"中的"老大难"。经过立法和司法机关多年来的不断努力,情况已大大改观,但时有反复。虽然现行《刑事诉讼法》规定除了危害国家安全案件、恐怖活动案件和重大贿赂案件,其余案件辩护律师均可直接去看守所会见,但律师不能顺利会见的问题依然存在。看守所时常会以各种理由不安排或拖延安排律师会见,包括看守所根据侦查人员的要求不让律师会见。笔者也曾遇到过侦查人员以犯罪嫌疑人不愿接受会见律师为由,不安排会见的情况。对此违法不让会见的情况,律师只能通过据理力争,向公安机关的负责人及法制部门反映,或要求检察机关监督等途径,解决会见问题。近年来,贪污贿赂案件和渎职案件的侦查工作已由监察机关管辖,若留置期间律师无法会见被留置人,辩护律师只有在案件移送检察机关审查起诉时才能开始工作。

现行《刑事诉讼法》实施以来的实践表明,虽然会见程序的改变(律师可直接到看守所要求安排会见)会使“会见难”的局面有所改变,但实践中新的难题随之而来。特别是对敏感案件的会见,看守所和办案机关还会以种种理由不让会见或拖延会见。例如,将寻衅滋事、扰乱社会秩序案件归入危害国家安全、恐怖活动犯罪案件而不让会见。又如,将一些不符合“黑恶”犯罪构成要件的案件,如非法吸收公众存款、串通投标、非法拘禁、故意伤害等案件先作为“黑恶”案件处理,要求律师向律师协会书面汇报,再到侦查机关所在地司法行政机关办理登记后,才能去看守所办理会见手续。再如,以疫情防控为名,过度解读防控政策,连律师的视频会见申请都不予受理;或拖延安排会见日期至十天半个月之后,且限制会见时间在 1 小时之内等,影响律师及时有效履行职责。尽管《最高人民法院、最高人民检察院、公安部、国家安全部、司法部关于依法保障律师执业权利的规定》早在 2015 年 9 月 16 日就对律师会见作了明确具体的规定,如“看守所安排会见不得附加其他条件或变相要求辩护律师提交法律规定以外的其他文件、材料,不得以未收到办案机关通知为由拒绝安排辩护律师会见”,但律师会见难的问题,仍不能彻底解决。如何应对“会见难”和妥善处理会见中的问题,需要我们在实践中不断总结。

(三)律师在侦查阶段应注意的事项

1. 办齐委托手续

实践中,侦查机关因为担心律师会见会影响犯罪嫌疑人的讯问效果,时常会找一些借口不让律师会见。特别是犯罪嫌疑人亲属委托律师的,看守所就会以委托人与犯罪嫌疑人的亲属关系没有证据为由不让会见,所以律师事先要准备好户口簿、结婚证等亲属关系证明资料。笔者在某地办理一件刑事案件时，还遇到了申请会见时看守所以委托书不是统一格式文本为由不让会见的情况。此外还有办案机关或看守所要求律师事务所公函与存根联中间盖有骑缝章才予会见的。因此，办齐办好委托手续，避免办案机关或看守所找借口而拖延，是实践中需要注意的一个问题。

2. 依法会见和咨询

律师会见要做到依法会见。对法律允许的咨询和谈话，我们要根据法律规定坚持自己的办案权利。但是，法律不允许的我们坚决不要做。例如，禁止将手机拿给被告用，也不要将手机递给犯罪嫌疑人看里面的照片或文字信件，以免造成使用手机的嫌疑；不能帮助犯罪嫌疑人往外转递纸条，即使是给家属的与案件无关的信件也不能收转。实践中可以通过记载在会见笔录中之后再转告的方式处理；也不能将家属或所在单位有关财产转移的委托书、合同等文书交犯罪嫌疑人签字，更不能应犯罪嫌疑人的要求，将其银行卡等的密码带给家属，以免司法机关追赃无果后追究律师责任。早些年，也有律师应家属要求带食物进看守所给犯罪嫌疑人吃，以及带香烟等物品让其带回监房等情况；现此类情况已基本绝迹，但律师在会见中给犯罪嫌疑人抽烟的情况也常有发生。现各地看守所对此也严控严查，律师一定不要明知故犯此类低级错误。

3. 可向批捕机关要求不批准逮捕

侦查阶段公安机关对犯罪嫌疑人采取刑事拘留措施期满前，一般会向检察机关申请批准逮捕。律师如果认为犯罪嫌疑人无罪、罪轻不应逮捕或公安机关已经不同意取保候审，可以直接与检察机关负责批捕的部门联系，要求检察机关不予批准逮捕，并尽可能电话联系或面见承办检察官陈述不应逮捕的理由。一般应当采用书面形式，向检察机关出具律师意见书，叙明不应批捕的理由。例如，笔者曾经代理过的一起唐某正当防卫的案件，笔者与检察机关承办人交流了对案件性质的看法并提交了律师意见，最后成功“拦截”批捕，唐某也被无罪释放。现行《刑事诉讼法》和最高人民检察院发布的《人民检察院刑事诉讼规则》以及“两高三部”发布的《关于依法保障律师执业权利的规定》为律师介入审查批捕阶段以及羁押必要性审查创造了条件。近年来，随着“少捕、慎诉、慎押”的刑事政策、“认罪认罚从宽处理”制度和“企业刑事合规”等制度的推进，检察机关充分听取律师意见，对犯罪嫌疑人不批捕或批捕后改变强制措施的案件比例有大幅度的上升。律师应当充分“用足用好”政策，根据法律规定，通过提交律师意见书的方式，抢在批捕的“7 天关口”，为犯罪嫌疑人或被告人申请不予批捕，或在批捕后的羁押阶段，提出羁押必要性审查申请书，为犯罪嫌疑人或被告人申请变更强制措施，争取使案件依法“大事化小，小事化了”。

三、律师在审查起诉阶段的工作及注意事项

（一）审查起诉阶段的工作要“准”

1. 分析案卷材料要“准”

我国现行《刑事诉讼法》第 40 条规定：辩护律师自人民检察院对案件审查起诉之日起，可以查阅、摘抄、复制本案的案卷材料。《人民检察院刑事诉讼规则》第 47 条第 1 款规定：自人民检察院对案件审查起诉之日起，应当允许辩护律师查阅、摘抄、复制本案的案卷材料。案卷材料包括案件的诉讼文书和证据材料。诉讼文书包括立案决定书、拘留证、批准逮捕决定书、逮捕决定书、逮捕证、搜查证、起诉意见书等为立案、采取强制措施和侦查措施以及提请审查起诉而制作的程序性文书。技术性鉴定材料包括法医鉴定、司法精神病鉴定、物证技术鉴定等由有鉴定资格的人员对人身、物品及其他有关证据材料进行鉴定所形成的记载鉴定情况和鉴定结论的文书。

律师分析侦查卷中的这些材料要找准“点”。对于立案决定书、拘留证、提请逮捕决定书、逮捕证等程序性文书，我们要重点审查是否存在违反法定程序的问题；对于提押单，要将记载的提审时间、次数与讯问笔录时间、份数相对照，以分析侦查机关有无将全部讯问笔录收入案卷，有无遗漏或隐匿了对犯罪嫌疑人有利的讯问笔录；对于搜查证，要审查侦查机关的搜查是否存在违反法定程序要求的问题；对于鉴定文书，要审查鉴定机构的资质、鉴定人员的资格以及鉴定意见是否有依据等问题；此外，我们还要注意扣押物品清单中列举的物品内容，并与被告人进行核对，如有已被扣押但未列举的对被告人有利的证据要及时记录，以便在法院审查阶段向法院申请调取；对于起诉意见书，我们要研究起诉意见书中犯罪嫌疑人的身份、年龄等基本信息，起诉意见书对基本犯罪事实的认定，被告人在共同犯罪中的地位、作用、具体的罪责，以及有无认定被告人

从轻减轻或免除处罚的法定情节等。总之,案卷材料是律师审查起诉阶段工作的主要对象,也是我们确定辩护思路的主要依据。

2. 起草律师意见书的工作要“准”

律师在审查起诉阶段,可以向检察机关提出自己的律师意见。律师意见书主要针对起诉意见书在认定事实和适用法律方面存在的问题,提出一个总体的辩护意见。律师起草意见书要准确击中要害,不能信口开河。主要从认定事实和适用法律以及法定程序进行论述。事实认定部分主要根据侦查机关提交的证据材料着手,指出起诉意见书指控的犯罪全部或部分没有事实根据;法律适用部分要针对起诉意见书指控罪名的犯罪构成上进行分析和辩护。需要注意的是,律师在取得起诉意见书和案件材料后,要与被告人进行会见,向被告人了解并核实案件的基本事实;律师应当根据案卷材料反映的内容,与被告人陈述的事实进行分析对比,形成律师自己对案件的基本看法。

例如,笔者办理的黄某职务侵占案中,黄某系上海名红公司总经理,因与董事长有矛盾,被控告犯有职务侵占罪。公安机关的起诉意见书认定黄某有以下职务侵占事实:一是在公司报销私车修理费和汽油费;二是在公司报销亲友往返上海的飞机票;三是在公司报销买画送人的费用;四是在公司报销个人打官司的费用。笔者在审查起诉阶段介入后,通过阅卷、会见被告人,认为起诉意见书中列举的“犯罪事实”与客观事实不符,且适用法律错误,向公诉机关提交了《律师意见书》,要求依法作出不起诉决定。后公诉机关虽部分采纳了笔者意见,但仍向法院提起公诉。经一审、二审法院审理后,公诉机关撤回起诉,最终对黄某作出了不起诉决定。

(二)“阅卷难”和“调查取证难”的应对方法

1.“阅卷难”问题

在 2012 年《刑事诉讼法》施行以前,律师的“阅卷难”,一是获取全部案卷材料难,二是获取的方法难。律师在审查起诉阶段往往只能复印诉讼程序资料和技术性鉴定资料,其他证据材料难以全部取得。2012 年《刑事诉讼法》实施后,律师有权在审查起诉阶段复印全部案件材料,但实践中一些检察机关仍然以各种理由不配合律师行使这一权利,以“办案人员还未阅卷”“没有复印设备”等理由进行限制,甚至有的地方只允许律师以手抄的方式阅卷。近年来,随着检察机关执法理念和办公自动化水平的不断提高,律师“阅卷难”的问题已基本解决。现公安机关的侦查卷,在提交给检察机关后,已形成电子卷,律师可到检察机关要求刻制并取得电子光盘;也有不少检察机关已实现网上办公,律师通过网络提交委托手续后,就可以从网络上下载全部案卷材料,大大提高了律师工作效率。

但是,刑事诉讼阅卷难的问题对刑事被告人来讲,始终还是个难题。现行法律没有规定被告人也有阅卷的权利,律师也不敢把案卷材料拿给被告人阅看。实践中,律师往往是通过会见时提问的方式,向被告人核实事实。虽然现行《刑事诉讼法》第 39 条规定辩护律师“可以向犯罪嫌疑人、被告人核实有关证据”,“两高三部”发布的《关于依法保障律师执业权利的规定》第 10 条也有同样的规定,但有的省公、检、法、司“四部门”的联合发文中规定律师不得“将从办案机关复制的案卷材料给犯罪嫌疑人、被告人阅看”,以致发生多起律师因此被行业处分或行政处罚的情况。可见当前“阅卷难”的问题,还有待进一步解决。

律师在阅卷时,最基本的材料是公安机关的起诉意见书。这是公安机关在案件侦查终结时的概括总结,是需要检察机关对案件性质、主要事实认定和法律适用进行审查的主要文书,是检察机关审查后制作起诉书的基础文件。律师需要结合证据反复研读。

需要注意的是,起诉意见书是侦查机关写给公诉机关的内部文件,属于保密文件,不能复印给被告人家属(以防止其看后去寻找证人要求改变证言等),但可以告知被告人或家属侦查机关认定的罪名、基本犯罪事实和法律适用。

2.“调查取证难”问题

《律师法》和《刑事诉讼法》虽然赋予律师调查取证权,但在实践中,律师的调查职能一直有名无实。律师调查取证不具有强制性,需要被调查人的配合才能进行;律师向被害人进行调查,还需要经过办案机关和被害人的双重许可,而办案机关一般都不会同意律师进行调查取证。另外,律师调查取证又有很大的法律风险。我国《刑法》第 306 条规定的辩护人、诉讼代理人毁灭证据、伪造证据、妨害作证罪就像一把悬在律师头上的“达摩克利斯之剑”,随时可能终结律师的职业生涯。因此,律师对待调查取证要谨慎,尽量申请证人到庭作证或者申请检察机关或法院调查取证。

“调查取证难”的问题,一直是律师辩护工作的难题。这既是“老三难”的主要问题,也是与“新三难”有关的主要问题。关于“新三难”中包括了哪三难,无论是学界还是实务界,说法均有所不同,在此不再展开。律师调查核实证据,无论是客观书证,还是其他类型的证据,都非常困难。特别是对控方证人证言的调查核实,或申请控方证人出庭作证,更是难上加难。这些痼疾的解决,有待律师和司法机关的共同努力。

笔者曾办理过一起因调查控方证人而险遇执业风险的案件。富某是某饲料公司老总,公司向某粮油经营部购买一批玉米,由公司将 18 万元货款通过银行汇入粮油经营部账户。因粮油经营部向农民收购玉米需要现金,不收转账过来的钱,故经营部又将该 18 万元退到饲料公司老总富某个人的银行卡上,让富某取出现金后交给经营部。后来饲料公司有人知道了这个事情,认为富某未将粮油经营部退来的钱交回公司,是侵吞行为,遂向公安机关举报。公安机关羁押富某后,向粮油经营部的经理陈某作了调查笔录,陈某称富某在收到退回的 18 万元货款后,没有将 18 万元现金交给经营部。在审查起诉阶段,律师给陈某作了笔录,陈某讲富某收到退款后,到银行取出了 18 万元现金又交给了自己。证人陈某的这份笔录可以证明富某无罪。开庭前,为避免执业风险,辩护人未将这份笔录作为证据交给法院,而是申请法院通知陈某到庭作证。但是案件开庭的时候,证人却跑掉了。庭审中,公诉人宣读了陈某向侦查机关所作出的笔录后,辩护人只得提交并宣读了陈某向辩护人所作的笔录。因为两个笔录内容完全相反,公诉人当即要求休庭,并称证人陈某和辩护人有伪证嫌疑。2 个月后,陈某被公安机关抓回。在第二次庭审中,公诉人问证人陈某:“你向公安机关作的笔录和向律师作的笔录哪个是真的?”证人回答:“我向公安机关说的话是真的,向辩护人说的是假的。”公诉人又问:“那你为什么要说谎话,跟律师说收到了这笔现金?”当时笔者非常担心,因为通常证人都会说“是律师叫我这么说的”。而证人陈某却说:“因为公安机关叫我作证后要保密,所以我就骗了律师。”证人此话使笔者如释重负。于是,笔者就转守为攻。笔者问证人:“你是否出具过收到货款现金 18 万元的收条?”证人答:“出具过的,但我实际没有收到钱,是碍于朋友情面应富某的要求而出的。”笔者又问:“你是在何地写收条的?当时是否有他人在场?”证人答:“在富某公司里,有一个女的在。”这时,笔者再申请富某公司的一女同事到庭作证。该女同事证实:“证人陈某曾来公司富某处取走了一个包,富某讲这包钱你拿去了要给我写个收条,陈某就写了个收条。”在法庭辩论中，笔者指出陈某证言内容前后相反，先前的证言与其出具的收条矛盾，应当以书证为准。最终法院判决富某无罪。

（三）律师在审查起诉阶段应注意的事项

1. 研读全部案卷材料

律师在审查起诉阶段，要根据法律赋予的权利，取齐全部案卷材料并认真研读重点材料，进行案件分析和提出律师意见。律师在审查起诉阶段除了认真研读起诉意见书外，还要注意研读诉讼程序材料（如立案决定书、提请逮捕申请书）和全部证据材料。从立案到提请逮捕、批准逮捕等诉讼程序材料，是律师审查办案程序是否符合法律规定、案件定性，以及被告人是否具有自首情节等情况的基础材料。有时侦查机关立案的时候是一个罪名，后来可能增加为两个或多个罪名，或者改变罪名，对此律师应当仔细分析。例如，笔者曾办理一件职务侵占罪的案件。陈某是某公司的实际控股股东，为公司运营考虑，其将自己的股份挂在朋友张某名下。后陈某发现挂名股东张某有侵占公司财产的行为。为此，陈某冒签了张某名字去工商登记机关办理变更登记，将挂名在张某名下的股份过户到了陈某亲戚名下。不料张某知道后，向公安机关控告陈某非法侵占其股份。公安机关最初以盗窃罪提请检察院批准逮捕，检察机关审查后不予批捕。后公安机关又改变罪名，以职务侵占罪提请批捕，检察院仍不予批捕。案件几上几下，虽然最后还是以陈某涉嫌职务侵占罪将案件起诉至法院，但从这些罪名变更和提请批捕的材料中，律师寻找到案件的不少突破口和辩护理由，最终法院否定了该罪名。最近，笔者又办理了一起阅卷发现重要线索、最终被认定的自首案件。该案案卷材料反映，被告人最初因涉嫌行贿被监察机关留置。其在交代行贿行为的同时，还交代了虚开发票犯罪事实。后监察机关将虚开发票案移送公安机关处理。审查起诉阶段，笔者向检察机关提出，被告人在羁押期间主动交代不同类型犯罪的，其行为属于特别自首。后检察机关采纳了笔者的意见，在起诉书中认定了被告人具有自首情节。

2. 适当提出律师意见

如果案件在是否构成犯罪方面争议较大，律师可以在审查起诉阶段向公诉机关提出书面的律师意见。律师书面意见应当根据案件证据事实，进行法律适用的全面分析，以争取公诉机关对案件不予起诉；如果是对案件罪名性质有异议,律师可在此罪与彼罪的构成要件方面进行详略分析,以达到正确适用法律、“重罪改轻罪”的目的;如果是对认定事实有异议,律师提出的意见特别是事实证据方面的意见,视不同情况可以有所保留。有的案件不必将事实证据分析得太透彻,因为公诉机关很有可能针对律师提出的意见退回补充侦查,完善其起诉证据,这样会给律师下一步的工作会带来难度。因此,对于事实和证据上存在较大漏洞的案件,公诉机关又听不进律师意见的,律师也可以留在法院审理时“再做文章”。

例如,笔者曾担任过第一例“大海捞铁”案主犯方某的辩护人。方某等人是浙江台州渔民,得知有一艘运载钢材的货轮在台州海域沉没,在探测到沉船的位置后,方某等人与一些福建渔民准备了打捞工具前去打捞。几人在打捞过程中被海警抓获。公安机关侦查完毕后,以方某等人涉嫌盗窃罪将案件移送给检察机关。接受方某家属委托后,笔者认为该案中方某等人是否构成犯罪存在较大争议,需要在审查起诉阶段向检察院提出律师意见,以争取检察院对案件不起诉。为此,笔者起草了律师意见书递交给检察院。考虑到案件发展的趋势,笔者着重就方某是否构成盗窃罪提出了法律适用上的意见,但对公安机关没有查明的几个关键事实,笔者有意作了保留而未详细提出。这是考虑到如果检察机关可能会坚持认为构成盗窃罪而将事实问题退回补充侦查,将给律师之后在法院的辩护带来困难。

四、律师在审判阶段的工作及注意事项

(一)罪与非罪的辩护要“准”

1. 犯罪构成上的罪与非罪

犯罪的构成要件,是指法定的确立犯罪的必要条件。按照我国刑法理论的传统通说,犯罪构成要件有四个方面,即犯罪客体、犯罪客观方面、犯罪主体、犯罪主观方面。近年来,犯罪构成的理论也有“三阶层”或“二阶层”的理论。犯罪构成要件主要是法律适用上的问题。就刑事辩护角度而言,如果公诉机关追诉的犯罪行为在犯罪构成上存在问题,律师可以就此做犯罪构成上的无罪辩护。

(1)犯罪构成上的无罪辩护要准确把握法律规定

律师如果做无罪辩护,首先应当准确理解案件具体适用的《刑法》规定。犯

罪构成是《刑法》总则与分则的有机统一体，并非仅仅由我国《刑法》分则内容决定，不能简单地认为分则条文都完整地规定了犯罪构成要件。我国《刑法》第14条规定：“明知自己的行为会发生危害社会的结果，并且希望或者放任这种结果发生，因而构成犯罪的，是故意犯罪。故意犯罪，应当负刑事责任。”因此，各种犯罪的故意内容，必须同时根据《刑法》分则对客观构成要件的描述和《刑法》总则的规定予以确定。

在研究涉案罪名的具体犯罪构成时，应当对《刑法》分则的条款进行研究，准确把握分则规定的犯罪主体要件、犯罪主观要件、犯罪客体要件、犯罪客观要件等，并对照案件的现有证据，发现其中可以为被告人进行辩护的要点。

另外，我国《刑法》中既有叙明罪状（条文对具体犯罪的基本构成特征作了描述，如《刑法》第217条规定的侵犯著作权罪），也有简单罪状（条文只简单地规定罪名或者简单描述具体犯罪的基本构成特征，如《刑法》第264条的盗窃罪）。特别是对简单罪状，律师应当根据刑事审判司法实践和理论通说，分析罪名的各个构成要件，不可浮于表面。

例如，笔者办理的“大海捞铁”案，就涉及对深海打捞沉船是否构成盗窃罪的问题。根据我国《刑法》和司法解释的规定，盗窃罪侵犯的客体是公私财物的所有权，犯罪对象即被盗的财物应当是权利人占有和控制的财物。对于方某等人打捞深海沉船的行为，首先从犯罪客体来看，该案中权利人对沉船上的货物已经放弃了所有权并申请了保险赔偿，客观上也已实际丧失了对货物的占有、使用、收益和处分的权能，此时被告人打捞取得沉船上钢材的行为并不侵犯我国《刑法》所保护的社会关系，虽可以构成民法上的不当得利，但该行为不构成犯罪。其次从犯罪对象来看，权利人对沉船上的钢材没有设置浮标或作出警示，更谈不上进行有效看管，事实上，沉船漂离原沉没点2海里，原所有权人对沉船失去控制，而且，原权利人也因打捞成本过高而放弃所有权，因此涉案钢材已属于无主财产，不能成为盗窃罪的犯罪对象。而且本案中原权利人对沉船上的钢材也不成立“观念上控制”的情况。因此，本案中方某等人在深海打捞沉没钢材的行为，不符合盗窃罪的客体要件，其打捞的钢材也不能成为犯罪对象，其行为没有盗窃罪的客观行为和主观故意，因此不构成盗窃罪。此类案件中，主要存在一个法律适用问题，辩护人应从犯罪构成要件入手并结合案件事实，进行详细的分析和辩护。

又如，笔者办理了陈某私分国有资产案。陈某系浙江某建设开发公司总经理。该公司的前身是某银行的咨询服务部，1985 年设立后于 1987 年经上级银行和当地计划委员会批准改名为投资咨询公司，企业性质由全民所有制变更为集体所有制。工商管理机关办理了集体所有制企业的变更登记。1999 年在清理公司进行企业产权界定时，当地经济委员会向该公司（当时已更名为建设开发公司）颁发了《城镇集体资产产权登记证》。2009 年，作为主管部门的“中建投”公司将该公司资产定向拍卖给建设开发公司的职工技术协会后，公司变更登记为建设开发有限公司。之后，由于房地产行业的发展，公司一跃成为当地的龙头企业和纳税大户，由此也与一些主体产生了一些利益冲突。有人举报该企业是“假集体、真国有”，要求司法机关予以查处。当地某区检察院因此介入，以贪污罪羁押了总经理陈某等三人。侦查终结后，检察院以私分国有资产罪向法院起诉陈某等三人。对于该案，笔者主要从犯罪构成要件方面进行了辩护，认为陈某不构成犯罪。

（2）犯罪构成上的无罪辩护要准确抓住案件的关键缺口

一般而言，如果公诉机关指控的罪行不符合犯罪构成要件，律师可以为被告人做无罪辩护。不过，公诉机关追诉的犯罪行为不会完全偏离《刑法》的规定，大多数情况下都处于事实认定和法律适用的模糊边缘。此时，辩护律师应当紧紧围绕公诉机关提供的证据和起诉书涉及的法律适用中争议较大的问题，去寻找案件的突破口。例如，在受贿案件中，无罪辩护大多集中在被告人是否“利用职务便利”；在合同诈骗案件中，主要也是从是否具有非法占有目的，在合同诈骗与合同违约等区别上进行辩护。

笔者曾办理过一起公路建设公司老总吴某涉嫌合同诈骗、虚假出资等三罪而最终被无罪释放的案件。某公路建设公司老总吴某，因公司股权、施工工期等原因与地方政府发生冲突。后公安机关以吴某涉嫌虚假出资、抽逃出资、合同诈骗犯罪为由，将吴某羁押。笔者参与后，在审查起诉阶段向检察机关提出：首先，虚假出资是指没有真实的出资投入，而本案吴某投入公司的注册资金虽然是向他人所借，但已经投入公司，借款也已经由吴某筹集归还；其次，抽逃出资罪是将公司注册资本抽走，而本案注册资本已全部投入工程建设，已由货币资本转化为实物资本，不存在抽逃的情况；最后，合同诈骗罪必然要有非法占有目的以及将他人财物占有不予归还的事实，而本案中吴某将融得的资金全部投入工程建设中,虽然有逾期归还的违约事实,但没有非法占有不还的故意和行为,故也不构成合同诈骗罪。笔者通过对每种犯罪行为关键点的论述,清楚地论证了司法机关指控的罪名均不能成立。该案经县、市、省三级检察机关公诉部门审查,法院最终认定吴某及同案人的行为不构成犯罪,吴某等被无罪释放。

因此,律师进行无罪辩护,应当准确抓住案件的关键突破口,集中全力攻其重点,才能争取到较好的结果。

2. 证据认定上的罪与非罪

现行《刑事诉讼法》第200条第3项规定:“证据不足,不能认定被告人有罪的,应当作出证据不足、指控的犯罪不能成立的无罪判决。”这是律师进行证据不足的无罪辩护的法律依据。因证据不足而进行的无罪辩护,同样需要注意“准”。

(1)把握刑事诉讼证据“三性”要准确

刑事诉讼证据与民事诉讼证据一样,同样应当符合证据的客观性(真实性)、关联性和合法性要求。民商事等案件对证据一般偏重关联性的审查,但刑事案件则多偏重对合法性和客观性的审查。民商事案件各方当事人都会提供多种类型的证据以支持其诉讼请求,其中往往有与案件无关的证据,因此证据的关联性问题较多。而刑事案件主要是公诉机关负举证责任,证据的关联性争议不多,主要集中在证据来源的合法性和客观性问题上。

律师在进行证据认定上的无罪辩护时,应主要在证据的合法性和客观性上找突破口。细分而论,可以从证据的形式合法性和实质合法性上进行分析。例如,对于口供等证据,应当审查是否有两位侦查人员进行讯问(形式合法),是否存在刑讯逼供(实质合法);对于鉴定意见,应当审查鉴定人员是否有鉴定资格(形式合法),鉴定意见是否符合客观真实(实质合法),等等。律师对于证据合法性的审查应当准,应当有客观依据和充分把握,不能轻信被告人的说法,随意否认公诉机关提供的证据的合法性。否则,不仅不能收到良好的庭审效果,还会引起公诉机关对辩护人和被告人的“反攻”,徒增辩护压力。

例如,笔者担任二审辩护人的张某被控受贿犯罪案中,原审判决认定张某担任某发改局科技科科长期间,利用职务之便,以借款等名义多次索要或收受业务单位及个人钱款30余万元。二审期间,笔者向法院提交了辩护意见,就原审判决认定的每一笔受贿款的证据合法性和证明力逐一进行了分析，认为这些款项有部分是张某向他人的正常借款，均有借条和还款凭证来证明，原审判决关于张某利用职务之便非法收受或索要他人财物构成受贿的认定没有事实根据，依法不能成立。

又如，笔者担任辩护人的黄某被控职务侵占案中，公诉机关提供证据证明：张某为某公司股东，占有公司60%的股份。黄某为该公司财务经理。公司经营期间，黄某与公司另一名股东王某通过窃取公司营业执照、私刻公司印章、伪造被害人张某签名等方式，将张某持有的公司股份非法转让至黄某亲戚名下。黄某的行为构成职务侵占罪。笔者担任黄某的辩护人后，对公诉机关提交的多份证据逐一质疑：本案实际出资人是黄某，张某只是黄某的挂名股东，并非实际出资人，对此银行汇款凭证等书证均可证实。公诉机关仅凭张某的一面之词就认定张某对公司享有股份，根本不能成立；黄某作为公司实际出资人，控制着公司印章、营业执照等材料，不存在还要从张某处窃取的问题；公司印章是合法刻制的，不存在私刻问题；且黄某也没有伪造张某签名等行为。公诉机关指控的事实与辩护人提交的客观书证完全相反，控方证据明显不足，依法不能认定犯罪。法庭上，公诉人与辩护人唇枪舌剑，庭审也足足进行了两天。通过庭审中的举证和质证，黄某不构成职务侵占罪的事实非常明确。一审法院最终虽然认定黄某不构成职务侵占罪，但认定黄某伪造自己公司的印章，以伪造印章罪定罪量刑。

（2）证据链的分析要准确

公诉机关要指控被告人，需要提供能证明被告人犯罪的完整证据链；辩护律师要无罪辩护成功，则必须打破这一证据链。因此，无论是对证据“三性”的审查，还是对非法证据的排除，辩护律师最终想要达到的就是在证据链条上打出缺口。对此，律师必须对案件证据全面审查，逐一分析，准确把握。

根据刑事证据理论，证据链是指由两个或两个以上不同的证据链节组成的，通过链头的相互联结形成的联结点以及链头与链体的客观联系，内容能得到相互印证并体现或提高证据的证明力，用以证明案件事实的证据集合体。分析证据链，辩护律师应当从这几方面入手：第一，证据链是否完整。律师应当准确分析各个单一证据之间是否能环环相扣，是否能形成完整、闭合的证据链，并最终得出被告人犯罪的结论。第二，证据链的证明力是否足够排除合理怀疑。

有时候，证据可以形成一个证据链证明犯罪事实，但是该证据链的证明力较弱，不能排除法官的合理怀疑，此时律师应当提出充分而有说服力的辩护意见。

这里讲一个笔者辩护的薛某被控持有假币案。某公安机关接到群众举报称有人携带假币乘坐某长途大客车。为此公安机关拦截了该辆大客车进行检查，发现车内有一只旅行袋无人认领，内装巨额假钞和一张薛某的身份证。公安机关据此通缉薛某。薛某被抓后称自己的身份证早已遗失。但公诉机关提供了其他证据证明薛某的犯罪事实：一是大客车的司机和售票员均证实，当天薛某打来电话，并在途中上了车，但公安机关检查时薛某已失踪；二是司机和售票人员所讲的薛某的手机号码和薛某承认的手机号码一致。控方认为根据这些证据足以认定薛某的犯罪事实。笔者担任二审薛某辩护人后，向法庭提出：首先，装假币的包内有薛某的身份证并不能证明薛某就是假币的携带者，且薛某遗失身份证后有报失和补发的证据。其次，群众举报的是该大客车上有人携带假币，大客车的司售人员本身也有作案嫌疑。在没有其他无利害关系的乘客证实的情况下，司售人员的证言不能单独证实指控事实。最后，薛某与司售人员是熟人，相互知道电话号码也证明不了问题。因此，本案应当根据疑罪从无的原则宣告薛某无罪。二审法院采纳了笔者的辩护意见，将案件发回重审。一审法院重审后仍坚持原判；经再次上诉，二审法院最终判决宣告薛某无罪。该案中，笔者就是抓住案件证据链上的缺口，从疑罪从无的角度来辩护，取得了很好的效果。

又如，笔者办理的戚某抢劫杀人案中，戚某因抢劫杀人一审被判处死刑。戚某不服提起上诉，提出自己不存在抢劫杀人事实，要求二审宣告无罪。笔者担任其二审辩护人后，着重从证据的充分性和证据链是否完整的角度，论证该案主要事实不清、证据不足，不能排除他人作案的可能性，要求根据 2012 年《刑事诉讼法》第 195 条第 3 项的规定，作出证据不足、指控的犯罪不能成立的无罪判决（辩护词详见本章附录 2－5），后二审法院作出了撤销原判、发回重审的裁定。

（3）准确把握非法证据排除规则

现行《刑事诉讼法》第 56 条规定：“采用刑讯逼供等非法方法收集的犯罪嫌疑人、被告人供述和采用暴力、威胁等非法方法收集的证人证言、被害人陈述，应当予以排除。收集物证、书证不符合法定程序，可能严重影响司法公正的，应当予以补正或者作出合理解释;不能补正或者作出合理解释的,对该证据应当予以排除。在侦查、审查起诉、审判时发现有应当排除的证据的,应当依法予以排除,不得作为起诉意见、起诉决定和判决的依据。"《最高人民法院关于适用〈中华人民共和国刑事诉讼法〉的解释》第137规定:"法庭对证据收集的合法性进行调查后,确认或者不能排除存在刑事诉讼法第五十六条规定的以非法方法收集证据情形的,对有关证据应当排除。""两院三部"于2017年6月发布的《关于办理刑事案件严格排除非法证据若干问题的规定》,对各类情况下的非法证据排除问题,作出了详细明确的规定;《人民检察院刑事诉讼规则》第66条规定,"对采用刑讯逼供等非法方法收集的犯罪嫌疑人供述和采用暴力、威胁等非法方法收集的证人证言、被害人陈述,应当依法排除"。这些规定确立了我国刑事审判中的非法证据排除规则。

对此,律师首先应当准确理解我国《刑事诉讼法》中的非法证据排除规则。第一,我国的非法证据排除规则一般只限于取证程序违法的证据;第二,非法手段有明确规定。因此,如果有确凿的依据或明确的线索,应当向审判机关提出,要求排除该非法证据。

需要指出的是,《人民检察院刑事诉讼规则》第341条规定:"人民检察院在审查起诉中发现有应当排除的非法证据,应当依法排除,同时可以要求监察机关或者公安机关另行指派调查人员或者侦查人员重新取证。必要时,人民检察院也可以自行调查取证。"因此,排除了非法证据并不代表辩护大功告成。不过从律师辩护角度来说,非法证据的成功排除不仅可以鼓舞"士气",扭转刑事审判中的控辩局势,还能展现辩护律师的职业风采。

3. 阻却违法事由上的罪与非罪

排除事由上的罪与非罪,主要是指在某些情况下,虽然被告人的行为在形式上符合犯罪的构成要件,但由于存在法律的特殊规定,被告人不需要负刑事责任。律师对此类案件进行无罪辩护时,应当着重研究被告人的行为或情节是否符合排除事由的法律规定,适当提出辩护意见。

我国《刑法》第20条第1款规定:"为了使国家、公共利益、本人或者他人的人身、财产和其他权利免受正在进行的不法侵害,而采取的制止不法侵害的行为,对不法侵害人造成损害的,属于正当防卫,不负刑事责任。"该条第3款规定:"对正在进行行凶、杀人、抢劫、强奸、绑架以及其他严重危及人身安全的暴力犯罪，采取防卫行为，造成不法侵害人伤亡的，不属于防卫过当，不负刑事责任。”这是我国《刑法》对正当防卫可以不负刑事责任的规定，是律师进行无罪辩护的依据。

律师进行正当防卫的无罪辩护，应从案件现有证据中寻找可以证明被告人的行为属于正当防卫的依据。就实践角度而言，做正当防卫辩护需要把握如下几点：第一，要论证加害人存在侵害被告人合法权益的行为。如果案发现场有目击者，可以申请法院通知证人到庭作证。第二，要论证被告人的防卫行为是由被害人的伤害行为引起的，两者之间存在引起与被引起的因果关系。这方面的论证主要可以从时间因素加以说明，即证明加害人的侵害行为在先、被告人的防卫行为在后，且不存在事前防卫和事后防卫的情况。第三，要寻找正当防卫的各种表现因素。如被告人使用的刀具等并非事先准备的；加害人手持刀具或带有同伴，而被告人赤手空拳或单身一人；加害人的侵害行为的违法性等情况。对正在进行行凶、杀人、抢劫、强奸、绑架等严重危及人身安全的暴力犯罪采取防卫的正当防卫辩护，辩护成功的可能性更大。对此，律师应当从证据上寻找加害人存在上述暴力行为的事实，增强辩护的说服力。

笔者曾经担任过一件无限防卫案的辩护人。某企业家唐某因连砍“被害人”5 刀致使其流血不止而死亡，公安机关以涉嫌故意伤害罪拘留了唐某，并提请检察机关批捕。笔者向唐某家属了解案情后，认为唐某行使的是无限防卫权，不构成犯罪。为此，笔者向检察机关提出，本案“被害人”携带汽油瓶到唐某家中敲诈，在汽油洒向唐某及家人并即将点燃的紧要关头，唐某用厨房的菜刀连砍“被害人”，才制止了危害结果的发生，因此本案属于明显的正当防卫。公安机关关于砍的刀数太多、力度太大，属于防卫过当构成故意伤害（致死）罪的观点不能成立。笔者还将《最高人民法院公报》上刊登的浙江台州一个小店主行使防卫权刺死两人被宣告无罪的案例交给检察官参考。两天后，检察机关作出了不批准逮捕的决定，唐某被无罪释放。

4. 对冲作用——无罪辩护的从轻处理效果

在某些情况下，被告人的行为并不完全符合宣告无罪的条件，但是依照《刑法》规定作出有罪判决并处以实刑又有失合理。此时，律师可以考虑为被告人做无罪辩护，以达到与公诉机关的指控相对冲，使法官在对被告人量刑时，从罪责刑相适应等量刑原则考虑，对被告人作出从轻、减轻处罚量刑或适用缓刑。

对于这种无罪辩护方式,辩护律师可以选择运用。有的案件为稳妥起见,可以“脚踏两只船”,最好分别由两家律所的律师作为辩护人,一人做无罪辩护,一人做罪轻并适用缓刑的辩护。

律师进行此类无罪辩护,要准确和详细地论证被告人的行为与《刑法》规定的犯罪构成要件之间的差别。从辩护实践来看,对于此类无罪理由不是特别充分的案件,辩护切入点主要是被告人的犯罪故意、犯罪行为特征、社会危害性等问题。例如,在职务侵占案件中,辩护律师可以从被告人没有将单位财物占为己有的角度进行辩护;在挪用资金案件中,辩护律师可以从被告人的行为不符合挪用资金归个人使用的角度进行辩护等。对各种类型的案件,律师应注意在实战中多总结归纳。

律师做此类无罪辩护,应当在辩护策略上留有余地。由于律师无罪辩护的目的不在于要求法院宣告无罪,而是希望通过辩护争取法院对被告人从轻处罚,因此,律师应在辩护策略上留有余地。在只有一名律师进行辩护时,除力陈无罪理由外,也可以同时做“退一步讲”“即便”的“骑墙辩”;即使认定被告人构成犯罪,也应当对被告人做大幅度的从轻处罚或减轻处罚并适用缓刑。

例如,笔者曾担任过一起挪用资金和职务侵占案件的二审辩护人。冯某因涉嫌挪用资金和职务侵占犯罪,被检察机关提起公诉。一审法院审理后认定:冯某在担任某国有创投公司总经理职务期间,利用职务上的便利,挪用国有公司及其子公司的资金,将其用于为自己控制的飞鸿公司进行增资扩股,其行为属于挪用公司资金归个人使用,已构成挪用资金罪。冯某还利用职务上的便利将国有公司及其子公司的资金转入飞鸿公司,用于冲抵冯某在飞鸿公司中自己的股本金空缺,从而实际上将这些资金占为己有,其行为构成职务侵占罪。为此,法院以职务侵占罪和挪用资金罪判处冯某有期徒刑 10 年。笔者担任冯某二审辩护人后认为,该案很难在二审改判冯某无罪,但可以用无罪辩护来对冲一审判决,争取使二审改判降低冯某的刑期。笔者在二审的辩护词指出:飞鸿公司是为配合国有创投公司对外投资而由创投公司中相关人员组建的公司。冯某使用国有公司资金对外进行股权运作,是为了让飞鸿公司收购另一公司在国有创投公司中的股份,并让飞鸿公司完成员工持股的方案,其行为符合国有创投公司的经营目的。这些资金在财务上进行冲抵应收账款,是为了暂时让飞鸿公司的账目达到平衡,保持一定的资产额,以继续进行股权收购。因此,冯某既不存在挪用资金的问题,也没有用国有公司的资金来冲抵自己的出资款从而非法占有该款的问题。一审法院在对这些资金使用的背景、使用的用途、使用的方式均未查明的情况下,就草率认定冯某的行为构成犯罪,是错误的。由于辩护人的无罪辩护理由比较充分,二审法院虽然没有改判冯某无罪,但还是改变了一审认定的部分事实和撤销了一审的量刑,并大幅度减少了冯某的刑期。

(二)此罪与彼罪的辩护要“准”

1. 此罪与彼罪的辩护要慎重

我国《律师法》第 31 条规定:“律师担任辩护人的,应当根据事实和法律,提出犯罪嫌疑人、被告人无罪、罪轻或者减轻、免除其刑事责任的材料和意见,维护犯罪嫌疑人、被告人的诉讼权利和其他合法权益。”我国现行《刑事诉讼法》第 37 条也有相似的规定。因此,律师的辩护重点是提出被告人无罪、罪轻或者减轻、免除刑事责任的意见。在实践中,律师如果就罪名适用,即对此罪与彼罪的对比辩护应慎重,一般只需辩护不构成某重罪,而无须论证构成某轻罪。只有在必要的情况下,才可以采用这一辩护方式。

2. 此罪与彼罪的辩护方式要准确

(1)要准确把握此种辩护方式的前提

首先,律师进行辩护,应当准确把握公诉机关起诉的罪名与其他罪名之间在量刑上的差别。只有当其他罪名的量刑显著轻于被控罪名时,才可以做此种辩护。要防止将轻罪辩成重罪的情况出现,防止辩护律师因此反成“被告”,被被告人家属投诉的情况出现。其次,案件的现有证据应当能符合其他罪名的构成要件,也就是说,彼罪辩护应当有较为充足的法律依据,否则不提倡做彼罪辩护。最后,在做无罪辩护依据不够充分,而做罪轻辩护力度不大的情况下,衡量得失后方可采用彼罪辩护。

例如,笔者担任赵某集资诈骗罪一案辩护人时,就采用了改变罪名的辩护方法。赵某向其认识的多人进行借款累计总额达到 2 亿多元,并约定支付高额的借款利息用以做化妆品生意和期货交易。后因操作期货交易不当导致资金链断裂,无法继续支付借款人的高额利息。因借款人举报,赵某被公安机关羁押并移送检察机关审查起诉。检察院以赵某涉嫌集资诈骗罪和非法吸收公众存款罪对赵某提起公诉。笔者阅卷后认为,该案中赵某的行为不构成集资诈骗罪,而是非法吸收公众存款的行为。首先,赵某没有借了不还的“非法占有”故意。其5年来一直按约归还本息,信誉很好,只是在2008年12月底资金实在无法周转时才停止支付。其次,赵某没有“外逃”的行为。其在事发后曾到过公安机关去自首。最后,赵某购买房产等物品的行为也不是“挥霍”。“挥霍”应当是无端消耗并消耗殆尽,而赵某购买的这些物品的价值依然存在,有些物品如房产等还在增值,这些房屋等物品价值可以用来清偿部分债务。而且,公诉人关于赵某以做化妆品、炒期货利润丰厚为由诈骗钱财的说法也不能成立,因为该案中的证据可以证实赵某确实一直在做化妆品生意,也在进行期货交易。因此,赵某没有集资诈骗罪的故意和行为,不构成集资诈骗罪。其行为符合非法吸收公众存款罪的构成要件,应按非法吸收公众存款罪定罪量刑。虽然法院审理后没有改变定性,但考虑到案件的各种从轻情况,法院对赵某判处了较轻的刑罚。像这类案件,做无罪辩护没有充足的事实和法律依据,律师辩护可以从罪名入手,以达到从轻处罚的效果。

又如,笔者担任辩护人的李某被控受贿罪案中,公诉机关起诉称,李某受国有公司委派到国有参股的公司中从事公务,并利用国家工作人员职务之便,非法收受他人钱财,为他人谋取利益,其行为已构成《刑法》第385条规定的受贿罪。笔者阅卷后认为,被告人李某既不是国家工作人员,也不是受委派从事公务的人员,其受贿不是公务受贿而是商业受贿,该案依法不应按《刑法》第385条规定的受贿罪定罪。因此,对被告人李某的受贿行为应按《刑法》第163条规定的非国家工作人员受贿罪定罪量刑。同时,笔者还指出,被告人李某在纪委“双规”初期,就主动交代了纪委没有掌握的大部分受贿事实,其认罪态度好,退赃积极,应当认定有自首情节做大幅度的从轻处罚。通过对罪名和从轻情节的辩护,法院最终对李某予以从轻处罚。

(2)指控罪名不成立的辩护方法

律师进行彼罪辩护时,有时候可以采用指控罪名不成立的辩护策略。律师可以在庭审辩护中指出公诉机关指控的罪名不成立,但不指明被告人的行为构成何种犯罪。在庭审之外,律师可以与法官进行沟通,探讨案件应当适用的罪名。这种辩护方法既可以对冲公诉机关的指控罪名,也不会与我国《律师法》规定的律师辩护职责相冲突。实践当中对这种方法采用得比较多。

(3)关于单位犯罪辩护

我国《刑法》第 31 条规定,“单位犯罪的,对单位判处罚金,并对其直接负责的主管人员和其他直接责任人员判处刑罚”。单位犯罪中的行为人受到的处罚一般比个人犯罪要轻,故某些案件中辩护人可以从单位犯罪的角度为被告人做罪轻或无罪辩护。

律师作单位犯罪辩护时,应当注意以下几个问题:①应当论证案件符合单位犯罪的构成要件。单位犯罪的主体包括公司、企业、事业单位、机关、团体;单位犯罪是在单位的意志支配下实施的,犯罪故意主要体现了单位的集体意志,犯罪行为的利益指向为单位而非个人。②如果个人为进行违法犯罪活动而设立的公司、企业、事业单位实施犯罪,或者单位设立后以实施犯罪为主要活动的;或者盗用单位名义实施犯罪,违法所得由实施犯罪的个人私分的,公诉机关是以共同犯罪提起公诉的,辩护人应当慎重考虑是做单位犯罪辩护还是从犯从轻辩护,并视主犯的辩护意见来调整自己的辩护方案。③在审判实践中,有时候检察机关把单位犯罪当作个人犯罪起诉。在此情况下,法院一般只在判决中对单位犯罪的事实予以认定,但不出现单位犯罪的表述,不引用单位犯罪的条款。对此,辩护律师可以做单位犯罪辩护,争取让法院在量刑时考虑单位犯罪的实际情况,参照单位犯罪的法定刑进行量刑。

一般来讲,刑事案件被认定为单位犯罪,对同时被列为被告的自然人是有利的。虽然法律规定对单位犯罪实行“双罚制”,既要处罚单位,又要处罚个人。但有不少类型案件单位犯罪的入刑起点比个人犯罪要高,量刑标准要低。为此,在对单位犯罪和个人犯罪有争议时,为自然人辩护的律师,应尽可能往单位犯罪方面去辩护,以减轻个人犯罪的刑期和罚金,或在审查起诉阶段争取“相对不起诉”。在当前大力改善营商环境,落实“六稳”“六保”方针政策,以及“企业刑事合规”和“认罪认罚从宽处理”刑事政策的今天,对于破坏环境、虚开发票、逃税、串通投标等常见单位犯罪案件,律师的单位犯罪意见如能被公、检、法机关采纳,将会产生良好的法律效果和社会效果。

(三)罪轻辩护要“准”

我国《刑法》在总则部分规定了多种类型的从轻、减轻以及免予刑事处罚的量刑规定。在刑事辩护实践中,罪轻辩护是最为常用的辩护方式。律师在进行罪轻辩护时，要做到准确理解法律规定，准确提出量刑意见。

1. 法定从轻情节的辩护

我国《刑法》总则部分规定的法定从轻情节主要有：主体年龄上的法定从轻（《刑法》第 17 条第 2 款）；防卫过当和避险过当的法定从轻（《刑法》第 20 条第 2 款、第 21 条第 2 款）；犯罪形态上的法定从轻（《刑法》第 24 条第 2 款）；犯罪地位上的法定从轻（第 27 条第 2 款、第 28 条）；自首立功的法定从轻（《刑法》第 67 条、第 68 条）等。在这些法定从轻情节中，主体年龄上的法定从轻属于客观事实，一般不存在争议。实践中法定从轻辩护主要集中在犯罪形态、犯罪地位、自首立功等因素上。

关于从犯的从轻辩护，律师应当立足于案件现有的证据材料，从最初犯意的形成、犯罪行为实施中的分工、被告人行为的情节、行为的社会危害等方面进行论证。在控辩过程中，公诉机关一般都会从共同犯罪的外部和整体角度，认为案件的各被告人相互协作、配合和补充，都参与共同犯罪，都与犯罪结果有因果联系，不存在主从之分。对此，辩护律师应当从共同故意的形成和共同犯罪实施中所起的作用角度进行辩护。另外，律师在庭审过程中，也应当注意技巧，特别是向同案犯提问时，要注意提问方式和准备好提问内容，不提可能对委托自己的被告人不利的问题，也尽量不要激怒同案犯，导致其故意推脱责任。

关于自首和立功的法定从轻辩护，律师应当在会见被告人时告知其立功的从轻处罚规定，告知其如果有立功机会应当积极争取。对于被告人确有自首、立功情节，但公诉机关或法院未予查证或认可的，辩护律师应当及时通过书面、电话等形式与相关机关联系沟通，为被告人确认自首、立功情节，争取最后的从轻处罚机会。

2. 酌定从轻处罚辩护

酌定从轻处罚辩护，是指根据《刑法》的规定，法院对于被告人虽不具有法定从轻情节，但具有相关从轻、减轻或免予刑事处罚的酌情考虑情节，可以在量刑时予以体现。虽然法院对于酌定从轻情节并非一定要作出从轻量刑，但是根据刑事审判实践，如果被告人确实具有酌定从轻处罚的事实，法院一般都会予以相应的量刑考量。对于酌定从轻处罚情节，辩护律师应当更加注重对证据的分析，用事实说话，使法官对被告人具有的从轻情节产生内心确信。

例如，笔者担任辩护人的某省新闻出版局局长罗某死刑改判案中，罗某因受贿罪一审被判处死刑。一审法院判处死刑的理由除了受贿数额特别巨大外，还有两点：一是罗某指使下属单位违规出借人民币1000万元给一企业未收回，造成国家巨额损失无法挽回；二是罗某在法庭上狡辩，态度恶劣。针对这两条从重理由，笔者在二审期间多次到借款企业取证，证明该1000万元借款虽然未用现款归还，但后来已用一个厂的厂房、土地等实物偿债，其损失已全部挽回，不存在给国家造成巨额损失未挽回的事实；至于认罪态度问题，笔者认为这是被告人依法行使辩护权，且一审法院已部分采纳被告人的辩解，对两笔相同情况的款项，一笔认定为借款，另一笔认定为受贿，这说明被告人对其行为性质的辩解是有一定理由的，并不是狡辩，更不是认罪态度恶劣。二审法院审理后全部采纳了笔者的辩护意见，改判罗某死缓。

3. 缓刑辩护

我国《刑法》第72条规定，对于被判处拘役、3年以下有期徒刑的犯罪分子，犯罪情节较轻，有悔罪表现，没有再犯罪的危险，宣告缓刑对所居住社区没有重大不良影响的，可以宣告缓刑。

依照我国《刑法》对缓刑的规定，辩护律师应当就被告人的犯罪情节、悔罪表现、人身危险性和社会危害性等方面提出适当、准确的辩护意见，争取法院采纳。缓刑作为实质上的一种从轻处罚的方式，能够及时使被告人获得人身自由，就辩护成果而言仅次于宣告无罪和免予刑事处罚。因此，在符合法律规定的情况下，辩护律师应当积极为被告人争取缓刑。在辩护实践中，缓刑辩护往往与轻罪、从犯、未遂、立功、自首、防卫过当等从轻、减轻、免予刑事处罚等辩护相结合，共同构成辩护律师的量刑建议体系。

例如，笔者辩护的一起故意伤害案件中，张某与赵某等人均是浙江省某县人。某日，张某与赵某等人在聚餐饮酒过程中产生不快后独自离开，导致赵某等人怀恨在心。后赵某纠集多人，携带马刀等犯罪工具追到张某喝茶的茶室，一进门就用马刀等砍砸茶室，并用刀架在茶室老板脖子上，要求其交出张某。在茶室寻找张某无果之后，赵某等人又继续一路追到另一茶室找到张某。张某事先得知赵某等人要找其麻烦，于是从车上拿了一把水果刀藏在身上。因赵某等人行凶殴打，张某拿出水果刀进行反抗。在打斗过程中，张某用刀致一人重伤、两人轻伤。辩护人在庭审中指出，本案是赵某等人对张某的不法侵害引起的，张某是针对赵某等人的不法侵害进行防卫，且针对的仅是前来殴打他的人，其行为属于《刑法》规定的正当防卫行为。即使张某防卫过当构成故意伤害,也应考虑其在本案中已经对受害人进行了充分赔偿且取得受害人的谅解等情节,对其减轻处罚并适用缓刑。最终法院采纳了辩护人的量刑意见,以防卫过当构成故意伤害罪,判处张某3年有期徒刑、缓期4年执行。

(四)律师在审判阶段应注意的事项

1. 申请调取控方未提交的证据

法院审理阶段,检察机关应将案件材料包括所有证据移送法院。但实践中,侦查机关有时会不移交部分对指控不利的证据。此时,律师应当根据法律规定,向法院、检察院申请调取侦查机关未提交的证据。例如,笔者曾办理过一个受贿案件。被告人辩称其在受贿后又将款项归还了,证据是被告人的笔记本上记录了这个事情且有旁证。而这个笔记本上后来又记录了其他很多事情,不可能是中间插进去造假的。该笔记本被侦查机关在“抄家”时抄走了。为此,笔者在法庭上提出,要求检察机关出示侦查机关扣押的笔记本。公诉人认为该证据是无罪或罪轻证据,公诉人没有义务举证。笔者就反驳,根据《刑事诉讼法》的规定,提供无罪证据也是检察机关的职责。虽然公诉人以没有扣押该笔记本为由未予举证,但这也影响了法院对这一事实的认定。可见,辩护人在实践中,还是需要以敏锐的眼光去发现侦查机关未提交的证据,如对被告人有利的讯问笔录和证人证言,并在庭审中提出要求举证,从而固定有利于被告人的事实和证据,以减轻被告人的罪责。

2. 申请控方证人和鉴定人到庭作证

法院审理阶段,律师可以申请控方证人和鉴定人到庭作证。笔者辩护过一个受贿案件。起诉书的指控中有一节内容是:有一名木工在被告人单位做工期间,给被告人家里装修房子,被告人有2万多元的装修费未付,起诉书为此认定被告人受贿2万多元。笔者认为,装修费未付与受贿是两回事,只有确定不付才能构成受贿。为此,笔者向法院申请要求木工到庭作证。证人当庭说:“我在被告人家里装修,被告人将家里的旧家具和家电都给我了,所以我也不太好意思跟他要装修费。另外,我现在还在他公司里做一些活,所以我也没跟他要。”笔者当庭问证人:“如果你不在被告人单位工作了,你还要不要这些装修费?”证人回答:“肯定会去要一点的。”这样一来,法院判决时就把这笔受贿款项给否定了。可见,申请控方证人到庭有时会起到“一锤定音”的效果。尽管实践中申请控方证人出庭很难,但辩护律师都应努力争取,并在庭前拟定严密的发问提纲,充分利用好庭审质证的机会,找出控方证人陈述中的破绽,以期案情“反转”。

3. 当庭争取辩护发言权

法院审理阶段,特别是法庭辩论时,法官往往会打断律师的发言,不让律师多讲,或者对律师限时发言。有时候公诉人已经讲了三轮,按理说律师也应当有三轮发言,但律师只讲两轮后法官就不让律师讲了。此时,辩护人可当庭争取辩护发言权,指出辩论次数不公平,影响辩护人的辩护权利,要求再次发言。

4. 申请二审开庭审理

现行《刑事诉讼法》规定二审可以书面审理,司法实践中二审法院大多也只进行书面审理。于是,律师在二审中一般只能通过提交书面辩护意见履行辩护职责,辩护效果较差。为此,我们辩护人应当书面提出开庭审理的要求,并通过二审提交新证据、申请新证人到庭的方法,尽量争取法院开庭审理,通过庭审发表辩护意见,从而取得较好的辩护效果。如法院明确表示二审不开庭,则律师可以向法院提交《关于要求当面听取律师意见的申请》,引用《刑事诉讼法》第234条第2款的规定,要求主审法官依法当面“听取”辩护人的意见,而不是“看取”律师的辩护词。现在不少律师和学者都在呼吁二审依法开庭,而不少法官仍我行我素。笔者代理了南方某省高院一个二审诈骗案,被告人一审已被判处无期徒刑,笔者穷尽了提交新证据、提交书面开庭申请、要求面见法官等方式,但承办法官仍毫无音信。最后法院书面审理后维持原判。笔者相信,此类情况今后会有一定的改善。

五、律师的其他刑事业务

(一)刑事被害人代理工作与附带民事诉讼代理

在律师的刑事业务中,除担任辩护人为被告人辩护外,还有一项重要的刑事业务——刑事被害人代理与附带民事诉讼代理。律师在代理这一业务时,同样也要注意一个“准”字,以有效地维护被害人的合法权益。刑事被害人作为犯罪行为的直接受害者,对案件事实的了解比一般人更为清楚,对司法机关公正处理案件的期待也特别强烈,但由于被害人自身权利保护能力和法律知识的欠缺,以及我国司法实践中长期对被害人合法权益的保护缺乏应有的重视,很多律师对刑事被害人代理这一业务也很少涉及。事实上,刑事被害人代理业务具有丰富的内容和重要的意义,对于律师来说,努力拓展刑事被害人代理与附带民事诉讼代理业务,在该领域大展拳脚,既是律师业务的新增长点,又能更好地保护被害人权益,维护公平正义。由于实务中刑事被害人(包括已死亡的被害人的法定代理人、近亲属)一般都会提起附带民事诉讼,刑事被害人代理人往往还兼有附带民事诉讼代理人的身份。因此律师可以同时以这两个身份开展以下工作:

1. 在侦查阶段的代理。由于现行法律没有规定被害人及其代理律师在侦查阶段的参与权与知情权,因此在侦查阶段的代理中,代理律师可能遇到难以了解侦查机关侦查进度、无法进行调查和会见证人等难题。但在实践中代理律师可以依据现行《刑事诉讼法》第 14 条第 1 款、第 108 条和《律师法》第 28 条、第 30 条、第 36 条等规定,帮助被害人起草控诉书等有关法律文书,协助被害人更清晰地向侦查机关陈述其经历的案件事实,向侦查机关提供线索、提出依法从快查处犯罪行为的请求,以及向检察机关提出侦查监督的请求。在附带民事诉讼方面,根据《刑事诉讼法》第 101 条和《最高人民法院关于适用〈中华人民共和国刑事诉讼法〉的解释》第 184 条的规定,被害人在刑事案件立案后就可以向办案机关提出附带民事诉讼的具体请求。在此阶段代理律师还可以帮助被害人向侦查机关提出要求查封、扣押被害人的财产,并要求发还已追回的赃款赃物。

2. 在审查起诉阶段的代理。根据目前法律的规定,公诉案件的被害人并没有独立提起诉讼的权利。为了更好地保护被害人的权利,代理律师可以参与该阶段的代理工作,协助和督促公诉机关及时有效地行使职权。根据《刑事诉讼法》第 40 条和《律师法》第 28 条、第 34 条等规定,代理律师可以接受被害人的委托,到人民检察院申请查阅、摘抄、复制本案的案卷材料,自行进行或者申请有权机关进行必要的调查取证。但现行的刑事诉讼法律对被害人代理制度的规定还不完善,代理工作的展开存在许多障碍。例如,根据《人民检察院刑事诉讼规则》第 56 条的规定,被害人代理律师查阅、复制案卷材料需要经过人民检察院的"许可",而被告人辩护律师则无须许可。因此,在该阶段中,代理律师要主动与公诉机关进行沟通,尽可能地做好做实代理工作。首先,代理律师要密切关注案件进展，及时与公诉人取得联系。其次，要尽快查阅、摘抄、复制案卷材料，利用公诉机关听取代理律师意见的机会，充分表达自己对案件的观点，如果对侦查机关提交的《起诉意见书》中的相关认定等有异议，可以制作《律师意见书》等书面意见材料，及时向公诉机关提出自己的意见和要求。若遇到公诉机关决定不起诉，代理律师可以根据《刑事诉讼法》第180条的规定，协助被害人起草申诉书，请求提起公诉。检察院经复查后仍维持不起诉决定的，代理律师还可以帮助被害人起草起诉状，直接向人民法院提起诉讼。

3. 在法院一审阶段的代理。一审阶段对于被害人代理来说是最为重要的阶段，也是代理律师最有所作为的阶段。在司法实践中，该阶段代理律师面临的最大问题是缺乏独立的诉讼地位及陈述权，与公诉人之间的出庭关系混乱、职责不明，在庭审中的权利得不到保障。面对这些问题，代理律师可以依照《刑事诉讼法》第187条、第190条、第191条、第192条、第194条、第195条、第197条和《律师法》第28条、第36条等规定，在庭审中充分行使诉讼权利，可以就公诉人讯问的情况进行补充性发问、就附带民事诉讼部分的事实向被告人发问，可以出示证据、传唤证人、申请专门知识的人出庭，进行辩论等。具体来说，在人民法院受理案件后，就要及时申请查阅、摘抄、复印案卷材料，要与公诉机关做好沟通，针对公诉机关的起诉书中没有涉及的问题，起草代理意见，整理庭审发言纲要。庭审中，若发言遇到阻挠，可以采取给审判长递交写有法律条文的小纸条、举手示意等方式争取自己的发言机会，及时对公诉机关没有表达的关键之处进行补充陈述，以充分维护被害人的合法权益。一审判决后，如果被害人对判决不服，代理律师可以协助被害人申请人民检察院抗诉。

在附带民事诉讼代理方面，由于附带民事诉讼必须以刑事诉讼的成立为前提，在法院审判阶段，被害人都可以依法提起附带民事诉讼。《刑事诉讼法》虽然规定人民法院审理附带民事诉讼除《刑法》、《刑事诉讼法》以及相关司法解释已有规定的以外，适用民事法律的有关规定，但是在实践中还是存在赔偿范围过小、证明标准模糊、审理“重刑轻民”等问题。因此，律师在代理附带民事诉讼时应注意以下几点：首先，要与当事人充分进行沟通，告知当事人附带民事诉讼的特殊性及其与普通民事诉讼的区别，让其慎重选择是否提起附带民事诉讼。在被害人死亡的案件中，要注意近亲属的主体资格审查。其次，要注意处理好与刑事部分的关系，处理好诉讼与调解的关系，要依据事实和法律，提出合理的赔偿请求。比如，在附带民事诉讼中法院是不受理赔偿精神损失要求的，被告人非法占有、处置被害人财产的，国家机关工作人员在行使职权时侵犯他人人身、财产权利构成犯罪的情况，也是不属于附带民事诉讼范畴的。再次，要注意做好财产保全工作，如果在诉前没有做好保全工作，在诉中也可以申请财产保全。最后，如果被害人对判决不服，可以帮助被害人提起附带民事上诉。

4. 在法院二审阶段的代理。由于现行法律未赋予被害人刑事上诉权，往往会影响被害人权益的保护。一般而言，代理律师可以依据《刑事诉讼法》第 229 条的规定，协助被害人撰写抗诉请求书，请求公诉机关抗诉。如果公诉机关不支持被害人的抗诉请求，就需要代理律师通过诉讼技巧来推动案件的进展。比如，在实践中，可以通过提起附带民事诉讼上诉的方式来介入二审。根据《刑事诉讼法》及其司法解释的规定，只有附带民事诉讼当事人及其法定代理人上诉的，第二审人民法院也应当对全案进行审查。因此，被害人和代理律师通过附带民事诉讼的上诉来启动二审程序，并对犯罪行为事实和法律适用方面提出相关意见，也能达到使案件发回重审或者改判的效果。

二审阶段，除《刑事诉讼法》第 234 条第 1 款规定的二审应当开庭审理的案件外，对于其他二审案件人民法院可以不开庭审理。如果遇到不开庭审理的情况，被害人代理律师可以根据《刑事诉讼法》第 234 条第 2 款等的规定，向法院书面陈述对案件的代理意见，协助被害人表达自己的意见，也可以通过补充提交新证据和提交要求开庭的书面申请，促使二审法院开庭。如果法院开庭审理，代理律师可以依照法定程序履行代理人职责，进一步协助被害人维护其合法权益。

5. 在死刑复核阶段的代理。我国现行《刑事诉讼法》只规定了辩护律师介入死刑复核的权利，而没有规定被害人代理律师参与的权利。但是，代理律师仍然可以依据《律师法》第 28 条的规定，代理被害人进行维护自身权益的诉讼活动。如可以根据事实和法律，向最高人民法院提出被告人罪行极其严重应依法处以极刑的书面意见和请求，以抵销被告人和辩护人的从轻处罚请求。

例如，笔者代理过一起案件，姜某出生在一个干部家庭，姐姐在部队因公牺牲后，父母仅有姜某一个孩子。姜某婚后夫妻关系不和，向法院起诉离婚。姜某的丈夫杜某接到法院的传票后勃然大怒，当即赶到姜某住处用石头将姜某砸死。一审判决被告人杜某死缓，法院对其从轻处罚的理由是被告人认罪态度较好,考虑到本案是因家庭纠纷引起,鉴于本案的具体情况酌情从轻处罚。一审判决后,不明真相的邻居和同事均认为被害人有过错,一时间被害人有婚外情的流言不胫而走。为洗清女儿的不白之冤,家属委托笔者作为代理人参与本案。笔者收集了姜某单位、居委会、同事同学关于姜某在婚姻纠纷中没有过错的证据,同时向二审法院提交了详细的律师意见书,并向二审法官当面陈述了相关理由,受到了二审法院的重视。后该案被发回重审,一审改判杜某死刑,二审维持了死刑判决。

还有一件就是当年轰动全国的“亿万富翁杀亿万富翁”的案件。该案中,被害人周某和雇凶者王某、屠某原为同一公司的股东。后因王某、屠某退伙,三人发生纠纷,王某和屠某雇凶在1999年11月杀死了周某的侄儿,主要凶手杨某在逃。之后,王某又召集屠某等人密谋杀害周某。王某给了杨某10万元“杀人经费”,杨某用此款在西安雇了帮凶,并买了一辆微型面包车,准备了杀猪刀和炸药,2003年春节期间,杨某率其他凶手在周某温州老家门口,对刚为两个儿子举办完婚礼的周某连捅14刀致其当场死亡。王某、屠某、杨某等人归案后,均抵赖和推卸自己的罪责。一审法院判处杀手杨某死刑,而对雇凶的王某、屠某却轻判为无期徒刑。一审判决后,笔者代理被害人家属申请抗诉,但检察机关不同意抗诉。因法律没有赋予被害人家属刑事上诉权,故笔者帮助被害人家属提起了附带民事诉讼的上诉。在二审中,笔者认为一审认定的主要事实不清,并提出了有力的理由和一份银行存款凭证,证明王某给杨某的10万元经费是密谋杀害周某的经费。该款项是三人在11月底密谋后于12月5日给杨某的杀人经费,而不是一审认定的是10月窝藏杨某的费用。笔者提供的关键书证,足以证明王某在本案中的作用和地位。二审据此以主要事实不清为由将本案发回重审。一审重审后改判王某死刑、屠某死缓。王某上诉后,二审维持原判。最终王某被核准执行死刑(二审代理词详见本章附录2-7)。

(二)死刑复核案件的辩护和代理

死刑复核程序是人民法院对判处被告人死刑的案件进行复查核准的特别程序,对于被判处死刑立即执行的被告人而言,这也是最后的权利救济途径。律师担任死刑复核案件被告人的代理人,同样也需要注意一个“准”字。《刑事诉讼法》第251条第1款规定,“最高人民法院复核死刑案件,应当讯问被告人,辩护律师提出要求的，应当听取辩护律师的意见”。《最高人民法院关于适用〈中华人民共和国刑事诉讼法〉的解释》第434条也规定，“死刑复核期间，辩护律师要求当面反映意见的，最高人民法院有关合议庭应当在办公场所听取其意见，并制作笔录；辩护律师提出书面意见的，应当附卷”。律师应当用好这些规定，履行好职责。

虽然上述这些法律、司法解释为律师参与死刑复核案件的辩护提供了制度保障，但律师在现阶段的工作依然还是存在诸多障碍：一是这些法律、司法解释规定得过于原则性。比如，仅仅规定了“应当听取辩护律师的意见”，但没有规定如何听取，听取的程序是什么，以致实践中辩护律师很难充分发表意见。二是现阶段的死刑复核程序并不是一种诉讼程序，而是法院内部的一种行政审查程序，是相对秘密进行的。被告人及其辩护人往往是被排除在外的，只能被动等待结果，很难了解案件的进展，更难参与到案件辩护之中。三是辩护人的权利缺乏相应的保障。比如，在死刑复核程序中，辩护人往往会遇到阅卷难、会见难、调查取证难的问题，因有些律师是在死刑复核阶段才介入的，对案情的了解并不深，如果再遇到没法阅卷、没法会见被告人的情况，实乃“巧妇难为无米之炊”。四是律师的辩护地位在实践中仍不明确。死刑复核裁定书的格式中没有辩护律师的地位，内容中也不载明律师的辩护意见，而且死刑复核的结果一般不会通知辩护人，死刑复核裁定书也不寄送给辩护人，在实践中甚至存在被告人都已经被执行死刑了，辩护人还在苦苦等待复核结果的情况。

虽然现行的死刑复核程序给律师辩护工作的充分展开带来不少障碍，但死刑复核是被告人最后一次“死里逃生”的机会，这就要求辩护律师要善于通过各种方式珍惜死刑复核的宝贵机会，为被告人争取最后的一线生机。因此，在死刑复核案件的辩护中，律师的工作要更加准确，抓准案件关键点，提炼出被告人罪不至死的理由。2015年1月29日，《最高人民法院关于办理死刑复核案件听取辩护律师意见的办法》（以下简称《办法》）发布，这对死刑复核的辩护律师来说是一个强有力的法律武器。根据《办法》第1条的规定，辩护律师提供基本信息就可以向最高人民法院立案庭查询案件的立案情况；根据《办法》第3条的规定，在案件移送、立案前律师就能提交手续、辩护意见及书面材料，保证第一时间表达自己的意见；根据《办法》第4条至第8条的规定，律师可以到最高人民法院办公场所查阅、摘抄、复制案卷材料，并且可以约见法官，当面向承办法官反映意见;根据《办法》第9条的规定,复核终结后,法院应当在宣判后的5个工作日内将裁判文书送达辩护律师。并且该办法在最后还附上了最高人民法院的通信地址及立案庭、各个刑事审判庭和审判监督庭的联系电话。《办法》的颁布细化了原本粗糙的立法条文,对改进辩护律师在死刑复核程序中一直存在的阅卷难、交材料难、提意见难、见法官难的问题会有很大的帮助,同时也提高了律师在死刑复核程序中的诉讼地位。

此外,律师要善于利用其他合法途径来达到辩护效果。比如,根据《人民检察院刑事诉讼规则》第606条等的规定,被告人及其近亲属或者受委托的律师可以向最高人民检察院提出不服死刑裁判的申诉,依靠最高人民检察院的法律监督来达到不予核准死刑立即执行的结果。有必要时,辩护律师也可以向其他法律监督机关(如人大、政法委)提出合法、适当的书面意见。

(三)自诉案件的代理

律师接受自诉案件当事人的委托,担任代理人,是《律师法》第28条规定的职责。在自诉人案件中,律师可以担任自诉人(原告)的代理人,也可以担任自诉案件被告人的辩护人。在自诉案件代理中,代理人同样需要注意一个“准”字。

根据现行《刑事诉讼法》第210条和《刑法》及司法解释的规定,自诉案件的范围包括:第一,告诉才处理的案件,包括侮辱、诽谤案件,暴力干涉婚姻自由案件,虐待案件,侵占案件等。第二,被害人有证据证明的轻微刑事案件。其中“有证据证明”主要是指被害人能够明确提供被告人的身份,有确实充分的证据证明该被告人对自己实施了犯罪行为。而被害人的证据不足以证明被告人犯罪的案件,应当向侦查机关报案,由侦查机关立案侦查。第三,被害人有证据证明对被告人侵犯自己人身、财产权利的行为应当依法追究刑事责任,且有证据证明曾经提出控告而公安机关或人民检察院不予追究被告人刑事责任的案件。此处讨论的律师在自诉案件中的业务,主要指自诉案件中律师代理原告的情况。律师在代理自诉案件中应注意:

1. 充分准备自诉材料。由于自诉案件是自诉人自己向法院提起刑事诉讼,不同于公诉案件,自诉人在行使自诉权时,应当履行举证义务,提供证据证明被告人有罪且依法应当追究刑事责任。对此,律师应当对自诉人进行证据收集的指导帮助,并正确起草刑事自诉状,争取法院依法受理。

2. 如果自诉人无法收集证据证明被告人的侵害行为，律师应当帮助自诉人向公安机关报案和控告，要求公安机关作为公诉案件立案侦查，律师应当认真起草相关的控诉文书，由被害人提交或邮寄给侦查机关。如法院已立案，可申请法院调查取证。同时，律师也可以向其他有关机关递交书面的控诉材料，要求法律监督。

3. 为自诉人处分权利提供法律建议。对于告诉才处理和轻微刑事案件的自诉案件，刑事诉讼法规定了当事人之间可以进行调解。在自诉人处分自身权利的过程中，律师应当依法参与调解，提出法律意见，最大限度地为被害人争取合法权益。

附录 2-1 取保候审申请书

取保候审申请书

某市公安局某区分局：

北京浩天（杭州）律师事务所接受犯罪嫌疑人胡某及其亲属的委托，指派本人担任胡某涉嫌故意伤害罪一案的辩护人。胡某因涉嫌故意伤害罪，于××××年××月××日被你局刑事拘留。本辩护人通过会见胡某，对本案情况有了一定了解。现根据《刑事诉讼法》第九十七条的规定以及公安部《公安机关办理刑事案件程序规定》第六章第二节的规定，向你局提出申请，望依法对犯罪嫌疑人胡某变更强制措施为取保候审，具体理由如下：

一、犯罪嫌疑人胡某涉案情节较轻，是本案从犯。胡某原在某公司资产保全部从事债务催讨和保全工作。案发当日，相关负责人召集下属工作人员去被害人处。胡某开车跟去后，在现场见到本公司的人正在与被害人扭打，便上前踢了一两脚，而被害人轻伤的原因是鼻梁骨折。胡某既不是本案实施伤害行为的召集人，也不是主要伤害行为的实施者。其涉案情节较轻，在共同犯罪中起的是次要作用，对照我国《刑法》第二十七条的规定，应当认定为从犯。

二、犯罪嫌疑人胡某具有自首情节。××××年××月中下旬，胡某接到某派出所的电话后，于20日中午自行去某派出所接受调查，如实交代了参加伤害被害人的情况经过，交代了自己踢了被害人的情况。在被刑事拘留后，又详细补充交代了自己的涉案细节和同案人的涉案情况。对照我国《刑法》第六十七条的规定，应当认定为自首。

三、犯罪嫌疑人胡某符合取保候审的条件。本案涉嫌故意伤害罪(轻伤)，根据我国《刑法》第二百三十四条的规定，量刑为三年以下有期徒刑、拘役或者管制。胡某在本案中不是召集人和致伤人，涉案情节较轻，人身危险性小，且认罪认罚，采取取保候审不致发生社会危险性。对胡某变更强制措施为取保候审，符合我国《刑事诉讼法》第六十七条的规定。更何况，本案被害人已经获赔十余万元并出具了《谅解书》，本案主要案犯前期已被取保候审。

综上所述，对犯罪嫌疑人胡某采取取保候审不致发生社会危险性，对胡某变更强制措施为取保候审符合我国《刑事诉讼法》第六十五条规定的条件。为此，本辩护人特向贵局提出申请，根据本案实际情况，依法对胡某变更强制措施为取保候审。

特此申请，望予采纳为感！

辩护人：(签名)

××××年××月××日

附录2-2　申请不予批捕的律师意见书

申请对冯某不予批捕的律师意见书

某县人民检察院：

北京浩天(杭州)律师事务所接受犯罪嫌疑人冯某及其亲属的委托，指派本人担任冯某涉嫌虚开发票案件的辩护人。冯某因涉嫌虚开发票罪，于××××年××月××日被某县公安局刑事拘留，现在押于某市看守所。

本辩护人通过会见冯某，对本案情况有了基本了解。为此，本辩护人于××××年××月××日向某县公安局提交了《取保候审申请书》，要求对犯罪嫌疑人冯某变更强制措施为取保候审，但办案机关未予回复。鉴于公安机关近日可能向贵院申请批捕，现本辩护人根据《中华人民共和国刑事诉讼法》第八十八条第二款的规定以及最高人民检察院《人民检察院刑事诉讼规则》第五十四条

的规定,向贵院提出律师意见,望依法对犯罪嫌疑人冯某作出不批准逮捕的决定,具体理由如下:

首先,冯某涉嫌的虚开发票罪属于我国《刑法》分则第三章破坏社会主义市场经济秩序罪中较轻的罪名,法定刑较低,行为人人身危险性小,对行为人不予批捕、改变强制措施为取保候审,不致发生社会危险性。其次,本案在移送公安机关侦查前已由某市税务局第一稽查局调查,本案基本事实已查清,冯某在公安机关刑事拘留后也如实交代了自己所知的全部情况,悔罪态度好,并筹资于2022年2月共补交税款×××万元,对冯某不予批捕不会影响本案刑事程序的正常进行。再次,冯某系当地知名企业家,其管理的多家企业对外业务和对内管理亟须其处理和衔接,对其不予批捕有利于企业正常生产经营,以避免因负责人不在位导致企业经营困难及出现其他影响社会稳定的问题。最后,对冯某不予批捕,符合党和国家当前“六稳”“六保”的大局要求,符合最高人民检察院刑事司法政策关于“少捕慎诉慎押”的规定。

综上所述,对犯罪嫌疑人冯某不批准逮捕不致发生社会危险性,对冯某变更强制措施为取保候审符合《中华人民共和国刑事诉讼法》和最高人民检察院《人民检察院刑事诉讼规则》的规定,也符合《最高人民检察院关于充分发挥检察职能服务保障“六稳”“六保”的意见》的刑事司法政策。为此,本辩护人特向贵院提出申请,望根据本案的实际情况,依法对冯某作出不批准逮捕的决定。

特此申请,望予采纳为感!

辩护人:(签名)

××××年××月××日

关于对冯某不予批捕并适用企业刑事合规程序的律师补充意见

某县人民检察院:

本辩护人于××××年××月××日已向你院提交了《申请对冯某不予批捕的律师意见书》,现根据本案具体情况,在原意见的基础上提出补充意见,要求对冯某不予批捕并适用企业刑事合规程序,具体理由如下:

首先,对冯某不予批捕并适用企业刑事合规程序,有利于涉案企业的正常生产经营和当地经济发展。本案属于单位犯罪案件,接受虚开发票的主体是A公司,非法获利的主体也是A公司,涉案人员也是A公司的分管领导和财务人员。对冯某和A公司适用刑事合规程序,有利于A公司恢复正常生产经营,建立有效的刑事合规计划,建立和完善企业合规制度,也有利于A公司筹措资金交清税款。同时也有利于冯某作为法定代表人和实际控制人的其他五家公司的正常生产经营和当地经济发展。

其次,对冯某不予批捕并适用刑事合规程序,符合我国刑事诉讼法和最高人民检察院、某省人民检察院关于适用刑事合规程序的有关规定。本案在移送公安机关立案侦查前,已经由某市税务局第一稽查局调查,本案基本事实已经查清,相关证据已经固定,不存在公安机关认为的“可能毁灭、伪造证据,干扰证人作证或者串供的可能”的情况。且冯某在刑事拘留后也如实交代了自己所知的全部情况,悔罪态度好,对涉嫌罪名等法律适用没有争议,符合适用我国刑事诉讼法规定的认罪认罚从宽制度和《关于建立涉案企业合规第三方监督评估机制的指导意见(试行)》第四条、《某省人民检察院关于建立涉案企业合规第三方监督评估工作机制的意见(试行)》第四条关于适用企业刑事合规程序的条件。

综上所述,对冯某不予批捕并适用刑事合规程序,有利于涉案企业的正常生产经营和当地经济发展,符合我国刑事诉讼法和最高人民检察院、某省人民检察院关于企业刑事合规程序的相关规定。为此,望你院在对冯某虚开发票案审查批捕时予以充分考虑。

辩护人:(签名)

××××年××月××日

附录2-3 审查起诉阶段的律师意见书

律师意见书

某县人民检察院:

北京浩天(杭州)律师事务所接受犯罪嫌疑人章某的委托,指派本人担任章某涉嫌职务侵占犯罪案件的辩护人，依法参与本案审查起诉阶段的诉讼活动。本辩护人对公安机关《起诉意见书》关于章某犯职务侵占罪的指控以及减轻处罚情节的认定没有异议，同时辩护人认为，对于具有从犯、自首、认罪认罚等多重从轻减轻或者免除处罚情节的企业家章某，根据最高人民检察院"少捕慎诉慎押"的刑事司法政策，依法应当给予更大幅度的从宽处理。具体理由如下：

一、犯罪嫌疑人章某是朱某职务侵占案的从犯，依法应当从轻减、轻或免除处罚。

根据本案证人证言和被告人供述，犯罪嫌疑人章某虽是某集团有限公司下属子公司A公司的总经理，但其只是A公司名义上的法人代表，公司重大事项均由实际控制人朱某决定，章某在公司管理中仅负责对外协调和安全生产，公司业务管理和财务管理分别由副总经理张某、王某负责。本案的职务侵占是朱某直接布置，由张某对外签署广告合同后再要求章某签字盖章，并由王某进行财务处理，章某对合同的形成过程和资金往来情况并不知情（详见朱某、王某、章某等人的供述）。以上情况说明，章某是本案的从犯，其参与程度和责任也明显轻于张某和王某。根据我国《刑法》第二十七条第二款"对于从犯，应当从轻、减轻处罚或者免除处罚"的规定，以及《最高人民法院、最高人民检察院关于常见犯罪的量刑指导意见（试行）》第三条第（五）项"对于从犯，综合考虑其在共同犯罪中的地位、作用等情况，应当予以从宽处罚，减少基准刑的20%－50%；犯罪较轻的，减少基准刑的50%以上或者依法免除处罚"的规定，对犯罪嫌疑人章某应当做较大幅度的从宽处理。

二、犯罪嫌疑人章某具有自首情节，依法应当从轻减轻或免除处罚。

根据在案证据，犯罪嫌疑人章某在公安机关采取强制措施前自动到案，具有投案自首情节，某县公安局的《起诉意见书》对此也予以认定。根据我国《刑法》第六十七条第一款"犯罪以后自动投案，如实供述自己的罪行的，是自首。对于自首的犯罪分子，可以从轻或者减轻处罚。其中，犯罪较轻的，可以免除处罚"的规定，以及《最高人民法院、最高人民检察院关于常见犯罪的量刑指导意见（试行）》第三条第（六）项"对于自首情节，综合考虑自首的动机、时间、方式、罪行轻重、如实供述罪行的程度以及悔罪表现等情况，可以减少基准刑的40%以下；犯罪较轻的，可以减少基准刑的40%以上或者依法免除处罚"的规定，对照章某的自首情形，依法应当做较大幅度的从宽处理。

三、犯罪嫌疑人章某具有认罪认罚从宽处理情节，依法应当从宽处理。

根据在案证据，犯罪嫌疑人章某在公安侦查阶段已经自愿认罪认罚，现章某也自愿继续在检察机关审查起诉阶段和法院审判阶段认罪认罚。根据“两高三部”发布的《关于适用认罪认罚从宽制度的指导意见》第9条“对犯罪嫌疑人、被告人具有自首、坦白情节，同时认罪认罚的，应当在法定刑幅度内给予相对更大的从宽幅度”的规定，以及第33条第4款“犯罪嫌疑人在侦查阶段认罪认罚的，主刑从宽的幅度可以在前款基础上适当放宽；被告人在审判阶段认罪认罚的，在前款基础上可以适当缩减”的规定，对于在侦查、审查起诉、审判三个阶段均认罪认罚的犯罪嫌疑人章某，应当予以较大幅度的从宽处理。

四、犯罪嫌疑人章某具有多重从宽处理情节，且其是企业家，对其从宽处理具有较好的法律效果和社会效果。

如前所述，犯罪嫌疑人章某具有多重从轻减轻或免除处罚的情节，且章某作为企业家，对其作较大幅度的从宽处理，符合当前党和国家“六稳”“六保”的方针政策，符合刑法“惩办与宽大相结合”的立法原则，符合最高人民检察院“少捕慎诉慎押”的刑事司法政策要求，有利于被告人所在的企业处理疫情后的遗留问题，恢复市场经营，为当地经济发展作出贡献。

为此，恳请你院在审查处理本案时，能充分考虑以上四个方面的理由，根据我国《刑事诉讼法》和最高人民检察院《人民检察院刑事诉讼规则》等有关规定，对犯罪嫌疑人章某予以大幅度的从宽处理，依法作出相对不起诉的决定。

辩护人：（签名）
××××年××月××日

附录2-4 一审无罪辩护词

陈某被控私分国有资产案辩护词

尊敬的审判长、审判员：

北京浩天（杭州）律师事务所接受被告人陈某及其亲属的委托，指派本人担任被告人陈某被控私分国有资产案的辩护人。本辩护人认为：某市某区人民检

察院关于被告人陈某犯私分国有资产罪的认定,事实不清、证据不足,适用法律错误,其指控依法不能成立。具体理由如下:

一、起诉书关于涉案公司是国有企业的认定是错误的,涉案企业于2008年从城镇集体所有制企业改制为民营有限责任公司

起诉书认定涉案企业是1986年12月设立的×银行某市中心支行咨询服务部的延续,认为涉案企业在1987年9月由全民所有制企业变更为集体所有制企业不合法不真实;认为1987年变更登记时的30万元注册资金系某市×行拨入,认为涉案企业无任何集体组织或个人出资,系国有企业。辩护人认为这些认定是完全错误的。

首先,国家职能部门确认涉案企业是集体企业。(1)上级主管部门的批文。1987年6月19日,中国人民×银行浙江省分行以×浙人(87)第315号批文,同意将"×银行某市中心支行咨询服务部"改名为"某市投资咨询公司",并将企业性质变更为集体所有制企业(详见被告证据一、1)。1988年1月27日,某市计划委员会作出某市计(88)第20号批文,同意企业改名并将企业性质变更为集体所有制(详见被告证据一、2)。(2)工商管理部门的变更登记。1987年7月5日,某市工商行政管理局为涉案企业办理了企业性质的变更登记,将企业经济性质从全民所有制变更为集体所有制(详见被告证据一、3《工商变更登记申请登记表》)。至2011年9月3日企业变更为有限责任公司前,企业经济性质一直登记为集体企业(详见被告证据一、6)。(3)某市经济委员会的确权认定。1999年3月30日,某市经济委员会为了贯彻落实《国务院办公厅关于在全国城镇集体企业、单位开展清产核资工作的通知》,根据国家经济贸易委员会(已变更)、财政部、国家税务总局颁布的《城镇集体所有制企业、单位清产核资产权界定暂行办法》(国经贸企[1996]895号)等有关规定,对涉案公司的产权进行了界定,并颁发了《中华人民共和国城镇集体资产产权登记证》(证书号:3305011××),审核确认某市建设开发公司的集体资产为人民币2467万元,归本企业劳动者集体所有,集体资产占企业净资产比例为100%(详见被告证据一、4)。(4)某市×行的确认。1998年9月,某市×行向某市经济委员会提交了《产权界定申请表》,确认涉案企业的财产为本企业劳动者集体所有,某市×行在"企业主管部门"一栏中盖章确认(详见被告证据一、5)。

上述证据充分说明:涉案企业在1987年由全民所有制企业变更为集体所

有制企业，得到了上级主管部门的批准，其经济性质改变的程序合法有效；该企业经济性质变更，得到了企业登记机关的确认，并依照法定程序办理了工商变更登记，该工商登记具有公示效力和对抗力，是向社会公众进行宣告和公示的一种行政确认行为，具有法定的效力；某市经济委员会颁发的上述产权登记证，是作为政府主管部门的某市经济委员会在全国清产核资产权界定工作中，依据《城镇集体所有制企业、单位清产核资产权界定暂行办法》等有关规定，依法对涉案公司资产权属作出的具有法律效力的界定结论，属于国家机关依职权制作的公文书证，是证明涉案公司资产权属的合法有效依据。而且根据“一物一权”的物权法原则，在某市经济委员会对涉案公司资产权属已进行有效界定的情况下，其他任何国家机关都无权再进行重复界定，也没有否定该界定结论的法律依据；某市×行在清产核资中向某市经济委员会报送的《产权界定申报表》上盖有某市×行的印章，对涉案公司的集体所有性质没有异议。这进一步佐证了涉案公司的性质是集体所有制，而非《起诉书》所认定的国有企业。

其次，事实上某市×行并未为涉案公司注入过30万元注册资本，也没有其他出资行为。涉案公司在变更登记为集体企业时需要的30万元注册资金，某市×行当时只是出具了确认实有资本30万元的验资报告和资信证明，并不存在起诉书所称的“拨款”等实际出资行为，涉案公司的原始财务账册中也没有某市×行实际出资30万元的记载和凭证(详见被告证据二、《财务审计报告》)。×行系统历次清产核资和清理公司中也从未将涉案公司作为国有企业，而且某市×行也没有其他出资行为。起诉书提到的某市×行对涉案企业提供办公场地、调配管理人员、发放职工工资，提供信贷支持等扶持支持，即使存在，也不是出资行为。在20世纪80年代，“全民办集体”的情况非常普遍，其目的是解决全民单位的职工福利和安置富余人员以及家属子女就业。作为开办单位的全民单位，给下属的集体企业提供办公场地、配备管理人员并发放工资、提供信贷支持等只是履行了上级主管部门的扶持义务，其即使给集体企业以资金支持，只要不是注入企业资本金，就不能认为是履行了“出资义务”或“出资人义务”。国家经济贸易委员会、财政部、国家税务总局颁布的《城镇集体所有制企业、单位清产核资产权界定暂行办法》(国经贸企[1996]895号)第5条规定，“集体企业清产核资中的产权界定工作要本着‘依法确认、尊重历史、宽严适度，有利监管’的原则，既要体现‘谁投资，谁所有，谁受益’，又要保证集体企业的合作经济性质”。第15条规定:“……拨给或投入集体企业的资产,凡明确是无偿转让或有偿转让但收取的转让费用(含实物)已达到其资产原有价值的,该资产及其收益形成的所有者权益,其产权归集体企业劳动者集体所有。”财政部清产核资办公室发布的《部分省市城镇集体企业清产核资产权界定座谈会会议纪要》(财清办〔1997〕51号)第1条规定,“……在城镇集体企业清产核资产权界定中,应认真贯彻‘尊重历史、依法界定、宽严适度、有利监管’的工作原则和‘宜粗不宜细’的工作方针”;第4条规定,“‘宜粗不宜细’是指在具体界定中对待历史遗留问题不要过多纠缠,必须尊重当时特定的历史情况”;第7条规定,“在国有企业举办的集体企业界定中要分清投资、借款和扶持性投入等界限。其扶持性投入是指按照国家有关政策规定是为了安排家属就业或安置富余人员,而无偿投入劳服企业或民政福利等企业的扶持性资金(资产);国有企业的其他投入一般应按有偿性质界定为借款或投资”。对照上述规定,足以认定起诉书关于某市×行已经履行了出资义务的认定是错误的。

最后,中×投拍卖涉案公司的行为并不能反推证明涉案公司就是国有企业。由于当时的特定历史条件和政策原因,某市×行一直把涉案公司当作下属企业,涉案公司也一直认为某市×行是其主管部门,故在某市×行将涉案公司移交给信达资产公司及中×投管理时,以及中×投公开拍卖涉案公司全部股权时,未提出过异议。事实上,涉案公司全部股权最后拍卖给涉案公司职工技术协会,也是事出有因的。另外,从法律关系及其效力来说,涉案公司职工技术协会作为社会团体法人,以起拍价拍得涉案公司100%股权,经济性质由集体所有制企业变更为一人有限责任公司(职工技术协会持有100%股权),符合《公司法》等有关法律法规的规定,程序和手续都是合法的,也是顺理成章的。总而言之,不能以中×投对涉案公司100%股权进行公开拍卖的行为,以及涉案公司职工技术协会拍得涉案公司全部股权的事实,来反推证明涉案公司的所有制性质。涉案企业原先对企业性质的认识错误,并不影响司法机关依法对涉案企业性质作出认定。司法机关不能因为错误拍卖的既成事实,而将错就错继续把涉案企业认定为国有企业。

二、起诉书关于被告人隐匿资产和虚增债务的指控事实不清、证据不足,依法不能成立

起诉书认定被告人在涉案企业改制时采用隐匿资产、虚增债务等手段,使

公司价值9395万元的住宅、商业用房、汽车库、自行车棚未被评估，超额核销潜亏损3872.25万元，共计13,267.25万元，此外，隐匿公司存款633.75万元。辩护人认为这一认定事实不清、证据不足，依法不能认定。

事实上，北京世纪智源资产评估有限责任公司评估时，涉案公司已将公司财务账册等资料提交给评估公司，这一事实有资料交接手续等证据为证。评估公司未予评估的部分，自有其合理理由：(1)在建工程有可能盈也有可能亏，故未予评估；(2)部分住宅是代建的经济适用房尾房，不属涉案公司财产；(3)汽车库和自行车棚未被评估，是因该资产属于配套设施，价值已经包含在已售的商品房价格之中；(4)某市×行大楼系涉案企业垫资建造，后某市×行用银泰大酒店抵偿工程款，由于×行大楼造价远远高于银泰大酒店的价值，差额部分的潜亏核合情合理，不存在超额核销潜亏损3872.25万元的事实；(5)账外资金633.75万元，原系银行吸储时的存款，评估前不属于涉案公司资产。总之，起诉书认定被告人隐匿资产和虚增债务缺乏充分的证据，其指控事实不清、证据不足，不能排除合理怀疑，依法不能认定。

三、起诉书适用法律错误，被告人的行为不构成私分国有资产罪

起诉书认为被告人陈某等违反国家规定，以单位名义将国有资产集体私分给个人，其行为已触犯我国《刑法》第396条的规定，构成私分国有资产罪。辩护人认为这是完全错误的。

对照我国《刑法》和相关司法解释的规定，被告人的行为并不符合。根据我国《刑法》第396条的规定，“国家机关、国有公司、企业、事业单位、人民团体，违反国家规定，以单位名义将国有资产集体私分给个人，数额较大的”，构成私分国有资产罪。《最高人民法院、最高人民检察院关于办理国家出资企业中职务犯罪案件具体应用法律若干问题的意见》(法发〔2010〕49号)第2条规定，“国有公司、企业违反国家规定，在改制过程中隐匿公司、企业财产，转为职工集体持股的改制后公司、企业所有的”，以私分国有资产罪处罚。对照上述刑法和司法解释的规定，被告人的行为并不符合。首先，主体要件不符。刑法和司法解释要求的犯罪主体是国有公司、企业等，而涉案公司却是经国家职能部门登记和认定的集体企业，其没有证据证明企业的注册资金实际来源为国家。其次，客观行为不符。刑法要求“以单位名义将国有资产集体私分给个人”，司法解释要求“转为职工集体持股的改制后公司、企业所有”，而涉案公司的财产即未“私

分给个人”,也未“转为职工集体持股的改制后公司、企业所有”。现改制后的企业为有限责任公司,股东为公司职工技术协会。根据职工技术协会性质和章程的规定,职工技术协会的财产为集体共同共有,不能量化和分割,职工技术协会不同于职工持股会,职工持股会的财产属于职工按份共有,可以量化分割,故司法解释规定将国有资产转为职工持股会的行为认定为构成私分国有资产罪。可见,将企业资产转为职工技术协会所有的,即使主体要件相符,客观行为相符,但因法无明文规定,也依法不能构成犯罪。

此外,意见的适用是有一定时间效力的,其溯及力也应当遵循从旧兼从轻的原则。2001 年 12 月 7 日颁布的《最高人民法院、最高人民检察院关于适用刑事司法解释时间效力问题的规定》第 1 条明确指出:“司法解释是最高人民法院对审判工作中具体应用法律问题和最高人民检察院对检察工作中具体应用法律问题所作的具有法律效力的解释,自发布或者规定之日起施行,效力适用于法律的施行期间。”也就是说,无论司法解释在何时发布,其效力都始自它所解释的法律开始施行的日期,止于法律停止适用的日期。这一规定表明,司法解释有一定的溯及力,适用于法律的施行期间。但应当注意的是,不能适用于法律施行以前。私分国有资产罪是 1997 年《刑法》修订时新增设的一个罪名,之前并没有私分国有资产罪一说。本案中的涉案公司早在 1987 年就变更为集体所有制企业了,这是 1997 年《刑法》施行以前的事,并且行为时也不存在私分国有资产罪,故而不能把意见溯及适用到 1997 年《刑法》施行以前的行为。

综上所述,被告人陈某等三人的行为依法不构成私分国有资产罪。望你院查明事实后,依法宣告被告人陈某无罪。

辩护人:(签名)

××××年××月××日

附录2-5 二审无罪辩护词

戚某被控抢劫案二审辩护词

尊敬的审判长、审判员：

受浙江省法律援助中心的指派，我们作为上诉人戚某的辩护人，依法参与戚某被控抢劫一案的二审诉讼活动。通过阅卷、会见上诉人和参与今天的庭审调查，我们对本案事实有了比较清楚的了解。我们认为：一审判决认定戚某犯抢劫罪的事实不清、证据不足，依法不能成立。现在我们根据事实和法律，提出如下辩护意见：

一、原审判决认定戚某杀害徐甲并抢劫财物的事实不清、证据不足

1. 没有充分证据证明戚某在坑口村老家杀害了徐甲并肢解尸体。在本案中，虽有戚某供述和烟嘴上的DNA鉴定证实徐甲去过富阳市湖源乡坑口村戚某的老家，但没有充分证据证明戚某在老家杀害了徐甲并肢解了其尸体。一审据以定案的依据仅仅是戚某前后不一致的供述，没有任何客观证据相印证。(1)在戚某老家没有发现被害人血迹、毛发及DNA信息等任何蛛丝马迹；(2)没有发现戚某以前所称的分尸凶器柴刀(戚某在二审当庭称老家根本没有柴刀)，法医鉴定也不能确认被害人下肢的断离系柴刀所致；(3)没有充分证据证明戚某用桌布和布条包裹了尸块，邻居颜某证明未看到戚某家桌上有桌布(见侦查卷第5卷第519页)，也没有充分证据证明包裹尸块的花布和布条来自戚某老家。

2. 没有充分证据证明戚某抛尸和埋尸。在本案中，虽有戚某供述和黄鱼车司机张某的证言证实戚某曾运送两编织袋东西到东吴大桥，但没有充分证据证明该两编织袋内装的是尸块，更没有相应证据证明戚某抛尸并掩埋了尸块。(1)戚某多次供述这两只编织袋内装的是瓦片，因要买的人不能按约在东吴大桥交接而抛弃江中。根据司机张某的证言，两只编织袋都是扁扁的(见侦查卷第5卷第436页)，张某还听到戚某在回富阳途中打电话，问对方在哪里了，在哪里接他(见侦查卷第5卷第432页)。这些言词证据和通话记录等书证，可以证明戚某供述内容的可能性。(2)司机张某的两次证言关于编织袋细节的描述也有所不同，且从汽车上提取的血迹等样本中也未提出死者的DNA信息。(3)戚某

关于抛尸后又埋尸的说法没有相应的证据证实。戚某关于抛尸后因尸块漂向岸边,又用手和铁耙挖坑埋尸(见侦查卷第2卷第187页)的说法,不符合常理,也不符合当天的水位及水文资料,且事实上江边鱼塘并没有铁耙这一工具(见侦查卷第5卷第464页)。而且,戚某称埋下肢和上身、头颅的地方相距三五米,而事实上在附近根本挖不出上身和头颅。

3. 没有证据证实戚某抢劫了钱财。在本案中,戚某从侦查至一审,始终没有承认过劫取了财物,更没有承认用赃款经商或还债。(1)沈某关于在安徽宁国看到戚某有2万元现金的说法不足为信。沈某在前两次笔录中都没有讲到有此事,到了第三次被作为"隐瞒掩饰犯罪所得"的犯罪嫌疑人被刑拘后,才说在安徽宁国看到戚某有2万元现金。事实证明,戚某与沈某在侦查阶段关于资金的说法均是相互攻击、胡编乱造,各自的说法根本不具有可信性。(2)章某的证言只能证明戚某归还了1万元,而不能证明戚某是用赃款还债。章某的男友朱某的证言中,也并未证实该1万元是整刀的。且戚某对该1万元的来源做了合理解释,讲其中七八千元是自己的,还有两三千元是向同村邻居借的,是散的不是整刀的。(3)戚某托一起关在看守所的人带信给证人的情况,不能就此印证该1万元是赃款。戚某因章某、朱某的证人证言中涉及该1万元是散的还是整刀的问题,托即将释放的人员带信给证人的行为,虽违反监规但也在情理之中,不能印证其心虚,更不能印证这1万元就是抢劫来的赃款。

总之,本案一审判决所认定的戚某犯抢劫罪的事实,仅仅是选取了戚某多次供述中的有罪供述,没有其他客观证据相印证。根据我国《刑事诉讼法》第五十三条第一款"只有被告人供述,没有其他证据的,不能认定被告人有罪和处以刑罚"的规定,依法不能认定。本案一审判决不符合"证据确实、充分"的法定条件,不能排除合理怀疑,根据我国《刑事诉讼法》第一百九十五条第(三)项的规定,应当作出证据不足、指控的犯罪不能成立的无罪判决。

二、本案侦查工作存在多处疏漏,徐甲被他人所害的可能性很大

1. 侦查机关没有调查徐甲陷入传销的情况。根据被害人徐甲的儿子徐乙2011年10月12日的证言:其父亲曾在2011年8月与"小王"去四川,好像是被传销骗过去的(见侦查卷第4卷第320~322页),回来后讲拿20万元投资每月可以拿1万多点。从四川回来后把拖拉机卖掉了,还到处向亲戚借钱。当时我三叔徐丙借给了他3万元。他一系列的动作好像就是聚拢资金想出去赚钱(见

侦查卷第4卷第425页)。为此,侦查机关于2011年10月13日找到在富阳的王某进行询问,该证人承认曾在2011年8月20日左右与徐甲同去重庆,接待人种某也是富阳人,鼓动他们拿50,800元进去可以赚上百万的钱(见侦查卷第343页),证人称以后没有与徐甲联系过。对于该证人的言行,侦查机关之后并未调查核实,也没有就此线索深入调查。

2. 侦查机关没有对徐甲9月28日晚上与谁会面的情况进行查证。根据徐甲妻子盛某的证言,徐甲在9月28日晚饭后讲到湖源人家里(见侦查卷第4卷第335页),徐甲之子徐乙也证实,9月28日晚上我父亲出去过的,说是到湖源人那边去的(见侦查卷第4卷第323页),而戚某则一直供称,除了26日下午双方碰过面,徐甲向他借钱外,27日、28日双方只是通电话,之后就是9月29日早上的碰面。在今天的庭审中,戚某也确认28日晚上没有与徐甲碰过面。对于这一情况,侦查机关此前没有予以足够的重视。辩护人认为,如果28日晚上的碰面另有其人,那么该人则可能与传销有关,可能与徐甲28日下午从银行取款3万余元的去向有关(徐乙证言中讲到其父在9月28日下午从银行取款37,200元,见侦查卷第4卷第314页),可能与徐甲第二天被害有关。

3. 侦查机关没有深入调查徐甲的手机通话情况。根据证人王某的证言,他在2011年9月29日10时许打电话给徐甲,当时电话是打通的,但是一直没有人接,后来索性被人挂断,大概是9月29日的下午一两点钟我又打了他的电话,好像还是忙音(见侦查卷第4卷第343页、第344页)。徐甲之子徐乙也讲:9月29日14:00左右曾打父亲电话,响了几下后被挂掉了(见侦查卷第4卷第311页)。此外,戚某也说徐甲在29日的当天中午是因接了电话而与其告辞的(见戚某的二审庭审记录)。而侦查机关收集的徐甲的通话记录,截止时间仅为2011年9月29日7:40:47。证人王某、徐乙所讲的通话情况,与侦查机关收集的资料不一致。为何出现差异,侦查机关应进一步调查或采用调集大数据等技术手段进一步查证,查明29日当天徐甲的其他通话情况,为破案提供方向。

总之,侦查机关对徐甲被害案的侦查有所疏漏,不能排除徐甲确实离开过戚某家的情况,以及徐甲被他人所害的情况。在本案中,徐甲最后的通话情况,决定了本案的关键事实,侦查机关理应深入调查,运用现代科技手段确定徐甲手机的主叫被叫情况,同时应对徐甲自四川回来后的通话情况和人员交往情况进行排查,以进一步查明案件事实。抓获真正的凶犯,告慰被害人及其家属,维护法律的尊严，维护社会的公平正义。

以上辩护意见，望合议庭充分考虑并采纳。

辩护人：（签名）

××××年××月××日

戚某被控抢劫案二审补充辩护意见

尊敬的审判长、审判员：

听了检察员刚才的辩论意见，我们辩护人有必要就检察员刚才提及的几个问题，提出如下补充辩护意见：

1. 关于本案的证明标准问题。检察员认为本案基本事实清楚、基本证据充分，依法可以认定。辩护人认为这一说法不符合法律规定。我国《刑事诉讼法》第五十三条规定的证明标准是严格证明标准，必须达到“证据确实、充分”“排除合理怀疑”的法定要求，而本案根本达不到。本案证据仅有上诉人戚某前后不一的有罪供述，没有其他客观证据可以证明戚某在老家杀害了徐甲并分尸抛尸。本案事实明显不清，有罪证据和直接证据明显不足，更谈不上已经形成证据链的问题。即使按检察员刚才所认为的“两个基本”，也足以认定本案控方证据达不到“证据确实、充分”的法定证明标准。

2. 关于戚某要求徐甲对做废纸生意保密的问题。对于这一问题，戚某辩解是为了防止他人竞争，戚某还讲这事情徐甲的老婆也是知道的（见侦查卷第3卷第253页）。辩护人认为，戚某的说法是符合常理的。在本案中，虽然办案机关可以因为“保密”问题而怀疑戚某，但怀疑不能替代证据，不能因为戚某说过要保密，而认为戚某就是凶手。

3. 关于戚某不如实陈述9月29日见过徐甲的问题。对于这一问题，戚某也辩解是“怕事情惹到我身上”（见侦查卷第3卷第253页、第254页）。辩护人认为，戚某的说法也是符合常理的，不能因他隐瞒了见过徐甲、与徐甲一起去过其老家，就认定他是杀害徐甲的凶手。

4. 关于司机张某的证言能否充分证明戚某移尸和抛尸的问题。对于这一问题，戚某多次供述编织袋里装运的是瓦片，因要货人失约未在东吴大桥交接而抛入江中。司机张某虽证实戚某对他讲装的是猪肉,并见到有血迹洇在袋子上,但事后公安机关的鉴定并未检出人血痕迹或死者的DNA信息。相反,司机张某证实:“我们就开车回富阳了,当时他也没有跟我讲具体到哪里,就听见他在打电话,都在讲些什么地方等啊这些话……反正我就是往富阳的路开,他呢继续在打电话,后来他就跟我说往场口东吴大桥那边开。”该证人证言可以印证戚某所说的有人在东吴大桥接货的事实,也可以印证编织袋中装瓦片的可能性。

5. 关于包裹尸块的布条是否是来自戚某家的问题。对于这一问题,控方至今没有足够的证据证实该布条来自戚某家。检验报告也不能证实从戚某家提取的布条与包裹尸块的布条完全一致。辩护人认为,即使是一致的,因工厂批量生产的产品具有同一性,也不能认定该布条来自戚某家中,更不能证明戚某用家中的布条包裹了尸块。

6. 关于死者的手机卡在湖源发现能否证实徐甲死在戚某老家的问题。辩护人认为,死者徐甲的手机在湖源发现,可以分析认为徐甲在湖源被害,但不能因此认为死在戚某家中。徐甲生前陷入传销且四处筹钱,而相关传销人员均是富阳人或在富阳工作的外地人,也同样存在他们谋财害命的可能性。因此,在死者9月29日7:40后有无通话的情况不能确定的情况下,根本推不出徐甲死在戚某老家或没有其他凶手的分析结论。

7. 关于对戚某的心理测试有无书面鉴定意见的问题。本案案卷中只反映侦查机关对戚某进行了心理测试,但案卷并没有书面鉴定意见。辩护人认为,既然公安机关做了心理测试,那么应与文书鉴定、尸体鉴定等任何鉴定一样,鉴定机构应当作出书面鉴定文书。即使得不出具体结论,也应当制作相应的鉴定文书。本案案卷中没有戚某的心理测试鉴定文书,很有可能是因为心理测试情况对戚某有利。

8. 关于戚某是否存在认罪态度差的问题。检察员认为戚某前后供述不一致,其说法不符常理和经验法则,认罪态度差。辩护人认为不存在这一问题。戚某曾多次提出(包括今天当庭陈述),他的有罪供述是在侦查人员疲劳审讯、变相肉刑以及威胁要抓其老婆的情况下,一步一步按照侦查人员的指引而交代的。辩护人认为这些证据均属于非法证据,应予排除。相反,戚某在侦查阶段后期所作的无罪辩解,是符合生活常识和经验法则的,不应理解为“认罪态度差”。

9. 关于本案的处理。检察员认为本案应维持认定戚某犯抢劫罪判处死刑的原审判决。辩护人认为检察员的建议显然不能成立。在全面贯彻落实党的十八届四中全会依法治国的决定的今天,在全面推进审判为中心的诉讼制度改革,贯彻证据裁判规则,实行办案质量终身负责制和错案责任倒查问责制,严防冤假错案的今天,辩护人相信,本案的侦查、检察、审判人员一定会实事求是,严格履行法定职责,妥善处理本案。辩护人认为,在没有充分证据能够证明戚某犯抢劫罪的情况下,人民法院应当根据我国《刑事诉讼法》第一百九十五条第(三)项的规定,对上诉人戚某作出“证据不足,指控的犯罪不能成立”的无罪判决。

辩护人:(签名)

××××年××月××日

附录2-6　一审罪轻辩护词

徐某被控受贿案一审辩护词

尊敬的审判长、人民陪审员:

北京浩天(杭州)律师事务所接受本案被告人徐某的委托,指派我们担任徐某涉嫌受贿犯罪案的辩护人,依法参与本案的一审诉讼活动。起诉书指控被告人徐某犯受贿罪,辩护人没有异议。对起诉书指控的部分犯罪情节和量刑建议,辩护人提出如下辩护意见供合议庭参考:

一、被告人徐某有自首、认罪认罚、积极退赃等法定从轻减轻处罚情节,依法应当对其从轻减轻处罚。

1. 被告人徐某具有自首情节。2022年6月29日,在办案机关对徐某宣布立案、采取留置措施前,电话通知徐某至驻省局纪检组接受谈话,徐某于6月30日主动到纪检组办公室,之后主动向办案机关交代了其收受多人财物的违法犯罪事实。我国《刑法》第六十七条第一款规定:“犯罪以后自动投案,如实供述自己的罪行的,是自首。对于自首的犯罪分子,可以从轻或者减轻处罚。其中,犯罪较轻的,可以免除处罚。”因此,本案中被告人徐某的行为属于自首,依法可以从轻或者减轻处罚。根据《最高人民法院关于常见犯罪的量刑指导意见》第三条第(六)项“对于自首情节,综合考虑自首的动机、时间、方式,罪行轻重,如实供述罪行的程度以及悔罪表现等情况,可以减少基准刑的40%以下”等规定,可以对被告人徐某做大幅度的从轻减轻处罚。

2. 被告人徐某自愿认罪认罚。本案中,被告人徐某在某市监察委员会调查期间和某市人民检察院审查起诉期间,均如实供述自己的违法犯罪事实,积极配合组织调查,对指控的犯罪事实和证据没有异议,自愿认罪认罚。我国《刑事诉讼法》第十五条规定:“犯罪嫌疑人、被告人自愿如实供述自己的罪行,承认指控的犯罪事实,愿意接受处罚的,可以依法从宽处理”,同时根据《关于常见犯罪的量刑指导意见(试行)》第三条第(十四)项“对于被告人认罪认罚的,综合考虑犯罪的性质、罪行的轻重、认罪认罚的阶段、程度、价值、悔罪表现等情况,可以减少基准刑的30%以下”等规定,可以对徐某做大幅度的从轻处罚。

3. 被告人徐某主动退还赃款和违纪款。本案中,被告人徐某已经主动退还了全部赃款和违纪款共计200余万元,积极弥补受贿犯罪造成的社会危害。辩护人认为,根据《关于常见犯罪的量刑指导意见(试行)》的规定,对于退赃的,综合考虑犯罪性质,退赃行为对损害结果所能弥补的程度,退赃的数额及主动程度等情况,可以对徐某做较大幅度的从轻处罚,以体现出我国刑法罪刑相适应原则。

二、被告人徐某的犯罪行为具有一定特殊性,其犯罪情节和社会危害性较之其他同类犯罪轻,依法可以做较大幅度的从轻减轻处罚。

1. 关于被告人徐某收受价值75万元干股的问题。起诉书指控被告人徐某收受卢某赠送的某公司0.5%干股,价值75万元,因案发未实际获得,其行为构成受贿未遂。辩护人认为,本案相关证据可以证明,双方对赠送公司0.5%干股一事仅停留于笼统的口头意向,且之后一年多的时间内双方也没有达成股权赠与的具体方案和实施步骤,更没有办理股权变更登记等手续。辩护人认为,被告人徐某的该行为更接近于犯罪的预备状态。对受贿犯罪的预备行为是否应予定罪和处罚,在司法实践中尚有争议,辩护人希望在本案处理中也更应体现刑法疑罪从无和谦抑性原则。即使按未遂定罪,根据《关于常见犯罪的量刑指导意见》的规定,应综合考虑犯罪行为的实行程度、造成损害的大小、犯罪未得逞的原因等情况,对其比照既遂犯做大幅度从轻处罚。

2. 关于被告人徐某以借款名义收受他人钱款20万元的问题。起诉书指控被告人徐某以借款名义向卢某借款，收受钱款20万元，其行为构成受贿罪。辩护人认为，本案相关证据可以证明，徐某向卢某借款20万元，是用来支付第二笔某公司的投资款，其借款有明确的借款用途，与其他同类案件中以借款为由收受他人钱款有所不同。双方之间虽无书面借款合同，但法律并未禁止自然人之间以口头形式订立借款合同，故双方之间已成立借款关系。被告人徐某借得钱款后，未向对方说过不予归还，其在2021年还向卢某提过要归还借款；卢某也从未向徐某说过该欠款不用归还，只是说不用着急归还。辩护人认为，在双方当事人之间未形成明确的行、受贿合意的情况下，该笔款项的最终归属和性质尚未确定，将该款项认定为犯罪金额证据不足，不符合证据确实充分的原则。即使认定该行为构成受贿犯罪，其犯罪情节上也明显较轻，在量刑中应有明确体现。

3. 关于被告人徐某利用职务便利收受同学老乡钱款的问题。起诉书指控被告人徐某利用职务便利，多次收受卢某、程某等人财物，其行为构成受贿罪。辩护人认为，本案中被告人徐某与卢某、程某等人均是高中同学或从小相识的老乡，当地具有较为显著的地域文化和从事第二职业的情况，同学老乡之间更注重相互帮忙相互提携，因此被告人经常利用业余时间为老乡朋友及其企业提供专业领域的指导、讲课、撰写申报材料等，并收取一定金额的劳务报酬，其行为因为与其职务有一定关联，从严格意义上已构成受贿犯罪，但其在情节和社会危害性上与同类受贿犯罪不同，在量刑上应当予以更轻的处罚。

综上所述，被告人徐某在本案中的犯罪情节较轻、主观恶性较小，且有自首、认罪认罚、积极退赃等情节，在量刑时，应根据宽严相济的刑事政策，对被告人徐某做较大幅度的从轻减轻处罚。

以上辩护理由望合议庭充分考虑并采纳。

辩护人：（签名）

××××年××月××日

附录2－7　刑事附带民事诉讼代理词

“亿万富翁杀亿万富翁案”刑事附带民事诉讼二审上诉人代理词

尊敬的审判长、审判员：

本案附带民事诉讼上诉人周某一、周某二、周某三、周某四不服浙江省某市中级人民法院某刑初字第××号刑事附带民事判决，已向你院提起上诉。浙江××律师事务所北京分所接受四上诉人的委托，指派我作为其诉讼代理人，依法参与本案附带民事部分的二审诉讼活动。因本案的民事侵权事实即被告人的刑事犯罪事实，故本代理人根据事实和法律，对本案事实认定和民事赔偿责任的承担，提出如下代理意见：

一、原审判决认定事实错误，王某是本案杀人故意的最终决定者，而并非被动参与者；王某提供给杨某10万元经费的时间是在密谋杀人之后的2002年12月初，而并非密谋杀人之前的2002年10月。

原审判决将王某的“雇凶杀人”认定为“资助杀人”；将王某在杀人犯罪中的“最终决定作用”，认定为“被动同意参与”；将王某提供给杨某10万元杀人经费的时间，从三被告“密谋杀人之后的2002年12月初”，提前到“密谋杀人之前的2002年10月”。总之，原审判决对涉及王某罪责的主要事实，均做了与客观事实不相符合的认定。

关于三被告杀人的动机和杀人故意的确定过程，虽然三被告为推卸自己的罪责而各有不同的说法，但基本的一点是相同的，即杨某首先向屠某提出并要价人民币50万元，屠某决定不了，待王某表态后，屠某再打电话给杨某确定的（详见各被告人的多次供述以及王某的亲笔供词）。可见，王某在杀人故意的最终确定中起了关键作用，没有王某的表态，本案的杀人故意不能最终确定。现原审法院撇开王某的“最终拍板”事实而夸大杨某的“最先提出”事实，将杨某拔高为“本案的主谋和组织、指挥者”，将王某贬低为“被动参与”杀人共谋的案犯。原审的这一判决，既不符合事实，也不符合情理。事实上，杨某只是一个被雇用的打手，凭什么去组织、策划、指挥一个具有大专文化程度的雇主？杨某与被害人素昧平生，为什么要去组织策划杀害无冤无仇的被害人呢？事实充分说明,王某是本案的罪魁祸首。没有王某的最终决定,没有王某的出资,本案是难以形成的。更何况,杨某在杀害周某的一系列准备过程中,多次与王某联系,杀人后,杨某随即向王某报告了情况(详见王某和杨某的多次供述)。这些事实充分说明,王某是本案的组织策划指挥者,是杀人共同犯罪中起作用最大的主犯。

关于王某向杨某提供10万元经费的时间,原审判决认定"时间在2002年10月以前",即三被告密谋杀人之前。上诉人认为,这一认定是错误的。王某给杨某10万元经费的时间是在2002年12月初,即三被告密谋杀人之后。这一事实既有王某本人的供述和杨某的供述,也有银行的存款凭证可以证实。(1)王某本人的供述。王某虽然多次供述说法不一,但他在2003年6月28日的供述中明确承认:"我给杨某10万元,也就是在屠某与我商量之后的12月初的事,杨给我打电话……要点钱……"(见公安卷第2卷第88页)。王某在2003年6月30日的供述中,也有相同的供述。(2)杨某的供述。杨某多次供述,曾与西安人李某一的朋友"小李"一起到方庄一面馆从王某处拿来了10万元,后将其中8万元存入李某一银行卡中。关于时间问题,杨某在2003年3月20日在回答侦查人员"那拾万元是什么时候给你的"这一讯问时说:"也是屠某与我通电话要以伍拾万元要我杀周某的前后几天,我现在确实记不起具体哪天"(见公安卷第4卷第22页)。(3)李某一、李某二的银行存款取款凭证和记录。李某二的存款记录反映:2002年12月5日,开卡存入9万元,12月23日取现54,973.50元;李某一的存款记录反映,2002年12月23日存入54,700元(见公安卷第11卷第101~105页)。这些存款记录可以证实,王某提供给杨某10万元的时间是在12月5日或之前的几天。上述证据充分说明,本案是三被告在11月下旬密谋杀人,王某在12月初提供杀人经费10万元的。原审判决撇开银行存款凭证等客观书证,仅根据王某的抵赖之词(而且也是其中的几次),就认定10万元经费的提供时间在杀人密谋之前,是违背《刑事诉讼法》第四十二条和第四十六条规定的证据采信规则的。

二、原审判决关于各被告民事赔偿的数额承担明显不当,王某的赔偿金额应当高于杨某,而且应当直接承担连带赔偿责任。

原审判决认定杨某在本案中罪责最重,因而判决杨某赔偿上诉人经济损失5万元;认定王某的罪责略小于杨某,故判决书赔偿45,000元。上诉人认为原审的这一判决错误。首先,王某的罪责大于杨某,其赔偿金额应高于杨某;其次，原审“先分后连”没有法律依据。《民法通则》第一百三十条规定：“二人以上共同侵权造成他人损害的，应当承担连带责任。”可见，在共同侵权的损害赔偿案中，各侵权人依法应当直接承担连带责任，而不应先确定各自的赔偿责任，而后再由各被告互负连带责任。

三、原审判决仅判令被告人赔偿被害人亲属交通住宿费500元是错误的，该数额与被害人亲属的实际支出相差太大。

原审判决共判令各被告人赔偿被害人亲属经济损失274,526.5元。其中，死亡赔偿金263,600元，丧葬费10,426.5元，交通费500元。上诉人认为，原审法院关于交通费的判决数额负担畸少，与实际支出相差太大。根据《最高人民法院关于审理人身损害赔偿案件适用法律若干问题的解释》第十七条第三款的规定，赔偿义务人应赔偿受害人亲属办理丧葬费事宜支出的交通费、住宿费和误工损失等合理费用。上诉人的亲属为奔丧花费的支出共有10万余元，而上诉人只提出赔偿其中的五分之一即2万元（还包括丧葬费），为便于法院审理，上诉人没有将这些零碎的众多发票提交法院，而是要求法院根据匡算，采纳上诉人的诉讼请求。但原审法院却只判了500元，仅占实际发生额的二百分之一。如果法院认为是没有凭证才判得这么少，那么应事先通知上诉人补充举证。而且，如果是没有凭证才判得这么少的话，根据相同道理，应该干脆一分也不判。事实上，在司法实践中，对类似没有凭证的实际损失，按照匡算判令赔偿实际损失费，是完全可行的。

综上所述，原审判决无论在认定事实、适用法律以及在判决结果上均有错误。为此，望你院查明事实后，依法认定王某在杀人犯罪中的地位和作用，判令其连带承担本案的全部民事责任。

以上代理意见请合议庭充分考虑并采纳。

代理人：（签名）

××××年××月××日

第三章　商事诉讼代理要“狠”

商事案件代理要“狠”,“要出手有力,不要温文尔雅”。商事案件的代理也包括原告、被告和第三人代理。商事案件是“民告民”的案件,具有平等的对抗性。商场讲究利益的最大化,商事案件代理,无论是原告代理,还是被告代理或是第三人代理,都需要在合法范围内“刀快手狠”。原告可以“依法要价”,被告可以“合理还价”,第三人要“鼎力相助”。商场如战场,瞬息万变,各方当事人在诉讼方案和诉讼手段上要既快又狠,实现自身合法权益的最大化。

一、“狭路相逢勇者胜”的商事诉讼

(一)擂台比武,各显神通

我国立法体系未采用民法典和商法典的分立编制,但民事案件与商事案件无论在学理上还是司法实践中都有所区别。商事案件主要通过《民法典》合同编及《公司法》等相关商事特别法等法律法规予以调整。商事诉讼是平等商事主体之间的“民告民”的案件,是平等对抗。实践中,商事案件就如擂台比武,各显神通,胜负也往往瞬息万变,很多时候还会出现原告“赔了夫人又折兵”等情况。例如,笔者曾办理过一起定金纠纷案件。上海万国公司与东成公司签订股权转让合同,东成公司将持有的某公司 84% 的股份转让给万国公司,万国公司支付了 2000 万元定金。双方约定该转让合同签订后东成公司应完成 7 项义务,否则万国公司有权解除合同并要求双倍返还定金。后双方发生纠纷,万国公司诉诸法院。一审法院认定东成公司虽未完成约定义务,但不是根本违约,鉴于双方都同意解除合同,故判决东成公司返还万国公司 2000 万元本金。二审中,笔者向法院提交了东成公司未完成该股权转让合同中约定的 7 项义务中的 4 项主要义务的详细证据,认为一审法院关于东成公司未根本违约的认定没有充分证据,原审适用法律不当,依法应当改判东成公司双倍返还定金。上海市高级人民法院采纳了笔者的二审代理意见,撤销一审判决,改判东成公司双倍返还定金共 4000 万元。

除了这个比较典型的案例,笔者还代理过一起著作权侵害纠纷案件。美国 JOBY 公司向法院起诉称,时光公司生产的环珠式三脚架侵犯了 JOBY 公司的著作权,要求判令时光公司停止侵害、赔偿损失。笔者担任时光公司的代理人后,向法院提出:涉案产品不是实用艺术作品,不受著作权法和相关国际公约调整,涉案产品是工业用品,所涉权利应受专利法调整;时光公司产品的生产时间先于原告申请专利的时间,应受保护的是时光公司的著作权。通过对原告诉请的全面否定,法院最终判令驳回原告的诉讼请求。通过这起案件,时光公司打退了外商的无理缠诉,公司的生产经营也很快恢复了正常,企业的合法权益得到了维护(该案代理词见本章附录 3 -2)。

可见,商场如战场,商事诉讼同样也是斗智斗勇的擂台。案件各方都会根据法律,千方百计提出诉讼请求或提出抗辩意见,用足用尽法律中的“游戏规则”,来争取利益最大化。原告的诉请力度要大,被告的抗辩力度也要大,各自在秤盘上加足砝码,影响裁判天平的偏向,争取获得对己方有利的裁判。

(二)速战速决,各取所需

商事立法遵循商事规则的便捷性,其内在的价值追求是效率和利益的最大化。商事案件不同于传统民事案件,争议的事项一般不是“鸡毛蒜皮”,其大部分是公司等市场经济主体之间的经济纠纷。公司等商事主体以营利为目的,特别是在经济瞬息万变的当今,商事主体不大可能为一件利益争议不大的纠纷投入太多的时间和金钱。因此,在商言商、速战速决、各取所需,往往成为商事案件处理的原则,无论是当事人之间的较劲还是法院的审理裁判,都会体现商事交易的基本属性和价值追求。所以律师代理商事案件,就要做到“狠”:原告要“依法要价”,被告要“合理还价”,最终达到“各退一步”迅捷结案、各取所需的效果。

（三）讨价还价，去伪存真

不同于一般民事案件，商事诉讼的标的一般都比较大，而其中的原告诉讼请求的“水分”也都比较大。例如，商事案件的双方在合同中约定了超出法律保护上限的违约金；又如，原告提出了超过其实际损失的赔偿金；再如，原告诉请“利滚利”等。而作为被告一方，其提出的抗辩或者反诉请求也可能夸大其词、没有事实根据和法律依据等。因此，商事案件中的请求与抗辩都存在“泡沫”“水分”，可挤压的空间很大。对此，律师代理此类案件应当充分洞察对方提出的请求或抗辩中的“水分”，运用各种技能进行挤压，最后达成当事人可以接受的处理结果。

二、商事案件的原告可以“依法要价”

（一）“依法要价”，先发制人

1. 商事损失不易估量

商业交易瞬息万变，在进行一个商业交易行为的同时，该商事主体可能就错过了另一个商业机会。因此，商事交易的受损方很多情况下损失的不仅是特定的某笔业务，往往还会有其他的机会利益损失。而且，商事交易还带有连锁性。例如，某企业购买一笔急需的生产设备，但对方违约导致交易没有成功，该企业就可能无法及时生产产品占据市场，或者被其他合同相关方追索赔偿。对这些商业机会和连锁利益的损失，因法律上没有明确的计算标准，当事人也难以举证证明，因此无法取得相应的赔偿。但是原告不能因此而放弃对这些损失的索赔，特别是通过法律途径解决的时候，更要尽力争取。原告应当通过诉讼“毕其功于一役”，尽可能地挽回损失。

2. 给被告施加压力争取裁判的主动

原告提出的诉请金额直接影响被告对案件的处理预期。巨大的诉请金额可以有效地给被告造成心理压力，促使被告慎重处理纠纷，主动息事宁人。原告可以通过依法要价表现出理直气壮的“高姿态”，从诉讼一开始就把握主动，主导诉讼的进程。原告的依法要价，也可以提高案件调解的筹码，间接提高法官调解的起点和力度，争取最好的处理结果。

3. 争取法官的自由裁量

商事裁判中，法官有较大的自由裁量权。法官的自由裁量权主要体现在对案件事实的认定、法律适用和裁判尺度的把握等方面。由于商事法律弹性足，商事纠纷标的大，因此法官在商事裁判中有很大的自由裁量空间。法官在认定诸如违约金数额、可得利益损失、合理必要费用等方面，都可以根据自由裁量进行裁判。由于很多商事案件标的大，法官的裁量行为会给裁判结果带来很大影响。对此原告需要根据法律和事实，依法要价，争取足够的自由裁量空间，全力争取对己方有利的裁判结果。

4. 必要时提高审级

在某些情况下，为尽可能减少地方保护主义对案件裁判的影响，原告可以通过提高诉讼标的，提升案件的审理级别，将案件诉至中级人民法院甚至高级人民法院，获取更为公正的裁判环境。另外，有时候当事人还需要更高级别的法院审理，提高案件的影响力，以获得更多外力的监督和支持。例如，笔者代理的多起建设施工合同纠纷案件中，考虑到发包方业主在当地均是纳税大户，与政府以及司法机关的关系较好，因此多通过提高争议工程款数额、违约金金额以及其他诉请金额，来提高审级以获得较为公正的审理环境。实践也均证明了这种做法确实在某种程度上有利于案件取得公正的处理结果。

（二）“依法要价”不是“信口开河”

1. “依法要价”需要有凭有据

原告的“依法要价”应当以基本的事实和法律为依据。如果原告的诉讼请求缺乏足够的事实根据和法律依据，就要慎用“依法要价”的策略，否则会有“敲诈”之嫌，引起法官的反感，给诉讼带来不必要的反作用。当然，原告可以在诉讼中对诉讼请求进行增加或减少，具体视案件的发展、双方力量的对比进行灵活调整。

2. “依法要价”要考虑诉讼成本

原告的“依法要价”并非没有限度，其诉讼成本会随着诉请金额“水涨船高”。原告在提起诉讼前应当按照诉讼费缴纳办法进行诉讼成本的计算，包括该诉讼费在诉讼程序期间的利息，以及判决结束后原告可能需要承担的诉讼费；申请财产保全的，还需要支付法院的保全费用和可能发生的担保公司的担保费用,原告需要对这些诉讼成本和可能获得的诉讼收益进行成本收益分析。一般来说,如果案件获胜可能性较大,或者调解可能得到的数额比较理想,那么诉讼成本的付出是值得的。如果案件获胜可能较小,原告则要具体衡量利弊得失。

3. 被告要有一定履行能力

如果被告没有财产支付能力,即使判决结果是天文数字,原告也是空欢喜一场。因此,对没有履约能力的被告或者难以保全到财产的案件,原告需要考虑诉讼请求金额的合理性,不要盲目“要价”。当然,如果被告仅仅是一时缺乏财力,但仍有盈利能力,甚至其以后的业绩可能会爆炸式增长的情况下,原告还是可以考虑通过裁判得到足额债权,可以在执行时适当变通,通过减免利息、违约金或给予对方一定的履行宽限期,以股抵债等方式获得更大的经济利益等。

(三)多管齐下,争取主动

1. 用好违约条款等赔偿依据

违约条款的约定遵循意思自治原则。虽然我国《民法典》规定,违约金约定过分高于实际损失的,法院可以进行适当调整,但是,原告起诉时仍应当按照违约金条款的约定提出足额的违约金诉请,而不要“自觉”降低金额。诉讼千变万化,诉讼证据也可能因对方送上门“不期而至”,对违约责任应当首先“满打满算”,否则可能不当处分掉自身的权利。例如,在借款纠纷中,原告应当全面计算约定的利息、复息和罚息等金额,并列出清晰、明确的计算清单,积极主张自己的利息损失。不要漏算,也不要一股脑儿只提供一个框估的利息总额,要给法官的认定提供具体依据。例如,笔者在一起工程款施工合同纠纷案件中代理原告一方,被告拖欠我方工程款2000余万元,合同约定的逾期付款违约金为每天2%,被告拖欠了600多天仍未付款,按照合同约定计算出来的预期付款违约金达12,000万元。起诉之前笔者征求原告公司的意见,是否需要降低违约金,公司的意见是不差这点诉讼费不需要降低。因此,我方就以2000余万元的工程款加上12,000万元的违约金提起了诉讼。案件审理过程中,被告未到庭参与庭审,法院缺席审判,法官也未就违约金问题进行调整。法院最终判决支持了我方全部诉讼请求。这个案件说明了商事案件中应当用好违约金条款,争取代理方的最大权益。

2. 用好连带责任“一个都不能少”

商事法律中存在很多连带责任规定。商事法律的连带责任，是追求交易安全性原则的体现。只要案件可以依法适用连带责任的规定，原告应当在诉讼程序中将连带责任人列为共同被告，一同提起诉讼。连带责任的确定不仅能为原告在胜诉后最大限度地执行到位提供“双保险”，在诉讼战术上也可以从担保人方面对被告施加压力，使被告处于被“双面夹击”的境地，不得不主动求和，满足原告的赔偿要求。连带责任的案例很多，实践中应当注意根据法律规定去寻找可以承担连带责任的主体。例如，在笔者代理的一起货物买卖合同纠纷案件中，被告是一家组装生产冷冻柜的企业，笔者代理作为供货商的原告，要求被告支付拖欠零部件货款数百万元。在起诉时，笔者通过查询工商登记了解到被告是一家个人独资企业，因此将被告的实际投资人也列为被告，要求其承担连带清偿责任。虽然被告企业已经没有多少财产了，但因实际投资人个人财产颇丰，故我方最终仍通过执行获得了全部货款。

原告在提出连带责任时需注意，连带责任要有明确的约定或法律规定，并非任何情况下都能适用连带责任。我国商事法律中比较常见的连带责任主要有《民法典》中的保证连带责任、《合伙企业法》中的合伙人连带责任、《公司法》中的股东连带责任等。同时也要注意某些连带责任承担的期限问题，如果尚未起诉连带责任人，要注意先通过书面函件主张权利中断时效，防止出现脱保的情况。

3. 运用财产保全进行“依法要价”

商事案件的主体一般都是公司企业，现金等财产是企业赖以生存的基础。原告要特别重视财产保全的运用，及时卡住被告日常经营的“咽喉”，为“依法要价”争取筹码。原告进行财产保全应当注意：(1)诉讼保全申请书可以与起诉状一起交给法院立案，并争取法院能先保全后送达起诉状副本。在裁定保全与实施保全分属不同庭室的情况下要与承办人做好沟通衔接工作，以避免被告利用时间差转移财产。放过财产保全的时机，导致的很可能是无法执行的一纸空判。(2)如陪同法官去银行、证券登记结算机构、房管局进行查封应当带全资料，准确核对主体（特别是营业执照上的主体名称与起诉状中的被诉主体是否完全一致），务必做到万无一失，如因手续瑕疵无法查封，很可能导致被告知道情况后立即转移财产。(3)应当提供具体的财产线索。原告应当通过各种途径获取被告的财产线索。可保全的财产范围很广,凡是被告所有、占有、享有的实物财产和财产权利都可以成为保全的对象。例如,被告在银行开立的账户及存款;房产或土地使用权;股权、股票、债券及股息、红利等收益;厂房、机器设备及原材料、半成品、产成品等货物;被告享有的对其他人的到期债权;被告享有专用权的专利、商标等知识产权等。(4)用积极方法收集财产线索。例如,查询过去业务交往中对方使用过的银行账号,甚至可以用假装购货的方式套取银行账号;申请法院对被告地人民银行查询开户资料,甚至可以申请查社保、保险、电力、税务部门的被告付款账户等。(5)注意保全的期限,在期限届满前要及时续保,以免造成保全失效。要区别银行、工商局、土管、房管部门对存款、股权、房地产的不同查封期限。需要注意的是,《最高人民法院关于适用〈中华人民共和国民事诉讼法〉的解释》第487条第1款对之前的查封期限作了修改,规定“人民法院冻结被执行人的银行存款的期限不得超过一年,查封、扣押动产的期限不得超过两年,查封不动产、冻结其他财产权的期限不得超过三年”,该规定延长了之前适用的期限规定,但是,实践中我们还是要以法院出具的保全告知书上明确的查封期限为准,到查封期限到期前及时进行续保。需要注意的是,向法院提交续保申请之后,仍要及时与承办人保持沟通,催促承办人在到期之前向相关部门进行续保。如果提交申请后不闻不问,有时候也会出现承办人遗忘续保的情况。

三、商事案件的被告可“合理还价”

(一)对冲起诉,挫敌锐气

1. 对原告的诉请起到对冲作用

商事诉讼中,原告可以“依法要价”,被告当然也要“针锋相对”,不能“任人宰割”。面对原告的来势汹汹,被告应当知难而上,“合理还价”。被告“合理还价”能对原告的诉请起到对冲作用,挤压出原告诉讼请求中的“水分”。被告应当理直气壮地进行还价,不能因为是被告而表现出“理亏”。

2. 降低案件调解的起点

被告的“合理还价”可以对原告的“依法要价”起到对冲作用,特别是在调解过程中,被告应当尽力争取降低调解的起点。

3. 增加法官的调解力度

由于法院在商事审判中追求调解结案率，因此法官在案件审理过程中会积极在原告、被告之间进行调解。法官调解一般会对原告、被告各自的调解方案进行折中，征求双方的意见。因此，被告“合理还价”在某种程度上可以提高调解方案的起点，为自己争取更多的利益。

（二）兵来将挡，反客为主

1. 策划具体还价策略

被告应当对案件的审理结果进行预测，并在此基础上规划详细的谈判策略。如果被告的抗辩理由较为充分，案件可预期的审理结果不存在“一边倒”的可能性，此时，被告可以采用完全否认原告诉讼请求的策略，最大限度地对冲原告的诉讼请求。

例如，某进出口代理合同纠纷案中，笔者代理的大林公司为原告康乐公司做出口代理业务，办理单证制作、出口报关、银行交单和收汇手续等业务。后因康乐公司受到国外中间商的诈骗，致使其运往国外的货物被全部退回，最后对该批货物进行了贱卖，造成了损失。为此，康乐公司将大林公司告上法院，认为大林公司未履行好代理义务致使其遭受损失，要求大林公司赔偿其损失1000余万元。笔者接受大林公司的委托后，指导大林公司收集了大量代理业务中的来往书证，通过举证证明了我方完全按照代理合同约定履行了合同义务，不存在任何过错，康乐公司的损失完全是自身原因造成的。在事实和法律面前，康乐公司只能撤回无理起诉，大林公司分文未赔。

又如，笔者代理的一起海事海商纠纷案件中，原告委托我方与案外造船公司签订造船合同，为原告建造散货船舶，后该合同因为市场原因终止，原告遂起诉我方，要求我方根据双方终止合同后签订的善后处理协议，支付数亿元的欠款本金和数亿元的利息（按年利率36%计算）。一审法院判决我方支付原告利息7000余万元。二审中，笔者向法院提出，该案法律关系并非民间借贷，不应适用民间借贷的法律法规，原审法院逾期付款违约金的判决金额畸高，依法应予大幅调低至银行同期基准利率。最终该案调解结案，我方支付的金额比一审判决减少了几千万元。

再如，笔者代理的一起侵害商业秘密案件中，巨华公司向法院起诉万丰公司和胡某,要求其赔偿因侵犯巨华公司的PVDC技术而给巨华公司造成的损失500余万元。笔者担任万丰公司的代理人后,向法院提出本案涉案技术是公知技术,原告所称的"技术秘密"不能成立。涉案技术在国内外专利和文献资料中均有公开报道,原告所诉的"技术秘密"并不存在,没有自己的"秘密点",且原告也没有采取任何保密措施;万丰公司生产的产品与原告产品不具有同一性,万丰公司有合法的技术来源。通过律师从事实和法律上全面否定原告的诉求理由,法院最终判决驳回原告的诉讼请求。

如果被告抗辩理由缺少事实根据和法律依据,最终的审理结果不会太理想,此时被告可以仅就理由较为充分的部分内容进行重点抗辩和讨价还价。因此,作为被告应当具体问题具体应对,如果一味对原告的诉请全盘否认,不仅不能得到理想的处理结果,还容易引起办案法官的反感,一旦办案法官不再为被告做调解工作,被告的处境就会非常不利。例如,我们在办理商事纠纷时经常碰到违约金及损害赔偿金的问题,在调解过程中很多时候被告往往因为违约金等问题不愿接受调解方案,最终法院判决确定的违约金或损害赔偿金远高于当初的调解金额,被告得不偿失。

2. 用足用好商事规范

被告的"合理还价"应当有事实根据和法律依据。被告应当尽力收集对自己有利的证据,这点毋庸赘言。这里要讨论的,是被告应当用好商事法律规范来为自己的"合理还价"提供依据。

商事法律规范中有各种抗辩规则。常见的如《民法典》中的合同无效、债务履行完毕、债务免除等抗辩事由;《票据法》中的票据无效、票据权利失效、票据追索权切断等抗辩;《保险法》中的未尽告知义务、超保部分无效等抗辩。另外,《公司法》《证券法》等商事特别法中也存在不少抗辩事由。被告"合理还价"时应当分析案件是否可以运用这些抗辩,以求釜底抽薪、一劳永逸。

例如,笔者代理过一起票据追索权纠纷案。该案中,我方为承兑汇票的出票人,后该票据被案外人A公司(非票据上记载的背书人和被背书人)以票据遗失为由,向法院提起公示催告程序,后经法院除权判决宣告票据无效,A公司有权向承兑银行请求支付,后承兑银行依照法院的除权判决进行了付款。没想到的是,之后该票据的持票人又出现,并以行使票据追索权为由,直接要求我方再次进行付款。一审法院判决支持了原告的诉请。二审中,笔者向合议庭提出，根据《最高人民法院关于审理票据纠纷案件若干问题的规定》，人民法院的除权判决已经发生法律效力的，票据责任人对持票人提出抗辩的，人民法院应予支持，本案应由持票人向申请公示催告的案外人进行追索。最终二审法院采纳了笔者的意见，撤销原审判决，改判驳回了原告的全部诉请。

又如，笔者代理过一起股权转让纠纷案。环球公司与王某合作成立一房地产开发公司，共同开发某块土地。后因王某拖欠环球公司资金，王某便以 500 万元的价格将其在房地产开发公司的 35% 股份转让给环球公司。此后，王某又将其已经转让掉的 35% 股份重复转让给了良好公司。良好公司遂致函房地产开发公司，要求房地产开发公司为其办理受让的 35% 股份的变更登记手续，房地产开发公司予以拒绝。后良好公司与王某向法院提起诉讼，请求法院判令房地产开发公司为其办理股权变更手续。笔者接受房地产开发公司委托作为代理人。笔者认为，本案中王某已经将股份转让给了环球公司，其又将已经转让掉的股份再行转让，属于明显的无权处分，该转让行为是无效的，不受法律保护。良好公司如因此受到损失，应当去向王某要求赔偿。其起诉环球公司没有事实和法律依据。本案中，环球公司就是运用无权处分合同无效的抗辩理由来进行“合理还价”。

另外，《民法典》中还有诸如同时履行抗辩权、不安抗辩权、先履行抗辩权、合同所附条件未成就的抗辩以及一般担保合同中担保人的先诉抗辩权等抗辩事由。如果存在这些抗辩理由，被告应当及时提出，抵抗原告的诉请。

3. 用好诉讼程序规则

被告除了在实体上应四处“找茬儿”，还应当特别注意从诉讼程序中寻找案件的突破口。实体问题可左可右，程序问题却不得不查，因此被告如果能在诉讼程序上找到可以抵抗原告诉请的理由，就可以将原告挡在诉讼大门之外，同时也能打乱原告诉讼阵脚，反客为主，争取有利的诉讼结果。

(1)用好管辖权抗辩。受理法院是否具有管辖权，是案件进入诉讼程序的第一关。关于管辖权，包括级别管辖、地域管辖、协议管辖等，《民事诉讼法》都有详尽的规定。被告应当重视管辖权问题，如果原告起诉的法院不具有管辖权，被告应及时提出管辖权异议。例如，笔者代理的一起浙江某高速公路建设施工合同纠纷中，施工方在所在地辽宁的铁路法院抢先提起诉讼，要求我方业主支付巨额违约金 3000 余万元。为此，笔者代理业主力争管辖权，向法院提出辽宁的铁路法院无权跨省管辖应由浙江省内法院管辖的案件，请求法院将案件移送至合同履行地或被告所在地有管辖权的浙江省内法院审理。经过管辖权异议一审、二审和最高人民法院再审后，该案最终被移送到了浙江省内法院进行审理，我方提出反诉，经浙江省的一审、二审法院审理后，驳回对方的全部诉讼请求，并判决对方向我方支付合同违约金1000余万元。一出一进，诉讼利益就达4000万元之巨。可见，管辖权对商事案件的审理是非常重要的。

(2)用好主体资格的抗辩。如果原告不具有起诉的主体资格，被告应当及时向法院提出，要求法院驳回原告的起诉。比如，公司企业被注销后，不能再作为原告提起诉讼；与案件不具有利害关系的主体不能作为原告；等等。例如，笔者代理的一起承包款纠纷案件中，王某承包经营某印刷企业，因与企业投资人张某不合而退出承包。王某给张某出具了一张欠条，欠条写明：王某欠承包款80万元，但王某在承包期间的未收款项，可从承包费中扣除。后张某向法院起诉，要求王某支付拖欠的承包费。王某来咨询笔者时案件已过反诉期限。法院审理后认为，王某虽向张某出具了欠条，但王某所欠的是企业的承包款，张某作为诉讼主体不适格，故判决驳回张某的起诉。之后等张某以印刷企业名义再次起诉王某时，王某得到提出反诉的机会，要求企业将已收取的经营款予以返还。最终案件以双方互不相欠调解结案。可见，主体资格的抗辩可以打击原告的锐气，有时候还可以为被告争取到宝贵的诉讼机会，扭转不利的局势。另外，有些案件中被告的主体也并非适格，也就是原告告错了人，这时候也应当向法院提出。例如，常见的，有些欠款案件中在欠条上签字的个人仅仅是履行职务行为，而非本人欠款，这种情况下将个人一起作为被告起诉，就属于明显的被告不适格。

(3)用好诉讼延期的抗辩。《民事诉讼法》第149条规定，有下列情形之一的，可以延期开庭审理：必须到庭的当事人和其他诉讼参与人有正当理由没有到庭的；当事人临时提出回避申请的；需要通知新的证人到庭，调取新的证据，重新鉴定、勘验，或者需要补充调查的；其他应当延期的情形。《民事诉讼法》第153条还规定，如果出现作为一方当事人的法人或者其他组织终止，尚未确定权利义务承受人的；一方当事人因不可抗拒的事由，不能参加诉讼的；本案必须以另一案的审理结果为依据，而另一案尚未审结的等几种情况，应当中止案件的审理。诉讼延期抗辩的作用主要是打乱原告正常的诉讼进程和破坏其急于得到裁判结果的期待,可以降低双方调解谈判中原告的心理预期,促成调解结案。另外,很多案件中被告需要拖延裁决的时间以达到其经营中的特定商业目的,特别是被告的不动产被查封的情况下拖延诉讼进程也能带来很多实实在在的经济利益。例如,笔者代理被告应诉的一起金融借款案件中,原告起诉要求被告归还2000余万元的借款,并在起诉时查封了被告所有的上千平方米的办公用房。原告采取财产保全时,正值我国房地产价格大幅上涨的阶段。为尽量拖延案件的审理,以使我方的资产增值,笔者向受理法院提出了管辖权异议,之后在诉讼过程中又向法庭提出证人出庭作证,申请法院调取双方签订借款协议时的相关案件事实,随后又提出对借款合同上被告签字的真实性进行司法鉴定。我方通过行使一系列诉讼权利,使案件审理的时间被大大延长,而被告的房地产价值也在两年之间翻了两倍多,可谓名败实胜。

(三)有理有节,进退自如

1. 被告“合理还价”要有事实根据和法律依据

被告应当根据案件的事实和法律规定,寻找“合理还价”的依据。事实证据和法律依据是被告“合理还价”最有力的武器,被告对此应当有足够的重视,特别是很多看似空间不大的案子,反而要特别下苦功去深挖。很多代理律师对于一些难度较大的案件,往往舍本逐末将精力投在“找关系”等案外之事上,但即使法官愿意为被告做调解努力,其基础还是在于被告的还价有一定的事实和法律依据;原告愿意与被告进行调解,也是因为清楚自己的诉讼请求实际无法得到全部的支持。被告只有在事实和法律上站得住脚,才能“合理还价”,单纯的耍赖行为对案件的处理有害无益。例如,金融借款案件对事实问题一般争议不大,但有时被告在法律上有理,也是可以据理力争的。笔者代理的一起金融借款纠纷中,原告是资产管理公司,受让了银行对被告享有的4000余万元债权。资产公司起诉要求被告归还4000余万元借款本金,1000余万元的逾期还款利息。在法庭上,笔者担任被告代理人,向法庭提出资产公司受让的仅仅是借款本金,因为银行债权转让通知上写明转让的是本金,并未明确将转让前已产生的利息一并转让。且资产公司不是银行,无权对被告收取逾期利息。这些抗辩意见中,我们就是根据《民法典》中债权转让的相关法律规定来进行“合理还价”的,也取得了较好的效果。又如,笔者代理过一些金额较大的金融借款执行案件,虽然这类案件空间不大,但是我们可以针对银行诉请中的复利、罚息计算的合理性、合法性提出异议,必要时自己花功夫向承办法官提交合理合法的计算清单,请求法院予以适当调整,很多时候都可以为被告减轻责任,取得意想不到的效果。

2. 适可而止,见好就收

如果被告在案件中没有充分的理由能够否定原告的诉请,那么被告就应当在应诉之前就做好战略规划,设定自己可接受的预期范围。当案件处理达到被告可接受的程度时,被告应当见好就收,不可贪婪恋战。诉讼是原告、被告之间的博弈游戏,既是法律博弈,也是心理和财力的博弈。博弈应当有限度,应当有求有舍,否则一旦谈判破裂,被告很有可能遭受更为不利的结果。律师应当在开战之前给当事人作出正确的前景预测,不能向当事人作不切实际的预测甚至拍胸脯包打赢,否则会使当事人难以正确判断案件走向,极易造成其对诉讼胜败结果的判断失误。就律师实务而言,做最坏的打算,尽最大的努力,应当是一种较为稳妥的办案风格。因此,相比不太理性的当事人,律师应当时刻保持清醒,在被告许可的情况下,把握案件处理的节奏,既要虚张声势、针锋相对,也要懂得偃旗息鼓、见好就收,为被告争取最大的利益。

四、商事案件的第三人应"鼎力相助"

(一)第三人不是"局外人"

民事诉讼第三人,是指案外人以本诉的原告、被告为被告提出一个独立的诉讼请求,或者由该诉讼中的原告、被告引进后主张独立的利益,或者为了自己的利益,辅助该诉讼一方当事人参与诉讼。根据《民事诉讼法》,第三人分为有独立请求权的第三人("有独三")和无独立请求权的第三人("无独三")两类。我国《民事诉讼法》第 59 条第 1 款规定:"对当事人双方的诉讼标的,第三人认为有独立请求权的,有权提起诉讼",这是关于有独立请求权第三人的规定。我国《民事诉讼法》第 59 条第 2 款规定:"对当事人双方的诉讼标的,第三人虽然没有独立请求权,但案件处理结果同他有法律上的利害关系的,可以申请参加诉讼,或者由人民法院通知他参加诉讼。人民法院判决承担民事责任的第三人,有当事人的诉讼权利义务。"这是关于无独立请求权第三人的规定。

无论是“有独三”还是“无独三”，都有以下几个特点：(1)第三人对原告、被告诉讼标的认为有独立请求权，或者案件处理结果与其有法律上的利害关系。这是第三人参加诉讼的依据。(2)第三人参加已经开始的诉讼，既不是为了维护原告的利益，也不是为了维护被告的利益，而是为了维护自己的民事权益。(3)第三人必须在本诉已经开始、法院作出裁判之前参加诉讼。诉讼终结后，包括原告撤诉、双方当事人和解以及人民法院作出裁决而终结，都不会存在第三人的问题。

(二)唇亡齿寒，鼎力相助

无论第三人是有独立请求权还是无独立请求权，其参与原告、被告之间的诉讼，都有可能对案件的处理产生影响。实践中，第三人可能帮助原告，也可能帮助被告。因此，原告、被告都应当用好第三人制度，争取在案件处理中的主动。

1. 无独立请求权第三人

无独立请求权的第三人对本诉的原告和被告意义巨大。因为无独立请求权第三人对本诉的诉讼标的并没有独立的请求权，但其可以辅助原告、被告之间的一方，影响案件处理的结果。无独立请求权第三人参加的诉讼类型主要有：买卖合同中因标的物不符合约定，迟延交付纠纷；运输合同中人身财产受到损害的纠纷；由第三人履行的合同因第三人不履行或瑕疵履行的纠纷；无权处分的行为引起的纠纷；等等。如果“无独三”的加入有利于己方的案件事实查明并加大针对对方诉请的抗辩强度，那么原告、被告都应当争取与“无独三”保持“统一战线”“同仇敌忾”。

第三人无论是帮助原告还是被告，都应当全力以赴、鼎力相助。“无独三”作为诉讼参与人，如果法院判决“无独三”承担责任，或者案件的裁判结果对“无独三”以后的案件形成预判，此时诉讼就与“无独三”密切相关。“无独三”应当重视本诉对其的重要性，鼎力相助原告或被告。当然，“无独三”如果因为与原告、被告之间有特殊情况(如在连环借贷中，“无独三”不希望在本诉中被法院判决承担连带清偿责任，导致其与原告、被告的一方无法实现债务抵销)而不愿参与本诉，应当要求退出本诉处理；如果法院不予准许，“无独三”则需要分析形势，决定是支持原告还是被告。

这里讲一个笔者代理的第三人案件。金典公司原系金昶公司的子公司，金典公司的某大厦由案外人寰宇公司承建。其间,为资金流转方便,三家公司约定先由金典公司支付2000万元给寰宇公司,再由寰宇公司将该款借给金昶公司。之后由金昶公司向寰宇公司归还借款,最终由寰宇公司退还给金典公司。其间,金昶公司与金典公司股权整合,债权债务混同。后寰宇公司为清理债权债务,委托笔者代理向法院起诉,要求金昶公司归还2000万元借款;法院审理后判令金昶公司归还2000万元。判决之后,金昶公司以不当得利为由将金典公司告上法庭,并将寰宇公司列为第三人。笔者认为,如果金昶公司胜诉,无疑会使案件更加复杂化,还可能导致金典公司与我方之间再起纠纷。故我方应当全力支持金典公司。为此,笔者向法院详细阐述了我方的观点:金昶公司将我方列为第三人没有依据;金昶公司要求金典公司偿还2000万元更没有事实根据,在法律上也不构成不当得利;金昶公司要求我方承担连带清偿责任的请求不能成立。最终法院采信了我方的意见,判决驳回了金昶公司的全部诉请。

笔者还代理过一个案件。该案中,A公司向我方供应燃煤。双方最初接触时,由A公司的代表吕某携带公司公章前来签订供货合同。在其后的合同履行过程中,均由吕某接收我方的汇票,并向我方提供发票。后A公司起诉我方,要求我方支付未付货款。由于吕某在本案中属于表见代理人,对本案的事实还原具有重要作用,因此我方申请法院追加吕某作为第三人参与诉讼。在庭审中,吕某作为无独立请求权的第三人,向法庭陈述了本案的具体交易过程,最终法院认定吕某的行为属于表见代理行为,判决驳回了原告对我方的诉讼请求。该案中,正是因为第三人还原了案件事实,才避免了我方重复付款的损失。

2. 有独立请求权的第三人

有独立请求权的第三人,既反对原告,也反对被告,对案件有自己独立的诉请。理论上,“有独三”谁也不帮。但是,就被告而言,“有独三”的加入,加大了原告的胜诉压力,降低了原告的诉讼预期,反而有利于被告,被告可以“鹬蚌相争,渔翁得利”。就原告而言,“有独三”的横插一脚会使案件的形势发生变化;对此,原告应当及时调整诉讼策略,随机应变。

五、执行程序要做到权利穷尽

商事诉讼中原告经常碰到的情况是,案子费时费力打赢了,但是执行不到位,拿到的只是一纸空文,当事人由此迁怒于代理律师,认为代理律师没有为原告争取到应得利益,原告律师也是有苦说不出。事实上,执行难的问题一直困扰着原告、原告律师和人民法院。为解决执行难的问题,人民法院近年来陆续出台了各种执行措施。作为原告律师,我们应当遵循权利穷尽原则,利用各种方式为原告争取权益。作为被告律师,我们也应当在合理合法范围内,为被执行人减轻债务负担。

(一)诉前和诉中都应当持续查询被告可供查封的财产,避免被告非法转移财产

案件起诉时进行财产保全措施,是胜诉后有效执行的保障。一般来讲,财产保全措施需要原告自己向法院提供可供保全的财产线索,但限于当事人自己和律师的调查权限,只能对当事人名下的房产、车辆等财产在法律允许的范围内进行查询,且查询的时间和地域范围也有较大的局限性。对此,在某些较为紧急的情况下,我们可以向法院提出书面申请,请求法院查询被告名下的财产(如被告的银行账户、被告名下的股票账户)。同样,在诉讼过程中,申请执行人也不能松懈发掘被告名下可供查封的财产,特别是被告有一些刚好到期的债权、投资收益、继承或赠与的财产等情况。这些财产线索不能依靠法院获得,需要我们代理人为当事人关注和寻找,并主动提供给法院请求予以查封。总之,商事诉讼中和执行程序中,我们都不应停止对被告财产线索的追查,以保障之后的执行能够尽量到位。

需要注意的是,在财产查询过程中,可能会出现被告故意转移财产的情况。对于动产等财产的故意转移和隐匿,可以申请法院查封;对于不动产和其他形式的财产权利的转移,原告要留下被告非法转移财产逃避债务的初步证据,在胜诉之后结合具体情况,考虑是否以撤销权诉讼等方式维护原告的权益。

(二)执行程序中申请法院采用多种措施强制执行

根据我国《民事诉讼法》及最高人民法院相关执行措施的文件,人民法院在执行过程中,可以采用多种措施对债务人进行强制执行。一般来讲,这些措施主要分为对财产的措施和对被执行人人身的措施。对此,我们应当根据法律规定,向法院申请采取相应的执行措施。

1. 查询、冻结、划拨被申请执行人的存款;扣留、提取被申请执行人的收入。

《民事诉讼法》第254条规定,“被执行人未按执行通知履行法律文书确定的义务,人民法院有权扣留、提取被执行人应当履行义务部分的收入。但应当保留执行人及其所扶养家属的生活必需费用”。冻结划拨被执行人财产是最常见的执行措施,一般而言执行程序中法官会主动为申请人实施这一执行措施,代理律师应注意跟踪进展并向申请人及时反馈信息。

2. 搜查被执行人隐匿的财产。《民事诉讼法》第259条规定,“被执行人不履行法律文书确定的义务,并隐匿财产的,人民法院有权发出搜查令,对被执行人及其住所或者财产隐匿地进行搜查”。该条针对的主要是有形动产财产的隐匿转移,申请人可以申请法院进行搜查。对于权利或者固定资产的转移隐匿,一般来讲,申请人需要通过另案起诉行使撤销权,申请法院撤销转移行为,从而再申请强制执行。

3. 查封、扣押、拍卖、变卖被申请人的财产。人民法院对查封、扣押的财产进行拍卖时,应当委托拍卖机构进行拍卖。需要注意的是,有些财产通过司法拍卖网等方式拍卖时,存在信息不对称问题,可能无法以理想的价格拍卖成功。为此,申请人应当事先寻找对标的感兴趣的买家参与竞拍,争取得到较好的成交价格,尽可能地提高债权受偿率。此外,实践中还有多种形式的财产可供拍卖。最常见的如被执行人在股份有限公司中持有的股票,人民法院可以扣押,并强制被执行人按照《公司法》的有关规定转让;也可以直接采取拍卖的方式进行处分,或者直接将股票抵偿给债权人。对于上市公司的股票,还可以通过股票转让系统直接在二级市场上卖出或者直接在证券登记结算中心进行强制划转过户。对于有限责任公司的股权,法院可以根据《公司法》的规定,征得全体股东过半数同意后,予以拍卖、变卖或者以其他方式转让。另外,如被执行人在企业中的股息和红利等收益,都可以成为执行的对象。

4. 限制出境或通过媒体公布不履行义务信息。根据我国《民事诉讼法》第266条的规定,被执行人不履行法律文书确定的义务的,人民法院可以对其采取或者通知有关单位协助采取限制出境,在征信系统记录、通过媒体公布不履行义务信息以及法律规定的其他措施。

5. 限制高消费。被执行人为自然人的,采取限制高消费后,不得选择飞机、列车软卧、轮船二等以上舱位。根据《最高人民法院关于限制被执行人高消费的若干规定》第11条的规定:被执行人违反限制高消费令进行消费的行为属于拒不履行人民法院已经发生法律效力的判决、裁定的行为，查证属实的，予以拘留、罚款；情节严重，构成犯罪的，追究其刑事责任。

6. 对于拒不履行人民法院已经发生法律效力的判决、裁定的，申请人可以申请法院对被执行人采取司法拘留。对人民法院的判决、裁定有能力执行而拒不执行，情节严重的，构成《刑法》第 313 条拒不执行判决、裁定罪的，处 3 年以下有期徒刑、拘役或者罚金。有时候被执行人可能通过微信、支付宝等方式进行高额消费，我们在了解相关情况后可以申请法院予以查证追责，很多情况下被执行人会因此主动履行义务。

（三）对被执行人到期债权的执行和案外人执行异议等问题

1. 被执行人不能清偿债务，但对本案以外的第三人享有到期债权的，人民法院可以依申请执行人或被执行人的申请，向第三人发出履行到期债务的通知。实践中经常存在被申请人对案外第三人享有债权的情况，对此，申请人应当及时向法院提供相应的材料，申请法院执行案外第三人的债务；就被执行人而言，其也应当向法院提供该类线索，申请法院执行自己对第三人的债权，以减轻自己的债务。第三人对法院的通知未在法定期限内（一般为 15 日内）提出书面异议的，应当履行到期债务。但如果第三人提出异议，法院就应当终止对第三人的强制执行，且对提出的异议不进行审查，申请执行人应当通过另案起诉来实现代位权。应当注意的是，第三人提出的自己无履行能力或者与申请执行人无直接法律关系，不属于有效的异议。第三人在收到法院要求其履行到期债务的通知后，擅自向被执行人履行，造成已向被执行人履行的财产不能追回的，除应当在已履行的财产范围内与被执行人承担连带清偿责任外，可以追究其妨害执行的责任。

2. 案外人执行异议的问题。实践中我们会碰到案外人对执行标的主张权利的问题。例如，案外人对查封的机器设备的所有权提出异议，认为法院查封的设备是被执行人向其租赁的，被执行人不享有所有权。为此，案外人向法院提出异议的，对于案外人提出的异议，执行法院将按照《民事诉讼法》第 232 条的规定进行审查。如人民法院裁定驳回其异议，案外人还可以提出执行异议之诉。对此，原告应当对案外人的执行异议进行分析审查。有些情况下，被执行人为逃避债务，故意以虚假租赁的形式，将查封标的所有权转移到他人名下。

对此,申请执行人应当积极应诉,请求法院驳回案外人的执行异议,保证执行的顺利进行。

(四)被执行主体的变更和追加的问题

执行实践中,经常会遇到被执行主体发生变化或需要追加等问题。为保障执行的顺利进行,我们应当重视被执行主体的变更追加,通过变更和追加,扩大执行对象的范围,尽可能地维护申请执行人的权益。

1. 无独立法人资格情况下的追加问题。无独立法人资格的情况主要有这样几种:被执行人为无法人资格的私营独资企业,无能力履行法律文书确定的义务的,人民法院可以裁定执行该独资企业业主的其他财产。被执行人为个人合伙组织或合伙型联营企业,无能力履行生效法律文书的,人民法院可以裁定追加该合伙组织的合伙人或参加该联营企业的法人为被执行人。被执行人为企业法人的分支机构且不能清偿债务时,可以裁定企业法人为被执行人;企业法人直接经营管理的财产仍不能清偿债务的,可以裁定执行该企业法人其他分支机构的财产。

2. 被执行人主体发生变更的情况。被执行人按法定程序分立为两个或多个具有法人资格的企业,分立后存续的企业按照分立协议确定的比例承担债务,不符合法定分立程序的,裁定按照其分得的资产占原企业总资产的比例承担责任;被执行人被撤销、注销或歇业后,上级主管部门或者开办单位无偿接受被执行人财产,致使被执行人无遗留财产可供执行的,可裁定由该部门或单位在所接受的财产范围内承担责任。

3. 特别需要注意的是,有证据证明被执行人的股东存在抽逃出资或出资不足的问题的,可以申请法院直接追加责任股东作为被执行人;如法院不予准许,可以通过另案起诉的方式,要求责任股东在抽逃出资或出资不足的范围内对被申请人的债务承担连带清偿责任。在存在被执行人股东出资不足等初步证据的情况下,也可以申请法院要求被执行人提供相应的财务账册凭证进行审计;被执行人股东拒不提供的,可以申请法院追加被执行人股东作为被执行人。

总之,面对执行难的问题,执行程序中申请执行人要充分利用法律法规赋予的权利,综合使用各类执行措施申请法院对被执行人强制执行,务必做到权利和手段穷尽,以最大限度地维护申请人的合法权益。

六、商事案件代理的其他注意事项

（一）原告和被告都要尽力争取管辖权

商事案件的管辖权主要依据是《民事诉讼法》中关于级别管辖、地域管辖、协议管辖、专属管辖等的规定。案件管辖权对于商事案件来说尤为重要。商事案件的主体多为企业，企业是地方社会经济的主要参与者。因此，商事案件的地方保护主义倾向比较普遍。争取到管辖权，就是争取到了有利的裁判环境，对诉讼来说至关重要。

1. 及时提起管辖权异议

我国《民事诉讼法》第130条对管辖权异议作出了规定，人民法院受理案件后，当事人对管辖权有异议的，应当在提交答辩状期间提出。人民法院对当事人提出的异议，应当审查。异议成立的，裁定将案件移送有管辖权的人民法院；异议不成立的，裁定驳回。如果当事人认为法院受理的案件不符合管辖权的法律规定，应当及时提出管辖权异议，详述异议的法律理由。如果法院裁定驳回管辖权异议，当事人还可以向上一级法院提起上诉或申请再审。提出管辖权异议的，还要注意在答辩期间内提出，以免错失救济机会。

2. 反客为主

某些情况下，合同约定案件由“原告所在地法院管辖”，如果当事人判断对方可能会先行起诉争夺管辖权，律师也可以建议当事人及时起诉，争取由起诉方当地法院管辖。另外还要注意，在普通共同诉讼中，新追加的被告有权提出对本诉案件的管辖权异议。在必要共同诉讼中，如果先进入诉讼的必要共同诉讼人未提出异议，则后进入的必要共同诉讼人依然可以提出管辖权异议；如果前者已经提出异议并经法院裁定，则后者的管辖权异议应适用该裁定结果。在第三人参加诉讼的情况下，无独立请求权的第三人一般不具有管辖权的异议权；如果有独立请求权的第三人主动加入本诉，那么其不能再提出管辖权异议。

（二）被告用足用好反诉权和答辩权

1. 反诉权的行使

《民事诉讼法》第54条规定：“原告可以放弃或者变更诉讼请求。被告可以承认或者反驳诉讼请求,有权提起反诉。”所谓反诉,是指在一个已经开始的诉讼程序中,本诉的被告以本诉原告为被告,向受诉法院提出的与本诉的事实理由有牵连的独立的反请求。

反诉是民商事案件中常见的诉讼行为,也是律师常使用的一种诉讼技巧。在很多情况下,虽然不是真正需要进行反诉,律师仍然会为当事人策划提起反诉,打乱对方的诉讼阵脚,弱化作为被告的被动地位,模糊案件的争议焦点以影响法官对事实的内心确信,从偏向原告转变为偏向被告。因此,反诉在很多情况下并不追求反诉的胜利,而是为了争取在本诉中不被法院判令承担责任或者是减轻责任承担的程度。例如,笔者代理的某能源公司被诉某建设工程施工拖欠工程款纠纷案中,作为施工方的原告向法院起诉,要求我方支付6000万元的工程款,并支付逾期付款违约金1000余万元。为此,我方答辩指出原告的违约金诉请没有事实根据,且其计算方式远远超过法律规定及双方约定的范围。同时,我方还向法院提起反诉,要求对方承担逾期竣工违约金2000余万元以及赔偿质量损失500万元,共计2500余万元。这样一来,大大对冲了原告诉请的金额。由于我方提出的反诉有理有据,且金额巨大,原告也受到不小的压力,最后该案在法院调解下得到了解决。可见商事案件中,反诉在很多情况下可以起到打压原告锐气、压缩原告诉请中水分的作用,是最终达到较好处理结果的有效手段。

提起反诉需要符合法律规定。根据《民事诉讼法》以及相关司法解释的规定,反诉应符合起诉条件的规定,反诉只能由本诉的被告针对本诉的原告提出,反诉应与本诉属于同一法律关系并适用同样的诉讼程序。根据《最高人民法院关于适用〈中华人民共和国民事诉讼法〉的解释》的规定,在案件受理后,法庭辩论结束前,原告增加诉讼请求,被告提出反诉,第三人提出与本案有关的诉讼请求,可以合并审理的,人民法院应当合并审理。反诉期限为法庭辩论结束前,但实践中法院会在送达诉讼材料时告知被告具体的举证期限,并要求被告在举证期限内提出反诉,这种情况下还是应当在法院确定的反诉期内提出反诉,以免反诉不被受理。

对于是否提起反诉应当视案件的相关具体情况来决定,并非每个案件都要提反诉。反诉会伤和气,也可能使原告感到被告蛮不讲理,因此如果当事人之间还需要继续合作,那么尽量在本诉中调解结案,使双方能达到双赢的结果。

另外，律师也应当告知被告提起反诉的诉讼费等成本，让当事人认真衡量成本收益后再做决定。

2. 答辩权的行使问题

对于原告提出的诉请，被告应做好答辩的工作。我国《民事诉讼法》第 128 条规定：“人民法院应当在立案之日起五日内将起诉状副本发送被告，被告应当在收到之日起十五日内提出答辩状。答辩状应当记明被告的姓名、性别、年龄、民族、职业、工作单位、住所、联系方式；法人或者其他组织的名称、住所和法定代表人或者主要负责人的姓名、职务、联系方式。人民法院应当在收到答辩状之日起五日内将答辩状副本发送原告。被告不提出答辩状的，不影响人民法院审理。”这是答辩权制度的基本法律规定。

由于我国《民事诉讼法》采用的是答辩自愿的原则，因此，被告往往在答辩期间内不提出书面答辩意见，在庭审中才阐述自己的抗辩理由，进行“突然袭击”。这样处理的好处是不让原告摸清被告的底牌，无法针对被告的答辩意见进行证据和法律理由的强化。事实上，在答辩期间内放弃答辩，的确是可以在庭审中打原告个“措手不及”，法庭效果较好。但是，当庭答辩的前提是案件事实比较简单，被告有简明直接的抗辩理由，可以让承办法官一听就懂；或者被告找到了原告诉请中的严重缺陷，为了不给原告提前补救的机会，考虑当庭答辩以达到出其不意的效果。但是，对于案件事实比较复杂，或者被告举证的证据较为烦琐需要承办法官庭前大致审查和了解的情况下，并不建议当庭答辩或举证。因为这样容易引起承办法官的反感，同样也不利于法庭充分了解被告的抗辩要点和所举证据，甚至还会让法庭感觉被告本身就理亏词穷，当庭答辩是因为没有合理的抗辩理由，在内心确信上偏向了原告，这样对案件审理结果就会非常不利。因此，对于那些案件事实复杂，法庭上“三言两语”无法道清，而这些案件事实对被告争取有利裁判又非常重要的情况，律师应当建议被告进行详细书面答辩，向法官展现“被告版本”的“案件事实图”，争取法官的内心确认，对抗“原告版本”的案件事实。

答辩是一门艺术和学问，精彩的答辩状应当既简洁明了，又具有强大的说服力。答辩状应当简练，律师应当“惜墨如金”。答辩状是给法官一个框架性的抗辩意见。就认知角度而言，描述内容越少越能被记住，因此律师切忌在答辩状中长篇大论，详细的论述不妨放在代理词中展现。需要注意的是，答辩状虽然是针对对方的观点进行答辩，但切勿跟着对方的论证逻辑走，也不要仅仅针对对方的证据等材料“死缠烂打”，避免陷入对方的逻辑思维而不能自拔。被告律师应当在对原告证据和法律依据的反驳中，构筑起自己的防卫体系，向法官清晰展现己方的“事实版本”和法律理由。

（三）申请调查和鉴定权的行使

1. 关于调查取证

由于民事诉讼的证据种类繁多，在案件形成的时候可能分布在各个“角落”，有些证据律师无法调取。我国现行《民事诉讼法》第 67 条规定：当事人对自己提出的主张，有责任提供证据。当事人及其诉讼代理人因客观原因不能自行收集的证据，或者人民法院认为审理案件需要的证据，人民法院应当调查收集。因此，对于律师不能调取的证据，应当及时申请法院调查取证。应当注意的是，2001 年实施的《最高人民法院关于民事诉讼证据的若干规定》第 68 条规定：以侵害他人合法权益或者违反法律禁止性规定的方法取得的证据，不能作为认定案件事实的依据。《最高人民法院关于适用〈中华人民共和国民事诉讼法〉的解释》第 106 条规定：对以严重侵害他人合法权益、违反法律禁止性规定或者严重违背公序良俗的方法形成或者获取的证据，不得作为认定案件事实的根据。这是我国对民事诉讼非法证据排除规则的规定，鉴于此，律师应当建议当事人避免违法取证，以免因取证不合法而削弱了证据的证明力。因此，能通过法院调取的证据，尽量通过申请法院调查取证来取得，否则关键证据因取得程序非法而不被采纳，对当事人的损失将难以弥补。

2. 关于鉴定权的行使

现行《民事诉讼法》第 79 条规定：当事人可以就查明事实的专门性问题向人民法院申请鉴定。当事人申请鉴定的，由双方当事人协商确定具备资格的鉴定人；协商不成的，由人民法院指定。当事人未申请鉴定，人民法院对专门性问题认为需要鉴定的，应当委托具备资格的鉴定人进行鉴定。

民事鉴定的申请是诉讼当事人的权利，严格实行与举证责任相一致的原则。民事鉴定的决定与委托权由人民法院行使。但在根据诉讼当事人一方的申请决定鉴定时，人民法院应征求诉讼当事人双方的意见，就是否鉴定和委托何鉴定机构、何人鉴定的问题达成一致；当事人双方不能取得一致意见的，由人民法院自行决定鉴定和委托鉴定。律师实务中，申请法院就对方提供的证据鉴定，一是为了否定对方提供证据的真实性或合法性，改变案件的事实认定；二是为了打击对方的士气，影响法官的内心确认；三是在鉴定申请没有得到准许的情况下，为以后的上诉或申请再审埋下伏笔，有据可查。例如，笔者代理的一起借贷担保案件中，某煤炭公司为某木材公司借款1000万元提供了担保。借款协议、保证合同及借条中均并未约定借款利息。但时隔一年后，出借人张某却拿着一张写有月息20%的借条向法院起诉，要求木材公司归还借款并由煤炭公司承担保证责任。一审中，煤炭公司没有申请法院对该借条进行司法鉴定，法院判令煤炭公司对木材公司的借款本金和利息承担连带责任。面对无中生有的400余万元的利息，笔者作为煤炭公司的二审代理人，向法院提出要求对该借条进行笔迹鉴定，证明该借条上的利息约定是原告事后添加的。权威司法鉴定机构的鉴定证明该利息约定确实是事后添加的，最终二审法院改判煤炭公司仅对借款本金承担保证责任。

（四）注重时间、时效、期限等细节

细节是魔鬼，细节决定成败。在一些事实难辨、法律关系复杂、双方势均力敌的案件中，细节直接决定了胜负天平的偏向。笔者在很多案件中都遇到诉讼细节决定案件胜负的情况，对此感受深刻。

要注意诉讼程序方面的细节。程序法是实体法的载体，打诉讼不仅打实体，也打程序。律师代理水平的高低，主要体现在对实体法律关系的分析和对诉讼程序节奏的把握上。原告、被告都应当注重从程序上找对方的毛病，给对方设置障碍。权利方应当严格按照程序行使权利，义务方则应当寻找对方诉讼程序上的瑕疵。诉讼程序上，当事人及其律师主要应当注意的是以下几个问题：

1. 开庭时间和出庭人员等问题

开庭千万不能迟到。律师开庭迟到是对庄严法庭的漠视，法官很有可能进行缺席判决，即使开庭也要训诫当事人或律师，造成“诉讼未开打、气势输一半”的不利局面。笔者曾经担任被告代理人参与一起案件，案件标的有4000万元。开庭当日，原告代理人迟到。法官等了原告半个小时，半个小时后法官就开始做开庭笔录，做完了就宣告原告缺席按撤诉处理。后原告代理人赶到，发现法官已经退庭，十分着急。因为这个案子诉讼费按撤诉减半处理都要20余万元，

而且一旦撤诉处理,原查封的财产就会解封,以后再查封也不一定能查封到。可见,不准时到庭的事情可大可小,千万不能疏忽。另外需要注意的是,如果开庭传票上备注当事人应当到庭,代理人应当及时与承办法官联系确认并告知当事人必须一同出庭。如果法院已经通知到庭,但被传唤人未到庭又不能说明合理理由且最终未前来出庭的,法庭有权对相关无法查明的事实作出对缺席方不利的认定。

2. 时效和期限问题

民事诉讼中存在许多时效的规定,如诉讼时效、执行时效。律师应当为当事人审查诉讼时效问题,如果案件已过诉讼时效,可以通过向债务人主张权利由债务人重新确认(如重写欠条、重签还款协议)使诉讼时效重新起算。案件进入执行程序后,律师还要注意执行时效。现行《民事诉讼法》规定申请执行的期间为2年。律师要提醒当事人在上述期限内向法院申请执行。另外还需要注意财产保全的期限问题。之前的《最高人民法院关于人民法院民事执行中查封、扣押、冻结财产的规定》已被新《民事诉讼法》的规定取代,查封冻结期限以及续封期限均有所延长,人民法院冻结被执行人的银行存款的期限不得超过1年,查封、扣押动产的期限不得超过2年,查封不动产、冻结其他财产权的期限不得超过3年。申请执行人申请延长期限的,人民法院应当在查封、扣押、冻结期限届满前办理续行查封、扣押、冻结手续,续行期限不得超过前款规定的期限。但具体情况还应当以法院实际确定的查封期限为准。因此,律师应当注意财产保全的期限,并在到期之前及时向法院申请续封,以免保全过期而导致判决无法执行到位。

3. 申请证人出庭问题

律师要告知证人携带好身份证明,避免证人无法提供有效身份证明而浪费宝贵的出庭机会。在申请证人出庭前,当事人及其律师应当事先核对身份,保证证人身份的真实性,以免作证不成反而影响自己的诚信度,给法官留下不好的印象。笔者曾经在一起合同纠纷中,申请我方的证人出庭。事前我们未与证人进行过接触,当时考虑避嫌、保障证人证言的真实性,自然也未提醒当事人要注意各项信息的真实性。没想到在庭审中,证人递交的身份证与我方申请的证人姓名不符。于是法庭就让证人退庭,不能作证。如此一来,严重影响了我方在诉讼上的气势。因此,这些细节都应该加以注意,否则就会影响大局。另外需要注意的是,一人证言的证明力较低,如果案件相关事实有两名及以上证人可以出庭作证,代理人应在了解相关情况后,申请多名证人同时出庭作证,以提高证人证言的证明力。

附录3-1　一审原告代理词

A公司诉H公司、G公司等借款合同纠纷案
一审代理词

尊敬的审判长、审判员:

北京浩天(杭州)律师事务所接受本案原告A联运运输有限公司(以下简称A公司)的委托,指派我担任A公司的诉讼代理人,依法参与A公司诉H公司、G公司、汤××、杨××借款及保证合同纠纷案的一审诉讼活动。现在本代理人根据合议庭归纳的本案争议焦点,结合事实和法律规定对本案提出如下代理意见:

一、本案借款及保证合同合法有效,保证人G公司关于合同无效的主张依法不能成立。

(一)本案借款及保证的事实清楚、证据充分。

原告A公司提交的借款协议、借款展期协议、履行凭证等证据证实:2011年4月8日,H公司因生产经营需要,与A公司约定借款3000万元,借期6个月,月息1%,由G公司、汤××、杨××提供连带责任保证,各保证人也均在借款协议上签名盖章。4月12日,A公司按约向H公司支付了3000万元。借款到期后,各方签订借款展期协议,商定续借2个月,月息2.5%。借款合同履行中,H公司已支付至2012年4月25日止的借期内利息650万元;借款本金3000万元及2012年4月25日之后的利息至今未付。

(二)本案借款及保证合同合法有效。

本案借款和保证合同是当事人在自愿、平等基础上签订的,各方当事人主体适格,合同权利义务明确,合同形式符合法律规定,合同内容不违反法律、行政法规的强制性规定,对照我国合同法规定的关于合同成立和生效的条件,该合同依法成立,合法有效。

关于企业借贷合同的法律效力，虽然中国人民银行1996年发布的《贷款通则》规定“企业之间不得违反国家规定办理借贷或变相借贷融资业务”，但该规定属于部门行政规章，不符合我国《合同法》第五十二条第（五）项“违反法律、行政法规的强制规定”以及其他各项无效情形，对本案没有法律约束力。而且，2010年《Z省高级人民法院关于为中小企业创业创新发展提供司法保障的指导意见》也明确规定，保护企业之间的借贷行为。2015年《最高人民法院关于审理民间借贷案件适用法律若干问题的规定》（以下简称《借贷规定》）将企业之间借贷列入民间借贷范畴，明确保护法人之间的资金融通行为。因此，无论是对照过去的规定还是现在的规定，本案借款及保证合同都是合法有效的。

（三）G公司关于合同无效的各种说法均不能成立。

1. G公司关于本案涉及刑事犯罪故合同无效的说法，依法不能成立。本案借款涉及刑事犯罪，并不必然导致合同无效。虽然本案借款纠纷在原一审、二审民事诉讼终结后，经G公司提出刑事控告，本案债务被列入H公司法定代表人汤××非法吸收公众存款的犯罪事实中，但对照《借贷规定》第13条“借款人或者出借人的借贷行为涉嫌犯罪，或者已经生效的判决认定构成犯罪，当事人提起民事诉讼的，民间借贷合同并不当然无效。人民法院应当根据合同法第五十二条、本规定第十四条之规定，认定民间借贷合同的效力”的规定，本案合同并不因涉刑而无效。2011年第11期《最高人民法院公报》中刊登的“吴国军诉陈晓富、王克祥及德清县中建房地产开发有限公司民间借贷、担保合同纠纷案”的裁判理由也认为：非法吸收公众存款罪的刑事法律事实是数个“向不特定人”借款行为的总和，有一个从量变到质变的过程，其犯罪行为与单个民间借贷行为并不等价，故民间借贷合同并不因涉刑而无效。近年来，最高人民法院众多的主流判例[如(2016)最高法民申3534号、(2016)最高法民申425号、(2014)民申字第2093号、(2014)民申字第1544号、(2012)民再申字第212号和(2012)民提字第19号]，也均认为企业借贷并不因涉刑而无效。对照最高人民法院的规定和司法实践，本案合同应认定合法有效。所谓无效的说法，只不过是G公司为了逃避保证责任的一种无理借口而已，依法不应采信。

2. G公司关于本案利率约定过高而合同无效的说法依法不能成立。本案利率没有突破法定标准，该利率约定合法有效。本案借款协议约定月利率1%，逾期还款月息2.5%；借款展期也约定月利率为2.5%。G公司认为，H公司已付的650万元利息实际是按月利率3%计付的,故本案借款合同无效。本代理人认为,G公司的说法没有依据,且即使H公司按月利率3%支付,也没有突破《借贷规定》第24条第2款规定的关于“自然之债”的年利率不超过36%的规定。再退一步讲,即使利率超过法定标准,其法律后果也只是超过部分不受法律保护,并不因利率超标而导致合同无效。因此,G公司关于本案利率过高而合同无效的说法,根本不能成立。

3. G公司关于借贷双方恶意串通骗取G担保的说法,完全颠倒了事实。A公司在原二审和现重审中提供的证据充分证明:本案借款是G公司为了向H公司收取购房欠款,而怂恿和帮助H公司以“生产经营之需”向A公司借款的。正因为如此,G公司才充当了本案的保证人,且事后该资金也确实转入了G公司。而对这些情况,A公司当时并不知情。现G公司竟然以“骗取”为由,要求确认借款和保证合同无效,完全是颠倒黑白。

4. G公司关于本案系个人与个人之间的借款以及本案属高利转贷犯罪的说法毫无事实根据和法律依据。根据本案借款协议和借款展期协议,出借人和借款人均为企业,G公司关于本案系个人之间借款的说法没有任何事实根据;其关于本案系合法形式掩盖非法目的的说法更是毫无法律依据。根据A公司提交的证据充分证明:A公司出借给H公司的3000万元人民币,是A公司以共计金额3158万元的银行存单(其中两张自己公司的银行存单和三张公司法定代表人李××的银行存单)为质押担保,用“以存取贷”的方式向银行借款的。事实充分证明,A公司的出借资金来源合法,并非空手套取银行资金并高利转贷。关于资金来源的合法性,原二审判决也已作出了认定。G公司以“高利转贷”为由,提出的刑事控告至今无结果的事实,也充分证明了其说法毫无依据。

总之,G公司为逃脱保证责任而东拉西扯的种种理由,均没有事实根据和法律依据,根本不能成立。

二、本案各被告应依法承担清偿债务和连带清偿债务的民事责任,各保证人关于不承担保证责任的主张依法不能成立。

(一)借款人H公司应按约清偿借款本金3000万元及2012年4月26日起至今的逾期利息3698.6333万元人民币。

被告H公司借款后未按约归还,应依法承担清偿借款本金及逾期利息的民事责任。关于借款本金3000万元人民币，在原一审前H公司分文未还，现案件发回重审，应依法判令其归还全部本金；关于逾期利息，鉴于H公司在A公司提起原一审诉讼前已支付了2012年4月25日前的利息650万元，故H公司应支付自2012年4月26日至还清之日的全部利息。按银行同期贷款基准利率4倍分段计算至2017年6月25日，H公司应归还利息3698.6333万元人民币（具体计算明细表A公司已在《增加诉讼请求申请书》附件中列明）。借款本金和逾期利息两项共计人民币6698.6333万元。至于2017年6月25日之后的逾期利息，请法院计算至判决之日。

（二）保证人G公司应按约对H公司的借款本息承担连带清偿责任。

G公司为H公司提供的保证，合法有效。G公司应当按照合同约定为H公司的全部债务6698.6333万元人民币承担连带清偿责任。G公司关于本案合同无效、保证人不承担保证责任的说法根本不能成立，详细理由已在第一大点中阐明，不再赘述。退一万步讲，即使本案合同被认定为无效，G公司也应对自己为谋取私利，帮助H公司获取借款后，结清购房欠款的行为承担全部过错赔偿责任。

（三）保证人汤××、杨××应按合同约定对H公司的全部债务承担连带清偿责任。

汤××作为H公司的原法定代表人、杨××作为H公司的监事及汤××的亲戚，为了H公司和自己的利益而自愿提供担保，在H公司不能清偿债务时，依法应按约承担连带保证责任。汤××、杨××亲笔签字的《借款协议》第5条约定，借款丙方（指各保证人）的保证是不可撤销的，并且无论甲乙双方后来对借款事宜是否再作其他约定，只要不增加本协议中保证义务，保证人仍在本协议书担保的范围内承担保证责任。因此，无论其是否在《借款展期协议》上签字，均应继续承担保证责任；更何况，保证人汤××、杨××在原一审中均自愿承担全部保证责任，根据"禁止反言"原则，汤××、杨××也应依法继续承担保证责任。

（四）刑事判决不影响本案各被告对本案债务承担连带清偿责任，杨××的代理人关于不应承担双重责任的说法不能成立。

首先，虽然H公司和汤××因非法吸收公众存款被追究刑事责任并判令继续追缴犯罪所得，但事实上，该刑案的二审裁定书生效至今已近两年，各刑事被告人并无分文退赃给本案被害人，这说明该刑案已无赃可退。且刑案审理终结，公安机关已没有继续使用侦查手段强制追赃的权力，人民法院也没有对刑事判决书中未列明的财产实行强制执行的职权，事实上该刑案的继续退赃已无可能。其次，根据最高人民法院2015年8月出版的《民事审判指导与参考》第61辑刊登的最高人民法院民一庭的倾向性意见，认为“刑事案件的被害人经过追缴或者退赔不能弥补损失，向人民法院民事审判庭另行提起民事诉讼的，人民法院应予受理”。因此，对没有退赃或者退赃不足的被告人和保证人，被害人有另行提起民事诉讼要求清偿的权利。再次，根据将要实施的《民法总则》第一百八十七条“民事主体因同一行为应当承担民事责任、行政责任和刑事责任的，承担行政责任或者刑事责任不影响承担民事责任；民事主体的财产不足以支付的，优先用于承担民事责任”的规定，民事权利人享有民事请求优先权。最后，更重要的是，无论债务人是否承担刑事责任，都不影响债权人根据民事合同提起民事诉讼，要求保证人承担民事责任。以上法律规定和理由，足以说明杨××的代理人关于不应承担双重责任的说法是不存在的，也是根本不能成立的。

综上所述，本案借款和保证合同合法有效，各被告应依法承担清偿责任或连带清偿责任。为此，望你院查明事实后，根据我国合同法等法律的规定，判决支持原告A公司的全部诉讼请求。

以上代理意见望合议庭充分考虑并采纳。

A公司诉讼代理人：（签章）

××××年××月××日

附录3－2　一审被告代理词

时光公司被诉著作权侵权纠纷一案
一审代理词

尊敬的审判长、审判员：

北京浩天（杭州）律师事务所接受本案第一被告公司的委托，指派我担任其诉讼代理人，依法参与其与美国Joby股份有限公司著作权纠纷一案的诉讼活

动。现在,我根据事实和法律,对本案提出如下代理意见:

一、原告不是涉案著作权的权利人或权利受让人,与本案没有利害关系,无权提起本案诉讼。

原告是一家公司,而原告在本案提交的证据反映,其主张的专利申请权是 Joben Bevirt 这个自然人的。原告认为 Joben Bevirt 个人已经将权利转让给公司,而原告提供的证据只能证明 Joben Bevirt 个人将发明相关专利权转让给了公司,却没有证据证明其已将著作权转让。本案是著作权纠纷,美国 Joby 股份有限公司不是著作权人或著作权的受让人,其与本案没有利害关系,无权提起诉讼。因此,应依法驳回其起诉。

二、涉案产品不是实用艺术作品,不受著作权法和相关国际公约调整,涉案产品是工业用品,所涉权利应受专利法调整。

原告诉称其生产的环珠式三脚架属于实用艺术作品,要求按照著作权法及相关国际公约予以著作权保护。我们认为其观点根本不能成立。首先,涉案产品不是实用艺术作品。对照我国加入的《保护文学和艺术作品伯尔尼公约》和我国国务院于 1992 年颁布的《实施国际著作权条约的规定》等相关资料,目前世界各国对"实用艺术作品"没有一个完整确切的界定,但认定标准是"要有充分的艺术性",至少一般公众认为其是艺术品。而原告的产品是一个工业产品,是摄影器材,毫无艺术性可言,没有任何一个人会把它当成艺术品放在家里欣赏。原告认为其产品属于"实用艺术作品"的理由是:其富有美感,可以变换成猴子、章鱼等。关于这个问题,本代理人在法庭调查质证中已经说过,如果原告的这一说法能够成立,那么几乎所有的工业用品都可以成为实用艺术作品。如法庭上方安装的监控玻璃罩可以被认为是玛瑙夜明珠,屋内的电缆可以被认为是正在腾飞的龙,我们现在所持的矿泉水瓶可以被认为是晶莹剔透的宝葫芦,五金店里卖的整圈的电线也因为可以用来弯曲成各种形态的动物和物品,而成为实用艺术作品,并受著作权保护。如果这样,就不要专利法了,没有申请专利或申请专利不成的企业,都只需到法院来主张著作权就行了。事实上,在中国,迄今为止,被法院认定为实用艺术作品的产品,不超过 10 个,原告所讲的天津积木案,法院判决保护的并不是其物品的形状,而是其图案;原告所讲的台州的玩具车案,法院判决保护的是其图纸的著作权,而不是其"实用艺术作品"。可见,原告提交的参考案例与本案没有可比性,原告的说法也是牵强附会、张冠李戴。根据本代理人参考的案例和相关资料可知,原告的产品即使在美国,也不能受到著作权保护。美国实行著作权法和专利法分类保护,不存在既受著作权法保护又受专利法保护的问题。而且在美国,能够被认定为实用艺术作品的,仅限于手工艺品;工业产品只受专利法保护。因此,原告在美国只申请了专利,而没有申请著作权登记,更没有要求美国法院保护。现在,原告用在自己国家都不能被支持的理由,跑到中国的法院来主张,不仅不符合国际惯例,而且也是不现实的,是不可能得到支持的。

三、第二被告时光厂的产品生产于2005年6月,先于原告申请专利的时间,如果属于实用艺术作品,第二被告的作品早于原告,应保护的是第二被告的著作权。

原告诉称其在2006年1月在美国申请了涉案产品的专利权,2006年7月有产品销售。而根据第二被告时光厂提供的证据,其在2005年6月就已经开模试制出了涉案产品;在2005年9月,第二被告时光厂为该产品去政府申请技改项目和审批土地建厂房;在2005年年底产品已批量生产,并在义乌小商品市场上的18,010个摊位上销售。这些事实,既有模具工、政府审批官员、销售人员和客户的证言证实,又有设计图纸、模具实物、产品实物、技改项目审批表、货物销售合同等物证和书证证实。可见,第二被告产品早于原告的事实毋庸置疑。更重要的是,第二被告的产品有其合理的创造来源,其参考的“切削液管”的万向环球结构及尺寸与涉案产品一模一样,而原告的专利并无来源,无论是从时间上还是结构尺寸上,均可看出是原告抄袭了第二被告,而不是第二被告侵犯了原告权利。因此,如果涉案产品属于“实用艺术作品”,应保护第二被告的作品。

四、第一被告时光公司与原告没有任何关系,原告将时光公司列为本案第一被告,毫无事实根据和法律依据。

根据原告提供的证据,原告告时光公司的理由:一是因为时光公司与时光厂的地址相同、股东相同、法定代表人相同;二是第二被告时光厂使用了时光公司的商标;三是因为第二被告时光厂在通过网络发布的信息中称涉案产品是第一被告时光公司的产品。我们认为这些理由不能成立。地址、股东、法定代表人相同并不等于两个企业就是一个企业,更何况这两个企业的股东不同、地址不同;第二被告使用了时光公司的商标,至多只能证明时光公司是同意时光厂使用的，不能证明二者有“共同侵权”行为；时光厂发布的信息中有时光公司的介绍，这是时光厂擅自发布的，时光公司并不知晓。因此，第二被告的行为与第一被告无关。

五、原告恶意诉讼，应承担相应的法律责任，第一被告将另案追究原告的法律责任。

在原告提起本案诉讼前，原告已向国家专利局复审委员会要求宣告第二被告的专利无效。因专利复审时间较长，为阻挠第二被告的生产和销售，原告又转而向贵院提起著作权纠纷诉讼。可见，原告是明知本案纠纷应受专利法调整，也明知涉案产品不可能作为实用艺术作品受著作权法调整，原告同时也明知，第一被告与本案无关，其状告第一被告没有理由。原告的无理缠讼行为，已经给第一被告造成了较大损失。因此，第一被告将在本案诉讼结束后，另案起诉追究原告的赔偿责任。

以上五点代理意见，望合议庭充分考虑并采纳。

诉讼代理人：（签章）

××××年××月××日

附录3－3　一审被告代理词

A投资合伙企业与吕某股权转让纠纷案
一审代理词

尊敬的审判长、审判员：

北京浩天（杭州）律师事务所受本案被告吕某的委托，指派我们担任其代理人，依法参与A投资合伙企业（有限合伙）（以下简称A公司）与吕某股权转让纠纷案的一审诉讼活动。现在我们根据事实和法律，对本案提出如下代理意见：

一、《盈利预测补偿协议》是原告在B公司急需资金的危困之际与吕某签订的，该协议第五条、第七条约定的违约责任条款显失公平，应依法予以撤销。

第一，××××年××月原告、被告双方签订《盈利预测补偿协议》时，B公司正处于流动资金紧缺、生产经营危困的状态。B公司属于资金密集型、能耗密集型企业，产品销售客户多为大型国企，且合作方式以垫资投产为主，对流动资金需求极大，公司通常在高负债的情况下运营周转。××××年前后，B公司急需归还银行贷款和借款8000万元，还要支付购买原材料等应付账款1600万元，上述款项共计9600万元，但B公司账面流动资金仅有400万元。若再无新的注资，B公司的生产经营将受到严重影响。在此危困状态之下，B公司于××××年××月××日与A公司签订《增资协议》《盈利预测补偿协议》《股份质押合同》。原告代理人庭上主张协议签订时B公司的资产余额十分充裕，不可能是危困状态，实际上是原告代理人对财务报表的不正确解读。财务报表中体现的资产余额大部分均为B公司的土地、厂房、机器设备等固定资产的原值或折旧后的价值，××××年年底，B公司的土地和厂房的价值为1.5亿元左右。因此，虽然B公司固定资产价值不菲，但企业经营性质决定了其需要更多的周转资金，只有企业盘活生产经营，才有可能获利。在此危困之际，被告与原告签订了一系列权利义务完全不对等的《增资协议》《盈利预测补偿协议》《股份质押合同》。

第二，《盈利预测补偿协议》第五条、第七条约定的违约责任条款显失公平，依法应予以撤销。××××年××月××日，原告和被告双方签订了《增资协议》《盈利预测补偿协议》《股权质押合同》。吕某基于对国有控股企业的信任及B公司急需流动资金的危困情形，在未完全了解《增资协议》《盈利预测补偿协议》《股份质押合同》所有条款的情况下即签订了三份协议。吕某理解《盈利预测补偿协议》中的违约责任条款是所有协议约定的盈利目标均未完成才可能成就，但收到原告起诉状后才发现上述三份协议由原告律师团队专业设计，环环相扣，只要B公司无法按合同约定完成任意一项盈利目标，或未在××××年××月××日前解除本次增资完成日前已经发生的所有对外担保事项，均可触发违约责任条款，要求吕某无偿转让股权甚至支付巨额现金补偿款。该部分条款约定的违约责任畸重，明显违背投资行为这一商业活动等价有偿、风险共担的基本原则，导致双方的权利义务严重失衡，对吕某显失公平。原告在庭审中多次重申资本是具有逐利性的，案涉《盈利预测补偿协议》属新型商事合同，应当充分尊重商事主体的意思自治。但《盈利预测补偿协议》既然是合同，那么所有合同条款都应遵守我国合同法的相关规定，有关违约责任的约定也应当符合合同法对违约责任的相关规定,过高的违约责任不受法律保护。根据《中华人民共和国民法总则》第一百五十一条关于“一方利用对方处于危困状态、缺乏判断能力等情形,致使民事法律行为成立时显失公平的,受损害方有权请求人民法院或者仲裁机构予以撤销”的规定,该部分条款应当予以撤销。

第三,撤销权自债权人知道或者应当知道撤销事由之日起一年内行使,本案撤销权的除斥期间应当自吕某收到原告起诉书之日起算。××××年××月××日双方签订《盈利预测补偿协议》时,吕某基于对A公司国企资本实力和提供的合同文本合法性公平性的信任,认为只要双方都按合同约定履行义务,那么协议约定的盈利目标是完全可以实现的。但吕某并未预见到A公司出资成为股东后,恶意不履行大股东义务;滥用大股东权利阻碍新投资者的加盟;出尔反尔不兑现追加投资的承诺;指派的多名公司高层人员履职不当;对因股权质押导致公司贷款大幅缩水之事消极不处理等,严重影响公司正常生产经营并导致协议约定的盈利目标无法实现。直至吕某收到A公司起诉状主张巨额违约责任之时,吕某这才意识到A公司提供的合同是个大陷阱,回顾从签合同到起诉A公司的一系列操作,有不正当促成违约条件成就,从而获取巨额违约补偿,并吞并B公司的恶意。根据《中华人民共和国合同法》第七十五条的规定:“撤销权自债权人知道或者应当知道撤销事由之日起一年内行使。”吕某要求撤销《盈利预测补偿协议》中第五条、第七条的行使期限,应当自吕某收到原告起诉状之日起起算,原告关于被告行使撤销权已超过法定除斥期间的主张不能成立。

二、原告主张的违约责任远超法律保护的合理范围,且B公司无法完成盈利目标的主要责任在于原告,原告无权向被告主张巨额违约责任。

第一,原告根据《盈利预测补偿协议》第五条和第七条要求被告无偿转让股权并承担巨额现金补偿款,明显超出法律保护的合理范围。根据《最高人民法院关于适用〈中华人民共和国合同法〉若干问题的解释(二)》第二十九条的规定,违约金应当以实际损失为基础,兼顾合同的履行情况、当事人的过错程度以及预期利益等综合因素,根据公平原则和诚实信用原则予以衡量。当事人约定的违约金超过造成损失的30%的,一般可以认定为《中华人民共和国合同法》第一百一十四条第二款规定的“过分高于造成的损失”。根据A公司《现金补偿款计算说明》中的主张,吕某合计应转让持股比例为131.87%,扣除无偿转让的23.90%股份外，还要向A公司支付107.97%股份对应的现金补偿金额即49,403.34万元，同时A公司原持有的B公司34.21%股份仍归其所有。但实际上，A公司除资金占用损失外，并无其他损失，现A公司不仅主张无偿转让吕某所持股权，更是要求吕某支付相当于其1.3亿元投资款近4倍的巨额现金补偿，显失公平，对于这种明显超出法律保护合理范围的违约责任，依法不应支持。

第二，协议约定的盈利目标未能实现的主要责任在于原告，原告无权据此向被告主张违约责任。A公司出资成为B公司的控股大股东后，仍把自己的身份定位在债权人，而事实上其同时也是B公司的控股大股东，对B公司盈利目标的实现也负有相应义务。但在经营管理过程中，A公司并未履行大股东义务：首先，因A公司质押吕某股权导致B公司信誉严重受损，银行贷款额度大幅度降低，经其他股东多次主张解除股权质押，A公司对此事一直消极应对，导致公司资金贷款和资金周转困难。其次，在B公司及其他股东均同意引入新的战略投资者，以输入流动资金提升盈利能力之时，A公司却依然滥用大股东否决权，多次以弃权的方式恶意阻挠新的投资者加盟，导致B公司错失引入新投资方缓解资金困难的良机，同时A公司还多次出尔反尔不兑现其增加投资的承诺，进一步加重了B公司的经营困局。最后，A公司指派多名人员担任B公司董事、监事及财务总监，但其指派人员均存在诸多履职不当的情形，导致B公司根本无法正常生产经营并完成盈利目标。

因此，盈利目标未能实现主要是A公司未尽大股东义务和不当管控造成的，且被告可合理怀疑原告A公司存在故意不尽职履行股东义务，不正当促成违约责任的条件成就，从而无偿获得股权及高额现金赔偿的恶意，明显违背诚实信用原则，应当依法驳回其不合理的诉讼请求。

三、原告依据双方在××××年××月××日同时签订的《股份质押合同》《盈利预测补偿协议》主张无偿转让吕某持有的股份，违反法律禁止性规定，属于无效的流质条款。

A公司与吕某签订的《股份质押合同》第5.2条约定：“A公司有权变卖、拍卖质押物，并以变卖、拍卖质押物所得价款以及出质期间质押权利产生的分红派息优先受偿，或以质押权利折价抵偿被担保的主债权。”双方又通过《盈利预测补偿协议》第五条“关于补偿数额的计算”约定，如B公司无法完成相应的盈利目标,A 公司可以将吕某的股份按比例无偿转让给 A 公司,现原告诉请第一项要求被告将名下 23.90% 股份全部无偿转让给原告。A 公司要求吕某无偿转让质押物股权,明显属于无效的流质行为,上述条款的实质在于履行期限届满前就已固定了对质物的处分方式和处分价格,明显违反《中华人民共和国担保法》第六十六条关于“出质人和质权人在合同中不得约定在债务履行期届满质权人未受清偿时,质物的所有权转移为质权人所有”及《中华人民共和国物权法》第二百一十一条关于“质权人在债务履行期届满前,不得与出质人约定债务人不履行到期债务时质押财产归债权人所有”的规定。实际上,《股份质押合同》是 A 公司在 B 公司经营危困之际与吕某签订的,协议订立期间 A 公司充分利用 B 公司及其股东急需融资的迫切心理,使其孤注一掷以全部股权作为协议约定目标实现的担保,并约定如在债务履行期限届满后不能偿债,直接以股权冲抵债务,这种事先约定质物归属和价款的行为不仅违背了民法的公平、等价有偿原则,更是违反法律的禁止性规定,根据《中华人民共和国合同法》第五十二条第(五)项的规定,该质押条款无效。

四、吕某的反诉请求符合反诉的构成要件,法院应当依法合并审理。

反诉的目的在于抵销、吞并本诉,使原告的起诉失去实际意义。如果被告关于撤销《盈利预测补偿协议》第五条、第七条条款的反诉诉请得到支持,则原告诉请被告无偿转让股份并支付巨额现金补偿的合同依据就不复存在。吕某的反诉诉请不仅是对 A 公司本诉的反驳,更是一个独立的反诉请求,反诉和本诉之间明显具有法律上的牵连关系。根据《最高人民法院关于适用〈中华人民共和国民事诉讼法〉的解释》第二百三十三条第二款关于“反诉与本诉的诉讼请求基于相同法律关系、诉讼请求之间具有因果关系,或者反诉与本诉的诉讼请求基于相同事实的,人民法院应当合并审理”的规定,吕某的反诉请求符合反诉的构成要件,法院应当依法合并审理。原告关于被告的主张构成反驳而不构成反诉的说法不能成立。

五、原告在基层法院提起诉讼的请求金额高达人民币近 1.5 亿元的诉请,明显违反当地法院的级别管辖,本案一审依法应当由 H 市中级人民法院管辖。

原告起诉要求吕某无偿转让其在 B 公司 23.90% 的股份,并支付违约金 5000 万元,两项诉请标的额共计 1.5 亿元。虽然原告诉请要求转让吕某 23.90% 的股份是无偿的,但该股份是有价的,结合原告在起诉状中确认的

34.21%股权的认购对价1.3亿元,该23.90%股权的对价应为1亿元。因此,原告诉请的标的额已逾1.5亿元。根据《最高人民法院关于调整高级人民法院和中级人民法院管辖第一审民商事案件标准的通知》(法发〔2015〕7号)的规定,本案属于诉讼标的额为1亿元以上第一审民商事案件,也应由杭州市中级人民法院管辖。法院也应当按照1.5亿元的标的额收取原告的诉讼费用。原告收到起诉状后,依法向你院提管辖异议,但你院并未对原告诉请的具体价值进行核实,就笼统地以原告诉请标的额“合计金额并未超出人民币1亿元”为由予以驳回。现经法院依法开庭审理,你院应当对原告的具体诉请进行明确,对诉请的标的额价值进行核实,依法将本案依法移送H市中级人民法院管辖。

综上所述,原告利用B公司及其股东危困之际所签《盈利预测补偿协议》中的违约责任条款显失公平,应当依法予以撤销;原告主张的违约责任远超法律保护的合理范围,且原告对协议约定的盈利目标未能完成负有主要责任,无权向被告主张违约责任;原告要求无偿转让吕某持有股权的主张违反法律禁止性规定,属于无效的流质条款;本案原告诉请标的额近1.5亿元,依法应由H市中级人民法院管辖;被告的反诉请求合法有据,你院依法应当予以支持。为此,望你院依法查明事实,作出公正处理。

以上代理意见供合议庭参考,并望采纳为盼!

吕某诉讼代理人:(签章)

××××年××月××日

附录3-4　一审被告代理词

万丰公司被诉侵犯商业秘密案
一审代理词

尊敬的审判长、审判员:

北京浩天(杭州)律师事务所杭州分所接受本案第二被告万丰公司委托,指派我担任其诉讼代理人,依法参与原告巨华公司诉第一被告胡某、第二被告万丰公司“商业秘密侵权”一案的一审诉讼活动。现在,我根据事实和法律,对本

案提出如下代理意见:

一、涉案技术是公知技术,原告所称的"技术秘密"不能成立

1. 涉案技术在国内外专利和文献资料中均有公开报道。原告诉称其在1988年就进行了PVDC的研究,拥有完整的技术并进行了商业秘密保护。而事实上,有关PVDC的配方、生产工艺、操作规程等,均可以从专利文献、学术论文等多种信息渠道获取。在专利方面,欧洲国家、美国、日本均有PVDC的完整专利,如日本专利昭57-76044,对PVDC的具体配方、工艺参数、聚合方法等作了详细披露;在论文文献方面,浙江大学贾红兵、谢雪秋的论文对此有详尽的论述。被告提供的证据2之中的14份专利和文献资料充分证明了这一事实。此外,被告提供的证据6、7、8、9、10国家知识产权局专利检索咨询中心的2004年10月10日《检索报告》和2005年7月20日的《检索报告》、浙江省科技信息研究院2004年10月11日的《科技查新报告》、陕西省科学技术信息研究所查新中心2004年10月12日的《科技查新报告》、中国知识产权研究会咨询部2004年10月15日的《技术鉴定报告》,都充分证明了涉案技术是公知技术。以上事实充分说明,原告所称的20世纪80年代的技术,在科学技术日新月异的今天,早已被淘汰或成了公知技术,毫无秘密性可言。

2. 原告所诉的"技术秘密"并不存在,原告没有自己的"秘密点"。秘密性、经济性、实用性、保密性是构成商业秘密的基本要素,其中秘密性更是首要要素。原告诉称被告侵犯其技术秘密,但一直不能明确"秘密点"。原告认为A市中级人民法院的(2004)中刑重字第1号判决书及Z省高级人民法院的(2004)刑二终字第229号刑事裁定书上已认定了其"秘密点"。而事实上,在整个刑事诉讼过程中,原告单位(刑案的控告方)的技术秘密点一直不确定,是随着案件的进展而"与时俱进"的。原告单位2002年2月26日向侦查机关出具的有关"秘密点"的书面材料,与2004年9月10日出具的"秘密点"的材料存在很大的差别。可见,原告根本没有明确的"秘密点"。刑案所涉的知识产权司法鉴定中心的鉴定报告中所认为的"技术秘密"是"PVDC产品配方中的阴离子型和反应型复合乳化体系及PVDC生产中采用的种子半连续乳液聚合生产工艺"。实际上,这是该生产领域的常见技术框架方案,并非"技术秘密",更不是"秘密点"。国家知识产权局的《检索报告》和浙江省、陕西省的科技信息研究部门的《科技查新报告》,均充分证明了原告单位的"秘密点"均属公知技术。

3. 原告没有采取保密措施。商业秘密的另一大特征是必须具有“保密性”，即当事人采取了保密措施，义务人负有保密义务。而在本案中，原告单位对涉案技术（姑且不论是公知还是秘密），没有采取任何保密措施。原告单位的高级工程师张某、李某等人在发表的论文中，对涉案技术作了详细的论述（详见第二被告证据2）。而且，第一被告胡某辞职是经原告单位同意的，原告单位当时也未与胡某签订保密协议并支付保密费。这证明原告已放弃权利，不存在胡某还负有保密义务的问题。更何况原告和胡某也没有什么秘密可保。

二、第二被告万丰公司生产的产品与原告和胡某均没有关系，第二被告没有侵犯原告的任何权利

1. 原告与第二被告生产的产品不具有同一性。无论是在本案民事诉讼中，还是对胡某的刑事诉讼案中，所有证据均证明原告单位生产的 PVDC 产品仅 QL3 一个品种，其用途为低档卷烟的小包装一个方面，而第二被告生产销售的是十多种不同型号不同用途（Y101D、Y102D、Y201F、Y202F、Y203F、Y301G、Y302G、Y303G、Y401L、Y501Z、Y501D、Y501D、Y501B、Y601L、Y701C、Y702C、Y801Z、Y901X 等）的 PVDC 产品，广泛应用于卷烟、食品、医药、纸张、防锈等领域。这一事实在 A 市公安局 B 分局以及 A 市人民检察院先后分别委托浙江大学所作的鉴定中得到充分的证实。而且，根据第二被告提供的证明，原告与第二被告产品的原料配方、生产工艺、产品质量、产品用途、产品价格都有很大的差异。事实充分证明，双方的产品不是同一产品，不存在所谓的侵权问题。

2. 第二被告有合法的技术来源。(1)公知技术。第二被告提供的证据1，是万丰公司对 PVDC 胶乳产品前期市场调研及产品立项的材料，该时间早于胡某辞职的时间，证明第二被告早已在研发 PVDC 产品，同时也证明在当时就有大量的公知技术存在。第二被告提供的证据2，是国内外的关于 PVDC 的文献资料，证明第二被告是以这些公知资料作为技术基础的。(2)反复试验。第二被告提供的证据3，是万丰公司自行设计和编写的 PVDC 产品的技术文件目录清单、试验记录目录清单和客户意见反馈清单，证明第二被告生产的产品是根据大量的公知技术和经过反复试验并应客户要求改进而成的，与原告的技术秘密没有关系。

3. 胡某与第二被告万丰公司的技术来源没有关系。首先，胡某来万丰公司

工作并没有带来什么“技术秘密”,万丰公司的生产技术是公知技术,胡某来万丰公司工作,与其他业内专业人员来万丰公司工作一样,起的是“熟练工”的作用,而不是缺其不可的。不能认为胡某来了,就证明是偷来了技术(如前所述,原告处并无技术秘密可偷)。在技术支持方面,万丰公司除了自己拥有一支高素质的专业技术队伍外,还在国内的著名高校如四川大学、浙江大学聘请了一批专家学者作为技术顾问,根本用不着去偷原告的已过时的“技术”。因此,根本不存在万丰公司与胡某共同侵权的问题。原告也没有任何证据可以证明万丰公司有共同侵权的事实。原告在本案民事诉讼中,口口声声称一审、二审有刑事裁判文书可以证明万丰公司共同侵权,但翻遍整个一审、二审裁判文书,均找不到万丰公司共同侵权的字样。如果万丰公司与胡某共同侵权,为什么刑案不将万丰公司列入共同被告呢? 可见,万丰公司与胡某之间没有共同侵权的行为,原告对万丰公司的起诉,毫无事实根据。

三、原告的诉讼请求不能成立,不存在第二被告停止生产、返还图纸和赔偿损失的问题

1. 原告对第二被告的诉讼不能成立。原告如果认为胡某侵权,就应当在刑事诉讼过程中对胡某提出刑事附带民事诉讼。原告如果认为万丰公司共同侵权,那么也应在刑事诉讼过程中要求司法机关追究万丰公司的刑事责任,并提起刑事附带民事诉讼。现在,原告在刑事诉讼结束后,对不是刑事被告的万丰公司提起侵权的赔偿之诉,且提不出新的可以证明万丰公司与胡某共同侵权的证据,其诉讼显然不能成立。

2. 原告所提出的四项诉讼请求均不能成立。在本案中,原告提出了四项诉讼请求,第二被告认为没有一项可以成立。(1)原告与第二被告之间的产品没有同一性,不存在停止生产和销售的问题;(2)第二被告从未取得过原告的任何技术图纸和文件,故不存在返还图纸和文件的问题;(3)原告要求第二被告赔偿508万元人民币,却没有任何的事实根据、法律依据及合法计算方法,原告要求按第二被告年度会计报告中的利润来赔偿是毫无道理的,第二被告这几年的利润根本没有这么多,且第二被告企业也不仅仅生产PVDC这一类产品,年度会计报告中根本分不出PVDC产品有无利润或利润多少,更何况第二被告没有侵权,故其赔偿请求根本不可能成立;(4)本案属于原告无理缠讼,故不存在由第二被告承担诉讼费的问题。

综上所述,原告起诉内容与事实不符,诉讼请求与法律不符,为此,望贵院查明事实后,依法驳回原告全部诉讼请求。

以上代理意见望合议庭充分考虑并采纳。

万丰公司诉讼代理人:(签章)

××××年××月××日

附录3-5　二审上诉人代理词

蓝天公司与某银行票据纠纷案
二审代理词

尊敬的审判长、审判员:

北京浩天(杭州)律师事务所接受本案上诉人蓝天集团公司(以下简称上诉人、蓝天公司)的委托,指派我担任其代理人,依法参与上诉人蓝天公司与被上诉人某银行股份有限公司某分行(以下简称被上诉人、某分行)“票据追索权”纠纷一案的诉讼活动。现在,我根据事实和法律,针对法庭归纳的本案争议焦点,提出如下代理意见:

一、关于涉案汇票上“不得转让”印章是谁加盖的问题

在本案中,查明涉案汇票上“不得转让”印章是谁所盖,是处理本案的关键。但一审判决对此却故意回避。实际上,这一事实十分清楚,至少有两个方面的书证和物证可以证实:(1)金中实业发展有限公司(以下简称金中公司)的承诺函。案外人金中公司于2005年9月23日在收取上诉人开具的商业承兑汇票时,出具了书面《承诺书》一份。该《承诺书》写得相当明确:“我公司今收到由蓝天公司开具的并盖有‘不得转让’印章的商业承兑汇票两张……”(详见原审被告证据四)。(2)上诉人的“不得转让”印章实物。该印章的印痕与涉案汇票上的印迹完全一致(见原审被告证据三)。虽然被上诉人某分行在庭审中认为该印章实物在文具店都有卖,与票据上的印痕一致不能说明问题,但被上诉人所提出的仅仅是怀疑,不能取代证据推翻上诉人的举证。且每个印章在使用中都会留下独特的痕迹,不可能完全同一。被上诉人如真有异议,可以申请鉴定,

但其并没有申请鉴定。事实上,关于"不得转让"印章是上诉人所盖的事实是十分清楚的。而且,一审判决在"本院认为"部分中关于"被告始终认为系争汇票背面'不得转让'事项为其所记载,但由于被告是出票人,其在票据的背面记载'不得转让'显然无相应的票据记载意义,故不具有记载效力"的认定,实际上也确认了涉案汇票上的"不得转让"字样系上诉人蓝天公司所盖。

二、关于"不得转让"字样是否必须记载在汇票正面的问题

一审判决认为:在票据的背面记载"不得转让"显然无相应的票据记载意义,故不具有记载效力。被上诉人在庭审中也认为"不得转让"字样必须记载在汇票的正面,记载在汇票的背面的无效。上诉人认为这一说法是没有法律依据的。我国《票据法》第 27 条第 2 款明文规定:"出票人在汇票上记载'不得转让'字样的,汇票不得转让。"这里所指的"汇票上"当然包括了正面和背面。中国人民银行银发〔1997〕393 号文件印发的《支付结算办法》第 30 条第 1 款关于"票据出票人在票据正面记载'不得转让'字样的,票据不得转让……"的规定,是一种列举式的表述,其文义中并没有记载在背面就无效的意思。而且,该条第 2 款对票据背书人在票据背面记载"不得转让"字样的情况也做了相应规定,这说明在票据背面记载也是合法有效的。而且,本案被上诉人不是专业银行,其在汇票上的记载位置即使与专业要求不符,也不违反票据要式性的要求;即使有瑕疵,也于法无悖。被上诉人用专业要求来否定本公司的真实意思表示,用下位规范来否定上位法律,是完全错误的。

三、关于"不得转让"的汇票能否质押以及质押的法律效力问题

一审判决认为:原告因金中公司持票质押而取得票据质押权,在行使票据权利时因提示付款遭拒,故有权向被告行使票据追索权。被上诉人在庭审中也持同样观点。上诉人认为这一说法不符合法律规定。《最高人民法院关于审理票据纠纷案件若干问题的规定》第 53 条对此有明文规定:"依照票据法第二十七条的规定,出票人在票据上记载'不得转让'字样,其后手以此票据进行贴现、质押的,通过贴现、质押取得票据的持票人主张票据权利的,人民法院不予支持。"而原审判决的这一认定离开了"合法有效"的基本前提。根据法律原理,只有合法的民事法律关系才受法律保护,违法的民事关系不受法律保护。可见,原审判决和被上诉人关于只要汇票质押就可以行使票据追索权的说法于法不符。

四、关于上诉人出具《证明》的行为以及先前与金中公司有相互担保关系情况,能否印证上诉人知晓汇票质押之事和有无恶意串通的问题

被上诉人认为上诉人蓝天公司于2005年9月27日出具《证明》的行为,说明其是知晓并确认汇票质押之事的。上诉人认为这一说法毫无事实依据,且与《证明》上所载明的内容不符。事实上,被上诉人派员来上诉人单位时并没有说明其真实来意,更没有谈及汇票质押之事。上诉人接待他们,是因为与被上诉人及其银行系统有多年的业务往来。上诉人应被上诉人来人的要求,在其打印好的证明上盖章,是认为他们是来核实汇票真实性和买卖交易行为真实性的。关于上诉人与金中公司有真实的铜材买卖关系,有应付货款的情况,上诉人向法院提交的《工矿产品购销合同》《增值税发票》等已做了充分证明。上诉人出具的《证明》上的内容是:“我司开立的商业承兑汇票,是对金中公司的应付账款,我司的开票行为是真实的,有交易关系的。”从该《证明》的内容中可以看出,上诉人丝毫不知晓汇票将要被质押的情况,更没有同意和确认票据质押之事。因此,被上诉人以上诉人曾出过证明的行为来印证本公司知晓和确认票据质押,完全是牵强附会。至于被上诉人以上诉人与金中公司在2001年至2003年有互相担保行为,来说明上诉人与金中公司在本次质押担保中有恶意串通行为,则更是毫无依据,凭空想象。

五、关于被上诉人能否替代某银行上海分行主张权利的问题

一审判决认为,被上诉人与该银行上海分行同属该银行总行,言下之意是可以互相代行权利。上诉人认为是完全错误的。被上诉人在诉状中称:“我行同意以此票据质押为金中公司开立编号为LCB0400200532545、金额为400万美元的信用证一份。信用证到期后,金中公司无力付款,我行被迫垫款”,而被上诉人提交的证据则证明信用证系该银行上海分行所开,且所有证据中没有信用证议付和银行垫款的证据。上诉人认为,即使信用证已对外兑付,其银行垫款的义务也必定是开证行的该银行上海分行,而不是被上诉人。该银行上海分行与被上诉人虽同属于该银行总行的分支机构,但有各自的营业执照和金融许可证,属于不同的法律主体。未经该银行上海分行债权转让,被上诉人无权代行权利。因此,在本案中,被上诉人的越俎代庖行为,依法不能得到法律的支持。

综上所述,被上诉人对上诉人蓝天公司提起的要求兑付商业承兑汇票3420

万元诉讼,毫无事实根据和法律依据,望二审法院查明事实后,依法撤销一审判决,改判驳回被上诉人的全部诉讼请求,或将本案发回原审法院重新审判。

以上代理意见,望合议庭充分考虑并采纳。

蓝天公司诉讼代理人:(签章)

××××年××月××日

附录3-6　二审上诉人代理词

王某与A公司商品房委托代理销售合同纠纷案
二审代理词

尊敬的审判长、审判员:

北京浩天(杭州)律师事务所接受本案上诉人王某的委托,担任其代理人,依法参与王某与被上诉人A公司商品房委托代理销售合同纠纷案的二审诉讼活动。鉴于上诉人的上诉请求和理由已在上诉状中详细阐明,本代理人现仅就本案庭审所涉及的主要问题,提出如下代理意见:

一、原审判决认定双方当事人履行的是保证金为500万元的合同是错误的,本案证据足以证明双方当事人履行的是保证金为300万元的合同。

(一)上诉人与被上诉人履行的是保证金为300万元的合同。在本案一审中,上诉人与被上诉人均确认在2011年6月27日这天,双方先后签订了保证金为300万元(原审判决称为合同一)和500万(原审判决称为合同二)的《房屋销售代理合同》各一份,虽然双方对两份合同的签约先后顺序、签订原因以及实际履行了哪一份合同的说法不一,但从本案实际履行情况的诸多证据看,足以证明双方履行的是合同一。现仅凭被上诉人在2018年1月25日向原审法院提交的《民事反诉状》中,明确列举的合同一条款以及要求没收上诉人300万元保证金的诉讼请求(详见原审案卷第一卷第10页至第13页),就足以认定被上诉人也承认其履行的是合同一。

(二)上诉人在与Y公司诉讼的案件中使用了合同二,这并不能证明上诉人与被上诉人履行的也是合同二。上诉人与被上诉人在同一天里签订了合同一和合同二,其原因也是为了针对不同的上家、下家。在本案中,上诉人与作为上家的被上诉人履行的是合同一,上诉人与下家Y公司参照履行的是合同二,上诉人以此从上家和下家中获取差额利润,且被上诉人是知情并支持上诉人赚取差价的,因而才签订了两份合同。因此,上诉人与下家Y公司履行的合同内容,与上家被上诉人履行的合同内容必定有差异。被上诉人以上诉人在××人民法院(2013)××初字第853号民事判决书(以下简称853号案件)使用了合同二为由,主张本案双方当事人之间也履行了合同二,这一主张与事实明显不符,在逻辑上也推不出这一结论。

二、原审判决对涉案保证金条款的性质认定完全错误,根据合同内容,该保证金属于“预付款”或“押金”性质,不具有“定金”或“违约金”的“没收”功能。

(一)涉案合同约定的保证金属于“预付款”或“押金”性质。在本案中,合同一和合同二均在第四条中约定:“在代理期限内,乙方若无法完成销售任务,则其余房产由乙方购入。乙方须保证在代理期限内销售总价全部到位,不足部分扣除代理保证金后由乙方补足。”由此可见,该条款是房产包销条款,该保证金是预付款或押金性质,在预定期限内完不成销售任务,上诉人负有“到期买断”该房产的义务,以及由此取得房产的权利。现被上诉人主张的和原审判决的单向“没收”,没有合同依据。

(二)涉案保证金条款不是法律规定的“定金”或“违约金”。对照我国担保法和合同法,“保证金”并不是法律规定的担保方式,担保法只规定了保证人“保证”“定金”等担保方式,而本案的保证金条款既与保证的“人保”不符,也与定金的双向罚则不符。而且,本案的保证金条款也不是违约金条款,合同法上的“违约金”条款,也是双向处罚且有比例限制,而被上诉人主张的单向“没收”,显然也与法律上的违约金规定不符。因此,上诉人主张的及原审判决的“没收”,也没有法律依据。

三、原审判决驳回上诉人的全部诉讼请求并支持被上诉人的反诉请求,既无事实根据也无法律依据。

(一)原审判决驳回上诉人一审全部诉讼请求没有事实根据和法律依据。上诉人在一审中要求判令被上诉人退还保证金300万元及利息,返还装修款195.5万元,其理由是被上诉人违反合同在先,在6个月包销期的前40天未办妥预售许可手续,造成上诉人“头炮”没有开响,导致预约客户的维权和流失,委托销售无法继续，且上诉人为被上诉人装修涉案房产垫付装修款195.5万元，现该装修款物化后随房产被上诉人收回，因而该装修款理应由被上诉人返还（至于上诉人与下家跃成公司的结算，根据合同相对性原理应另行处理），而原审判决驳回上诉人全部诉讼请求没有依据。

（二）原审判决支持被上诉人的反诉请求判令上诉人再支付保证金200万元更是于法无据。如前所述，本案保证金不是“定金”，定金是当事人一方为担保合同履行，而在合同订立时支付给对方的货币，且定金不能超过合同金额的20%，对照本案根本不符，现原审判令“补交”200万元更是没有法律依据。本案保证金也不是“违约金”；退一步讲，即使是违约金，本案也是被上诉人违反合同在先；即使双方均有违约或上诉人单方违约，原审判决的500万元也远远超过违约金不得超过损失金额30%的规定；即使是上诉人未按约定期限完成销售任务，按合同约定也只是“其余房产由乙方购入。乙方须保证在代理期限内销售总价全部到位，不足部分扣除代理保证金后由乙方补足”。现原审判决只判上诉人“付钱”，而不判被上诉人“给房”，显然违反了合同约定和法律规定。

综上所述，原审判决认定事实不清，适用法律错误，判决明显不当。为此，望你院查明事实后依法改判，支持上诉人的全部上诉请求，或将本案发回原审法院重新审判。

以上代理意见，望合议庭充分考虑并采纳。

王某诉讼代理人：（签章）

××××年××月××日

第四章　民事诉讼代理要“细”

民事案件代理要“细”,“要仔细认真,不要粗心大意”。广义的民事案件分为一般民事案件和商事案件。一般的民事案件即狭义的民事案件。这些民事案件在律师实务中主要是有关人身关系和财产关系的案件,如离婚、继承、损害赔偿、民间借贷、劳动争议等。对这些案件,律师无论是在代理方法还是收集、分析、运用证据方面,都要做到“细”。只有工作细致入微,才能在诉讼中稳操胜券。

一、民事诉讼“慢工出细活”

(一)寻踪追迹发掘案件事实

民事案件代理要细致,主要体现在对案件事实证据的收集工作要做得细。狭义民事案件的当事人大多是个人,双方之间的纠纷特别是人身和财产损害赔偿的案件,往往缺乏书证等客观证据,作为代理律师,更要做细致工作。代理工作丝丝入扣,才能见微知著,发掘到有利于己方的案件事实。

例如,笔者代理过一个民事损害赔偿案件。一名老人在居住的小区散步时被人骑车撞伤,骑车人逃逸,老人索赔无门。为帮助老人追查侵权人,笔者通过实地调查访问,找到一名目击者,了解到侵权人的大致年龄和形象。又通过调取视频监控,锁定了侵权者。之后通过向法院起诉,受害老人最终得到了充分的民事赔偿。

又如,笔者曾作为被告代理人,办理过一起某酒店被诉违反安全保障义务责任纠纷案件,通过调查取证还原事实真相,获得法院支持,驳回原告的所有诉请。该案件原告系死者的父亲,原告主张其女儿王某女入住被告酒店后,因被告酒店窗户设计不合理，未有安全防护措施，导致其女儿从窗口不慎坠落，抢救无效死亡，要求被告承担死亡赔偿金、被抚养人生活费、丧葬费、交通费、精神抚慰金等合计33万余元。笔者接受案件委托后，实地走访了事故发生酒店的房间，测量了窗户、窗户周围摆放桌椅的尺寸；询问了酒店前台工作人员，查看了案发当天的入住情况；调取了公安笔录，了解到案件的关键事实。初步调查后，针对案件疑点，代理人还到气象局查询了事发当天气象报告；绘制了案涉酒店窗户尺寸图、家具摆放图；通过物业公司调取了案涉酒店当年竣工验收记录；请教了建筑工程专业人士，并取得了案涉楼栋建造时窗户的设计规范，以及案发时的设计规范。汇总各方证据材料后，代理人对本案提出三方面答辩意见：第一，死者系跳楼自杀身亡而非意外坠楼身亡，原告起诉称“不慎坠楼”与事实不符，根据某市公安局对死者姐姐在事发当天的询问笔录，确定死者患有抑郁症，系自己爬出窗户跳楼自杀，被告无须就其自杀行为承担法律责任。第二，涉案房屋的设施设备符合规范要求，窗户也装了限位设施，被告已尽到合理的安全保障义务。在当天气温为-3℃的情况下，王某女不顾姐姐劝阻，第二次爬出窗户，站在窗外空调挂机上后再跳楼，实施自杀行为，并非被告未尽安全保障义务。第三，原告要求被告尽到足以预防王某女的自杀行为的安全保障义务，已大大超出了法律规定，属于一种苛责。其同住的姐姐都无法拦住其妹当天第二次执意自杀行为，遑论已尽到安全保障义务的酒店方；如原告的诉请得到法院支持，将会引发社会道德风险，因此请求法院依法驳回原告的全部诉讼请求。在本案第一次开庭的调解过程中，代理人也对原告女儿的不幸身亡表示哀悼和同情，同时也就该跳楼事件对被告产生的一系列负面影响进行了陈述，尽可能争取原告和法院的理解。在说明案涉窗户的设计构造时，代理人结合绘制的示意图并以开庭当天法院的窗户作为示范，向法庭和原告代理人说明被告酒店的窗户是符合当时及现行的设计规范要求的。两次开庭审理后，法院判决驳回原告的全部诉请，原告也未上诉，案件终获案结事了。

可见，民事案件的代理工作要细致入微，特别是要把证据工作做细。只有发现和收集有利于己方的案件证据，才能主导案件审理的方向，争取好的代理结果。

(二)抽丝剥茧厘清各项关系

民事诉讼涉及的法律主体多样,法律关系复杂,需要我们做细致的代理工作,厘清案件涉及的方方面面的事实。民事案件大多数涉及自然人之间的人身和财产关系纠纷,其中很大部分是普通民众之间的纠纷,这些民事纠纷主体多样复杂。例如,侵权损害赔偿案件涉及侵权主体的民事责任能力、是否存在无民事行为能力以及监护人等问题,赔偿责任还涉及对被抚养人如何赔偿;继承案件涉及继承人的范围、继承人的基本生活状况,以及被继承人的债权债务人;婚姻案件除了涉及婚生子女外,还可能涉及非婚生子女的问题;等等。可见,民事案件涉及的主体复杂多样,代理律师对此要逐一查明和分析。

总的来说,要注意确定适格的诉讼主体,尤其要注意 2015 年《最高人民法院关于适用〈中华人民共和国民事诉讼法〉的解释》规定的变化,如对有字号的个体工商户的诉讼主体资格,“以营业执照上登记的字号为当事人,但应同时注明该字号经营者的基本信息”。这区别于之前的个体工商户一律以经营者为诉讼主体;对无民事行为能力人、限制民事行为能力人的侵权案件,亦应与其监护人作为共同被告;另外,《最高人民法院关于适用〈中华人民共和国民事诉讼法〉的解释》新增了第三人撤销之诉,即认为已经发生法律效力的判决、裁定、调解书侵害了其民事权益的第三人,可提起撤销之诉,作为代理律师也要注意运用。另外,确定好了主体以后,尤其要注意仔细审查,是自然人的,要避免将同名同姓的其他人列为当事人,张冠李戴。例如,在一起民间借贷案件中,原告起诉被告归还借款,原告律师在得知被告名字和居住在某村的信息后,到派出所调取了一份身份信息,而未与原告做进一步的核实遂起诉。被告下落不明,法院经公告送达并当庭宣判,在执行过程中,才发现原告起诉的被告不是真正欠款的被告,而是同村同名同姓的村民。正是由于原告律师起诉时审查不够慎重,导致案件被提出审判监督程序,驳回起诉。原告重新起诉,耗时耗力,而且造成了错误起诉的被告的强烈不满,反过来要求原告赔偿名誉损失。对自然人审查要仔细,对法人或其他组织,也不可马虎,要审查有效的工商登记信息,尤其是有无变更或终止等情形,如一起劳动争议案件中,劳动者原告起诉用人单位被告,因原告律师怠于审查被告的变更登记情况,仅提供了营业执照复印件。经一审、二审,法院虽支持了其诉讼请求,但在执行过程中,发现早在原告起诉时该被告就已被注销,导致案件重审。诉讼中,原告、被告也要注意申请追加与本案有关联的无独立请求权的第三人,无独立请求权的第三人也可以申请参加诉讼或由法院依职权追加。

民事案件涉及的诉讼标的和纠纷根源同样盘根错节。狭义的民事诉讼主要涉及人身关系和财产关系。这些人身财产方面的纠纷产生的社会根源比较复杂,涉及人们日常生活的方方面面。因此,律师在代理这些案件时需要以细致的态度去对待。要用细致的态度去厘清这些诉讼标的的内容和相关的法律适用。如果对此不细致分析,眉毛胡子一把抓,就容易深陷其中,剪不断、理还乱。同一起纠纷涉及几种不同的法律关系,也即法律关系竞合时,要注意优先选择对当事人最有利的法律关系诉讼,以便实现对当事人权益的最大保护。例如,乘客乘坐客运汽车受伤,乘客与客运公司之间同时存在两种法律关系:一是旅客运输合同纠纷;二是交通事故侵权纠纷。受伤乘客可以旅客运输合同为由提起违约之诉,也可以客运公司对其存在侵权为由,要求侵权赔偿。在选择以何种法律关系起诉时,既要考虑举证的难易,又要考虑索赔的数额大小。如上述情形,在举证条件相当的情况下,就要考虑索赔的金额。合同纠纷和侵权纠纷在赔偿项目上主要是精神抚慰金的差别,在原告构成伤残的情形下,因合同纠纷不予赔偿精神抚慰金,这时尽可能选择侵权纠纷诉讼,赔偿的数额可能相对要高些。此外两者在举证责任和诉讼时效上也有区别,我们应当从有利于胜诉的角度,为当事人选择合适的诉讼方案。

另外,民事案件当事人的诉讼追求,也就是诉讼目的也很复杂。与一般的商事案件不同,民事案件的诉讼主体大多是普通老百姓,很多时候会“斤斤计较”“精打细算”,而他们想通过诉讼达到的目的也难以轻易洞穿。因此,我们在代理民事案件时不能粗枝大叶,无论是证据收集还是策划代理方案,都要注意做到细致入微,考究当事人的内心需求,在此基础上为当事人作出正确全面的分析判断,指出利弊得失,才能取得好的代理结果。例如,对于想借助离婚诉讼修复婚姻关系而离婚不坚决的当事人,原告律师也要努力促成和好,而不是一味地追求胜诉结果,否则可能胜了官司、失了人心。又如,有些打人致伤的侵权案件,我们也不可轻信当事人的单方陈述,有时候我方虽然被对方殴打致伤,但同样对方也被我方打伤,如果不仔细查看案发时的视频监控录像或不分辨在场证人的说法,不区分责任主次就草率起诉,很可能反而导致我方需向对方承担更重的赔偿责任。

(三)谨言慎行防止代理风险

狭义民事案件的诉讼不同于商事诉讼,商事案件虽然标的价值大,但商事案件主要是公司企业等市场主体之间的纠纷,打了官司也不一定会结仇,有时候还会继续合作。而民事案件大多涉及老百姓之间的人身财产纠纷,案结仇不解的现象非常普遍。例如,在婚姻案件中,不仅夫妻双方为此撕破脸皮,还会引起父母子女之间的各种纠纷;侵权案件中不仅原告和被告之间势不两立,还会引起各方亲戚朋友之间的恩怨;继承案件同样也涉及家庭和亲戚之间的人情世故。因此,律师除了面对当事人,还要面对"潜在"的利益相关人。而且,老百姓因为对法律不熟悉,往往将所有的期望都寄托在律师身上,一旦案件败诉,同样也会将所有的责任怪罪于律师头上。因此,律师代理民事案件需要格外谨慎,防止出现代理风险。例如,有一起医疗纠纷案件,原告因月经不调到医院看病后,效果依然不明显,遂找到律师要求代理起诉医院,律师接受原告的委托,但未告知其可能败诉的风险,甚至言语上给原告很大的希望。案经一审、二审后,原告败诉,原告经历了希望到失望的落差后,对代理律师心生怨恨,遂多次到律师事务所纠缠该律师,并到司法局等部门到处投诉,最后经协调代理律师退回代理费方罢休。

因此,民事案件的代理工作要做得细致,切勿因为案件小而麻痹大意,没有把案件代理工作做细,从而引起难以预料的后果。

二、民事诉讼代理方法要"细"

民事诉讼的代理方法要"细",是指对民事诉讼官司怎么个打法,要有一个考虑全面、细致周到的安排。

(一)统筹考虑避免盲目起诉

民事案件涉及普通老百姓之间的人身或财产关系,在纠纷之外往往还掺杂着人情世故和社会风俗。一旦通过诉讼来调整这些关系,普通老百姓对于成为被告都怀有很强的抵触情绪。因此,在普通民事纠纷中,诉讼除了是一个解决纠纷的工具,很大程度上还起着对原有社会关系的破坏作用。因此,根据案件实际情况,提出是否起诉的建议,是代理律师必须首先解决的问题。例如,在婚姻案件中,有时候纠纷的产生是因为双方之间存在误会,此时律师应当谨慎判断并作出合理建议,不能盲目鼓动当事人起诉离婚;又如,在某些侵权案件中双方都有过错,甚至自己当事人一方的过错还要大于对方,此时律师也应当建议当事人心平气和地处理事件,避免盲目起诉;再如,有些邻里关系纠纷,律师应当视案情的大小,建议当事人从邻里关系角度考虑问题,来决定是否起诉,否则虽然案件胜诉了,但可能给今后的邻里日常生活带来更多不便。因此,对待民事案件,律师应当首先从是否起诉的角度进行分析判断。这不仅是因为很多民事纠纷标的小,更主要是因为民事纠纷中掺杂着较多法外因素,应当综合取舍,以免因小失大。

在确定要起诉的情况下,律师应当分析何时起诉。何时起诉往往会影响案件的处理结果,对此律师应当根据法律规定进行分析,总结诉讼的技巧。案件何时起诉,主要是要考虑尽早起诉还是迟延起诉。例如,笔者代理的一件离婚案件中,夫妻双方都想争取子女的抚养权。双方的女儿尚未满 1 周岁。女方找到我们希望我们代理该案件。在了解到双方感情确实破裂无法再继续生活的情况下,笔者建议女方尽快起诉,利用《民法典》第 1084 条中,不满 2 周岁的子女,以由母亲直接抚养为原则的规定,来争取抚养权。最后法院也根据相关规定将子女抚养权判给了女方。又如,离婚案件中存在家庭共同财产的分割问题,如涉及股票、股权、房产等价值变动很大的财产时,律师应当建议当事人考虑财产价值的变动因素,选择在合适的时间起诉离婚。再如,在人身损害赔偿案件中,根据《最高人民法院关于审理人身损害赔偿案件适用法律若干问题的解释》第 22 条“本解释所称‘城镇居民人均可支配收入’‘城镇居民人均消费支出’‘职工平均工资’,按照政府统计部门公布的各省、自治区、直辖市以及经济特区和计划单列市上一年度相关统计数据确定。‘上一年度’,是指一审法庭辩论终结时的上一统计年度”这一计算依据,一般情况下新年度统计标准往往高于往年,因此赔偿数额也会相应有所增加。因此,就最大限度地维护当事人权益角度而言,我们应当预判好案件处理的时间,如果迟延起诉对当事人更为有利,律师应当向当事人提出建议。故此,对于这些微小之处,律师应当为当事人提出细致的方案,不仅维护了当事人的权益,也体现律师工作的专业性。

（二）审时度势细化调解工作

就司法审判实践而言，民事案件的调解率是非常高的。这是因为普通民事案件涉及的标的较小，且当事人之间往往具有人身关系基础，同时还存在当事人对法院介入的一种抵触心理，往往能调解解决纠纷。因此，如何安排调解方案对于民事诉讼而言至关重要。调解和诉讼相结合是手段，争取最大的合法利益是目的，律师应当对此为当事人出谋划策。

1. 先调解，再诉讼

先调解，再诉讼，主要针对以下几类案件：一是调解基础比较好的案件。如轻微程度的侵权案件，一般当事人出于纠纷解决成本都会倾向于调解；如离婚案件中如果各方对财产分割和子女抚养没有大的出入，一般也以调解为主。二是当事人不愿将纠纷公开化的案件。如涉及名誉等方面的侵权案件，或者是涉及财产需要保密的情况等。三是当事人一方急需用钱，不能承担诉讼的各项成本的，如某些损害赔偿案件等。对于这些案件，律师应当根据具体案件和当事人的实际情况，选择先调解，尽量将纠纷解决在诉讼之前。这样处理并不会减少律师的代理费，调解结案也不失为一种成功代理，还能减少律师的执业风险。

要做到以调息诉，律师应当细致地做好工作：首先，律师应当甄别纠纷发生的基本原因。例如，在离婚案件中，律师应当弄清楚当事人离婚的原因，究竟是家庭暴力、双方文化差异、双方性格差异、第三者介入，还是双方生理上或经济上的原因。在此基础上，律师才能成为当事人的“知音”，洞察案件的本质，调整当事人对自己存在的问题的认识和对案件处理的态度，从而有利于律师开展下一步的代理工作。其次，律师还应当明确案件中当事人的内心需求。某些情况下，当事人向律师表示出来的案件需求只是表象，当事人内在的真正需求需要律师自己根据社会经验和专业知识去判别。例如，在离婚案件中有些当事人以离婚为手段达到教育对方的目的，有些以离婚为手段谋求经济利益，有些是为了逃避债务假离婚，还有些以离婚为手段使子女摆脱不良的家庭环境。对此，律师应当掌握透过现象看实质的本领，认真分析并作出合适的处理。最后，律师应当重视调解的一些基本艺术。例如，在婚姻案件中，律师应当注意语言的表达。语言技巧运用得好可以对解决案件起到事半功倍的作用。律师的调解语言应当通俗易懂、用语准确。通俗易懂要求律师的语言应当尽量通俗化，避免使用过于专业的法律用语；用语准确，是指律师的言语表意要清晰，不要出现歧义。而律师对案件客观事实的掌握也要准确，如财产的权属，财产的数额，当事人的侵权时间、地点，造成的经济损害数额等。如果表达不准确，容易引起当事人情绪的波动，也会使人觉得律师没有下功夫。同时，律师的用语应当尊重公序良俗标准，避免用自己的道德标准去改变大众的道德标准，以免阻碍案件调解的顺利进行。

2. 边诉讼边调解

边诉讼边调解，一般适用于诉讼前调解的机会比较小，原告对于胜诉的把握和期望值比较大，或者被告对于原告的诉讼请求不予认可、抵触情绪比较强，难以在诉前就调解至满意结果的案件。对于这类案件，可以先提起诉讼，通过法院给被告施加一定压力，以促成调解。但在诉讼过程中，原告律师应当把握一定尺度，因为传统民事案件一般都是基于家庭关系、邻里关系以及侵权等事实而产生的纠纷，这与商事案件中“依法要价”的诉讼策略应有所区别，否则会导致法院的反感和当事人的抵触，甚至引起各方之间的冲突，律师也将承担一定的风险责任。因此，原告律师应当按照法律规定，提出合法合理的、可以充分保护当事人权益的诉讼请求。在调解过程中，原告律师应当做到情理并重，既摆事实、讲法律，又通情理；并就调解方案的确定或调整，与法官和当事人保持及时沟通。如果被告提出的调解方案比较合理时，律师也可以建议原告考虑接受。例如，笔者代理的一个人身损害案件中，某制冷设备厂因制造的冷冻柜存在质量缺陷，致使王某在使用过程中触电身亡。笔者代理受害方向法院起诉，要求制冷设备厂赔偿死亡赔偿金等费用共计 100 余万元。在诉讼过程中，被告提出愿意赔偿 70 万元，但原告不同意该调解方案。为此笔者为原告分析，认为被告提出的赔偿数额已经接近法律规定的赔偿金额。如果不同意调解让法院判决，可能会涉及冰柜使用过程中双方责任分担的问题，存在较大的诉讼风险，最终判决的赔偿金额可能会低于调解数额。

作为被告律师，如果原告提出的请求过高，我们也可以采用边诉讼边调解的方案，以逸待劳。被告律师在确定代理方案时，应当对案件情况做细致的调查研究，寻找有利于被告的案件事实。例如，在婚姻案件中，对于原告的财产分割请求，被告应当收集原告在婚姻过程中的过错等事实，以降低原告诉请分割的金额；在人身损害赔偿中，被告应当收集能够证明原告过错的法律事实等。

此外，被告律师还应对原告诉讼请求的计算基础和计算方法等方面进行分析，挤出原告诉讼请求的水分。例如，在人身损害赔偿纠纷中，被告律师应当分析原告诉请的计算标准，是按照哪个标准计算赔偿额，该标准是否有法律依据，以及计算的起止时间是否正确等。对此，被告律师要自己详细计算一遍，并加以核对。在婚姻纠纷中，被告律师也应当对原告提出的诉请金额根据法律规定详细核对，以确定符合己方权益的调解基础。

三、民事诉讼收集分析证据要“细”

收集分析证据要“细”，是指我们代理民事案件时，对案件的相关事实证据要尽可能地多收集取证，并对收集到的证据如何使用等问题作出细致的分析。相对于商事案件而言，民事案件有些“鸡毛蒜皮”“斤斤计较”的意味。正因如此，民事案件中对待证据才更要做到细致入微。

（一）按图索骥收集各类证据

民事案件的证据种类繁多，包括书证、物证、证人证言、视听资料、电子数据、鉴定意见等。由于普通老百姓在纠纷发生之前，对证据都不会注意固定或保留，纠纷一旦发生，就会有理无据。因此，律师需要根据案件线索帮助当事人去收集证据。这些证据有些在当事人手中，有些在相关部门，有些需要重新收集固定。面对种类繁多的证据，律师应当做到细致入微，不可粗心大意错过胜诉的关键证据。

1. 善于调取书证

书证是民事案件中使用最多的证据类型。关于书证，《民事诉讼法》和《最高人民法院关于民事诉讼证据的若干规定》等均要求当事人提供原件。没有原件的证据一般不能被法院采信使用。尽管《民事诉讼法》相关司法解释规定了在因客观原因无法提交证据原件的五种情形下，可提供复印件，但该复印件不具有原件同等的证据力，其证明力大打折扣，需要“结合其他证据和案件具体情况审查判断”。书证在民事案件中主要有结婚证、公证书、保证书、财产公证协议、借条、遗嘱等。对于这些书证，律师应当要求当事人提供原件并告知其需保存好原件。有些案件如继承、居住权、遗赠等纠纷，当事人可能不掌握重要书证的原件。此时律师应当帮助当事人寻找线索，并到相关政府机关或公证处进行调取收集。如无法自行调取，再及时申请法院向有关部门调取。

例如，笔者代理过一起居住权纠纷的案件。香港居民李某在20世纪80年代，委托内地朋友王某购买了某市市区一套住房。此后李某将该房屋交给张某居住，并写了一份遗嘱，将该房屋的使用权赠与张某。后李某病逝。多年之后，曾受李某委托代购房屋的王某，以房屋的所有权人身份，将张某告上法庭，要求张某腾空房屋。笔者得知当年李某委托王某购买房屋时，曾在某公证处做过委托购房公证，该证据可以证明王某并非真正的房屋所有权人。但时隔久远，张某也已记不起当年在何处做过公证。为此，律师和当事人只能从当地各个公证处逐一打听寻找，最终在某区公证处找到了该份公证书并申请法院予以调取。有了这份关键证据，案件最终得到了公正处理。

当然，如果自己没有书证原件，而且有证据证明对方控制了书证原件，可以申请法院责令对方当事人提交。例如，劳动争议案件中，劳动者主张加班工资的，仅提供了考勤证明复印件，但无法提供原件，因用人单位对考勤证明负有保存的义务，事实上置于用人单位的控制之下，则可以申请法院责令用人单位提交，如用人单位无正当理由拒不提交，法院可以认定劳动者主张的加班时间为真实。甚至，如果持有书证的当事人通过毁灭书证以达到妨碍对方使用的目的，还存在被法院罚款、拘留的风险。

书证还分公文书证和私文书证，对于二者的证明力问题，《最高人民法院关于适用〈中华人民共和国民事诉讼法〉的解释》第114条规定，"国家机关或者其他依法具有社会管理职能的组织，在其职权范围内制作的文书所记载的事项推定为真实，但有相反证据足以推翻的除外。必要时，人民法院可以要求制作文书的机关或者组织对文书的真实性予以说明"。因此，律师在收集书证时，尤其要注意收集公文书证。而对于单位出具的证明材料，收集时要注意形式上不仅要有单位的盖章，而且要由单位负责人及制作证明材料的人员签名或者盖章，否则形式上的欠缺可能导致该证明材料没有证据效力。

2. 注意收集物证

物证是在民事案件中经常会出现的证据类型，是一种具有客观性的证据形式。因此，在民事案件中要注重对物证的收集和使用。民事案件中的物证可以证明案件的某些事实，对此律师也要根据案件进行细致收集。例如，婚姻案件中涉及家庭暴力的器具等，有些还需要做相应的公证等证据保全措施；侵权案件中也涉及侵权的器具、被侵权损坏的物品等物证。

民事案件的物证较多运用于侵权案件中。例如,笔者代理国外某著名运动品牌状告国内非法生产侵害商标权的系列案件,就涉及对侵权物品的物证保全。该类案件中代理律师应当排查各类市场中是否存在商标侵权的情况,如发现,需要申请公证机构对侵权物品进行公证保全。同时应注意物证保全过程需要保证细致全面,以免在法院审理时出现物证证据效力瑕疵的问题。

对物证的收集还可以通过复制、拍照、视听资料、勘验笔录等形式进行固定和保存。在提交原物有困难时,可提交复制品和照片等。但物证一般仅起间接证据作用,往往需要结合其他证据共同证明案件主要事实。

3. 充分利用视听资料和电子数据

视听资料,是指以录音、录像等设备所储存的信息证明案件真实情况的资料。电子数据,是指由电子手段、光学手段或类似手段生成的传送、接收或储存的信息。

这两种证据在民事案件中的运用较多。例如,婚姻案件中证明婚外情、家庭暴力,遗嘱继承案件中证明遗嘱订立的过程,侵权纠纷中证明侵权事实的录音录像及当事人的电子邮件、微信、QQ 聊天记录等。视听资料和电子数据在证明案件事实上具有直观性,能起到直接证明作用,但证据效力易受各种因素的影响,甚至有被篡改的可能,要注意审查其真实性。同时在取得的方式上要注意合法性。例如,笔者代理的某离婚案件中,原告以委托他人偷拍的录像资料作为证据提交法庭,认为被告在婚姻期间与他人关系暧昧,要求法院判决离婚并判令被告支付精神损害赔偿。法院经审理,认为原告委托他人收集的视频证据是以违背善良风俗的方法取得的,属于非法证据。原告以此证据证明夫妻间的感情已经破裂不能成立,故据此驳回原告的诉请。因此,律师在收集或建议当事人收集视听资料时,应对当事人提供的证据进行合法性的筛选。

4. 广泛运用证人证言

证人证言在民事案件中运用广泛。民事案件当事人在纠纷发生之前疏忽保存和固定证据,案件审理过程中经常需要相关证人出庭作证。而证人证言的主观性较大,当事人一方找的证人所做证言也往往有偏向于一方当事人的倾向,故证人证言的证明力相对较弱,只能起到辅助证明案件事实的作用。但很多案件往往缺乏其他证据,只能依靠证人证言来还原事实。例如,侵权案件中的在场证人,订立遗嘱的在场见证人等。因此,律师代理民事案件应当掌握证人证言的运用,以争取法官的内心确认。应当注意,在申请证人出庭前,律师应基于专业性仔细地判断证人证言的真实性,以免将不诚实的证人送上法庭,反而导致法院对己方当事人的诚信产生怀疑。另外,也要判断证人所知道的案件事实是否有不利于己方的部分,避免交叉询问时对己方产生不利。律师还要注意,不可诱使当事人找人做伪证,以免产生不必要的法律责任。

需要注意的是,根据《最高人民法院关于适用〈中华人民共和国民事诉讼法〉的解释》的规定,申请证人出庭作证应当在举证期限届满前提出,由法院通知,未经通知不得出庭作证。因此,代理律师切忌开庭时匆匆忙忙通知证人,否则有可能不被准许出庭作证,且证人因此产生的交通、住宿、就餐等费用由己方承担。

5. 科学采信鉴定意见

鉴定意见是证据效力较强的证据类型,在民事案件中往往起着一锤定音的作用。经双方同意法院委托鉴定机构出具的鉴定意见,一般都会被法院采信。民事案件中涉及鉴定意见证据的类型繁多,主要涉及财产价值鉴定评估、受害人的伤情程度鉴定、一方当事人的精神状况鉴定、亲子鉴定、笔迹鉴定、死因鉴定、侵权产品质量鉴定等。对于鉴定意见,一方单独委托鉴定机构出具的鉴定意见,一般不会直接被法院采用。经各方同意由法院委托鉴定的,才具有较强的证据效力。当然,如果当事人经济实力允许,在诉前自己委托鉴定机构进行鉴定,也可以使自己的诉请更加有依据,只是需要支付相应的鉴定费用。

对于鉴定意见有异议的,可以申请鉴定人员出庭作证,如果对涉及的一些专业性的问题有异议,根据《民事诉讼法》第 82 条的规定:"当事人可以申请人民法院通知有专门知识的人出庭,就鉴定人作出的鉴定意见或者专业问题提出意见。"也就是专家证人或专家辅助人,以帮助自己提出专业性的意见和问题,使自己的主张得到专业上的支持。

另外需注意的是,在机动车交通事故责任纠纷案件中,对于当事人的诉前伤残鉴定,保险公司一般不予认可,从而导致诉讼中再次鉴定。但保险公司一般对自己参与鉴定的案件没有异议。因此,作为原告代理律师,为避免重复鉴定,导致诉讼时间过长,有必要在原告诉前鉴定时提请保险公司参与。

6. 当事人陈述

司法实践中，很容易忽略当事人陈述的证据作用。当事人的陈述不仅反映在法庭审理中，同时也反映在起诉状、答辩状、代理词等书面材料中。《民事诉讼法》第78条规定：“人民法院对当事人的陈述，应当结合本案的其他证据，审查确定能否作为认定事实的根据。当事人拒绝陈述的，不影响人民法院根据证据认定案件事实。”尽管当事人陈述这一证据形式，需结合其他证据确定，仅起辅助性作用，但有时对案件也起着关键的作用，如对方当事人的对其不利的事实明确表示承认，可以免除己方当事人的举证责任。另外，《最高人民法院关于适用〈中华人民共和国民事诉讼法〉的解释》对当事人怠于到庭陈述的后果及调解时的积极陈述的免责均予以明确的规定。例如，第110条规定：“人民法院认为有必要的，可以要求当事人本人到庭，就案件有关事实接受询问……负有举证证明责任的当事人拒绝到庭、拒绝接受询问或者拒绝签署保证书，待证事实又欠缺其他证据证明的，人民法院对其主张的事实不予认定。”同时第107条规定：“在诉讼中，当事人为达成调解协议或者和解协议作出妥协而认可的事实，不得在后续的诉讼中作为对其不利的根据，但法律另有规定或者当事人均同意的除外。”因此，代理律师应充分重视和运用好当事人陈述这一证据形式，不可掉以轻心，以免产生对自己不利的法律后果。

（二）排兵布阵组织己方证据

律师应当在案件开庭前对证据详细收集，务必做到面面俱到。但是，作为正式提交法庭的诉讼证据，律师需要仔细甄别，不可一股脑儿都提交。否则很有可能使自己在法庭上处于被动局面。

1. 挑选证据要“细”

收集到充足的证据后，就是如何细致挑选的问题。基本的原则是任何一个证据的提交都应当有利于己方，不能对己方产生反作用。

提交给法院的证据都需要有原件。根据我国《民事诉讼法》和《最高人民法院关于民事诉讼证据的若干规定》的规定，证据需要提交原件并接受各方质证。没有原件的证据法院将不予采纳。因此，律师要与当事人核对原件，没有原件的证据要慎交，以免在法庭上被动。有时甚至存在自己的当事人伪造证据的情况，此时律师可能会受到牵连，需特别注意。但是，有些情况下当事人确实没有原件,或者原件存放于特定场所当事人无法调取。此时应当提供复印件并申请法院调取。

证据的取得途径要合法。例如,离婚案件中,当事人提供了对方当事人婚外情的视听资料,以证明对方有过错。对此,律师应当了解这些证据取得的方式,如果是非法取证所得,应建议当事人不提交法庭,否则不仅不会被采信,还可能导致对方当事人追究己方侵犯隐私权、名誉权的法律责任。

要注意证据的两面性。很多证据,不仅有利于己方,还可能有利于对方。对这些具有两面性的证据,律师要特别留个心眼。这些两面性的证据主要表现在如对自己过错的承认、对对方行为的默认、对自己权利的放弃等。这些证据上的"陷阱",律师应当仔细甄别。

另外,还需注意的是,如果提交的证据原件是不能拆开的整册资料,要核查其中是否有对己方不利的材料,以免为对方所用。

2. 组织证据要"细"

证据经过挑选之后,就是如何将证据组织成一个逻辑严密的证明体系的问题。证据虽然充分,但是如果杂乱无章,同样起不到证明案件事实的效果。因此,组织证据其实是非常重要的一个环节。

证据的组织有多种方式,应当按照不同的案件情况具体分析。有时在事实发生的时间逻辑比较强的情况下,可以按照案件事实发生的时间先后顺序,来组织相应的证据,通过时间线索将案件的起因、经过、结果等事实完整清晰地呈现在法官面前。有时需要突出法律适用的构成要件,也可以将相关事实根据法律条款规定的构成要件进行分类组织。例如,在侵权案件中,可以按照侵权行为的客观行为、主观过错和损害结果等逻辑安排组织证据。有时当多个事实并列时,也可以按照各个事实的重要性,从重到轻排列,以求突出重点。作为被告律师,也可以按照不同的方式组织证据,如可以根据己方陈述的"事实版本",根据时间顺序进行组织,以达到与原告陈述的事实相对比的目的;也可以针对原告的证据,一一列出反证进行反驳,达到针锋相对的效果。

笔者曾办理过一起因申请财产保全错误而产生的民事损害赔偿案件,也是因为对案件深入挖掘证据而最终胜诉。案件情况是这样的:外商万盛公司向法院起诉称,被告电力公司在诉某公司的欠款纠纷案中,错误申请保全,冻结了由万盛公司投入该公司账户的 5000 万港元款项。而万盛公司在此之前已与

FALL 公司签订了转让协议,转让某房产,并支付了定金,准备用该 5000 万港元支付后续转让款。电力公司的错误保全使万盛公司无法支付该后续转让款,为此只得向 FALL 公司赔偿各项损失 3000 余万港元。故请求法院判令电力公司赔偿上述损失。笔者担任电力公司的代理人后,认为该案需要收集证据证明万盛公司所谓各项损失的虚假性,才能从根本上扭转局势。为此,笔者首先对涉案房产进行了实地调查,以租房为由向该房产的管理人索取了资料,了解该房产的权属。在了解到该房产的初步信息后,笔者又顺藤摸瓜,向北京市西城区房管局、北京市西城区工商局、北京市丰台区工商局等部门调阅了相关档案。功夫不负有心人,经过反复兜转,最终查明:卖房的 FALL 公司的实际控制人就是万盛公司,而且 FALL 公司所卖的房屋并不存在。由于取得了这些关键证据,我方有力地证明了万盛公司的买房和损失是完全虚假的。同时,笔者还认为,电力公司申请保全某公司的银行存款是完全合法的。该案最终经最高人民法院二审审理后,判决驳回了万盛公司的一审全部诉讼请求(该案代理词见本章附录 4 - 6)。

3. 了解举证时限要“细”

根据《最高人民法院关于适用〈中华人民共和国民事诉讼法〉的解释》的规定,人民法院应当在审理前的准备阶段确定当事人的举证期限。明确确定的举证期限,如一审普通程序案件不得少于 15 日,当事人提供新的证据的第二审案件不得少于 10 日等。对于申请法院调查取证、申请证据保全、申请证人出庭作证、申请延长举证期限等,都应在举证期限届满前书面申请。如果因故意或重大过失逾期提供证据,法院可不予采纳;即便被采纳,也要面临被训诫、罚款的风险。例如,此前南京鼓楼区人民法院对故意“逾期举证”的当事人开出一张 5 万元罚单。案情是:原告史某起诉被告要求归还借款 480 万元,原告在法院指定的举证期限内逾期未予提交主要证据——借款支付凭证,亦未在举证期限届满前向法院申请延期举证,故南京鼓楼区人民法院依据《民事诉讼法》及其司法解释的规定,对原告史某罚款 5 万元。另外,因逾期提交证据造成对方增加交通、住宿、就餐、误工、证人出庭作证等必要费用的,还应予以赔偿。

因此,一定要详细了解举证时限,掌握好举证时间,避免超期举证。否则不仅导致败诉的风险,即使胜诉,也可能被训诫、罚款,赔偿,得不偿失。律师作为代理人,在这些专业性的问题上应当切实履行好自己的职责,否则因为工作失误导致当事人权益受损，很有可能被当事人投诉甚至索赔。

（三）针锋相对做好质证工作

对于对方提出的证据，律师应当做详细的分析。如上所述，民事案件证据种类繁多，涉及案件事实的方方面面。律师在拿到对方证据之后，应当从证据的合法性、真实性、关联性方面进行分析和质证。律师应当注意寻找对方证据上的瑕疵，并掌握将对方证据为我所用的技巧。

1.庭审前要起草质证意见提交法庭

对对方证据的质证是民事诉讼过程中的关键环节。有力地否定对方证据的证明力，可以使对方的诉讼请求成为无源之水、无本之木。对于质证工作，很多律师比较注重在法庭上的口头质证，不太注重准备书面质证意见。法庭效果固然重要，但在对方证据繁多甚至杂乱的情况下，我们应当事先准备并起草书面质证意见提交法庭。

律师在民事案件中进行质证工作要做到细。质证，是指对对方提交的证据，在证据的真实性、合法性、关联性等证据“三性”上提出异议。证据“三性”的每一项都要求律师应当细致分析。

关于证据的真实性。伪造他人签名的遗嘱、虚假的证人证言、具有疑点的视听资料等，都不具有真实性。证据没有原件可以核对，其真实性也要大打折扣甚至被全盘否定。对于书证的真实性，有形式上的真实性和内容上的真实性之分。形式上的真实性指书证存在的真实与否，如某村委会出具证明其村民夫妻感情的证明材料，这份证明材料系由村委会出具，具有形式上的真实性。但该证明内容真实与否，就涉及内容的真实性问题，主要是书证内容能否证明待证事实。显然，村委会以其身份难以证明村民的夫妻感情问题，故该书证内容的真实性难被采信。对于书证的真实性问题，主要是从内容的真实性判断并质证，也有的真实性从形式上被根本否定，如伪造他人出具借条的证明效力。一般而言，否认了证据的真实性，也就彻底否定了证据的效力。但是，律师也不能对任何证据都随意否认真实性。对于确实真实的证据，律师应当实事求是地认可其真实性，不要胡搅蛮缠，以免引起法官的反感，甚至导致法官对律师在庭审中的陈述的真实性产生怀疑。

关于证据的合法性。其主要是指证据形成的主体、内容、途径等方面是否合法,如是否在胁迫之下形成,是否通过非法的途径取得,某些文件是否由有权机关作出的,等等。例如,一起民间借贷纠纷案件中,因双方是熟人,借款时原告没有要求被告出具借条,后双方关系闹僵,原告欲起诉催讨借款无据,遂将被告关在酒店强迫其出具借条,被告出具借条后随即报警。后该份证据在之后的诉讼中未被法院采信,导致原告的诉请未能得到支持。所以,对证据取得的合法性应该尤其注意。《最高人民法院关于适用〈中华人民共和国民事诉讼法〉的解释》第106条规定:“对以严重侵害他人合法权益、违反法律禁止性规定或者严重违背公序良俗的方法形成或者获取的证据,不得作为认定案件事实的根据。”对此,律师应当作出仔细的分析,在必要时,应当实地考察。如果有律师调查能力之外的情况出现,也可以申请法院对证据的合法性进行调查。

关于证据的关联性。证据的关联性是使用较多的质证要点。律师在对证据关联性提出异议时,应当说明具体的质证理由。关联性主要体现在与案件没有任何关联,或虽然属于案件过程中的一个事实,但不能确定当事人之间的权利义务,或虽然涉及当事人之间的法律关系,但不属于原告所提诉请的基础法律关系的范畴等。例如,杨某在某银行取款,银行人员在实际付款时误将3.1万元作为2.1万元付给了杨某。为此银行诉至法院要求杨某归还多收的1万元,并提供了银行监控录像,证明银行人员支付给杨某的现金为50元面额和100元面额各2刀,按照《全国银行出纳基本制度(试行)》(已失效),每刀纸币为100张。法院审理后认为,每刀纸币100张的规定,是银行内部规定和标准,不能作为认定本案事实的依据。因本案中银行无法证明其支付给杨某的实际金额,故判决驳回银行的诉请。本案中,银行出具的《全国银行出纳基本制度(试行)》(已失效)就是因为与案件不具有关联性而未被法院采纳。

2. 庭审中的质证要细致

律师在开庭之前或者开庭之时,应当向法庭提交书面的质证意见。但是,律师的质证工作并非到此为止。任何证据都需要在法庭上经过当事人质证,才能作为证据使用。因此,在庭审过程中进行仔细的质证,是律师必须注意的环节。在某些情况下,一方当事人在庭审时提交的证据,有可能与其庭前提交的证据不一致,甚至庭前提交给法院的证据与提交给另一方当事人的证据之间都不一致。针对这些陷阱的存在,律师应当在法庭上对对方提供的证据的原件与复印件进行仔细核对,不可马虎大意。如发现与自己收到的证据不一致,应当及时向法庭提出。对于原件和复印件，也应当逐一作仔细核对。例如，有时候对方提交的复印件只是原件中的一部分，此时一定要仔细核对原件，有时未复印的原件中可能存在对案件有重要影响的证据内容。如对方在庭审中当庭提交了新的证据，律师也应当仔细进行核对，如需要庭后查实，可向法庭申请延期审理。不可匆忙应付了事。

3. 慎用“不予质证”

不少代理律师对于对方当事人提供的书证复印件，往往以一句“不予质证”应付，实际上是放弃质证权利的表现。无论是原件还是复印件，都需要质证。对复印件，应当提出的质证意见一般是对真实性不予认可，从真实性上予以否认。对于复印件的认定，如前所述，法院不会一棍子打死、一概否认的。因此，在一般情况下，代理律师对尚待提交原件核对的书证复印件，不仅要从形式不合法的角度予以否定，而且还要从假设有原件的角度，对证据“三性”作出分析，不要“错失良机”。

四、民事诉讼主张权利和适用法律要“细”

民事案件中会存在很多的诉讼请求，涉及众多的法律规范。例如，离婚案件中涉及财产分割、子女抚养权和抚养费、过错方的损害赔偿责任等；继承案件中涉及继承人资格、继承财产的分割以及被继承人债务清偿等问题；人身损害赔偿案件中涉及损害赔偿的金额、被抚养人的生活费等。可见，单个民事纠纷中往往有数个诉讼请求，每个诉讼请求还涉及如何计算诉请金额，依据何种标准计算等复杂的情况。根据民事诉讼法不告不理的基本原则，律师应当体现其专业性，并承担相应的专业责任。因此对于这些民事案件，律师应当为当事人提出全面、细致、准确的诉讼请求。这对当事人权益的影响是非常大的。相比较通常的商事案件，民事案件的诉讼请求的要求更加细致。因此，律师代理民事案件时要注意对诉讼请求和适用法律等问题做细致的研究。

（一）分门别类细化诉讼请求

提出诉讼请求要细，是指我们在代理民事案件时，作为原告或反诉原告，要提出具体详细的诉讼请求。诉讼请求是否详细明确，不仅关系能否被法院立案受理，还关系诉讼请求能否得到法院的支持。例如，在离婚案件中，不能笼统地提出“要求判令离婚并分割共同财产”，要提出详细的共同财产的种类、金额，在此基础上提出要求分割的诉请；如果婚姻一方存在过错，还应当提出相应的赔偿金额。涉及子女的抚养问题时，除要求子女抚养权外，还应提出每月的抚养费用。在人身损害赔偿案件中，要提出具体的赔偿类别和金额，如医疗费、误工费、护理费、交通费、住宿费、残疾辅助器费，造成残疾或死亡的，还包括残疾赔偿金、死亡赔偿金以及被扶养人的生活费等。因此，如果没有明确的诉讼请求金额或者相应的诉讼请求细项，案件很可能不被立案受理。即使受理了，也不利于法院的审理和对当事人权利的保护。

诉讼请求要“细”，也并非指所有的请求都需要一次性地全部涉及。对于某些案件，可能在起诉时缺乏相关材料而无法确定准确的请求数额；有些可能在审理过程中发生新的事实而产生新的诉请；有些诉讼请求明显没有依据的，如根据司法解释的规定，人身损害赔偿中的死亡赔偿金已包括了精神损害赔偿，两者不可同时提出。根据《最高人民法院关于民事诉讼证据的若干规定》的规定，当事人增加诉讼请求的，应当在举证期限届满前提出。但根据《最高人民法院关于适用〈中华人民共和国民事诉讼法〉的解释》第 232 条的规定，在案件受理后，法庭辩论结束前，原告增加诉讼请求，被告提出反诉，第三人提出与本案有关的诉讼请求，可以合并审理的，人民法院应当合并审理。实践中各地法院在执行上也不一致，对此，当事人和代理律师应当予以注意，尽可能与受诉法院进行沟通，在法定期限内增加诉讼请求。

（二）精推细敲用好法律规范

适用法律要“细”，是指民事案件中律师对于案件的法律适用要做细致的收集、分析和适用。民事案件涉及的法律法规和司法解释众多，不同规范之间还可能存在矛盾冲突的情况。对此，律师应当做细致的工作。

1. 收集规范要细致

代理民事案件，应当注意全面收集可以适用的法律法规和司法解释。例如，婚姻案件涉及《民法典》婚姻家庭编及司法解释，以及《妇女权益保障法》等法律法规；人身侵权案件涉及《民法典》侵权责任编及司法解释、《最高人民法院关于审理人身损害赔偿案件适用法律若干问题的解释》以及各地政府部门发布的收入数据等；相邻关系案件涉及《民法典》总则编、物权编等。对于这些规范，律师应当全面收集,以免片面适用法律规范。例如,某学校在组织校外活动过程中,因缺少必要的安全保护措施,造成学生伤害事故案件。该案件中,学校组织学生参加旅行社组织的户外活动,在户外活动时,受害人李某被空中掉落的风筝刺伤眼睛,导致眼球萎缩并失明。案件审理过程中,学校抗辩称,学校只是协助旅行社组织学生参加户外活动,其不应承担责任。法院审理后认为,根据《最高人民法院关于审理人身损害赔偿案件适用法律若干问题的解释》及教育部制定的《学生伤害事故处理办法》的规定,学校组织学生参加校外活动,应采取保护措施,否则应承担相应的责任。故判令学校承担赔偿责任。该案中,律师除了引用《最高人民法院关于审理人身损害赔偿案件适用法律若干问题的解释》外,还应收集有关部门制定的各种有效规范,作为诉请的合法依据。

另外,要注意各地的差异和区别,如对机动车交通事故损害赔偿纠纷,各地的做法不一。例如,对于非医保费应否在交强险范围内优先理赔,有的地方非医保费在交强险中优先赔付,有的地方则在交强险范围内不予支持赔付非医保费用。因此,要注意收集各地的规定和做法。

2. 分析规范要细致

收集好相关法律法规后,要对这些规范进行分析。要分析这些法律法规是否现行有效,有时候还要分析不同法律法规在适用上是否存在冲突。

例如,王某与张某在婚姻存续期间签订了一份财产约定协议:男方张某从其经营企业所享有的财产权益中划出 100 万元归女方王某所有。王某放弃张某在其经营企业中的其他权益,今后双方在个人名下或个人投资所得的财产,均归个人所有。后因双方感情不和,张某向法院提出离婚。王某委托律师调查后得知当初签订财产协议时张某隐瞒了巨额财产。这里就涉及婚姻法与其他法律之间的适用问题。首先是婚内财产分割约定是否可以适用合同法律的规定。《民法典》规定婚姻等有关身份关系的协议适用有关婚姻关系的相关规定,那么婚姻财产协议效力的问题是否可适用合同法律?如果适用合同法律,那么根据合同法律规定,对于重大误解或显失公平的,一方可以要求法院撤销或变更合同。这里又涉及撤销权和变更权行使期限问题。撤销权应当在知道或应当知道撤销事由之日起 1 年内行使,但合同法律对变更权的行使没有规定期限,是否可以认为变更权的行使没有期限?

又如，笔者代理过一起优先购买权纠纷案。承租人姚某起诉原房屋所有权人朱某和张某，并将涉案房屋的买受人高某和李某列为第三人，以优先购买权受到侵害为由，要求法院判令宣告房屋买卖合同无效，并判令涉案房屋归原告所有。笔者代理第三人的高某和李某参与案件诉讼。庭审中，笔者向法院提出：本案没有充分证据证明被告侵犯了原告的优先购买权，即使被告侵害了原告的优先购买权，原告也只能要求被告承担违约责任，无权要求第三人承担民事责任；我国法律并未赋予优先购买权人宣告房屋所有权人与第三人买卖合同无效的权利。本案第三人已经依法取得了涉案房屋的所有权，根据保护交易安全和善意第三人利益的原则，原告不仅无权要求宣告买卖合同无效，更无权要求法院直接将涉案房屋判归原告。通过对案件涉及的法律规定的分析，我方有力地反驳了原告的诉请理由。最终法院判令驳回原告的诉讼请求（该案代理词见本章附录 4 –5）。

3. 适用法律要“细”

适用法律要“细”，是指律师在代理过程中，需要仔细分析案件涉及法律的适用条件和适用结果，运用逻辑三段论等方法论证观点。在代理词或答辩状等法律文书中，不仅要援引法律条文，还要指出是适用何条何款何项，避免出现如“根据《中华人民共和国民法典》的规定”等笼统的表述。在案件涉及法律空白的情况下，最好搜寻高级别法院的裁判案例来支持己方的论证。总之，法律适用时应当注意详细引用条文，结合案件事实进行论证，做到言之有理，有凭有据。例如，笔者办理一起提供劳务者受害责任纠纷案件中，作为被告的代理人。原告受伤时为 60 周岁，经鉴定构成 8 级伤残，因此是按照上一年度城镇居民人均可支配收入标准 ×20 年向被告主张的残疾赔偿金。笔者阅卷后发现，原告的定残日距离事故发生日已近 1 年，定残时年龄已达到 61 周岁，因此根据《最高人民法院关于审理人身损害赔偿案件适用法律若干问题的解释》第 12 条“残疾赔偿金根据受害人丧失劳动能力程度或者伤残等级，按照受诉法院所在地上一年度城镇居民人均可支配收入标准，自定残之日起按二十年计算。但六十周岁以上的，年龄每增加一岁减少一年”的规定，要求扣减 1 年残疾赔偿金，最终也得到了法院的支持，依法维护了委托人的合法利益。

五、民事诉讼代理的其他注意事项

（一）有理有据构建事实版本

近年来，我国法官整体理论水平和审判能力已经有了很大程度的提升，应当说，在法律专业知识方面律师已不再有优势。但是法官不会亲历案件，也不会主动收集案件的证据材料，不会比律师更熟悉一方的事实。法官的裁判过程，是根据法律关系和法律规范寻找裁判案件需要的法律事实并作出认定。但是，法律事实需要以客观事实为基础，法官在裁判案件过程中难免需要加入自己的主观判断，发挥法官的自由裁判权。因此，如何根据现有证据材料构建己方的事实版本，影响法官的事实认定和内心确认，是民事案件代理的重要环节。对此，律师应当注意：

1. 特别重视案件事实的“灰色地带”，即“公说公有理，婆说婆有理”的情况。对此，律师应当学会运用通常的经验法则，分析这些模棱两可的案件事实如何去表述和引导，才能有利于己方，才能说服法官。例如，在某欠款纠纷中，原告、被告在几年前合作开办了一个电脑维修经营部，由被告王某出具了一份收条给原告张某，收条注明“今收到张某合伙资金 1 万元”。后原告、被告之间为资金投入和经营等问题发生矛盾，合作无法继续，遂由王某向张某出具了一份欠条，欠条注明“今欠张某人民币 3 万元，到 2010 年 12 月底还清”。后张某向法院提出起诉，要求法院判令被告立即偿还所欠原告的 4 万元欠款。法院经审理后认为：原告依据被告出具的 1 份收条、1 份欠条要求被告归还两笔欠款的理由是被告两次向其借款。但从案件事实的产生过程来看，双方产生矛盾后，原告不大可能再将款项出借给被告。按照经验法则有悖常理，令人难以置信。且根据欠条的内容，第一份欠条的性质是投资，第二份欠条性质是欠款，按照生活常识，原告、被告产生矛盾后，双方对原告的投资或支出做一个清算的可能性较大，所以出现了第二份欠条。被告的陈述及解释符合日常情理，而原告不能作出合理的解释，也不能提供其他证据加以印证，其理应承担不利后果。最终法院只判决支持了原告 3 万元的金额。

又如，一起机动车交通事故责任纠纷案件中，原告称其骑电动车被一辆水泥车剐倒并被该车碾压受伤，其提供了事发时路过的车辆录像、公安机关对部分路过车辆司机的询问笔录等，但都不能直接证明原告的陈述属实。被告未提供证据，仅承认监控录像中事发时经过的水泥挂车系被告所有，而不承认水泥挂车将原告剐倒并碾压原告的事实，而根据公安机关对路过车辆部分司机的调查，该水泥车前面经过的车主未发现路旁倒地的原告，后面的车主陆续有发现原告倒地。面临此“灰色地带”，原告律师就是通过间接证据，运用经验法则，说服法官朝自己构筑的事实方向认定案件事实。最后，法院认定，虽无证据证明被告黄某某驾驶车辆将原告撞倒在地，但可以认定黄某某驾驶的车辆将原告碾压致伤。同时，根据现场停车位置和现场地面痕迹显示：二轮电动车头东尾西左侧翻在道路上，其前、后轮分别距道路南侧边 1.15 米、1.30 米；二轮电动车在地面留下 1.60 米长的倒地挫划痕，其起点距道路南侧边 2 米，终点止于二轮电动车，也即二轮电动车在距道路南侧边约 2 米时开始发生事故，应可以认定黄某某驾车超越时与原告距离过近，客观上给原告造成了危险，同时原告避险措施不力，造成原告倒地后又被黄某某车子碾压的后果，对这一事故的发生原告和被告黄某某均有责任，最终裁判双方负同等责任。

2. 律师本人应当尽可能地熟悉案件事实，在开庭前应当对案件事实了然于心，并在庭前对案件可能涉及的事实点进行预测和演练。在庭审中，尽量避免用“代理人不清楚”等措辞来应对法官的询问，以免法官认为代理人故意隐瞒事实，而应当尽量于事前就对案件中不利于己方的事实，准备好合情合理的说法。

3. 不要放过有利于案件处理的事实。案件处理过程中随时可能出现新的案件事实或线索，对此，律师应当本着负责的精神，在整个审理过程中持续关注新证据和新事实。对于自己不能调取的重要证据，也一定要申请法院调查，即使法院不批准，也可以为上诉或再审埋下伏笔，切勿轻言放弃。当然，根据《最高人民法院关于适用〈中华人民共和国民事诉讼法〉的解释》的规定，申请法院调查证据，必须是与待证事实相关联的；对证明待证事实无意义或者其他无调查收集必要的，法院可不予准许。

4. 注意庭审中的交叉询问。庭审中的交叉询问，是法院查明事实的一个环节。实践中交叉询问一般难以取得我们需要的效果，但是对于对方存在提供虚假证据、陈述虚假事实或伪造证人证言的情况时，律师应当仔细研究应对方案，不要轻易放过在庭审中揭穿对方弄虚作假行为的机会。交叉询问中，如有对方当事人本人在场，要注意有些问题需当事人本人回答，更能接近真实。

(二)规范执业行为重视社会效果

民事案件由于涉及婚姻、继承、邻里、人身损害等具有社会属性的因素,当事人之间除了财产纠纷之外还涉及情感上的冲突。因此,律师在代理民事案件中,应当充分注意平衡案件产生的法律效果和社会效果,以免打赢官司输了名声。民事案件中律师应注意言辞,避免当事人之间矛盾的激化。与商事案件中"依法要价、合理还价"不同,民事案件中律师应把握诉讼中的言行,不可出现颠倒事实或指责谩骂的言行。例如,婚姻案件中,应当尊重事实,根据证据表达观点,不能无中生有地指责甚至诬蔑另一方;人身损害案件中,也应当注意庭内庭外的言行举止,特别是对于弱势群体,律师更应注意在言行中体现律师的执业道德和人文关怀。

(三)申请先行给付或先予执行解决燃眉之急

《民事诉讼法》第 109 条规定,人民法院对于追索赡养费、扶养费、抚养费、抚恤金、医疗费用、劳动报酬等因情况紧急需要先予执行的,可以裁定先予执行。先予执行制度是法律保障特殊群体基本生存需要的制度,是法律人性化的一种表现。律师代理此类案件,可以在满足《民事诉讼法》第 110 条规定的情况下,为当事人向法院申请先予执行。例如,多位退休工人因某民政局委托的代发机构未按照规定发放养老金,将民政局诉至法院。笔者代理几位退休工人参与案件,并向法院提出先予执行的申请。考虑到几位退休老人生活困难,急需生活费用,法院裁定先予执行,原告的合法权益也及时得到了维护。又如,在一起机动车交通事故责任纠纷案件中,受害人受伤严重,无医药费救治,在责任明确的情形下,原告律师申请先予执行保险公司赔款,法院同意并在交强险范围内先予执行 11 万元,从而解决了受害人的看病问题,有效地维护了当事人的权益。

(四)申请人身安全保护令助力离婚案件妥善调解结案

笔者曾作为女方代理人,从二审开始代理过一起离婚纠纷。该案历经女方第一次起诉被判决驳回;6 个月后第二次起诉;一审判决后女方不服,上诉至中级人民法院。中级人民法院审理后,以双方未能妥善处理好未成年人抚养权为由，撤销一审判决，发回重审。在二审期间，法院、人民调解委员会、双方工作单位领导、代理人等均投入大量时间精力进行调解，因为男方父亲强势介入等原因，未能调解成功。在原一审法院重审期间，恰好《最高人民法院关于办理人身安全保护令案件适用法律若干问题的规定》发布，再过15天即将生效。该人身安全保护令司法解释扩大了关于“家庭暴力”“家庭成员以外共同生活的人”的概念和人身安全保护令的适用范围，增加两项人身安全保护具体措施。代理人认为新的司法解释非常有利于女方及其近亲属人身安全保护令的申请，有利于案件纠纷的全面妥善解决。因此在司法解释生效当天即2022年8月1日，就向法院递交了《人身安全保护令申请》。法院组成合议庭审理后第二天，就下发了民事裁定书，认为女方的申请符合作出人身安全保护令的法定条件，签发了该院（2022）第1号人身安全保护令，此前在本案中行为十分过激的男方父亲，也属于本次人身安全保护令的被申请人。人身安全保护令的成功申请，不仅有力保障了女方及其近家属（父母、儿子）的人身安全，而且在此后的开庭中，本案出乎意料地顺利调解结案。最终这起被二审承办法官称为“三十多年来遇到的最难离婚纠纷”得到成功化解。

（五）优先选择当庭调解即时执行的结案模式

民事案件中的调解不是一个可有可无的程序或形式，而是处理纠纷的最好途径。与商事案件在某些时候都需要追求一个裁判结果不同，民事案件往往并没有结果，案件本身甚至没有输赢可言。例如，离婚案件中不论当事人各自分割到多少财产，在感情上都是输家；继承案件中无论财产如何分割，总会伤害到家人之间的亲情；人身损害案件中无论受害方得到多少赔偿，健康甚至是生命都不能复原。因此，调解才是民事案件最好的解决途径。律师参与民事案件调解时，要建议当事人优先选择当庭调解即时执行的模式，要求对方当事人即时履行义务（如交付货币或财物、出具道歉声明）的同时，签订调解协议。这样可避免调解后对方不履行义务、纠纷仍无法最终解决的问题。如果不能即时执行，也可在调解协议上附加违约金条款，给执行义务人以压力，督促及时履行。

（六）律师应注意民事代理的操作准则

与商事案件不同，律师代理民事案件应当遵守相应的职业操作准则。例如在收费方面,根据规定,婚姻、继承案件,请求给予社会保险待遇或者最低生活保障待遇案件,请求给付赡养费、抚养费、扶养费、抚恤金、救济金、工伤赔偿案件,以及请求支付劳动报酬等案件,不能实行风险收费。对于符合法律法规或律所规定的弱势群体的案件,应当尽量为当事人申请减免律师费。有些案件还可以建议当事人申请法律援助,减轻其经济负担。另外,由于民事案件当事人的诉讼风险意识普遍较差,律师在代理民事案件时,应当尽可能提醒当事人注意诉讼中可能存在的法律风险,提出相应律师建议,最终的决定仍需由当事人自己来作出。对此,律师应当将案件的相关风险提示做成书面材料,由当事人确认并备案。这样也可防范今后可能出现的律师执业风险。

附录4-1　一审原告代理词

王某父、王某母诉王某夫、王某女法定继承纠纷一案
一审代理词

尊敬的审判长、人民陪审员:

北京浩天(杭州)律师事务所接受本案原告的委托,指派我们担任其诉讼代理人,依法参与原告王某父、王某母诉被告王某夫、王某女法定继承纠纷一案的诉讼活动。现在,我们根据事实和法律,围绕庭审争议焦点,提出如下代理意见:

一、本案是一起法定继承案件,应当依照法定继承的规定处理。本案不存在遗嘱,被告所谓U盘里发现的王某遗嘱明显是事后伪造的;即使王某曾与朋友表达过订立遗嘱的意愿,但意愿也不具备口头遗嘱的条件和法律效力。

被告王某夫主张在U盘中发现王某留下的遗嘱,但该文档不仅不具备自书遗嘱的法定要件,且内容逻辑混乱、漏洞百出,仅凭生活常识就可以判断是事后伪造的假遗嘱。从遗嘱的形式上看,被告所谓的遗嘱是无法辨别真伪的电子版本,不是由王某亲笔书写,也没有其亲笔签名,不符合《民法典》第一千一百三十四条关于"自书遗嘱由遗嘱人亲笔书写,签名,注明年、月、日"的形式要件。从遗嘱的内容看,行文里的表述与王某用语习惯不符,刻意提及该遗嘱可由被告证人作证完全不符合常理,王某在信赖丈夫的情况下又把财产全部交付给孩子

继承也存在逻辑矛盾。该电子证据明显是事后经专业人士指点起草，专门用以应对本案诉讼的。

此外，被告称有多名证人可以证实王某表达过立遗嘱的意愿，但意愿不是遗嘱，更不是符合法定条件的口头遗嘱。上述证人证言中，除一位证人出庭作证外，其余六位证人均未出庭。且出庭作证证人的证言前后矛盾，漏洞百出，不足以采信。上述证人均是被告多年好友、下属，存在利害关系，该证人证言不足以采信。退一步说，即使证人的证言属实，被告所称的王某的“财产处置意愿”也不构成口头遗嘱。根据《民法典》的规定，遗嘱人在危急情况下可以立口头遗嘱且应当有两个以上见证人在场见证，危机解除后能够用书面或者录音形式立遗嘱的，所立口头遗嘱无效。本案被继承人并不存在上述危急情况，被告提交的证人证言也自认王某是与朋友聚会时“讨论”过订立遗嘱而非在危急情况下正式订立遗嘱，不具备口头遗嘱的法定要件。

二、原告请求分割的遗产份额合法合理，被告主张按照被继承人死亡当天的财产余额进行分割于法无据，于理不合。

为明确本案被继承人遗产的分割依据和分割范围，原告早已详细统计了被继承人的遗产并在庭审调查时提交了《已查明王某遗产明细表》（截至王某去世之日）和《王某遗产估值明细表》等相关材料。原告要求按照上述材料分割遗产，有充分的事实根据和法律依据，被告所谓的按照被继承人去世当日确定遗产数额的主张既不合法也不合理。

（一）原告主张分割的财产均属于法定的遗产范围，且原告主张的遗产分割方式和比例合情、合理、合法。

原告向法院请求分割的房产、有价证券、银行存款、持股企业等财产，是在原告方依法调查并提供充足证据的前提下列明的，均属于《民法典》第一千零六十二条规定的夫妻共同财产，依法应当列入遗产范围。被告主张其中包含被告王某女创造的个人财产，但被告王某女在母亲过世之前的身份是在读学生，此前并未参与公司经营，且至今仍然在使用母亲生前的银行账户，可见其并无独立的收入来源，也没有经济实力进行投资。因此，被告关于遗产中有王某女个人份额的主张明显不能成立。

此外，原告主张的遗产分割方式和比例也充分考虑了本案实际情况，合法、合情且合理。首先，原告并非原所有权人，在房产和股权的具体性质和实际价值未明的情况下,只能先主张由两原告继承相应的份额。其次,原告采纳了被告方在庭审中提出的股权份额分割的方案,但被告在答辩状中又称该分割方式不具备操作可能性,前后矛盾。再次,被告列举的多种情形并不影响财产的分割或实际执行。如××大厦此类无法办理房产证的案例并不鲜见,被告以房产证无法办理就此推出财产无法分割显然是不能成立的。存在抵押登记或与他人共同共有的情形也是同理。最后,待遗产的价值进一步确定之后,原告并不反对与被告进行协商,以更有利于执行的方式分割遗产。

(二)被继承人的遗产不仅包含了其去世当日各类账户的余额,也包含了其去世后通过账户流水信息展示出来的银行理财产品、股票基金、公司股权、商铺投资等赎回款及相应孳息。本案不能简单粗暴地按照被继承人去世当日账户余额作为遗产数额进行分割。

王某去世后,王某和被告王某夫的银行账户进出多笔巨额款项并非法转移,该部分款项依法属于遗产范围。根据银行账户的流水信息显示,王某和被告王某夫名下账户在王某去世之日起收入的款项中,大部分为婚姻关系存续期间银行理财产品的赎回款及收益、公司出资额的抽回款、购买商铺的退还款、证券交易款、土地租金等,本就属于夫妻共同财产或其孳息,应当归入遗产范围。被告在收入该部分款项的同时非法隐匿、转移巨额财产,突击转移给多个与被告关系密切的个人、公司账户,导致王某夫的银行账户在王某去世当日的账户余额仅有 5 万余元,但在此后的三个月期间往来的款项却高达 5000 余万元。被告主张该部分款项均属于被告在王某去世之后投资经营的往来,明显与事实不符,也未提供任何证据予以证明。因此,本案应当参照原告提交的《王某遗产估值明细表》中所列银行账户的待分割总额进行分割。如法院支持被告的无理主张,机械地根据被继承人去世当日的账户余额确定遗产数额,无异于帮助被告非法转移遗产,将严重损害原告的合法继承权。

被告的股票账户在王某去世之后进行多笔股票交易并最终变现,依法也应当属于遗产范围。遗产未分割前均属继承人共同共有,被告未经原告同意擅自将待分割的原有股票卖出,虽然遗产的形式由股票转化为现金,但该部分变现的款项仍属于遗产范围。被告主张在王某去世后买入新股票并卖出是其个人投资行为,但被告为买新股票投入的资金也来自银行存款,属遗产范围,因被告的擅自处分行为增值的部分也应当由所有继承人共同享有。因此,被告将王某去世当日股票的市值作为分割依据的说法也无法成立，原告提交的《王某遗产估值明细表》中所列股票账户的待分割总额有理有据。

三、被告王某夫具有非法转移财产、伪造夫妻共同债务的情况，严重侵害原告的合法继承权，依法应当少分或不分遗产，并追究其法律责任。

被告王某夫因与妻子王某多年来共同生产经营，对王某的财产状况知之甚详，在王某去世后有计划地转移、隐匿夫妻共同财产范围内的银行存款、有价证券、公司股权，均有原告提交的多项证据予以证明。此外，被告还存在串通第三方伪造夫妻共同债务，虚构股权代持关系来逃避遗产分割的行为。首先，被告据以主张夫妻共同债务的借条伪造痕迹明显；时间相隔多年的多张借款借条、理财协议内容字体格式等出奇一致；借款的动机、来源、去向均无法查明；与其账户充裕的余额形成鲜明的对比，根据生活常识即可判断是事后伪造。其次，被告主张名下基金是替他人代持，但不同收据上的手写笔迹明显不一致。被告既未提供他人支付投资款的凭证也未提供自己向他人交付投资收益的凭证，不排除被告串通第三人伪造代持协议损害原告合法继承权的可能。

根据《最高人民法院关于适用〈中华人民共和国民法典〉继承编的解释(一)》第四十三条的规定：“人民法院对故意隐匿、侵吞或者争抢遗产的继承人，可以酌情减少其应继承的遗产。”本案中被告王某夫存在非法转移、隐匿夫妻共同财产，甚至伪造债务企图侵占遗产的情形，应当少分或不分遗产。

综上所述，原告的诉请合法合理，被告辩称的多项主张则并无事实根据和法律依据。因贵院至今未能支持原告要求查明被继承人名下所有账户的调查取证申请，导致被继承人名下的银行账户存款至今远未查明，原告保留对未查明遗产请求依法分割的权利。望贵院秉公执法、依法查明事实真相，支持原告的诉讼请求。

原告诉讼代理人：(签章)

××××年××月××日

附录4-2　一审被告代理词

王某甲、王某乙被诉遗产继承纠纷案
一审代理词

尊敬的审判长、审判员：

北京浩天（杭州）律师事务所接受本案被告王某甲、王某乙的委托，指派我担任其诉讼代理人，依法参与原告柳某丙、柳某丁、柳某戊等诉被告王某甲、王某乙继承纠纷一案的诉讼活动。现在，我根据事实和法律，提出如下代理意见，供法庭参考。

一、被继承人柳某甲的遗产已依法办理过继承手续，原告当时已在公证书中声明放弃继承权，无权再请求继承遗产

本案原告起诉要求继承柳某甲的遗产，而事实上柳某甲的遗产已依法办理过继承手续。A市B区公证处于1983年××月××日出具的（×）B证房字第×号公证书已充分证明了这一点。现原告认为自己对公证书并不知情，没有作过放弃继承的表示。我们认为，原告的说法根本不能成立。根据《民事诉讼法》的规定，经过法定程序公证证明的法律事实和文书，人民法院应当作为认定事实的根据，但有相反证据足以推翻公证证明的除外。现原告没有提供相反的证据来推翻该公证书的效力，该公证书依法具有证明效力。而且根据《最高人民法院关于适用〈中华人民共和国民事诉讼法〉的解释》规定，国家机关或者其他依法具有社会管理职能的组织，在其职权范围内制作的文书所记载的事项推定为真实，但有相反证据足以推翻的除外。现有证据已充分证明该房屋已由柳某乙、两被告之母柳某丙依法继承。更何况，经法院调查取证，已充分证实柳某己、柳某庚、柳某戊曾在公证处办理过放弃遗产继承的手续。因此，该公证文书中所记载的柳某己、柳某庚、柳某戊放弃继承的事实是真实存在的，而不是原告所称的不知情。根据公证书，该房屋应由柳某乙和两被告之母柳某丙共同继承。被继承人柳某甲的遗产已依法办理过继承手续，其名下已无遗产可供继承，原告现在再要求继承没有事实根据和法律依据。

二、被继承人柳某乙已无遗产可供继承，涉案房产早在1989年××月时已属柳某丙一人所有。且本案已过继承诉讼时效，原告时隔21年要求继承遗产

于法无据

虽然公证书记载由柳某乙、两被告之母柳某丙共同继承遗产房屋六间，但其中三间房屋已由被继承人柳某乙出售给房管局。至于剩下的三间房屋，虽然登记在柳某乙、柳某丙名下，但其实只有柳某丙一人享有该房屋的所有权。因为在1984年××月××日，柳某乙、柳某丙、柳某庚等人在家庭会议上作出决定，将该房屋以800元的价格出售给柳某丙，由柳某丙从1985年××月开始，每月寄15元的款项给其母亲柳某乙，截至1989年××月起享有该房产权。据此柳某丙于1989年××月起取得了该房屋的所有权。可见，被继承人柳某乙名下已无遗产可供继承。再退一步讲，即使原告根据房产登记来主张继承柳某乙名下的房产，也已经超过法律规定的最长诉讼时效。根据《继承法》第8条的规定，继承权纠纷提起诉讼的期限为2年，自继承人知道或者应当知道其权利被侵犯之日起计算。但是，自继承开始之日起超过20年的，不得再提起诉讼。本案中的被继承人柳某乙于1994年××月去世，根据《继承法》的规定，继承从被继承人死亡时开始，即继承于1994年××月就已经开始。因此原告应当在2004年××月前主张继承权利，但其未主张，直至2015年原告才向法院提起诉讼主张继承权利。因此，根据法律规定，原告的诉讼请求已超过法定诉讼时效，不得再提起诉讼，法院应依法驳回原告起诉或驳回原告的全部诉讼请求。

综上所述，原告起诉内容与事实不符，诉讼请求于法无据，为此，望贵院查明事实后，依法驳回原告起诉或驳回原告的全部诉讼请求。

王某甲、王某乙诉讼代理人：（签章）

××××年××月××日

附录4－3　一审原告代理词

古甲诉王乙离婚案代理词

尊敬的审判长、审判员：

北京浩天（杭州）律师事务所接受本案原告古甲的委托，指派我担任其与王乙离婚纠纷一案的诉讼代理人。在法庭调查和口头辩论的基础上，本代理人围

绕争议焦点,进一步发表如下书面代理意见,供法庭参考:

一、原告、被告夫妻感情确已破裂,应当准许离婚。

原告、被告发生争吵的原因,在诉状及庭审调查中已经得到陈述和反映。2013年11月2日双方再次发生争吵,被告离家在外,分居至今已近3年,也从不管顾儿子的生活、教育。双方既无共同生活、经营家庭的行为,也无共同生活的合意。

原告偶尔回到古荡新村的房屋内居住,并非原告要和被告共同生活,而是为了便利的权宜之计,如原告单位离古荡新村较近,每周二原告车辆限行,暂住该房屋内上班方便。事实上,原告从未更换过房屋钥匙,在偶尔回到该房屋时,从未碰到过被告。被告辩称经常看到原告,却不能具体举例;被告代理人甚至辩称因为经常见面,所以举不出例子是正常的,这些说法都不符合常理。原告提供了证人证词,能够证明双方事实上是处于分居状态的,并已经持续近3年。根据《中华人民共和国民法典》第1079条的规定,因感情不和分居满2年,调解无效的,应当准予离婚。代理人认为,原告、被告已经符合该条规定的条件,应当准许离婚。

二、双方儿子王丙应当由原告抚养,并由被告承担抚养费。抚养费的金额由法院酌情确定。

1. 儿子王丙已经多年由原告单独抚养,其已经得到较为稳定的家庭环境,身心健康;并已经就读于小学,其在学校表现良好。如果判决王丙由被告抚养,无疑会打断这种稳定的家庭环境和就读状态,不利于其健康成长。

2. 从双方的抚养能力来看,原告有稳定的工作和收入来源,并有原告母亲帮助照顾;被告自称无业,没有收入来源,如果判决由被告抚养,会不利于儿子的成长。

3. 被告所提供的聊天记录截图,并不能反映其所要证明的内容。恰恰相反,是被告自己离家分居,不来管顾儿子;王丙所做的聊天表述,并非面对面发生,而是QQ网络聊天,带有开玩笑性质,而且被告离家前在经常发生的争吵中的言行涉及暴力,以及被告离家后未管顾儿子的行为,对王丙的影响是较大的,被告却归咎于原告错误教导,不符合实际,也不负责任。

4. 基于上述理由,代理人认为王丙应当由原告继续抚养至成年,并由被告承担抚养费。

三、原告所提供的公证书是合法有效的证据，被告所提供的婚礼请柬不能予以推翻；被告所提供的涉及向父母借款的证据，不能支持其主张。

1. 公证书依法是可以直接采信的证据。依据《中华人民共和国民法典》第1065条第2款的规定，夫妻对婚姻关系存续期间所得的财产以及婚前财产的约定，对双方具有约束力。因此，原告主张对该公证书所涉及房屋进行分割，合法有据。

被告所称的被胁迫而签署协议书，并无证据可以证实。事实上，双方在婚礼举办日期之前6个月左右，即2003年12月18日登记结婚，在法律上已经成为夫妻。对于女性而言，在登记结婚后如果以拒绝参加婚礼为由要挟男性，并不能改变婚姻已经成立的事实，因此这种要挟并无实质威慑力。从这一点也可以看出被告的抗辩不符合常理，不能成立。

2. 被告所提供的涉及借款的证据，不能支持其主张。

被告自1998年开始工作，从事汽车租赁职业，是公司的销售冠军，每月收入有1万元左右，至2003年8月6日买房之时，被告已经工作近6年，不可能毫无积蓄。双方结婚后，被告还曾每月给原告3000元到5000元不等的生活费用。被告提供的社保记录，不能直接反映其当时的真实收入。事实上不管是当时还是现在，都一直存在大量的就低参保的情况。被告应当向法庭如实提供这一时间段的工资收入流水或原始凭证。

双方在公证处签署协议书时，被告从未提及有为购房向父母借款374,000元的情况。事实上，截至本案上次庭前调解，被告均一直未表示有过这笔借款。

双方在婚后分别于2009年、2013年购买了两辆小轿车，向体育经纪公司投资10万元，这也与被告所说的为买房向父母借款多年未还相矛盾。

房屋转让合同约定的房款为274,000元，被告主张有为购房向父母借款374,000元，两者金额相差较大，被告未能合理说明。被告辩称与卖方实际约定购房款为35万元，但是一般来说这种操作方式肯定会签署补充协议，但是被告却不能提供补充协议。

借款单的书写内容明显是被告为了应诉而制作的，不是当时形成的。当时被告尚未与原告登记结婚，如果有向父母借款，也是不会书写这种内容的借款单的，而且从中国社会习俗来看，如果父母有出资为子女购房，一般也都是赠与财产。因此，原告申请法院对该借款单的笔迹形成时间进行鉴定。另外，如果被告承认借款单不是原告申请法院调查该借款单所记载的款项374,000元的来源、组成、交付情况等证据,或者指令有能力提供该等证据的被告提供该等证据,否则应当判定不支持其主张。

四、涉案的房屋,原告认为价值为100万元,并请法院判决房屋归原告所有,原告愿意支付一半的金额给被告。由于原告现在带着儿子借住在父母家中,原告希望法院能够在判决儿子由原告抚养后,进而判决该房屋归原告所有,这样原告上下班可以更为方便,可以有更多精力照顾儿子,儿子也会有一个更好的家庭生活环境。

五、双方的车辆,可按照车辆的使用现状,将浙AA39××丰田轿车判归原告,将浙AA79××江淮轿车判归被告。因被告坚持要对车辆价值进行计算和分割,原告认为浙AA39××丰田轿车价值为5万元,浙AA79××江淮轿车价值为4万元。

六、2013年7月22日被告曾出面与丁经纪公司签订《体育旅游项目投资合作协议》,将夫妻共同财产10万元投资于该公司,后因被告离家出走,该投资及收益并未用于家庭共同生活,应当作为共同财产予以分割。

原告曾向法院申请调取在2013年向丁经纪公司投资的人民币10万元及其收益的情况,原告代理人走访联系该公司,其称公司经股东变更,现已不能提供相应的财务账册记录。因此,代理人请法院指令被告提供这方面的投资收益情况。由于被告在庭审中辩称该10万元已经提前退回并用于家庭共同生活,请法院指令被告合理说明该10万元在何时取回,用于哪些方面的家庭共同生活。如被告不能合理说明,则应当认为该10万元系夫妻共同财产进行分割。

综上,请法庭查明事实后,依法支持原告诉请,谢谢!

诉讼代理人:(签章)

××××年××月××日

附录4-4　人身安全保护令申请书

人身安全保护令申请书

申请人:张某某,住××。

被申请人(一):李某某,住××。

被申请人(二):李某父,住××。

申请事项:

1.禁止两被申请人对申请人及相关近亲属实施家庭暴力;

2.禁止两被申请人骚扰、跟踪、接触申请人及相关近亲属;

3.禁止两被申请人以电话、短信等方式侮辱、诽谤、威胁申请人及相关近亲属;

4.禁止两被申请人在距离申请人及相关近亲属的住所、学校、工作单位200米范围内活动。

事实和理由:

申请人张某某与第一被申请人李某某系再婚重组家庭,自2017年1月10日登记结婚,后因产生矛盾自2018年2月分居至今。女方于2019年3月第一次向贵院提起离婚诉讼被驳回后,于2019年10月再次向贵院起诉,历经一审、二审后又发回贵院重新审理[案号:(2021)浙××民初××号]。离婚诉讼前后的4年时间里,男方连同其亲属存在多种恐吓、威胁女方及其亲属的违法行为,严重影响女方及其亲属的人身安全。主要包括但不限于:(1)2018年7月28日,男方及其父到女方母亲王某某的门店闹事,并持刀架在王某某的脖子上进行威胁,有门店的监控录像、公安机关的受案文书及询问笔录为证。(2)2018年12月和2020年4月、8月、9月,男方多次前往女方工作单位及上级部门恶意造谣,蓄意破坏女方的名誉,干扰女方及所在单位正常生产生活。(3)2019年4月24日、25日,男方的叔叔和男方的父亲先后到王某某的门店进行骚扰,并以女方与前夫所生孩子赵某某的人身安全相威胁,后王某某向××派出所报警处理。(4)2019年7月15日晚上,男方及其父亲堵截在女方的住处门口肆意谩骂、恐吓,有门口的监控录像为证。(5)2019年8月3日至9月2日,男方及其父亲、叔叔、表哥连续四个晚上拦截在女方住处的通道入口，并意图暴力破坏门锁强行闯入，男方及其父亲恐吓威胁，扬言要杀掉女方全家，引起周边群众集体围观，后女方母亲报警处理，有监控录像为证。(6)2019～2022年男方及其父亲对女方不断实施微信、电话骚扰和恐吓，被拉黑处理后还持续通过短信等方式相威胁，有通话记录及短信截图为证。以上情况，详见申请人提交的证据1～4。

申请人认为，男方及其亲属频繁恐吓、威胁女方及亲属的行为，已引发女方及亲属的严重恐慌，严重威胁女方及亲属的人身安全和正常生产生活，女方也因此暴瘦20斤，后经诊断已患上抑郁症(详见申请人提交的证据5)。为此，申请人根据我国《反家庭暴力法》和《最高人民法院关于办理人身安全保护令案件适用法律若干问题的规定》等相关法律规定，向贵院申请人身安全保护令，请贵院依法审查核发，以保障申请人及其亲属的生命安全，保障案件的正常有序审理！

此致

××人民法院

申请人：(签章)

××××年××月××日

附录4－5　一审第三人代理词

高某、李某被诉优先购买权纠纷案
一审代理词

尊敬的审判长、审判员：

北京浩天(杭州)律师事务所接受本案第三人高某、李某的委托，指派我担任其诉讼代理人，依法参与本案原告姚某诉被告朱某和张某承租人优先购买权纠纷案的一审诉讼活动。现在，我根据事实和法律，对本案提出以下代理意见：

一、没有充分证据可以证明被告侵犯了原告的优先购买权，原告的起诉缺乏事实依据。

本案中，原告没有充分举证证明被告侵犯其优先购买权。原告提供的录音

内容无法听清楚,不能证明案件事实;原告提交的通话时间清单,没有移动或电信部门的印章,不能证明其真实性,且其通话内容与本案没有关联性。因此,原告无法证明被告侵犯其优先购买权的事实,应承担举证不能的败诉后果。

二、即使被告侵犯了原告的优先购买权,原告也只能要求被告承担违约责任,而不能要求第三人承担民事责任。

2021 年 1 月 1 日起施行的《中华人民共和国民法典》第 726 条第 1 款规定,出租人出卖租赁房屋的,应当在出卖之前的合理期限内通知承租人,承租人享有以同等条件优先购买的权利;但是,房屋按份共有人行使优先购买权或者出租人将房屋出卖给近亲属的除外。该法律规定并没有赋予承租人可以要求宣告出租人与第三人买卖合同无效的权利。《中华人民共和国民法典》第 116 条确立的物权法定原则,优先购买权不属于物权,而是一种债权。根据物权的绝对性和物权优先于债权的原则,根据后法优于前法、上位法优于下位法的原则,本案应当适用《中华人民共和国民法典》合同编和物权编的规定,原告的优先购买权(债权)不能对抗第三人的房屋所有权(物权),因此原告的诉讼请求没有任何法律依据。

三、我国合同法并未赋予优先购买权人宣告出租人与第三人买卖合同无效的权利。根据物权法定原则,优先购买权不属于物权,而是一种债权。根据物权的绝对性和物权优先于债权的原则,且根据后法优于前法、上位法优于下位法的原则,本案应当适用《中华人民共和国民法典》合同编和物权编的规定,原告的优先购买权(债权)不能对抗第三人的房屋所有权(物权),因此原告的诉讼请求没有任何法律依据。

四、本案第三人已经依法取得了涉案房屋的所有权,根据保护交易安全、保护善意第三人利益的原则,原告不仅无权要求宣告买卖合同无效,更无权要求法院直接将涉案房屋判归原告。

本案中,第三人与原告签订的买卖合同是完全合法有效的,不存在法律规定的无效情形,且该房屋已经办理了过户登记,作为善意第三人,其依法取得的房屋所有权应受法律保护,以维护《中华人民共和国民法典》确立的保护交易安全原则。因此,原告无权要求宣告涉案买卖合同无效。而且,原告不仅无权要求宣告涉案买卖合同无效,更无权要求法院直接将涉案房屋判归原告。退一步讲,即使被告与第三人的买卖合同无效,是否再次出卖房屋应由被告自己决定,原告无权要求直接购买该房屋;《中华人民共和国民法典》等法律仅规定原告在“同等条件下”有优先购买权,并没有赋予原告直接购买涉案房屋的权利。因此,原告无权要求法院直接将涉案房屋判归原告。

综上所述,原告的起诉缺乏事实根据,其并不享有优先购买权。本案的房屋买卖合法有效,第三人取得的房屋所有权经过登记公示,具有物权的优先性,受法律保护。因此,原告的诉讼请求没有事实根据和法律依据,望依法判决驳回原告的全部诉讼请求。

诉讼代理人:(签章)

××××年××月××日

附录4-6　二审上诉人代理词

电力建设有限公司被诉侵权纠纷案
二审代理词

尊敬的审判长、审判员:

北京浩天(杭州)律师事务所接受本案上诉人电力建设有限公司(以下简称电力公司)的委托,指派我担任其诉讼代理人,依法参与电力公司与万盛有限公司(以下简称万盛公司)侵权纠纷案的二审诉讼活动。本代理人认为:Z省高院一审判决关于电力公司申请财产保全错误,应赔偿万盛公司损失的认定是完全错误的。具体理由如下:

一、电力公司申请冻结亚宇电业有限公司(以下简称亚宇公司)存款合理合法。Z省高院裁定解除冻结是对万盛公司的从宽处理,并不等于电力公司的冻结申请有任何错误。电力公司没有侵权行为,不存在侵权赔偿的问题。

电力公司提起诉讼并申请冻结亚宇公司银行存款,是因为亚宇公司欠电力公司4964万元,双方之间存在债权债务关系。万盛公司投在亚宇公司的出资款被同时冻结,这是完全正常和合法的。货币属于种类物,占有即为所有,万盛公司的出资款一旦投入亚宇公司,其所有权就属于亚宇公司,成为亚宇公司对外承担责任的财产范围。至于后来Z省高院裁定解冻,是在查明该款项确系投资款的基础上,考虑到这笔出资款的特殊性,而给予的从宽和例外的处理。Z省高院的解除冻结并不能反推电力公司的财产保全申请有错误。电力公司的行为是合法正当的,不符合侵权行为的构成要件,根本不存在侵权赔偿的问题。

二、万盛公司的所谓损失都是编造的。本案涉及的买卖各方包括FALL公司、天亚公司、元亚公司、文亚公司以及亚太公司的董事长都是万盛公司的法定代表人何某,这些公司之间的合同、诉讼及所谓的损失毫无真实性可言。

万盛公司诉称其于2003年6月20日向FALL公司购买FALL公司在天亚公司的股份,支付了定金160万美元和延长金624万港元,因为购买款被冻结,导致定金被没收,最后天亚公司的股份被FALL公司贱卖又造成损失100万美元,合计损失折合3000余万港元。而事实上,万盛公司的这些合同都是自己跟自己签订的,其损失都是虚构的。电力公司曾在北京工商局的工商登记资料中查到:(1)2004年12月27日,FALL公司的董事长职务由何某变更为王某(见一审被告证据21);(2)天亚公司的董事长也是何某(见一审被告证据17)。上述证据足以证明,是万盛公司的法定代表人何某自己与自己签订了这一合同。而且,当涉案款项于2003年6月26日被冻结后,万盛公司于2003年8月4日和6日再付定金160万美元,2003年9月15日和18日支付延长金624万港元,其行为不可理喻。再者,FALL公司因贱卖股份造成损失100万美元而起诉万盛公司,万盛公司不去应诉和抗辩,而在缺席判决后的第8天主动支付了全部赔偿款。一切均匪夷所思。事实足以说明,万盛公司的所谓损失,全是其导演和编造的,完全是虚假的。

三、即使万盛公司的这些损失都是真实的,也是万盛公司自身失误导致的,其损失与电力公司申请冻结没有任何法律上的因果关系。

万盛公司诉称,因电力公司的保全申请错误,造成其重大经济损失。我们认为,假设真有损失,也应当由万盛公司自负其责,而不可能将其自己决策失误的风险转嫁到电力公司身上。事实上,仲裁裁决之后,还存在申请撤销、申请不予执行和申请强制执行等环节,整个过程需要较长时间。作为律师的何某对此不会不知晓。因此,这些所谓的损失即便真的存在,也都是万盛公司自找的,是其因自身非理性行为而产生的扩大损失,与电力公司没有任何法律上的必然因果关系。

综上所述,原审判决关于电力公司申请财产保全错误应予赔偿的认定是完全错误的,应依法纠正;本案被上诉人万盛公司虚构事实,编造损失,无理缠讼,是明显的诉讼欺诈,应依法受到制裁。为此,望贵院查明事实后,依法撤销原审判决,改判驳回万盛公司的全部诉讼请求。

以上代理意见望合议庭充分考虑并采纳。

诉讼代理人:(签章)

××××年××月××日

电力建设有限公司被诉侵权纠纷案
二审补充代理意见

尊敬的审判长、审判员:

看了万盛公司诉讼代理人2019年6月18日的代理意见后,本代理人针对该代理意见,再发表如下补充代理意见:

一、电力公司对亚宇电业有限公司(以下简称亚宇公司)等三企业提起的诉讼和申请财产保全是完全正当和合法的。电力公司申请冻结的是债务人亚宇公司的银行账户,而不是万盛公司的银行账户。Z省高院后来裁定解冻,并不能反推出原先财产保全错误的结论。

首先,天一电业厂(以下简称天一电厂)、天宇电业有限公司(以下简称天宇电业)、亚宇公司三企业确实拖欠电力公司4964万元款项,Z省高院(2003)民三初字第3号民事调解书(见一审被告证据12)确认了这一事实。可见,电力公司起诉该三企业并申请财产保全,是正当合法的。

其次,电力公司申请冻结的是债务人亚宇公司的银行账户,而不是万盛公司的银行账户。中国贸仲1048号裁决书只裁决:“天一电厂应当向万盛公司返还万盛公司投入到依97合同成立的合营公司的6,233,155美元及该笔款项的孳息”,而没有认定亚宇公司银行账户中的款项属于万盛公司所有。可见,电力公司申请冻结亚宇公司账户并无不当。

最后,Z省高院(2003)民三初字第3号民事裁定书决定解除该财产保全,并不是因为原保全错误,而是考虑了本案的特殊情况,对万盛公司的从宽处理。该裁定书中表述的内容和引用的法律条文,并没有电力公司申请保全有错误的意思。Z省高院裁定解冻,并不能反推出原财产保全错误的结论。

二、电力公司申请冻结债务人亚宇公司在交通银行H市分行的存款并无不当,无论电力公司是否知晓天一电厂与万盛公司的仲裁裁决书内容,均不存在电力公司的诉讼和保全有“明显恶意”的问题。

首先,电力公司申请保全的时间与万盛公司仲裁裁决生效的时间接近,并不能推断电力公司知晓了万盛公司与天一电厂的仲裁裁决内容,更不能推断本次保全是为了阻碍执行而提起的恶意保全。退一步讲,即使电力公司知晓仲裁裁决内容而提起诉讼和申请保全,也是正当和合法的。因为亚宇公司确实欠电力公司款项,保全亚宇公司的银行存款账户并无不当,更不存在“违法”或“主观恶意”。

其次,亚宇公司银行账户上的存款并不属于万盛公司。亚宇公司是一个中外合作企业,中外合作双方投入合作企业的款项和财物,依法属于合作企业所有,而不属于原投入者。货币是种类物,不是特定物,在谁的账户上就是谁的钱。中国贸仲的1048号裁决书,也只是裁决中方天一电厂向外方返还6,233,155美元的出资款,而没有认定亚宇公司银行账户上的存款属于万盛公司。因此,电力公司保全亚宇公司存款不存在“主观恶意”。

最后,电力公司与天一电厂、天宇电业、亚宇公司之间存在的投资和人事关联,并不能证明电力公司的保全是“恶意保全”。在本案二审庭审结束后,万盛公司为了弥补其无理诉讼理由,又向法院提交了天一电厂、天宇电业、亚宇公司三企业的工商登记资料,说要作为新证据证明三企业的关系和电力公司的恶意保全。其实,这次所谓的“新证据”,在本案原审之前均客观存在,万盛公司作为合作一方,对合作对方的情况及投资关系都一清二楚,不存在“新发现”的问题。因此,即使万盛公司在二审间提交的工商登记资料是完整、真实的,也不能证明电力公司存在恶意诉讼和保全的问题。事实证明,“自己告自己”、虚构损失、恶意诉讼的不是电力公司,而是万盛公司自己。

三、万盛公司的所谓损失全是虚假的,且电力公司的保全行为与万盛公司的这些虚假损失之间不存在直接和必然的因果关系。

首先,万盛公司与FALL公司的股权转让协议是虚假的,其定金损失是根本不存在的。万盛公司诉称,其在2003年6月20日与FALL公司签订股权转让协议,转让位于B市C区丽景苑的地下车库,在2003年8月4日和6日支付了定金160万美元(折合人民币1248万元),后因无法支付后续款项,定金被没收。而据电力公司调查,FALL公司的法定代表人与万盛公司的法定代表人同是何某一人,FALL公司与万盛公司是关联公司,且FALL公司也没有丽景苑的地下车库,万盛公司的证据全是自己编造出来的(详见一审被告证据17、21)。且根据常识,定金是为了证明合同成立与担保合同的履行而支付的款项,一般是在签订合同时支付,而既然已在2003年6月20日签订了合同,但久久不付定金,却又要在2003年8月4日款项被冻结后的50天再付呢?这不是往火坑里跳吗?明眼人一看就知其合同落款日期是倒签的,其8月4日和6日付"定金"是为了诉讼需要。事实充分证明,万盛公司的所谓定金损失是不存在的。如果有,也是万盛公司自找的,与电力公司的保全行为没有直接和必然的因果关系。

其次,万盛公司的"延长金"损失也是虚假的。万盛公司诉称:因为被保全的资金没有解冻,为履行合同,又向FALL公司支付了624万港元的延长金。之后,因无法支付后续款项,导致延长金624万港元被没收。万盛公司据此要求电力公司赔偿。而事实上,不可能有这样傻的当事人,傻到一而再、再而三地送钱给人家,万盛公司编造的这些谎言,恐怕其自己都不会相信。

最后,万盛公司赔偿贱卖房产的损失更是虚假的。万盛公司诉称:因为其没钱履行合同,涉案房产被FALL公司贱卖造成780万元港元损失,FALL公司在维尔京群岛起诉万盛公司,万盛公司已赔780万元港元。万盛公司据此要求电力公司赔偿。事实上,根据电力公司调查所获的证据(见一审被告证据17、21),FALL公司并没有该涉案房产,因此不可能卖给他人。且在房产日益上涨的当时,贱卖房产不可思议,更况且该所谓房产的出卖人FALL公司和买受人又是一家人,使用同一的办公地点和电子邮箱。买受人与FALL公司在维尔京群岛打官司,法院缺席判决。法院判决书落款日期与万盛公司支付赔偿款的日期,两者仅相差8天。我们不知缺席判决为何这么快就从英属维尔京群岛送达到了我国香港特区的当事人,也不知在判决书未生效期间万盛公司又为何积极赔款。一切只能证明,万盛公司的造假漏洞实在是太大了。以致万盛公司在二审也不敢再继续主张了。万盛公司不再坚持延长金和贱卖损失,也可以证明其定金损失同样是虚假的。

综上所述,万盛公司的上诉请求和理由均不能成立。望贵院查明事实后,依法驳回万盛公司的全部诉讼请求，并依法判决支持电力公司的全部上诉请求。

诉讼代理人：(签章)

××××年××月××日

附录4-7　案件可视化图表之一

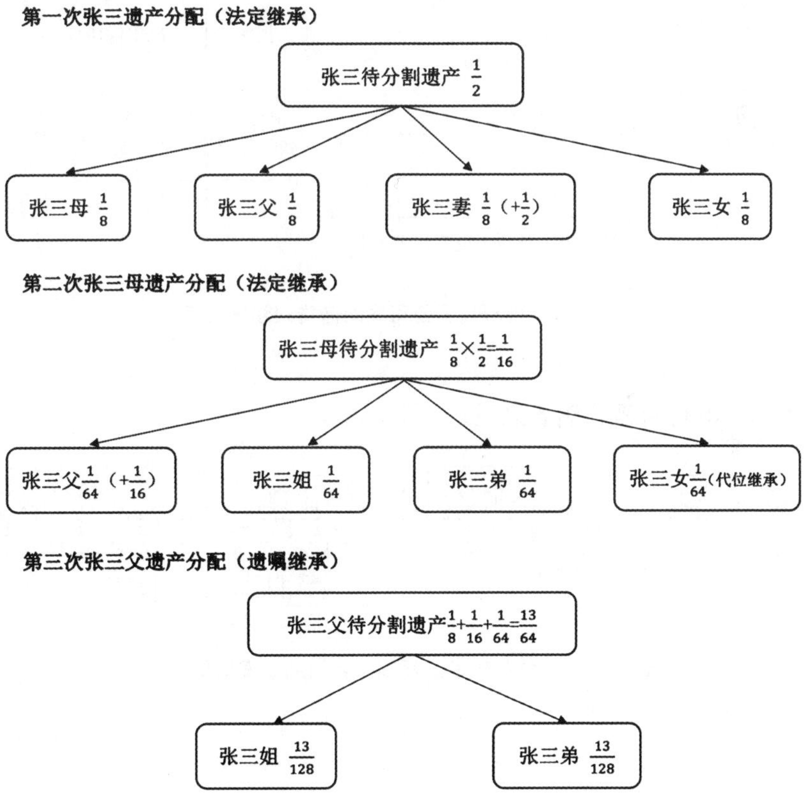

张三姐可继承的份额：$\frac{1}{64}+\frac{13}{128}=\frac{15}{128}$　（1280万元×$\frac{15}{128}$=150万元）

张三弟可继承的份额：$\frac{1}{64}+\frac{13}{128}=\frac{15}{128}$　（1280万元×$\frac{15}{128}$=150万元）

张三妻可继承的份额：$\frac{1}{2}+\frac{1}{8}=\frac{5}{8}$　（1280万元×$\frac{5}{8}$=800万元）

张三女可继承的份额：$\frac{1}{8}+\frac{1}{64}=\frac{9}{64}$　（1280万元×$\frac{9}{64}$=180万元）

张三遗产继承分割

注：以原告张三妻子所列财产估值1280万元为基数。

附录4－8　案件可视化图表之二

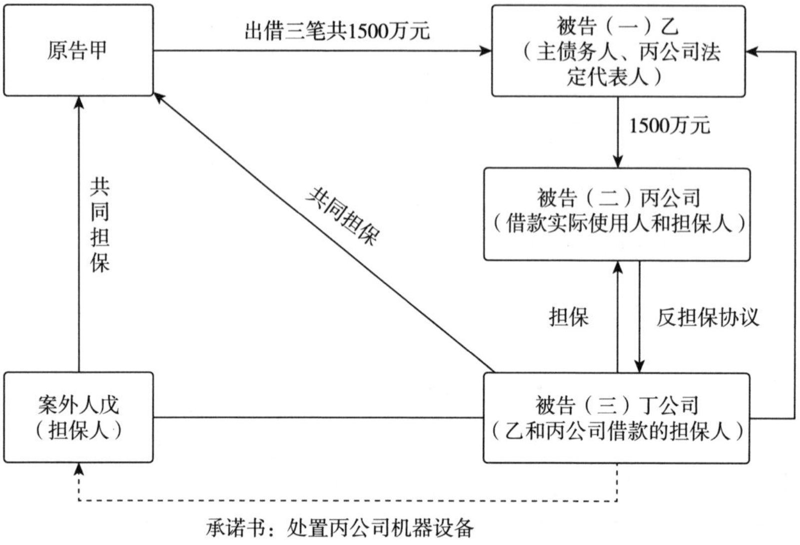

甲诉乙、丙公司、丁公司民间借贷纠纷案关系

附录4－9　案件可视化图表之三

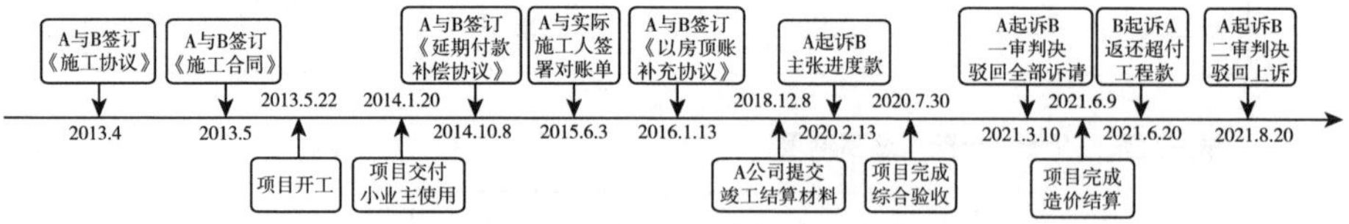

A公司与B公司建设工程施工合同纠纷案时间轴线

第五章　申诉案件代理要“韧”

申诉再审代理要“韧”，“要锲而不舍，不要浅尝辄止”。广义的申诉案件代理包括了刑事案件申诉、行政案件申诉和民事案件再审代理等。申诉和再审代理是针对已经发生法律效力的判决和裁定申请有权机关启动新一轮的审理，是律师诉讼代理中最难的工作。办理申诉再审案件，要有坚韧不拔的意志和不畏艰难的勇气。成功和失败往往在“再坚持一下的努力之中”见分晓。

一、申诉案件成功往往在“再坚持一下的努力中”

申诉再审，是指在刑事、民事和行政案件中，当事人可以依法对生效判决或裁定，向有权机关提出申请，要求启动审判监督程序。无论是刑事申诉、民事再审、行政再审以及不服民事、行政再审判决而再次提出的申诉，都是非必经的诉讼程序。而司法实践中通过申诉再审改判的案件也属少数。因此，很多律师都视申诉再审为畏途，常常只抱着试试看的侥幸态度去做代理工作，结果往往无功而返。因此，申诉再审代理除了需要法律专业知识，还需要不畏险阻的勇气和不言放弃的毅力。

（一）锲而不舍、知难而进是申诉成功的法宝

律师代理申诉再审案件，就如华山一条路，只有锲而不舍、知难而进，才能拨云见日、云散月明。笔者亲历过一起一波三折的管辖权再审案件，该案曲折的过程和最终大获全胜的结局，正是申诉艰难性的完整写照。该案的基本情况是：浙江某高速公路公司将某段高速公路建设发包给中铁某工程公司。高速公路竣工后，高速公路公司按约付清了全部工程款。不料，中铁某工程公司回到

其住所地后,向沈阳铁路运输中级法院提起诉讼,要求判令高速公路公司支付工程进度款357万元并索赔违约金2231万元。高速公路公司向沈阳铁路运输中级法院提出管辖权异议,认为该案应由被告住所地或合同履行地人民法院管辖,要求将案件依法移送。沈阳铁路运输中级法院作出民事裁定书,认为根据《最高人民法院关于铁路运输法院对经济纠纷案件管辖范围的规定》(已失效)及《辽宁省高级人民法院关于指定沈阳铁路运输两级法院受理民商事纠纷案件范围的暂行规定》(已失效),该院具有管辖权。高速公路公司不服提起上诉,被辽宁省高级人民法院裁定驳回。笔者接受高速公路公司委托,向最高人民法院申请再审。笔者指出,该案是公路建设施工合同纠纷,而不是铁路运输合同纠纷或与铁路运输有关的侵权赔偿纠纷,依法不应由铁路运输法院管辖。根据《民事诉讼法》的规定,该案应由被告所在地杭州市中级人民法院或合同履行地的绍兴市中级人民法院管辖。沈阳铁路运输中级法院无权未经个案指定就管辖其他合同纠纷,辽宁省高级人民法院也无权跨省指定管辖本应属于浙江省法院管辖的案件。由于再审理由充分,最高人民法院审理后裁定提审,同时中止原裁定的执行。经过审理,最高人民法院作出民事裁定书,裁定撤销原一审、二审法院的管辖权裁定,将本案移送浙江省绍兴市中级人民法院审理。

出人意料的是,最高人民法院提审前案期间,中铁某工程公司又向沈阳铁路运输中级法院提起了第二起同类型的诉讼,要求判令高速公路公司支付工程款和索赔违约金等共计3000余万元。为规避管辖监督,沈阳铁路运输中级法院将此案交由其下级大连铁路运输法院一审。高速公路公司提出管辖权异议后,大连铁路运输法院一审裁定有管辖权,沈阳铁路运输中级法院二审裁定维持一审裁定。高速公路公司向辽宁省高级人民法院申请再审,再审期间,大连铁路运输法院开庭审理此案,当庭判决高速公路公司先行支付部分工程款。在高速公路公司即将被法院强制划款的紧急情况下,笔者再次向最高人民法院反映情况。最终在最高人民法院的监督下,辽宁省高级人民法院经审判委员会讨论决定,废止了《辽宁省高级人民法院关于指定沈阳铁路运输两级法院受理民商事纠纷案件范围的暂行规定》,并作出民事裁定书,裁定撤销大连和沈阳两级铁路运输法院的管辖权裁定。正在高速公路公司等待案件移送之时,当事人却等来了上海铁路运输中级法院的应诉通知。对此,高速公路公司只得向上海市高级人民法院反映情况。在上海市高级人民法院的重视下,此案最终移送到了浙江境内的合同履行地法院。本案最终大获全胜,有力地维护了我方当事人的合法权益。

(二)有理有据、依法力争是申诉成功的基础

申诉再审要取得成功,绝非一朝一夕的事情。司法实践中,申诉再审要成功面临着重重阻碍。首先,现有法律对申诉制度缺乏应有的可操作的规定,导致了当事人申诉无章可循,有权机关处理申诉时没有必要的法律约束,怠于甚至不履行自己的法定职责。其次是司法机关对待申诉再审的态度问题。上级法院很大程度上会将申诉行为仅仅当作当事人不服判的情绪发泄,而较少关注案件本身是否存在需要纠正的情况。另外,从维护法院判决裁定的稳定性出发,上级法院对存在一定问题的裁判文书,一般也倾向于维持原审判决裁定的效力。最后,当事人缺乏法律知识和申诉再审技巧。当事人经过一审、二审仍对裁判不服而向有关机关申诉或申请再审时,由于"筋疲力尽""囊中羞涩"等原因,请律师代理的情况大为减少。由于缺乏律师的专业帮助,当事人提交的再审材料往往杂乱无章,其效果也因此大打折扣。

因此,在我国申诉再审难,原因是多方面的。这些问题不可能在短时间内彻底解决。这就需要律师在现有法律制度的框架内有所作为。不仅要熟悉并研究透申诉再审法律规范,更要有一种知难而进的精神。一个成功的申诉再审代理,往往需要"过五关,斩六将"。首先,申诉再审的立案,需要符合法定要求,提交有理有据的法律文书和相关证据。向法院提交再审申请书等材料后,有些法院还需要先经立案一庭的形式审查,再经立案二庭的实质审查,有时候审查案件的法官还需要当面听取再审申请人的再审理由。其次,在申诉的提审或发回原审法院重审的环节中,法院将对案件进行重新审理。当事人及其律师需要珍惜来之不易的机会,全面吃透案件,在审理中全面阐述再审的理由。最后,有些案件即使再审成功,还涉及执行或执行回转等问题,对此"收尾"工作同样需要"韧"的精神。由此可见,申诉再审存在多个环节,每个环节都决定着下一个环节能否继续。对于申诉再审中的每一阶段,我们都需要努力去争取胜利。因此,代理申诉再审案件,需要有"韧"的精神,勇于面对和处理各种难题,克服各种代理困境,才能最终取得好的代理结果。

二、“循规蹈矩”依法申诉

律师代理申诉再审案件，要熟悉掌握现有法律规定，依法开展申诉再审工作，做到“循规蹈矩”。申诉代理不同于一审、二审代理，律师对申诉再审案件材料的合法性需要进行更为严格的审查把握。只有做到申诉合法，有理有据，申诉材料才能被司法机关接收，并及时进入立案审查环节。实践中，由于申诉再审案件占普通程序案件的比例低，很多律师对该类案件缺乏实战经验，代理工作易走弯路。因此，如何做到符合法律规范是首先要解决的问题。

（一）申诉再审途径要合法

申诉再审途径合法，是指向哪个法院提起申诉再审申请要符合法律规定。我国《民事诉讼法》第210条规定：“当事人对已经发生法律效力的判决、裁定，认为有错误的，可以向上一级人民法院申请再审；当事人一方人数众多或者当事人双方为公民的案件，也可以向原审人民法院申请再审。当事人申请再审的，不停止判决、裁定的执行。”可见，民商事案件申请再审的法院是作出发生法律效力的判决、裁定的法院的上一级人民法院，既不能向原审法院申请再审，也不能越两级申请再审。除非双方当事人均为自然人和一方人数众多的案件，可向原终审法院申请再审。

需要注意的是，当事人自己申请再审，在特殊情况下，特别是超过申请再审期限的案件，也可以向作出生效判决的法院院长提出再审申请。我国《民事诉讼法》第209条规定：“各级人民法院院长对本院已经发生法律效力的判决、裁定、调解书，发现确有错误，认为需要再审的，应当提交审判委员会讨论决定。最高人民法院对地方各级人民法院已经发生法律效力的判决、裁定、调解书，上级人民法院对下级人民法院已经发生法律效力的判决、裁定、调解书，发现确有错误的，有权提审或者指令下级人民法院再审。”因此，律师代理民商事再审案件，除向上一级法院提起再审申请外，也可以向作出终审判决的法院院长提交书面情况反映等材料，通过多种途径将案件送入再审程序。

笔者代理过一起曲折的建设工程案件。施工方环球公司起诉业主佳亿公司，要求其支付工程款800万元，并依法解除合同。一审法院判决解除合同，判令佳亿公司支付所欠工程款并赔偿环球公司相关损失。二审法院审理后判令佳亿公司支付所欠工程款，但改判继续履行合同。之后，佳亿公司制造事端，重复起诉要求环球公司支付逾期竣工违约金，一审和二审法院判决均驳回其诉请。鉴于佳亿公司毫无继续履约的诚意，环球公司以出现新事实、新理由为由，再次向法院起诉要求解除合同，一审和二审法院审理后驳回了环球公司要求解除合同的诉请。之后双方的纠纷处于僵局，一拖 10 年。笔者接受环球公司的委托后，认为该案最终的解决需要将环球公司提起的两个诉讼合并再审。因前案已过申请再审期限，为此由环球公司向省高级人民法院反映情况，指出省高级人民法院对前案的二审判决是错误的，本案施工合同早已失去继续履行的基础，应依法判令解除，请求由省高级人民法院院长提起审判监督程序。同时，环球公司又就后案向最高人民法院提出再审申请，争取两案同时启动再审程序合并审理。最终，前案经省高级人民法院审判委员会讨论后决定提审，后案也由最高人民法院指令省高级人民法院再审。该案中，笔者就是根据《民事诉讼法》规定的请求由二审法院院长启动再审程序的规定，获得了案件重新审理的宝贵机会。

此外，我们还需要注意再审期限问题。《民事诉讼法》第 216 条规定：“当事人申请再审，应当在判决、裁定发生法律效力后六个月内提出；有本法第二百一十一条第一项、第三项、第十二项、第十三项规定情形的，自知道或者应当知道之日起六个月提出。”因此，律师代理民商事再审案件，还应当审查提出再审的期限问题。

关于刑事案件的申诉，我国现有法律没有像《民事诉讼法》那样有具体和可操作的规定，在司法实践中更是难上加难。虽然，我国《刑事诉讼法》第 252 条规定：“当事人及其法定代理人、近亲属，对已经发生法律效力的判决、裁定，可以向人民法院或者人民检察院提出申诉，但是不能停止判决、裁定的执行。”第 254 条第 1 ~ 3 款规定：“各级人民法院院长对本院已经发生法律效力的判决和裁定，如果发现在认定事实上或者在适用法律上确有错误，必须提交审判委员会处理。最高人民法院对各级人民法院已经发生法律效力的判决和裁定，上级人民法院对下级人民法院已经发生法律效力的判决和裁定，如果发现确有错误，有权提审或者指令下级人民法院再审。最高人民检察院对各级人民法院已经发生法律效力的判决和裁定，上级人民检察院对下级人民法院已经发生法律效力的判决和裁定，如果发现确有错误，有权按照审判监督程序向同级人民法院提出抗诉。"《最高人民法院关于适用〈中华人民共和国刑事诉讼法〉的解释》第453条规定:"申诉由终审人民法院审查处理。但是,第二审人民法院裁定准许撤回上诉的案件,申诉人对第一审判决提出申诉的,可以由第一审人民法院审查处理。上一级人民法院对未经终审人民法院审查处理的申诉,可以告知申诉人向终审人民法院提出申诉,或者直接交终审人民法院审查处理,并告知申诉人;案件疑难、复杂、重大的,也可以直接审查处理。对未经终审人民法院及其上一级人民法院审查处理,直接向上级人民法院申诉的,上级人民法院应当告知申诉人向下级人民法院提出。"第455条规定:"对死刑案件的申诉,可以由原核准的人民法院直接审查处理,也可以交由原审人民法院审查。原审人民法院应当制作审查报告,提出处理意见,层报原核准的人民法院审查处理。"第459条规定:"申诉人对驳回申诉不服的,可以向上一级人民法院申诉。上一级人民法院经审查认为申诉不符合刑事诉讼法第二百五十三条和本解释第四百五十七条第二款规定的,应当说服申诉人撤回申诉;对仍然坚持申诉的,应当驳回或者通知不予重新审判。"但在实践中,终审法院收到申诉状后,既不复查也不书面答复,以致申诉人申诉无门。由于刑事申诉立案难的问题在现阶段十分突出,律师可以根据案件审判的具体情况和案件的影响范围等因素,来选择不同的处理方式。

刑事申诉既可以向法院申诉,也可以向检察院申诉。可以因被法院判决有罪而向检察院申诉无罪,要求检察院按审判监督程序提起抗诉。近年来各地纠正的冤假错案,有不少是检察院主动提起抗诉的。对于检察院作出的有罪不起诉的案件,当事人也可以向检察院申诉,要求作出无罪不起诉的决定,以取得国家赔偿。例如,笔者代理的郭某不服检察院有罪不起诉决定的申诉案,经据理力争,检察院重新作出了无罪不起诉的决定(详细理由见本章附录5-1)。

刑事申诉案件既有被告人申诉,也有刑事被害人的申诉。关于被害人的申诉案件,应当从原审判决是否"重罪轻判"的定罪和量刑上去寻找突破口。笔者代理过一起被害人申诉案件。被告人单某以非法占有为目的,采用诈骗的方法从被告人朱某等多人处非法集资并侵吞挥霍,至案发时尚有4000万元借款无法归还。朱某本人被诈骗3000万元。由于被告人单某将骗到手的钱交给王某,王某将该款用于归还多名政府领导,使案件的处理和追赃困难重重。侦查和检察机关将同案犯单某和王某分别处理,法院也以非法吸收公众存款罪对单某重罪轻判，造成朱某损失无法追回。为此，笔者为朱某向省人民检察院、省高级人民法院、最高人民法院以及最高人民检察院分别递交申诉材料，请求对案件重新审理，并得到了最高人民检察机关的重视，将案件重新审查。

对于行政案件的申请再审期限，现行《行政诉讼法》第 90 条规定：“当事人对已经发生法律效力的判决、裁定，认为确有错误的，可以向上一级人民法院申请再审，但判决、裁定不停止执行。”其第 101 条还规定：有关“期间”的规定，适用民事诉讼法的相关规定；再参照《最高人民法院关于适用〈中华人民共和国行政诉讼法〉的解释》第 30 条关于第三人申请再审的规定，行政案件申请再审的期限为 6 个月。

（二）申诉形式要合法

形式合法，是指律师代理申诉再审要符合法律规定，向有权机关提交正规合法的申诉再审材料。民事案件申请再审，应当根据《民事诉讼法》第 214 条的规定，当事人申请再审的，应当提交再审申请书等材料。实践中，除了提交再审申请书之外，还要有当事人的身份证和营业执照及组织机构代码证复印件，并根据被申请人的人数提交相应的原审主要证据材料。律师代理当事人申请再审的，应该提交律所公函、当事人的授权委托书。关于民事再审申请书，应当注意格式的合法规范。文书名称应当是“民事再审申请书”，不要写成申诉书、申诉状等。再审申请书中应当列明再审申请人和再审被申请人的基本身份情况，并注明其在原审中的诉讼地位。再审事由中，应当列明是以《民事诉讼法》第 211 条哪一项为由申请再审。再审请求中，应当写明具体的再审请求，而不能笼统地“请求改判”等。再审的事实和理由中，应当概括陈述案件的基本情况以及当事人申请再审的具体理由和法律依据。

关于行政再审申请，法律法规没有明确规定具体的申请形式规范，但我们也要遵循一定的书写规范。关于行政案件，文书名应当是行政“再审申请书”，并依次写明再审申请人与再审被申请人的基本情况；再审事由可以参考《行政诉讼法》第 70 条对“适用法律、法规错误”的具体解释；再审请求应当写明具体的请求事项；事实和理由部分应当对案件的基本情况以及事实认定和法律适用进行阐述。同时，申请人还需要提供原审的主要证据材料，以供法院审查。

在刑事申诉中，文书名应为“刑事申诉状”，并列明申诉人（如非当事人申诉,应当写明与原审被告人或被害人的关系)的基本身份情况,并列明原审的其他当事人身份;并写明申诉请求和事实理由。

(三)申诉依据要合法

依据合法,是指当事人申请再审或者申诉,应当注意选择准确的再审申诉依据和理由。申请再审或申诉的依据,也是法院进行审查的依据,申请人应当选择符合本案实际情况的依据。

我国现行《民事诉讼法》第 211 条规定了详细的再审依据,较旧《民事诉讼法》有很大的改进,增加了民事再审的可操作性。现行《民事诉讼法》第 211 条规定的再审依据共有 13 项。申请人可以就案件具体情况,选择一项或几项作为再审依据。一般而言,如果有新证据可以证明原审裁判错误,应当尽量提供新证据并以该条第 1 项"有新的证据、足以推翻原判决、裁定的"作为再审依据,尽力从原审判决在证据和事实认定上的错误着手寻找案件突破口;如果案件事实认定正确,但法律适用明显错误,那么当事人应当选择第 6 项关于法律适用错误的条款作为再审依据;如果当事人认为原审裁判在诉讼程序上存在错误,应当将该条第 7 项至第 13 项的规定作为再审依据,并提供相应的证据。

根据 2007 年《民事诉讼法》的规定,原审法院管辖错误也可以作为申请再审的申请事项。而 2012 年、2017 年、2021 年、2023 年对《民事诉讼法》的修改,都删除了此规定。而实践中,管辖权问题对案件审理的公正性至关重要,是兵家必争之地。例如,笔者前文中涉及的高速公路管辖权案,因管辖法院的不同,直接造成了完全相反的两个审理结果,足见管辖权关系案件成败。在新法排除管辖权再审的情况下,当事人如何依法及时行使管辖异议权,是实践中值得研究的问题。

关于行政或刑事申诉,当事人也应当确定相应的再审申诉依据。例如,刑事案件中,我们可以从定罪和量刑等方面去寻找申诉依据。这里列举一个最高人民法院审判的案例,该案与广州许霆案颇为类似。被告人何某在自动取款机(ATM)上取钱时,因为银行计算机系统发生故障,造成 ATM 失控。何某见状后连续 6 次共取出 4400 元。第二天,何某又在银行多台 ATM 上连续取款 215 次,取出现金 42 万余元。原一审、二审判决认定何某盗窃金融机构数额特别巨大,判处何某无期徒刑。为此,何某以认定事实和适用法律错误为由向省高级人民法院提出申诉。省高级人民法院再审后认为,何某的犯罪具有一定偶然性,主观恶性较小,且退赃积极,最终撤销原审原判;经最高人民法院核准,在法定刑以下判处何某有期徒刑8年6个月。可见,对于相关刑事或行政案件,代理律师可以从理由充分和具有可操作性的角度,为当事人寻找再审理由和依据。

三、“斗智斗勇”巧妙申诉

(一)把握代理尺度,适当调解结案

由于申诉和再审不同于普通程序,不仅申诉再审的立案重审率非常低,而且通过再审申诉改判的难度也很大。因此,我们应当在再审环节中,视案件的难易程度、诉讼效益等因素作出综合的决策,树立“见好就收”的观念,即在适当的时候对案件调解结案。

申诉再审各个阶段均会出现调解的机会。一般而言,申请人的民事再审申请书经法院立案一庭受理材料之后,会签发再审受理通知书,并将案件移送立案二庭进行实质审查。在这一环节中,承办法官需要对案件进行初步的书面审理。如果审查后认为案件事实清楚、适用法律无误,则会作出驳回当事人的再审申请的裁定书。如果承办法官审查后认为原判存在错误或争议,一般情况下法官会从息讼角度召集各方当事人进行调解。如果调解不成,则可能作出提审裁定或裁定由原二审法院或指定同级法院重新审理。因此,作为再审申请人的代理律师,当法官表示主持调解工作时,应当告知当事人调解也是一次争取权益的宝贵机会,可以迅速有所收获。如果不愿意调解,就存在法官裁定驳回再审申请的风险。如果代理被申请人一方,律师应当提醒被申请人注意,如果不同意调解,案件存在裁定提审的可能性,提审后则改判的可能性很大。因此,调解也不失为一劳永逸的良策。当然,某些情况下,承办法官主持调解,可能是对案件正误判断拿捏不准,希望通过调解来解决案件。

总之,再审申诉要“韧”,但“韧”也要讲技巧,不是胡搅蛮缠,更不是与审判机关唱对台戏。律师应当熟悉案件事实和法律规定,根据专业知识进行案件前景分析,同时对案件是否需要调解、如何调解以及其他的细节作出专业而细致的规划。在充分告知当事人诉讼风险的前提下,给当事人合理的建议,最大限度地维护当事人的合法权益。

(二)重视案件事实,占据申诉高地

案件事实是法官审理案件的重点以及作出判决的主要依据。在民商事案件中,据以裁判的事实不一定是客观真实的案件事实。因此,如何构建有利于自己一方的证据体系和"事实版本",是案件得以取胜的关键。

新证据是再审案件得以立案并可能改判的最有力的武器。虽然案件经过原审后,案件有关证据基本已经被发掘利用,要取得新证据难度较大。但是,如果我们用"韧"的精神去研究案件材料,很有可能会发现新的证据。例如,在有些合同案件中,当事人没有履行事实的书面证据,那么再审时能否找到相关的证人作证;又如,民间借贷案件中,债权人对不承认债务的债务人有没有新发现的债务承认的凭证;再如,有没有新的具有法律效力的文书可以推翻原审认定的事实等。对这些蛛丝马迹,代理律师应当以高度的专业敏感性以及"韧"的精神去寻找。例如,笔者代理过一个委托合同纠纷案。李某委托从事房产中介的王某代理出售一幢房屋。王某与买家签订房屋买卖合同后,买家将首付款汇到王某账户,王某扣除交易税费后将余款汇至李某账户。之后,买家又将其余购房款汇入王某账户,王某将其中部分用以归还李某房屋上的银行贷款,剩余部分则汇到了李某账户。后李某向法院起诉,要求王某归还其代收的房屋出售款。一审、二审法院均判决支持了李某的诉请。笔者接受王某委托后,向省高级人民法院申请再审。经过立案审查,案件被裁定提审。在审理过程中,我方向法院提交了该房屋出卖款的资金去向的银行凭证,还出示了归还银行贷款的《公证书》,同时申请了与案件相关的证人出庭作证。通过这些证据,我方有力地证明了王某已经将房屋出售款全部支付给了李某,完成了受托义务,原审判决认定事实是错误的。经过审理,最终法院对案件进行了改判。

此外,笔者还成功代理过一起合伙协议纠纷案。陈某准备与在境外的老乡吴某合伙开发房产,分两次共向吴某汇款 400 万元,但双方此后未达成合伙协议,吴某仅向陈某出具了收条。后陈某要求返还无果,诉至某区人民法院,请求判令吴某返还合伙投资款 400 万元并支付利息损失。法院经审理,缺席判决支持了陈某的全部诉请,吴某未上诉。但后来吴某又以一审判决程序违法(涉外案件送达和公告时间均应长于普通案件),认定事实错误等为由,向某市中级人民法院申请再审,某市中级人民法院决定提审。再审庭审中,吴某称其与陈某经人介绍认识,并与季某、汪某协商后,四人决定合伙在泰国开发房地产。后由陈某执笔起草了一份书面合伙协议,对投资总额、付款期限以及四人的投资比例分别做了约定。陈某分两次按投资比例向其支付了400万元,但后续投资款未如约支付。现合伙项目已基本建设完成,正在销售中。原审判决认定未达成合伙协议错误。此外,本案当事人之间的民事关系属于涉外民事关系,应适用泰国法律,原审适用法律错误。据此应裁定驳回陈某的起诉,并告知陈某向泰国法院提起诉讼。经笔者庭前向泰国律师了解,得知泰国禁止外国人进行土地交易和土地代持,情节严重的要承担相应刑事责任。笔者在庭审中补充了两份证据,一是由泰国律师出具的法律意见书,阐述在泰国相关的禁止性法律规定;二是补充了国内出版的《“一带一路”沿线国家法律风险防范指引》。书中关于泰国的法律介绍,进一步补强了禁止外国人在泰国进行土地交易及代持的这一法律事实。某市中级人民法院再审后以原一审法院遗漏必须参加诉讼的当事人为由,将本案发回一审法院重审。某区法院重审时追加季某、汪某参加诉讼,审理判决认定各方的合伙关系未正式成立,陈某未实际参与经营,判决支持了陈某的全部诉请。

在新证据中,法院生效判决是证明力最强的证据。笔者曾担任一起借款合同纠纷案的被告代理人,在一审、二审中均胜诉,法院驳回了原告的全部诉讼请求。后对方又申请再审,最高人民法院裁定重审。在重审中,笔者提交了一份法院生效刑事判决书作为新证据,该判决书确认了涉案资金不是借款的事实,重审法院据此驳回了对方的全部再审请求。

除了要注意发现案件的新证据,我们还要特别注意在争议事实上“有所作为”。我国现在的法律体系以及审判方法,参考的是大陆法系传统的三段论的推理裁判方法。简单地说就是查明事实、适用法律、作出裁判。但是,由于裁判确认的事实不一定就是客观真实的事实,因此法官在确认案件事实时需要进行“内心确认”。对案件有关事实不确定加入内心确认的结果,就是案件有时候会存在“灰色地带”,也就是我们通常说的“公说公有理,婆说婆有理”。在复杂的案件中,甚至会出现“横看成岭侧成峰,远近高低各不同;不识庐山真面目,只缘身在此山中”的情况。对原审判决的证据进行不同角度的理解和搭配,都有可能出现不同的事实认定。因此,不同法官对基于案件现有证据材料的基础上,作出的对事实的分析判断也完全存在不一致的可能。这就要求我们在尊重基本事实的基础上,认真推敲撰写再审或申诉材料中的案件事实情况,构造有利于己方的案件的“事实地图”，并且争取承办法官的“先入为主”。就实践角度而言，由于在再审立案时，原审案卷还没有调档，法官一般不清楚案件的基本事实。此时法官手头有的只是当事人提交的再审材料。因此，我们提交的再审申请书要清晰易读、抓住重点，构建己方的“事实版本”；原审主要证据材料也应当进行一定的筛选，不利于己方的原审证据材料应尽量避免提交，包括己方在原审中自己提交的不利证据。特别需要注意的是，如果原审判决书中涉及的证据材料多、案件事实复杂，我们对案件事实要进行总结归纳，化繁为简。因为每天面对需要审查的再审案件，承办法官难免存在厌烦情绪，他们需要看到的是清晰易懂的案情介绍。此时也是我们代理律师大有可为的时候。

例如，笔者代理过一件比较有趣的再审案件，涉及对一个简单事实的不同理解和认定。王某向程某借款 50 万元，约定借期 3 个月，借款利息为月利率 2%。王某和程某要求茅某对借款予以担保。茅某为此在《借款协议》上书写了“本人同意担保 3 个月 50 元整”的文字。后因王某未按期归还借款，程某向法院提起诉讼，要求王某返还贷款本息共计 53 万元，并要求茅某承担 50 万元的连带保证责任。一审法院审理后作出判决，认为担保文字中的“50 元”系笔误，实际应为“50 万元”，据此判令茅某对借款本金 50 万元承担连带保证清偿责任。二审法院维持原判。为此，笔者代理茅某向省高级人民法院提起再审，指出己方当事人不愿为他人担保 50 万元借款，但碍于情面只能在合同上签字，故写明担保责任是 50 元。根据合同文义性原则，茅某只应承担 50 元担保责任。由于该案在事实解释和法律适用存在较大争议，经审查后法院裁定将案件提审（该案代理词见本章附录 5 - 5）。

（三）吃透法律规范，寻找程序瑕疵

解决法律适用问题是律师代理再审或申诉案件的重要工作内容。首先，如何准确分析原审判决在法律适用上的问题，是律师专业性的主要体现。律师应当从原审判决在适用哪部法律、哪个法条、哪款哪项及是否正确等问题上进行全面论证，同时也要对原审判决适用的法规、部门规章、地方条例以及司法解释进行分析。我国现有法律法规等裁判依据日趋庞杂，更新也越来越快，律师应当运用先进的法律法规搜索工具全面掌握案件可能涉及的对己方有利的规范。其次，除已有的法律法规、司法解释外，最高人民法院或原审法院已经生效的裁

判案例，也具有一定的审判指导意义，最高人民法院编著的有关审判指导方面的权威文章或著作，也可以作为律师阐述法律问题的有力武器，对此律师也应当全面收集并向法官提交。因此，律师应当以一种“怀疑精神”去对待原审裁判的法律适用，树立“律师应当比法官更专业”的观念。例如，笔者曾成功代理过一起原审错误认定职业放贷人被再审改判的案件。该案件中，A 公司承接了某工程空调设备采购及安装项目，由公司员工张三内部承包并担任项目经理。张三在春节前因急需支付农民工工资而向 A 公司借款 100 万元。借款再次到期后，张三仍未还本付息。为此，A 公司向区人民法院起诉，要求被告向原告归还借款本息。区人民法院作出民事判决，认定双方的民间借贷关系成立并合法有效，判决支持 A 公司的全部诉请。后被告向市中级人民法院上诉，二审法院审理后以 A 公司“上一年度在原一审法院涉及民间借贷案件 10 件以上，且累计金额达 2000 万元以上”为由，认定 A 公司为职业放贷人，进而认定借款合同无效，撤销一审判决，改判被告返还借款本金 100 万元及支付原告年利率 4.35% 的利息损失。笔者接受 A 公司委托后，向省高级人民法院提起再审。再审中，笔者向法院提出如下再审理由：第一，A 公司是大型建筑企业，2019 年度总营业额为 20 亿元，借款总额和收益占公司营业额的比例极低，不存在以放贷为业的情况。出借对象仅限于内部项目经理而不是社会不特定对象，本案两期借款约定的年利率明显低于民间借贷利率，不存在以营利为目的的出借资金的主观意图，二审认定 A 公司是职业放贷人系事实认定错误。第二，A 公司与张三之间的借款行为，属于企业内部之间的资金融通行为，不属于银行业监管法规的调整范围，二审关于案涉借款合同违反原《合同法》第 52 条第 5 项的认定适用法律错误。第三，二审认定施工单位是职业放贷人并认定案涉借款合同无效，违反了某省关于保护民营企业发展的相关政策，也将使施工企业无法保障自身债权，增大了项目建设资金断链与工程延期烂尾的风险，最终将对当地的民营经济发展造成巨大的负面影响。通过以上对如何正确适用职业放贷人法律制度的充分阐释，最终省高级人民法院采纳了申请人的意见，撤销原一审、二审判决，认为 A 公司不属于职业放贷人，改判被申请人归还本金并按年利率 8% 支付借款利息（再审申请书见附录 5－3）。

关于诉讼程序问题。我国现在的司法审判正在从只重视实体公正转变为实体与程序公正并重。如果案件程序确实存在错误，案件被提审甚至改判的概率是很大的。因此程序问题是再审申诉的重要突破口,对此律师应充分重视。民事案件方面,律师应当审查原审在立案受理、原被告主体资格、管辖权、法律文书送达、举证期限、合议庭组成人员、审理过程中的举证环节、诉讼请求是否漏判或超判、裁判文书的宣判送达、案件的审理期限等环节上的程序合法性;行政案件应特别注意审查被告资格、必须参加诉讼的当事人是否遗漏、举证期限和举证责任、法庭质证等环节是否符合法律规定;刑事案件应当审查是否有刑讯逼供,侦查机关立案管辖是否合法,强制措施是否超过期限,等等。这些诉讼程序方面的瑕疵往往对申诉或再审代理具有很大的作用。

(四)写好法律文书,争取有利裁判

书面材料的撰写是律师代理工作的重要环节,不仅反映一个律师的专业水平,更重要的是在很多时候影响案件的成败。再审申诉代理中的书面材料写作更为重要。这是因为,大部分再审申诉案件往往在受理后的审查阶段就被挡回,无法进入重新审理的环节。法院在立案庭审查阶段一般不开庭审理,主要由承办法官进行书面审理。因此,如何起草高质量的再审申请书或其他法律文书,对于再审申诉而言尤为重要。

对于再审申请书或刑事申诉状而言,除上面所讲的要符合法律规范外,这里还要注意重视文书的质量。关于再审申请书,要注意对事实和理由部分的写作。首先是事实部分,一般而言,应当以“本案的基本事实”等为小标题专列一节来陈述案件事实,将案件的详细经过清晰、简洁和准确地展现在承办法官面前。这里要注意的是,案件事实的陈述要做到既简洁又清晰。简洁,是指在陈述时应当剔除与案件无关的细枝末节,避免行文啰唆和淡化重点;清晰,则要避免因为简洁而省略了一些必要的事实陈述或行文衔接,导致文书阅读缺乏逻辑性。准确,是指事实的陈述要反复斟酌,避免将基本客观事实写错。另外,还要注意的是,尽可能不要用过多的笔墨描述对己方不利的事实,以免承办法官对己方产生不利的预判;但也不要刻意回避本案的关键事实,以免给法官造成不诚信的印象。在阐述案件基本事实之后,应当对申请再审的理由进行归纳分析。一般而言,如果一审、二审关于事实认定或法律适用均有所不同且存在错误,可以就一审、二审在认定事实和法律适用上的错误分别指出并评述;如果二审完全维持一审判决,可以仅就终审判决进行评述,以避免行文的重复。在评

述原审判决时，应当采用“先竖靶，再打靶”的方式，“有的放矢”地对原审判决的错误进行评述。行文结构上，可以从认定事实、适用法律和诉讼程序三个方面来进行。如果案件的线性逻辑比较强，也可以不按此结构进行组织。而直接就每一个问题逐一进行事实法律的综合分析。总之，应当给法官以行文流畅、逻辑清晰、有凭有据的印象。

四、申诉和再审代理的其他注意事项

（一）注意申诉或再审的不同主体

申诉或再审申请虽然都可以引起审判监督程序，但是根据我国相关法律规定，申诉或再审有不同的提起主体。

关于民商事案件申请再审的主体问题。我国《民事诉讼法》第 210 条规定：“当事人对已经发生法律效力的判决、裁定，认为有错误的，可以向上一级人民法院申请再审；当事人一方人数众多或者当事人双方为公民的案件，也可以向原审人民法院申请再审。当事人申请再审的，不停止判决、裁定的执行。”根据该条规定，提起民商事案件的主体是当事人，即原审原告（包括反诉原告）、被告（包括反诉被告）以及判决承担义务的第三人。需要注意的是，有些案件中原审判决裁定之后原诉讼当事人已经死亡或者合并、分立以及不再具有法律上的主体资格，应当由相应的权利继受人来作为申请再审的主体，并须提供相应的证明材料。

关于行政案件申请再审的主体问题。2017 年修改的《行政诉讼法》第 90 条规定：“当事人对已经发生法律效力的判决、裁定，认为确有错误的，可以向上一级人民法院申请再审，但判决、裁定不停止执行。”根据该条规定，申请再审的主体为当事人。这里的当事人包括原审的原告、被告和第三人，或二审的上诉人或被上诉人。

关于刑事案件的申诉主体。我国《刑事诉讼法》第 252 条规定：“当事人及其法定代理人、近亲属，对已经发生法律效力的判决、裁定，可以向人民法院或者人民检察院提出申诉，但是不能停止判决、裁定的执行。”根据该条规定，刑事案件的申诉主体不同于民事和行政案件，范围较广。不仅当事人本人可以申诉，当事人的法定代理人、近亲属也可以作为申诉主体。这里需要注意的是，被害人也属于当事人，因此被害人及其法定代理人、近亲属也可以向法院提出申诉。

(二)正确适用民事和行政监督程序合法维权

人民检察院民事监督和行政监督程序是律师办理民事和行政诉讼申诉案件业务中经常会碰到的业务。民事和行政诉讼监督程序是指人民检察院通过抗诉、检察建议等方式,对民事、行政诉讼活动实行的法律监督。检察院监督的内容主要是当事人不服人民法院对再审申请的驳回裁定或再审裁判、认为审判程序中审判人员存在违法行为或者认为人民法院执行活动存在违法情形等情况,是对民事、行政诉讼审理、执行环节存在错误的最后一道法定救济程序。民事和行政监督程序主要的法律法规依据是2021年8月1日起施行的《人民检察院民事诉讼监督规则》和2021年9月1日起施行的《人民检察院行政诉讼监督规则》。民事和行政监督程序的特点决定了律师办理此类案件时更需要有"韧"的精神。

1. 找准启动监督程序的受理机关

民事和行政监督不同于通常的一审、二审诉讼和民事再审,需要注意找准正确的受理机关。根据民事监督制度的规定,申请民事监督根据申请内容的不同,相应的受理机关主要分为:(1)当事人根据《民事诉讼法》第209条第1款的规定向人民检察院申请检察建议或者抗诉,由作出生效民事判决、裁定、调解书的人民法院所在地同级人民检察院负责控告申诉检察的部门受理。人民法院裁定驳回再审申请或者逾期未对再审申请作出裁定,当事人向人民检察院申请监督的,由作出原生效民事判决、裁定、调解书的人民法院所在地同级人民检察院受理。(2)当事人认为民事审判程序中审判人员存在违法行为或者民事执行活动存在违法情形,向人民检察院申请监督的,由审理、执行案件的人民法院所在地同级人民检察院负责控告申诉检察的部门受理。(3)当事人不服上级人民法院作出的复议裁定、决定等,提出监督申请的,由上级人民法院所在地同级人民检察院受理。人民检察院受理后,可以根据需要依照本规则有关规定将案件交由原审理、执行案件的人民法院所在地同级人民检察院办理。因此,确定符合规定的受理机关,是开展民事监督业务的第一步。行政监督程序在受理机关的规定上与民事监督基本一致。

2. 正确提交申请监督所需材料,写好监督申请书

律师代理当事人向人民检察院申请监督,应当提交监督申请书、身份证明、相关法律文书及证据材料。如果申请材料不符合法律规定或不齐全,人民检察

院会要求申请人限期补齐,并一次性明确告知应补齐的全部材料。逾期未补齐的,视为撤回监督申请。此外,民事监督申请应当在人民法院作出驳回再审申请裁定或者再审判决、裁定发生法律效力之日起2年内提出。该期间为不变期间,不适用中止、中断、延长的规定。需要注意的是,当事人的行政监督申请应当在人民法院送达驳回再审申请裁定之日或者再审判决、裁定发生法律效力之日起6个月内提出;对人民法院逾期未对再审申请作出裁定的,应当在再审申请审查期限届满之日起6个月内提出。这与民事监督申请期限有所区别。当然,检察院依职权提起民事或行政监督不受该规定期限的限制,对于有些已过时效但属于应依职权提起监督的案件,我们也可以向检察院反映情况,请求检察院审查后依职权启动监督程序。因此,正确提交申请监督材料是民事监督程序的重要环节。特别是监督申请书,需要我们律师去寻找原审裁判中认定事实、适用法律和审判程序上的错误和瑕疵。对于不服生效判决的民事监督申请,其依据主要是已经发生法律效力的民事判决、裁定、调解书符合《民事诉讼法》第209条第1款的规定,也就是说生效裁判、调解书存在该款规定的错误。如果是针对驳回再审申请后提出的民事监督,其申请理由基本与再审申请一致;如果是针对再审裁判提出的民事监督,则需要我们针对原审裁判和再审裁判中的问题提出申请的理由和依据。对于行政诉讼监督的申请依据,我们可以按照《人民检察院民事诉讼监督规则》第五章中罗列的几种法定的审查内容,作为我们提出申请的理由和论点。需要指出的是,民事和行政监督程序属于再审程序之后的最后一道法定的救济程序,因此,我们律师准备监督申请书,需要对原审判决中的事实认定和法律适用方面的错误,进行更加准确的提炼,提出更加一目了然的观点和依据,特别是进一步挖掘案件可能存在的补强证据或新证据,这样才能说服检察机关依法启动监督程序。

3. 穷尽监督程序中的各种程序依法维权

民事和行政诉讼监督规则规定了检察机关进行监督审查过程中可以依法采取多种审查方式,以确定案件是否需要依法启动监督程序。作为代理律师,应当发挥韧性,在这些法定程序上有所作为。首先,人民检察院审查民事诉讼监督案件,认为确有必要的,可以组织有关当事人听证。听证主要围绕民事诉讼监督案件中的事实认定和法律适用等问题进行,当事人及其他参加人就需要听证的问题可以分别说明情况,代理人可以在该程序中充分表达对案件事实认定和法律适用等问题的看法和理由;行政诉讼监督程序中,检察院可以采用召开专家论证会、口头或书面咨询或者其他咨询及论证方式听取专家意见。其次,人民检察院因履行法律监督职责的需要,认为民事或者行政判决、裁定、调解书可能存在法律规定需要监督的情形,仅通过阅卷及审查现有材料难以认定的或审判程序中审判人员可能存在违法行为的或执行活动可能存在违法情形的,可以采取相关措施,向当事人或者案外人调查核实有关情况。对此,代理律师可以就案件可能涉及的需要调查取证的情况及时与办案人员进行沟通,并向办案人员申请进行查证。此外,人民检察院对专门性问题认为需要鉴定、评估、审计的,可以委托具备资格的机构进行鉴定、评估、审计;人民检察院认为确有必要的,还可以勘验物证或者现场。对此,代理律师就案件可能涉及的上述需要办案人员查实的情况,应当积极及时与办案人员沟通并提出书面申请,维护当事人的合法权益。

(三)区别对待有理申诉和无理缠讼

由于再审或申诉案件都是已经过法院审理并生效的案件,因此一般情况下出现错误裁判的情况还是不多的。因此,有些申请再审或者申诉的案件可能是无理缠讼。律师接待再审或申诉案件,应当在了解案情、研读过案件材料之后,作出自己的客观判断。如果判决裁定正确,而当事人所述事实没有根据,律师应当尽量避免接手这样的案件,而且应当建议当事人服判。特别是对于群体性的涉法申诉或上访案件,律师更应当谨慎处理;如果代理,应按照规定将情况报送管理部门备案。笔者认为,律师应当是社会稳定和谐的一个“缓冲器”,应当运用我们的专业知识,对案件处理前景作出客观分析,不能为了谋取经济利益一味地“调词架讼”,更不能毫无根据地“拍胸承诺”,否则不仅不能得偿所愿,还有可能受到行业处罚甚至丢掉饭碗,因小失大。

附录 5 – 1　律师意见书(不服检察院有罪不起诉决定)

律师意见书

A 市人民检察院:

××××× 律师事务所接受本案申诉人郭某的委托,指派我们担任申诉人郭某的代理人。本代理人认为:你院A检×检刑不诉(2014)36号《不起诉决定书》认定事实和适用法律错误,应依法纠正。现代理人根据我国刑法和刑事诉讼法的有关规定,特提出律师意见如下:

一、不起诉决定书关于郭某犯职务侵占罪和挪用资金罪,因犯罪数额较小、犯罪情节轻微而不起诉的理由不能成立。本案所有控方证据均不能证明郭某具有犯罪事实。本案经过两次公安补充侦查,两次起诉,两次延期审理,都没有有效证据能够证明郭某有职务侵占、挪用资金的犯罪行为,因此,根据刑事诉讼法的证据确实充分原则和疑罪从无原则,应认定郭某没有犯罪事实,并在此基础上作出不起诉决定。

二、不起诉决定书的不起诉理由与你院向法院撤诉的理由自相矛盾。2013年11月21日,宁波市中级人民法院作出裁定认为本案“事实不清,证据不足,应发回重审”。2014年11月12日,你院也以“证据不足”为由向A市人民法院提出撤回起诉。同日,A市人民法院裁定“理由成立,准许撤回起诉”。但你院之后的(2014)36号《不起诉决定书》的理由却变成了“犯罪数额较小,不需要判处刑罚”。你院撤诉理由和不起诉理由自相矛盾、相互否定,也足以说明你院对本案的处理存在不确定性,证明《不起诉决定书》所述的理由错误。

三、不起诉决定书适用法律错误。郭某行为不构成犯罪,不应适用我国《刑法》第271条职务侵占罪的规定和第272条挪用资金罪的法律规定,也不应适用《刑法》第37条免予刑事处罚的规定和《刑事诉讼法》第173条第2款有罪不起诉的规定。本案应根据我国《刑事诉讼法》第173条第1款无罪不起诉的规定,作出不起诉决定。

综上所述,你院为避免国家赔偿而作出的郭某犯职务侵占罪和挪用资金罪,但犯罪数额较小,犯罪情节轻微的认定是错误的。望你院查明事实后,依据我国刑事诉讼法的有关规定,对郭某作出没有犯罪事实的不起诉决定。

郭某代理人:(签章)
××××年××月××日

附录5－2 刑事申诉状

刑事申诉状

申诉人:周某,男,汉族,××年×月×日出生,住×市×区×路。

申诉人因被控拒不执行判决、裁定罪一案,不服A市B区人民法院(以下简称B法院)作出的(2020)×××刑初240号刑事判决和A市中级人民法院(以下简称A中院)作出的(2020)×××刑终803号刑事裁定,申诉人向A中院提出申诉,A中院于2021年12月9日作出(2021)×××刑申68号驳回申诉通知书予以驳回。申诉人仍不服,特向你院提出申诉。申诉的请求、事实和理由如下:

申诉请求:依法立案再审,撤销B法院(2020)×××刑初240号刑事判决、A中院(2020)×××刑终803号刑事裁定和(2021)×××刑申68号驳回申诉通知书,改判宣告申诉人周某无罪,或发回重审。

事实和理由:

一、原一审判决、二审裁定以及驳回申诉决定关于申诉人犯罪的事实认定不清、法律适用错误,申诉人不构成拒不执行判决、裁定罪。

根据《中华人民共和国刑法》第三百一十三条“对人民法院的判决、裁定有能力执行而拒不执行,情节严重的”关于拒不执行判决、裁定罪的规定,本罪的客观方面表现为有能力执行而拒不执行法院的生效判决裁定,且必须达到情节严重的行为;主观方面的表现则为故意拒不执行。关于本案的客观方面,原一审判决、二审裁定认定申诉人构成本罪的两个行为“处置其他财产”和“拒不配合提交财务资料”的事实不清、适用法律错误;关于主观方面,原一审判决、二审裁定则忽略申诉人申报的财产、被查封冻结的财产均足以清偿债务,并配合提交了审计报告的事实,即申诉人不存在拒不执行的故意。对照本案事实和法律规定,原一审判决、二审裁定认定申诉人构成本罪不符合主客观相统一原则,申诉人依法不构成拒不执行判决、裁定罪。具体理由如下:

(一)原一审判决关于申诉人被查封冻结的财产价值认定是错误的,遗漏了被冻结的公司股权及收益,本案被查封冻结的财产价值远远大于债务金额,申诉人处置其他财产的行为依法不构成拒不执行判决、裁定罪。

原一审判决、二审裁定本案构成犯罪的客观行为之一是申诉人被查封冻结的财产不足以清偿债务而处置其他财产，这是明显错误的。原一审判决、二审裁定在认定本案被查封冻结的财产时，遗漏了法院冻结的申诉人在××公司的股权及收益财产。在案证据显示，B法院因××申请财产保全，冻结了申诉人周某持有的××公司的股权及收益，公司注册资本5000万元，申诉人出资额为4150万元，持股比例83%。而原一审判决、二审裁定关于申诉人被查封冻结财产的认定中，并未计算上述公司的股权及收益，仅包含了申诉人位于××花园、×××路两处被查封的房产，明显与事实不符。

原一审判决认定，申诉人在本案移送刑事立案时尚欠债务本息“1370万元－(927万元－20万元)，不足500万元”，即463万元。而申诉人被查封冻结的财产除××花园房产(后拍卖价为927万元)外，还包括查封的×××路房产、冻结的××公司83%的股权及收益。其中仅××公司拥有土地、厂房、商品房等不动产价值就过亿元。因此，B法院冻结查封的财产价值远远高于一审判决认定申诉人尚未履行的债务金额463万元。

根据《Z省高级人民法院、人民检察院关于依法惩处拒执犯罪若干问题的会议纪要》第十七条“被查封、扣押、冻结的财产价值大于被执行人债务金额的，被执行人处置其他财产的行为不构成拒不执行判决、裁定罪”的规定，本案查封冻结的财产价值远远大于申请人被执行的债务金额，申诉人处置其他财产的行为不构成拒不执行判决、裁定罪。申诉人认为，法院冻结了申诉人持有的公司股权及收益，该部分财产已处于法院的控制范围，申诉人已无权进行处置，执行申请人获得清偿的权利已经得到保障，申诉人在此情况下处置其他财产用于生活、生产经营等合理开支并不会影响判决的最终执行。

因此，原一审判决、二审裁定以查封的房产并不足以清偿全部债务为由，认定申诉人处置其他财产的行为构成犯罪，既未查清本案被查封冻结全部财产的事实，也违反了上述会议纪要的规定，申诉人依法不构成拒不执行判决、裁定罪。

(二)原一审判决、二审裁定认为申诉人和××公司拒不交付法律文书指定交付的财物、票证构成本罪系法律适用错误，且××公司已经提供近三年的审计报告，属于法院要求提供的与审计相关的资料，不会必然导致股权评估拍卖不能、判决无法执行。

原一审判决、二审裁定对其所依据的《最高人民法院关于审理拒不执行判决、裁定刑事案件适用法律若干问题》第二条第(三)项中关于"拒不交付法律文书指定交付的财物、票证"的理解是错误的,该条款不适用本案。根据《中华人民共和国民事诉讼法》第二百五十六条、第二百五十七条的规定,"法律文书指定交付的财物或者票证"与"强制迁出房屋或者强制退出土地"一样,都是强制执行的对象,即上述法律解释中的"法律文书"特指法院的生效判决、裁定、调解书以及应当由人民法院执行的其他法律文书,本案中的协助执行通知书不在此列。"指定交付的财物、票证"则是判决、裁定等法律文书中写明的待履行对象,如需归还的汽车、股票、购物凭证等具有权利价值财物和票证。而本案中,B法院要求××公司提供的是用于评估股权时可能需要用到的会计凭证等与审计有关的财务资料,显然不属于上述司法解释规定的"财物、票证"。

退一步讲,即使申诉人和××公司未提供任何资料,也并不必然导致本案股权拍卖不能,法院仍可依法调取相关资料或直接进行评估,不会致使判决无法执行。根据《最高人民法院关于人民法院确定财产处置参考价若干问题的规定》(法释〔2018〕15号)第三条第二款"需要当事人、有关单位或者个人提供相关资料的,可以通知其提交;拒不提交的,可以强制提取"以及《最高人民法院关于民事执行中财产调查若干问题的规定》(法释〔2017〕8号)第十八条"人民法院决定审计的,应当随机确定具备资格的审计机构,并责令被执行人提交会计凭证、会计账簿、财务会计报告等与审计事项有关的资料。被执行人隐匿审计资料的,人民法院可以依法采取搜查措施"的规定,对于当事人拒不提交资料的情况,法律赋予法院强制提取和搜查的职权。而本案中,B法院仅通过送达协助执行通知书的简单方式要求××公司提交资料,若其认为仅提供审计报告属拒不提交的行为,其仍可以采取强制提取和搜查的措施获取相关资料来开展股权评估工作,不会导致股权评估拍卖不能。

2021年12月发布施行的《最高人民法院关于人民法院强制执行股权若干问题的规定》第十一条第二款中也作出规定,确定参考价需要相关材料的,人民法院可以向公司登记机关、税务机关等部门调取,也可以责令被执行人、股权所在公司以及控制相关材料的其他主体提供;拒不提供的,可以强制提取。其在第十二条规定:"委托评估被执行人的股权,评估机构因缺少评估所需完整材料无法进行评估或者认为影响评估结果,被执行人未能提供且人民法院无法调取补充材料的,人民法院应当通知评估机构根据现有材料进行评估,并告知当事人因缺乏材料可能产生的不利后果。”也就是说，即使被执行人未能提供或者法院无法调取材料，评估仍能在告知当事人承担不利后果的情况下进行，并不必然导致股权评估拍卖不能。

对于拒不提供财务资料的行为，法律明确规定有现场阻挠妨碍行为的追究司法责任，包括罚款、拘留等，构成犯罪的才追究刑事责任。根据《最高人民法院关于民事执行中财产调查若干问题的规定》第十九条“被执行人拒不提供、转移、隐匿、伪造、篡改、毁弃审计资料，阻挠审计人员查看业务现场或者有其他妨碍审计调查行为的，人民法院可以根据情节轻重对被执行人或其主要负责人、直接责任人员予以罚款、拘留；构成犯罪的，依法追究刑事责任”的规定，对现场阻挠调查行为可以罚款、拘留，而对于追究刑事责任的显然是针对现场有暴力抗拒等严重妨碍行为而构成犯罪的。而本案中，B法院在执行过程中仅通过寄送协助通知书的方式要求提供资料，并未采取现场强制提取、搜查、查看资料等措施，申诉人尚未达到上述需要罚款、拘留的情形，更不可能就此构成犯罪。

二、即使申诉人构成犯罪，本案也可以依法免除刑事处罚或宣告缓刑；原审判罚畸重，未能体现申诉人自首和债务已经履行完毕的从轻量刑情节，不符合宽严相济的刑事处罚原则。

（一）退一步讲，即使申诉人构成拒不执行判决、裁定罪，本案也属于犯罪较轻的情况，且该罪属于轻罪，应依法从宽处理免除刑事处罚或宣告缓刑。

首先，申诉人具有自首情节且犯罪较轻，依法可以免除刑事处罚。原审判决已认定申诉人自首和债务履行完毕的情节，但在量刑时并未体现。《中华人民共和国刑法》第六十七条第一款规定，对于自首的犯罪分子，可以从轻或者减轻处罚。其中，犯罪较轻的，可以免除处罚。申诉人被控犯拒不执行判决、裁定罪，该罪属于轻罪，再结合自首、债务履行完毕的情节以及具体案情，申诉人的行为明显属于犯罪较轻的情形，依法可以免除处罚。原一审判决书对于申诉人的自首问题，仅表述为“应当认定为有自首情节，依法可从轻处罚”是错误的，未考虑本案属于犯罪较轻可以免除处罚的情形。

其次，申诉人完全符合宣告缓刑的条件，本案可以宣告缓刑。根据《中华人民共和国刑法》第七十二条第一款“对于被判处拘役、三年以下有期徒刑的犯罪分子，同时符合下列条件的，可以宣告缓刑……（一）犯罪情节较轻；（二）有悔罪表现；（三）没有再犯罪的危险；（四）宣告缓刑对所居住社区没有重大不良影响”的规定，申诉人被控拒不执行判决情节严重，触犯了《中华人民共和国刑法》第三百一十三条的拒不执行判决、裁定罪，应处三年以下有期徒刑、拘役或者罚金。同时，申诉人具有自首、债务履行完毕等情节，加之申诉人是被查封冻结远大于债务的情况下处理其他财产并配合提供审计报告协助执行，属于犯罪情节较轻的情形；原审判决中亦认定申诉人具有悔罪表现；根据本案案情可以断定申诉人没有再犯罪的危险，宣告缓刑不会造成重大不良影响，完全符合上述宣告缓刑的条件。而且，法院在审理拒不执行判决、裁定罪时宣告缓刑是较为普遍的，尤其是在具有自首和债务已全部履行完毕的情况下。因此，本案依法可以宣告缓刑，以体现宽严相济的刑事政策。

（二）即使申诉人被处以有期徒刑，也应对其予以较大幅度的从轻处罚；原审判决量刑畸重，其为突出“警示效果”重罚不符合罪责刑相适应原则。

本案申诉人兼具自首从轻情节、债务履行完毕酌情从轻情节，同时符合免除处罚和宣告缓刑的条件，即使仍被处以有期徒刑，也应当综合判定对申诉人予以较大幅度的从轻处罚，以体现宽严相济的刑事政策。原审判决申诉人“一年三个月有期徒刑”，仅比该罪一般处罚“一年六个月有期徒刑”少三个月，完全没有体现申诉人兼具自首、债务履行完毕、可以免除处罚和宣告缓刑的量刑情节，判决量刑畸重。

原一审判决认为申诉人“拒执行为逃避履行义务，导致法律文书成为‘一纸空文’，严重损害法治权威和司法公信力，对其准确量刑可以起到良好的警示效果”，这一主张没有法律依据，系对申诉人拒执行为的重复评价。而且，一般人会由此认为即使不履行债务也不会判罚更重，产生“宁可坐牢也不履行判决裁定”的不良社会效果，不利于拒不执行判决、裁定罪为督促履行判决裁定而设立的法律效果。

综上所述，一审判决、二审裁定以及驳回申诉决定认定事实不清、适用法律错误，量刑畸重。根据《中华人民共和国刑事诉讼法》第二百五十二条的规定，申诉人恳请你院立案再审，查明事实后依法撤销一审判决、二审裁定和驳回申诉通知，改判申诉人周某无罪或发回重审。

此致

Z省高级人民法院

申诉人:(签章)

××××年××月××日

附录5-3　民事再审申请书

民事再审申请书

再审申请人(一审原告、二审被上诉人):A公司,住××。

法定代表人:××,董事。

再审被申请人(一审被告、二审上诉人):张三,男,住××。

再审被申请人(一审被告、二审上诉人):李四,女,住××。

再审申请人因与被申请人民间借贷纠纷一案,不服A市中级人民法院(××)民终××号民事判决,依据《中华人民共和国民事诉讼法》第二百一十一条第(二)项、第(六)项的规定,特向你院申请再审。

再审请求:

1. 依法撤销某市中级人民法院(××)民终××号民事判决书,改判两被申请人偿还申请人借款本金200万元,支付借款利息、逾期还款违约金××元(暂计算至××××年××月××日,此后的利息损失以未付借款本金为基数按年利率24%的标准计算至实际归还之日止)。

2. 本案诉讼费用由被申请人承担。

事实和理由:

一、本案的基本情况

申请人A公司系一家专门从事建筑安装施工的民营企业。××××年××月,申请人承接了某工程空调设备采购及安装项目,由内部承包人张三担任项目经理负责该项目。××××年××月××日,被申请人张三在春节前因工程项目急需支付农民工工资而向申请人借款200万元,双方在《借款协议》中对借款金额、期限、利息及逾期还款违约金进行了约定。另一被申请人李四也出具《共同还款承诺书》,承诺对张三的债务承担共同还款责任。申请人随后根据张三的书面要求,将该200万元借款汇入某劳务有限公司的账户用于支付农民工工资。后因借款到期未能偿还,张三于××××年××月就该200万元借款又续签《借款协议》一份。借款再次到期后,两被申请人仍未还本付息。

××××年××月××日,申请人向某市某区人民法院起诉,要求被申请人归还借款本金并支付相应利息、逾期还款违约金。××××年××月××日,某区人民法院作出(××)民初××号民事判决,认定双方的民间借贷关系成立并合法有效,判决两被申请人共同归还申请人借款本金200万元,并支付利息、逾期付款违约金××元。两被申请人对该判决不服,向某市中级人民法院提起上诉。原二审法院审理认定本案的事实与原一审法院认定的事实一致,但仅根据申请人上一年度在某区法院涉及民间借贷的案件数量和出借金额,直接作出申请人为职业放贷人的认定,进而认定借款合同无效,于××××年××月××日作出(××)民终××号民事判决,撤销一审判决,改判二被申请人返还借款本金200万元,按年利率4.35%向申请人赔偿资金占用期间的利息损失。

二、申请再审的理由

申请人认为,原二审判决认定申请人为职业放贷人缺乏证据证明,系事实认定错误;原二审判决以违反银行业监管法规为由认定借款合同无效,属法律适用错误;如不及时纠正,将对申请人乃至全省建筑行业带来严重的负面影响。具体理由如下:

(一)原二审判决认定的基本事实缺乏证据证明,申请人是建筑企业不是职业放贷人,原二审判决关于申请人是职业放贷人的认定,系事实认定错误。

原二审判决认定:"经关联案件查询,××××年度内A公司作为出借人在原审法院涉及民间借贷案件10件以上且累计金额达1600万元以上。A公司未经金融监管部门批准,在一定期间内反复多次从事有偿民间借贷行为,谋取利息。根据A公司在一定期限内的款项出借次数、金额、对象等情况,应认定A公司为职业放贷人。"申请人认为,这一认定与事实完全不符。

首先,申请人是大型建筑安装企业,并不存在以营利为目的出借资金的主观意图。建筑施工和安装企业属于资金密集型企业,垫资施工是建筑业常态,企业借款给项目承包人的情况也时有发生,但目的是扶持而不是营利。××××年度申请人的总营业额近20亿元,借款总额和收益占公司营业额的比例极低,不存在以放贷为业的情况。从本案借款来源和用途看,申请人出借的款项均源于自有资金,借款的原因也是基于项目资金周转需要,用于正常的生产经营。从借款利息来看,本案两期借款约定的年利率分别为××%和××%,明显低于同时段正常的民间借贷利率,不存在谋取高额利息的情况,不具有营利性。

其次,申请人的出借对象仅限于内部项目经理而不是社会不特定对象。建筑企业的内部管理模式,一般采取项目经理承包责任制,项目负责人往往因资金紧张等,需要所在企业提供资金扶持,以推进项目顺利完工。基于这一特定背景,申请人的出借资金等对象均限于内部的项目经理。同时,即使是项目经理向公司申请借款,也必须严格按照《项目付款申请表》,经过市场系统、生产系统、综合管理办公室、财务系统、总经理、董事长等多个部门的多道审批手续。除非项目施工必要,申请人不会随意出借款项。就本案而言,被申请人张三是申请人承建的某工程空调设备采购及安装项目的项目经理,因施工需要向申请人借款,被申请人李四系张三的妻子,为该笔借款提供担保,符合申请人资金扶持的条件,因此,申请人与被申请人办理和履行了涉案借款合同。关于被申请人张三是申请人项目经理的事实,原审在案证据均足以证明,当事人双方在一审、二审诉讼中对此均无异议。这些事实足以证明被申请人不是社会上的不特定对象。

最后,对照最高人民法院司法解释和相关判例,原二审判决认定申请人为职业放贷人是明显错误的。关于职业放贷人的认定标准,2015年《最高人民法院关于审理民间借贷案件适用法律若干问题的规定》第十四条规定,"未依法取得放贷资格的出借人,以营利为目的向社会不特定对象提供借款的"是职业放贷人。最高人民法院在(2019)最高法民申1500号、(2019)最高法民申4799号等判例中,也认为职业放贷行为具有经常性、营利性、不特定性的特征。而原二审判决撇开上述认定职业放贷人的标准,仅以申请人在××××年度内作为出借人在一审法院"涉及民间借贷案件10件以上,且累计金额达1600万元以上"的数量标准,就将本案申请人向内部项目经理出借资金扶持项目施工的行为,认定为职业放贷人。原二审判决的认定明显不符合上述司法解释的规定和最高人民法院判例中的职业放贷人认定标准,也不符合当地省高级人民法院等六部门关于强化民间借贷协同治理会议纪要的内容。

(二)原二审判决适用法律确有错误,申请人因内部生产经营需要借款给项目承包人,并不违反法律强制性规定,原二审判决以违反银行业监管法规为由认定借款合同无效,属法律适用错误判决不当。

原二审判决认定“A公司的放贷行为违反了银行监管法律的规定,其与张三之间订立的借款合同属无效合同,张三应返还A公司借款本金并赔偿资金占用期间利息损失”。原二审判决作出这一认定是“依据《中华人民共和国合同法》第五十二条第(五)项、第五十八条,《最高人民法院关于审理民间借贷案件适用法律若干问题的规定》第十四条”的规定。申请人认为:原二审判决的认定不符合上述法律和司法解释的规定。

首先,原二审判决的认定不符合《中华人民共和国合同法》第五十二条第(五)项和第五十八条的规定。根据上述法律规定,认定合同无效的条件,应当是“违反法律、行政法规的强制性规定”。而本案申请人与被申请人之间的借款行为,属于企业内部之间的资金融通行为,与银行和客户之间的外部借贷行为明显不同,依法不属于银行业监管法规的调整范围,更谈不上违反的问题。况且,原二审判决并未指明申请人违反哪一部银行监管法律法规的哪一条强制性规定,根据最高人民法院相关指导案例(如2014年最高人民法院发布第九批指导性案例之案例四十一):未指明具体的法律条款的,属于适用法律错误。对照本案,原二审判决关于涉案借款合同违反《中华人民共和国合同法》第五十二条第(五)项“法律、行政法规的强制性规定”的认定是错误的。此外,在本案中申请人没有过错,不应根据《中华人民共和国合同法》第五十八条的规定承担过错责任。

其次,原二审判决的认定不符合最高人民法院关于民间借贷的司法解释。2015年《最高人民法院关于审理民间借贷案件适用法律若干问题的规定》第十四条规定了民间借贷合同无效的六种情形:(1)套取金融机构贷款转贷的;(2)以向其他营利法人借贷、向本单位职工集资,或者以向公众非法吸收存款等方式取得的资金转贷的;(3)未依法取得放贷资格的出借人,以营利为目的向社会不特定对象提供借款的;(4)出借人事先知道或者应当知道借款人借款用于违法犯罪活动仍然提供借款的;(5)违反法律、行政法规强制性规定的;(6)违背公序良俗的。而本案借款合同并不属于上述情形中的任何一种,原二审判决将本案借款合同认定为无效合同,不符合上述司法解释的规定,属适用法律错误。

(三)原二审判决认定申请人为职业放贷人并判决认定借款合同无效,违反了党和国家以及浙江省关于保护民营企业发展的相关政策精神,也与浙江省高级人民法院的实施意见和相关答复明显不符。

首先,原二审判决结论与党中央、国务院及浙江省保护民营企业发展的相关政策相违背,也与浙江省高级人民法院的实施意见相违背。2019 年 12 月 4 日发布的《中共中央、国务院关于营造更好发展环境支持民营企业改革发展的意见》、2020 年 1 月 16 日通过的《浙江省民营企业发展促进条例》明确规定了司法机关依法为保护民营企业合法权益、促进民营企业发展提供司法保障的意见。2018 年 12 月 10 日发布的《浙江省高级人民法院关于依法服务和保障民营经济健康发展的实施意见》(浙高法〔2018〕208 号)第 8 点明确规定:严格限制认定合同无效的范围,鼓励民营企业及企业家在生产、经营、融资活动中的创新行为,凡不违反法律禁止性规定的,均应认可其法律效力。民营经济是浙江经济的主力军,建筑业是浙江省的特色产业和优势产业。浙江建筑施工企业普遍推行内部承包责任制,在建筑工程体量大资金要求高、内部承包人融资手段有限、业主对结算久拖不决的背景下,建筑企业向内部承包人出借资金用于工程项目建设,并在合理范围内收取资金占用费,是整个建筑行业普遍存在的现象。一旦此类施工企业被错误地认定为职业放贷人,并判决借款合同无效,施工企业将无法保障自身债权,项目建设资金将出现断链,大量工程将出现无法施工、延期施工甚至烂尾的情况,对整个建筑行业将造成巨大的负面影响。若不及时予以纠正,则将对我省的民营经济和建筑业造成严重影响。

其次,原二审判决明显不符合《浙江省高级人民法院关于省十三届人大三次会议绍 2 号建议的答复》的相关内容。在 2020 年 7 月 1 日印发的《浙江省高级人民法院关于省十三届人大三次会议绍 2 号建议的答复》明确指出:“高利转贷、职业放贷人的特点是借款对象的不特定性、出借行为的反复性和借款目的的营利性,与现实中非金融机构和其他组织进行的偶发性、临时性对外借款活动存在差异。因此,企业以自有资金对外进行的偶发性和临时性贷款同时收取适当的资金占用费用,一般认定为有效。如果出借对象为项目承包人,出借资金利息符合法律规定,实际用途也是为了项目运转,一般不符合民间借贷司法解释第十四条规定的民间借贷合同无效的情形,亦不构成高利转贷、职业放贷的标准。”本案中,申请人将资金出借给内部项目经理,借款利率远低于同时期民间借贷的保护利率,且所有借款均用于项目资金的周转。对照上述答复,原审判决的认定除了与政策法律司法解释不符外,还明显与上述答复内容背道而驰。

综上所述,申请人不是职业放贷人,原二审判决关于申请人系职业放贷人的认定缺乏证据证明,属事实认定错误;申请人基于内部承包关系向项目经理出借资金并未违反法律强制性规定,原二审判决套用银行业监管法规认定本案借款合同无效,属法律适用错误;原二审判决结论将申请人错误认定为职业放贷人,违反了党中央国务院、浙江省关于保护民营企业的政策以及浙江省高级人民法院的实施意见和相关答复,应当尽快依法纠正。为此,申请人根据《中华人民共和国民事诉讼法》第二百一十一条第(二)项、第(六)项的规定,特向你院提出申请,望依法立案再审,支持申请人的全部再审请求。

此致

××省高级人民法院

再审申请人:A公司

××××年××月××日

附录5-4　行政再审申请书

行政再审申请书

再审申请人(一审原告、二审上诉人):××房地产开发有限公司,住所地A市B区某路。

法定代表人:××,总经理。

再审申请人因不服A市第四中级人民法院(以下简称A四中院)(2019)××行初275号行政裁定书和A市高级人民法院(以下简称A高院)(2019)××行终358号行政裁定书,特向你院申请再审。

申请再审事由和再审请求:申请人的再审申请符合《中华人民共和国行政诉讼法》第九十一条第(一)项、第(四)项应当再审的规定,请依照审判监督程序立案再审,依法撤销A四中院(2019)××行初275号行政裁定书和A高院(2019)××行终358号行政裁定书,裁定指令A四中院立案审理本案。

事实和理由:

一、原一审裁定关于申请人起诉B区人民政府没有事实根据和只能起诉署名机关的认定完全错误。申请人将批准机关B区人民政府和署名机关A市规划与自然资源局B分局(以下简称B区规自局)列为共同被告,具有充分的事实根据和法律依据。

(一)申请人将B区人民政府列为被告具有充分的事实根据。

A四中院作出的一审裁定书认为申请人“起诉A市B区人民政府没有事实根据”,并据此不予立案,这明显是错误的。从事实上讲,申请人所诉的《收回国有建设用地使用权决定书》这一行政行为,虽系B区规自局署名作出的,但B区人民政府是该决定的批准机关。该《收回国有建设用地使用权决定书》中明确写明是“报经A市B区人民政府批准”的。而且,根据《中华人民共和国土地管理法》第五十八条的规定,收回土地使用权,必须由有关人民政府自然资源主管部门报经原批准用地的人民政府或者有批准权的人民政府批准。因此,B区规自局作出本案收回国有建设用地使用权的决定必然经过了B区人民政府的批准。可见,申请人起诉B区政府有充分的事实根据。

更何况,根据行政诉讼被告负举证责任的规定,申请人在起诉时只需将B区规自局的这一载明“报经B区人民政府批准”的决定书作为证据提交,其余具体事实证据和法律依据(包括B区规自局申请B区人民政府批准收回涉案国有建设用地使用权的呈报表或其他形式的批准文件等)依法应由两被告举证。因此,原审裁定关于申请人“起诉B区人民政府没有事实根据”的认定不能成立。

(二)申请人起诉时将B区规自局和B区人民政府列为共同被告具有充分的法律依据。

根据《中华人民共和国土地管理法》第五章的规定,建设占用土地应当办理相应的审批和土地使用权出让手续。该“审批”依法属于行政许可。而政府收回国有建设用地使用权的行为性质,是对原行政许可行为的撤回。《最高人民法院关于审理行政许可案件若干问题的规定》第一条也把对“行政许可的变更、延续、撤回、注销、撤销等”列入行政许可案件的审理范围。根据《最高人民法院关于审理行政许可案件若干问题的规定》第四条“当事人不服行政许可决定提起诉讼的,以作出行政许可决定的机关为被告;行政许可依法须经上级行政机关批准,当事人对批准或者不批准行为不服一并提起诉讼的,以上级行政机关为共同被告……”的规定,参考最高人民法院相关判例[如(2015)行提字第30

号行政裁定书],申请人将B区规自局和B区人民政府列为共同被告具有充分的法律依据。

(三)原一审裁定适用法律错误,本案应优先适用行政许可法司法解释的特别规定,予以立案审理。

原一审裁定认为本案应适用行政诉讼法相关司法解释第十九条的规定,以在对外发生法律效力的文书上署名的机关为被告,故对申请人的起诉不予立案。申请人认为,原一审裁定适用法律错误。本案涉及行政诉讼法司法解释的一般规定与行政许可法司法解释的特别规定不一致时的法律适用问题。最高人民法院在2000年《关于执行〈中华人民共和国行政诉讼法〉若干问题的解释》第十九条中作出了"当事人不服经上级行政机关批准的具体行政行为,向人民法院提起诉讼的,应当以在对外发生法律效力的文书上署名的机关为被告"的一般规定,而2009年最高人民法院又在《关于审理行政许可案件若干问题的规定》第四条中作出了"行政许可依法须经上级行政机关批准,当事人对批准或者不批准行为不服一并提起诉讼的,以上级行政机关为共同被告"的特别规定(作出特别规定的理由详见《法律适用》2010年第4期赵大光等所作的《最高人民法院〈关于审理行政许可案件若干问题的规定〉之解读》一文),根据特别规定优于一般规定的法律适用原则,应优先适用特别规定。2015年《行政诉讼法》修改后最高人民法院于2018年2月发布《关于适用〈中华人民共和国行政诉讼法〉的解释》,其中第十九条规定:"当事人不服经上级行政机关批准的行政行为,向人民法院提起诉讼的,以在对外发生法律效力的文书上署名的机关为被告。"该一般规定与2000年司法解释的规定相同,而行政许可法司法解释的特别规定至今有效。因此,本案不应适用一般规定,而应根据《中华人民共和国立法法》第九十二条的规定,优先适用行政许可法司法解释的特别规定,予以立案。

二、原二审裁定以本案不属于行政许可案件为由驳回上诉完全错误,既缺少充分具体的理由和依据,也不符合行政许可法的有关规定。本案收回国有建设用地使用权系《中华人民共和国行政许可法》第八条规定的"撤回"行为,依法属于行政许可案件。

(一)原二审裁定认定本案不属于行政许可案件但未叙明任何理由和依据,可见该认定于法无据。

A 高院作出二审裁定驳回了申请人上诉，维持原裁定。但裁定改变了一审裁定中不予立案的理由，认为本案不属于行政许可案件。申请人认为，原二审裁定在未叙明本案不属于行政许可案件任何理由的情况下驳回上诉，明显缺乏法律依据。在本案中，申请人根据 B 区人民政府和自然资源主管部门的行政许可，于 2008 年依法取得了涉案国有建设用地使用权用于房地产开发建设，现 B 区人民政府和 B 区规自局"因××湿地保护与修复这一重大公共利益需要"收回了涉案国有建设用地使用权，是根据《中华人民共和国行政许可法》第八条作出的"撤回"行为。因该行政许可的"撤回"行为发生的争议，依法属于人民法院行政许可案件的审理范围。原二审裁定认为本案"收回国有建设用地使用权提起的诉讼不属于行政许可案件"，但未叙明任何一点理由和依据，足见原二审裁定驳回申请人的上诉没有事实根据和法律依据，依法不能成立。

（二）行政机关收回国有建设用地使用权是对原行政行为的"撤回"，根据《行政许可法》第八条和相关司法解释，本案属于人民法院行政许可案件的审理范围。

首先，行政机关出让土地使用权的行为属于行政赋权行为。根据《中华人民共和国行政许可法》第十二条第（二）项的规定，行政许可事项包括"有限自然资源开发利用、公共资源配置以及直接关系公共利益的特定行业的市场准入等，需要赋予特定权利的事项"。可见，国有土地的出让是政府对土地资源进行配置并赋予受让人占有使用的行政许可行为。另根据《B 区政务服务事项目录（行政许可事项）》第 167 项"建设用地批准书核发之出让用地"，以及第 170 项"国有土地有偿使用之国有土地使用权协议出让"的规定，说明 B 区政府已将出让国有土地使用权的行为列为行政许可事项，而且 A 市人民政府公布的工作部门权责清单中，也将国有土地有偿使用和土地出让事项归类为行政许可。因此，无论是行政许可法的规定，还是政府对行政许可事项的设定，原涉案国有建设用地使用权的出让都属于行政许可行为。

其次，B 区规自局和 B 区人民政府收回本案国有建设用地使用权的行为是对原行政许可赋权行为的"撤回"。根据《中华人民共和国行政许可法》第八条"为了公共利益的需要，行政机关可以依法变更或者撤回已经生效的行政许可"的规定，B 区规自局和 B 区人民政府于 2019 年 5 月 16 日作出的《收回国有建设用地使用权决定书》载明，收回涉案国有建设用地使用权是"为贯彻落实《A

市湿地自然保护区规划》和《A 市××湿地自然保护区规划》，因××湿地保护与修复这一重大公共利益需要”，说明本案是基于公共利益需要对原土地出让行政许可行为的“撤回”，符合《中华人民共和国行政许可法》第八条规定的“撤回”条件。另根据最高人民法院《关于审理行政许可案件若干问题的规定》第一条“公民、法人或者其他组织认为行政机关作出的行政许可决定以及相应的不作为，或者行政机关就行政许可的变更、延续、撤回、注销、撤销等事项作出的有关具体行政行为及其相应的不作为侵犯其合法权益，提起行政诉讼的，人民法院应当依法受理”的规定，B 区规自局和 B 区人民政府撤回本案国有建设用地使用权但没有合理补偿方案和未支付任何补偿的行为，侵犯了申请人的合法权益，申请人以此提起行政诉讼，依法属于行政许可案件。

三、本案无论从法律规定，还是案件重大、复杂程度，以及保护当事人诉权的角度，都依法属于 A 四中院管辖的第一审行政案件。

首先，原一审、二审裁定认为本案不属于原一审法院管辖，申请人认为这是错误的。对此，前文已作阐述，同时根据《中华人民共和国行政诉讼法》第十五条第（一）项的规定，对县级以上人民政府所作的行政行为提起诉讼的案件，由中级人民法院管辖。在本案中，申请人对 B 区人民政府所作的批准行为不服，依法有权向原一审法院起诉。

其次，根据《中华人民共和国行政诉讼法》第十五条第（三）项的规定，本辖区内重大、复杂的案件，应由中级人民法院管辖。本案涉诉补偿金额按评估价超过 60 亿元，且行政争议双方对涉案事实理由和法律适用存在重大分歧，因此原一审法院应以“本辖区内重大、复杂的案件”予以管辖。

再次，根据最高人民法院关于保护当事人诉权的一系列规定，本案应当先予立案，通过审理进一步查明事实和确定法律适用，再根据最高人民法院《关于适用〈中华人民共和国行政诉讼法〉的解释》第七章的规定进行处理。而原一审法院在立案审查阶段，未查清事实，未充分听取当事人的意见，就草率作出不予立案的裁定，剥夺了申请人的起诉权，有违行政诉讼法的立法宗旨。

最后，申请人于 2008 年依法通过招拍挂公开取得涉案××项目用地，该项目是 2009 年 A 市重点建设项目，由于政策变化，导致近十年无法正常开发。B 区规自局和 B 区人民政府于 2019 年 5 月 16 日作出《收回国有建设用地使用权决定书》，收回涉案土地使用权；并于 2019 年 5 月 20 日对涉案土地上建筑物

(建筑面积共计约11万平方米)实施了强拆,同年6月全部拆除完毕,至今未向申请人支付任何补偿款,而申请人至今告状无门。按照《中华人民共和国行政诉讼法》“保护公民、法人和其他组织的合法权益,监督行政机关依法行使职权”的立法宗旨,以及最高人民法院关于保护当事人诉权的一系列规定,人民法院应充分保护申请人合法享有的诉权。

综上所述,A四中院和A高院的一审、二审行政裁定书认定事实不清、适用法律错误,既缺少充分的理由和依据,又违反了行政诉讼法和行政许可法的相关规定,应当予以撤销。为此,申请人根据《中华人民共和国行政诉讼法》第九十条,第九十一条第(一)项、第(四)项的规定,特向你院申请再审,请依法立案再审,撤销原一审、二审裁定,指令A四中院立案审理本案。

此致

中华人民共和国最高人民法院

申请人:××房地产开发有限公司

××××年××月××日

附录5－5　再审代理词(申请人代理)

程某诉王某、茅某民间借贷纠纷案
再审代理词

尊敬的审判长、审判员:

北京浩天(杭州)律师事务所接受本案再审申请人茅某的委托,指派我们担任其再审阶段的诉讼代理人,依法参与本案的诉讼活动。现在,我们根据事实和法律,提出如下代理意见供合议庭参考。

一、申请人为王某和程某的借款提供50元保证担保符合法律规定,是合法有效的。

根据我国《担保法》第6条的规定,保证是指保证人和债权人约定,当债务人不履行债务时,保证人按照约定履行债务或者承担责任的行为。我国《担保法》对保证合同实行约定优先,并未强制要求保证人必须全额保证,保证人完全可以只进行部分金额的担保。因此,本案中申请人按照借款协议上写明的保证条款,对本案借款承担50元的部分保证责任,符合法律的规定,是完全合法有效的。

二、申请人在借款协议中书写的"担保50元",是申请人的真实意思表示,并非笔误。

本案中,申请人在借款协议中写明:"本人同意担保3个月50元整",申请人认为,该意思表示是真实明确的。一审、二审判决关于申请人在《借款协议》中所写的50元是一个笔误,应为50万元的认定没有事实根据和法律依据。申请人认为,是否为笔误应当由书写人自己来判断,如果该条款是申请人的真实意思表示,那么就不存在笔误的问题。在本案借款之前,申请人已经为王某的其他借款担保过80万元,考虑到王某欠缺偿债能力,申请人不愿再继续为其担保,但又碍于情面,故只写明担保50元。至于被申请人在合同签订时是同意申请人提供的50元担保,还是因其自身原因没有看清楚,则与申请人无关,更不能因此认为申请人担保50元不是申请人的真实意思表示而是笔误,从而将被申请人的单方意志强加给申请人。

三、原一审、二审判决对保证条款的解释不符合申请人签订保证条款的真实意思,是对申请人合同自由的不当干预。

一审判决认为:"虽借款协议形式上写明担保金额为50元,但不符合常理,首先被告茅某知道王某向原告借款50万元的事实,也为被告王某其他多笔债务提供过担保,应该明确担保的数额;其次被告茅某也同意为其该笔债务担保,如仅为其担保50元,就失去担保的实质意义。"二审判决认为:"如果茅某仅为该笔50万元借款提供50元担保,这无疑使保证合同的担保目的落空,不符合常理。根据日常生活经验法则判断,协议中茅某的书写应为笔误,其真实意思应是为50万元债务提供担保。"申请人认为,原一审、二审判决的这些观点均不能成立。

第一,保证金额为多少应由保证人(申请人)自己决定,不存在保证人"应当明确担保的数额"的问题。保证人既可为50万元提供全额保证,也可仅提供50元保证,债权人对此可接受也可不接受,这都是合同自由的体现,任何人均不应干涉。一旦合同经当事人各方签字,即具有法律效力,各方均应根据合同约定履行义务。

第二，保证的意义和目的是为合同履行提供保障，但不表示任何保证均须提供足额的保证。保证合同的目的和意义是建立在双方意思表示自由的基础上的，债权人当然希望任何保证都是足额保证，但是保证人需要衡量债务人的清偿能力后再自愿决定保证的额度，因此，如果双方目的不一致，则应当尊重合同的文义性，按照各方签字生效的合同约定来履行，而不能以保证目的为理由要求本案申请人提供50万元的足额保证。

第三，申请人书写的50元是其真实意思表示，并非笔误。原一审、二审判决认为申请人的真实意思是为50万元债务提供担保的说法没有事实根据，是对申请人真实意思的歪曲。

四、就保证合同的性质而言，要求本案申请人承担50万元的足额保证也是不公平的。

保证合同属于单务合同，保证人只承担对被担保债权进行保证的合同义务，而不享有对债务人或债权人的任何合同权利；就此而言，保证人与债权人之间的权利义务本来就是不对等的。因此，要求保证人必须承担足额保证以满足债权人获得足额保证的单方合同目的，没有任何法律依据，也是不公平的。本案中，申请人白纸黑字写明担保50元，被申请人（债权人）予以接受，双方之间就形成了相应的权利义务，至于被申请人因自己的疏忽没有看清具体的保证金额，则是其自己没有尽到基本的审查义务，应当由其自己承担相应的后果，原审法院通过判决加重本来就不享有任何合同权利的申请人的担保责任，显然是不公平的。

综上所述，原一审、二审判决认定事实和适用法律均错误。望法庭查明事实后撤销原审判决，改判驳回被申请人对申请人的全部诉请。

再审申请人诉讼代理人：（签章）

××××年××月××日

附录5-6 再审代理词(被申请人代理)

A市甲有限公司与乙证券股份有限公司等财产损害赔偿纠纷案 再审代理词

尊敬的审判长、审判员:

×××××律师事务所接受被申请人A市甲有限公司(以下简称甲公司或被申请人)的委托,指派我担任其代理人参与甲公司与乙证券股份有限公司(以下简称乙证券或申请人)及乙证券股份有限公司A市B路证券营业部(以下简称乙营业部或申请人)财产损害赔偿纠纷一案的再审诉讼活动。现根据事实和法律,对本案提出如下代理意见供法庭参考:

一、原二审判决认定事实清楚。申请人乙营业部在为被申请人甲公司开户过程中违规操作且未尽审慎审核义务。申请人关于其已尽审核义务的说法与本案事实不符,根本不能成立。

(一)乙营业部为甲公司开户时存在违规操作的情况。

原二审判决认定,本案中乙营业部明知甲公司在开户时提交的资金账户开户资料中缺少甲公司的公章和法定代表人的签名,仍为其成功开户,并将资金账户卡和密码交付给假冒的甲公司工作人员。在客户提交的开户资料不齐全的情况下,乙营业部存在先交付资金账户卡和密码,再要求客户进行补齐的审查过错行为。被申请人认为,原二审判决的该认定有充分的事实根据,且已经为生效的刑事判决所确认。申请人乙营业部在明知开户人资料不全的情况下仍为其开户,属于明显的违规操作。申请人再审称其不存在违规开户的说法明显与本案事实不符,根本不能成立。

(二)乙营业部为甲公司开户时存在明显的未尽基本审查义务的情况。

原二审判决认定,乙营业部对于甲公司开户材料存在明显瑕疵的情况下,仍未采取审慎措施向甲公司进一步核实相关情况,其在资金账户开户环节未尽审慎审核义务并予以违规开户的事实明显。被申请人认为,原二审判决的该认定同样也为本案充分的证据所证实。本案中,犯罪分子蒋丙等人向乙营业部提交的甲公司开户资料中,无论是甲公司的公章还是甲公司法定代表人李丁的签名,均系其伪造。对于这些明显的伪造行为,乙营业部几乎都未尽基本的审核义务,更没有就有关情况与甲公司进行核实,就为其进行了开户。因此,乙营业部未尽基本审核义务的事实清楚。申请人关于其已尽审核义务的说法与本案事实完全不符。

(三)乙营业部为甲公司开设资金账户之后也未尽到资金安全注意义务。

原一审判决认定,乙营业部在明知资金为被申请人甲公司所有的情况下,疏忽对资金的管理,未能谨慎尽其保管义务,导致施戊利用甲公司资金从事证券交易,造成甲公司经济损失。原二审判决虽未认定本案属于资金存管关系,但对于原一审判决查明的该事实并不否认。因此,被申请人认为,本案中无论是资金存管关系还是证券交易代理关系,申请人乙营业部未尽资金保管义务导致犯罪分子肆意操作甲公司资金买卖证券造成巨大财产损失的事实明显。申请人称其不存在保管不当的问题的说法,显然与本案事实不符。

可见,本案中两申请人作为金融特许行业的经营者,理应比一般行业参与人具有更高要求的营业注意标准,负有更高要求的注意义务。但是,本案中两申请人连最基本的资金开户审查义务和资金安全保管义务都没有尽到。原二审判决认定申请人存在未尽基本审核义务的事实清楚,证据充分。

二、原二审判决虽部分法律关系认定不当,但适用法律基本正确,判决结果基本公正。两申请人应承担主要的过错赔偿责任。两申请人关于其行为不存在过错以及与甲公司财产损失之间不存在因果关系等说法没有法律依据,完全不能成立。

(一)原一审判决关于被申请人与申请人之间属于资金存管关系的认定正确,原二审判决认定属于证券交易代理关系不当。

原一审判决认定,甲公司将1亿元的资金存放于被申请人乙营业部处,是为了获取固定年收益,并非与乙营业部建立证券交易代理关系,故两者之间并没有形成代理的合意,仅发生了资金交付与收取行为,故应认定双方之间系资金存管关系。被申请人认为,一审判决的该认定符合本案的客观事实以及当事人的真实意思,是正确的。原二审判决认定本案属于证券交易代理关系不符合被申请人的真实意思表示。而且,原二审判决以资金存管包含在证券交易关系中,不存在脱离证券交易代理关系的单独“资金存管关系”为由否认双方之间的真实意思表示,不仅不符合民法基本原则,在逻辑上也是颠倒的。根据证券公司开户规则,资金账户的开设与交易账户的开立并非一体的,客户可以仅开通资金账户并将资金存入资金账户，并非必须同时开通资金账户和交易系统。因此，被申请人的真实意思仅是开设资金账户，将资金存于乙营业部处并获取固定年回报收益。事实上，按照本案发生时的证券业交易规则，当时资金是直接存管在证券营业部处的，而非由银行等第三方独立托管，因此证券交易公司往往可以随时动用客户的资金进行运作。这也是当初蒋丙称将资金存放在营业部账户中可以获得固定年回报率的原因。因此，本案中申请人与被申请人就案涉资金属于存管关系，并非交易代理关系。原二审判决认定本案属于证券交易代理关系与本案事实不符。按照资金存管关系，申请人应尽保障被申请人的资金安全，并在被申请人需要提取时足额予以返还。申请人因其未尽谨慎审核义务导致施戊等人非法开设交易系统后非法利用被申请人的资金买卖证券造成被申请人财产损失，申请人理应赔偿给被申请人。

（二）申请人乙营业部未尽到审慎审核义务属于重大过错，其行为与被申请人财产损失之间有直接因果关系。因此，即使认定双方之间属于证券交易代理关系，申请人也应承担主要的赔偿责任，原二审判决关于申请人有明显过错，应承担主要过错赔偿责任的认定基本正确。

其一，申请人在本案中存在重大过错。如上文所述，申请人在为被申请人设立资金账户时存在违规操作（如在资料不全的情况下就为犯罪分子开户，以及将账户密码直接告知犯罪分子而非告知被申请人）和未尽基本审查义务（如对于假冒印章、法定代表人签名等明显的犯罪行为未进行审查和与被申请人进行必要的核对）等问题，违反了证券行业的基本行为守则，在法律上足以构成重大过错。申请人认为，因为被申请人追求开户成功，故申请人的“初始与表面的瑕疵是次一级的问题”，不属于重大过错，且法律并不要求一次过的完美程序开户。被申请人认为这些说法完全是颠倒是非，强词夺理。首先，被申请人希望开户与申请人作为证券公司应尽合理审查义务是两码事。申请人作为证券公司，理应对客户申请开户的资料进行严格的审查，以防止不法分子冒用公司名义侵占资金或进行其他犯罪活动。以客户希望开户来推卸自己的审查责任是完全不能成立的逻辑。其次，申请人的违规操作并非“表面瑕疵”或“次一级的问题”，而是导致被申请人巨大财产损失的直接原因。如果申请人尽到了基本审查义务，则不会存在被申请人被不法分子侵害财产权益的结果。最后，“法律不要求一次过的完美程序开户”的说法纯属强词夺理。法律不要求开户程序一次性合格,恰恰说明了证券公司应尽到其审查义务,对于不合格的申请材料不应予以接收。而本案中申请人在资料不全的情况下就将为犯罪分子开立的账户并将密码告知,且对于伪造的开户资料全然不予以认真审核就进行接收,这些明显的事实在法律上足以构成申请人在法律上的重大过错。

其二,申请人未尽审查义务与被申请人巨大财产损失之间具有直接的因果关系。申请人应承担主要的赔偿责任。申请人称,由于其只是中间商,无处置被申请人的资产等行为,因此被申请人因其他原因导致交易失控造成损失与申请人无关,本案真正的法律责任已经由刑法予以追究,不能再另创一套责任逻辑。被申请人认为,申请人的该说法完全不能成立。本案中,申请人在犯罪分子蒋丙等人使用假冒公章、法定代表人签名等材料开户的过程中,未尽到基本的审查义务,使得犯罪分子有机可乘,造成了被申请人的巨大财产损失。因此,申请人的重大过错行为与被申请人的财产损失之间具有直接的因果关系。诚如原二审判决所认定的,如果申请人在开户中审慎地履行其审核义务,本案中的犯罪行为在相当程序上将难以发生。因此,申请人在开户这一最基本和首要的环节上出现重大错误,是造成被申请人损失的直接原因,正因为其违规开户,给了犯罪分子对被申请人财产为所欲为并造成了严重后果。申请人以其没有违法处置被申请人财产为由,认为其与被申请人的财产损失之间没有因果关系,这完全是偷换概念和逃避责任。

因此,退一步讲,即使认定申请人与被申请人之间形成了证券交易代理关系,由于申请人未尽到审慎审核义务,存在重大过错,且申请人的过错行为与被申请人财产损失之间具有直接因果关系,故申请人应对此承担主要过错赔偿责任。原二审判决的判决结果是基本公正的。

综上所述,原二审判决认定事实清楚,虽认定本案属证券交易委托代理关系不当,但判决结果基本公正。申请人的再审理由和请求均不能成立。为此,望你院查明事实后,依法驳回申请人的全部再审请求。

以上代理意见望合议庭充分考虑并采纳。

诉讼代理人:(签章)

××××年××月××日

第六章　非诉讼业务要“专”

律师办理非诉讼法律事务要“专”，“要业有所长，不要泛而不精”。非诉讼法律事务，是指没有诉讼元素或尚未进入诉讼阶段的法律事务。非诉讼法律事务面广量大，律师实务中常见的有草拟修改合同、办理公司股权转让、企业上市、破产重整、投资融资、建筑房地产、外商投资、知识产权、国际贸易救济措施等法律事务。律师的工作载体主要有律师函、律师意见书、法律分析报告、律师尽职调查报告等。由于非诉讼法律事务既涉及法律事务，又涉及行业专业知识，且各项非诉讼法律事务专业跨度大，因此律所内部也要向专业化发展，由专业律师办专业事。

一、非诉讼律师业务需要较强的专业技能

（一）非诉讼业务涉及法律和法律之外的知识

律师的非诉讼法律业务泛指诉讼程序之外的所有法律服务。非诉讼业务范围广泛，涉及社会经济的方方面面，可谓包罗万象。律师常见的非诉讼业务主要有草拟或修改合同、律师意见书、律师函等文书的起草，公司设立、变更、注销、股权转让等非诉服务。另外，公司上市、并购、重组、破产清算等业务也是主要的非诉讼服务领域。本章中我们要讨论的是律师涉及较多的常见非诉讼法律业务。

非诉讼业务不仅涉及法律知识，还会涉及相关领域的专业知识。例如，合同起草中，律师要掌握特定行业的专业术语、行业标准以及交易习惯，避免因缺乏必要的专业知识而使起草的合同内容存在争议；律师意见书中也经常会碰到纠纷或交易中的专业知识，如果对此毫无了解，所做的律师意见书就可能出现

理解上的偏差;公司股权转让中也经常涉及监管部门对特殊类型组织的特殊规定,律师只有对此了解和掌握,才能为交易的顺利完成提供法律保障;公司上市、并购、重组过程中的非诉讼服务,则需要更多行业内的专业知识,才能设计出好的方案,提供高质量的法律服务。可见,非诉讼业务是律师以法律专业知识为主要平台,综合运用各种专业知识为当事人出谋划策,帮助当事人实现需求的业务领域。

(二)非诉讼业务的开展需要专业的实践经验

非诉讼业务是一门实践性很强的业务,需要通过大量的实践来积累经验。只有具备丰富的专业经验,才能从容应对非诉讼业务中的各种特殊要求,同时保证执业的安全性。

例如,律师在为当事人起草合同时,需要对合同中当事人、合同标的和价格、合同履行方式等各个因素进行审核,选取最优化的合同方案。起草合同中的这些合同内容,需要律师有丰富的合同起草经验,需要凭实践经验来洞察合同中隐藏的交易风险,避免合同内容约定不明、合同文字表述不当、权利义务失衡带来的不利后果,尽量设计出有利于当事人的合同条款。又如,律师为当事人进行尽职调查需要丰富的实践经验。公司并购重组等交易过程中的尽职调查,需要律师根据法律规定和操作惯例列举出完善的调查方案,有些情况下需要律师凭借丰富的实践经验来判断哪些内容需要做进一步的书面或实地调查,如果没有这些经验,很可能会错过一些隐藏的关键事实,最终导致尽职调查报告失实。律师调查难以避免会遇到很多阻碍,此时还需要律师有丰富的社会经验来应对。撰写尽职调查报告,也需要有长期反复的实践总结,这样才能写出最优质的报告。再如,律师参与建设工程房地产的非诉讼业务过程中,经常会涉及施工签证问题,此时律师要凭借经验为当事人提出办理签证的建议,或者审核签证申请;在建设工程决算阶段,律师还需要协助当事人做好决算工作,避免在决算阶段因疏忽而吃大亏。

可见,非诉讼业务不仅需要传道解惑,更需要律师真刀真枪为当事人谋取权益,因此需要特别丰富的实践经验。

（三）非诉讼业务需要充分的风险防范意识

非诉讼业务涉及各类组织在经济生活中的各个方面，由于涉及面广，因此可能碰到的法律风险也特别大。律师在参与非诉讼业务中，要特别注意运用专业知识和实践经验来辨别风险"地雷"，保护当事人和自己的合法权益。

从当事人角度来看，非诉讼业务是风险与利益并存的。例如，合同交易过程中存在履行不能的风险，律师需要在合同起草环节为当事人设计周全的履约保障条款；公司股权转让中涉及标的股权的合法性和可转让性以及股权转让合同的效力等问题，为确保转让行为顺利完成，律师应当做好尽职调查和风险审查，避免出现交易不能甚至产生违约责任等严重后果；公司注销过程中，律师还要为当事人安排公司债权债务的处理方案，以免引起后续纠纷甚至产生刑事责任风险；房地产开发业务中，律师要特别谨慎地审查房地产开发各个环节的风险，如土地取得阶段中是否涉及需要审批或者受让土地使用权是否符合房地产法律规定的要求等，在房地产施工阶段要审查阴阳合同效力的风险、工程结算中送审价环节的风险以及签证索赔等风险。可见，非诉讼业务从某种角度而言也是为当事人排查和避免风险"地雷"的过程。

从律师执业角度来看，也特别要注意风险防范。例如，律师起草合同时要让当事人充分提供背景资料，并声明所起草的合同是建立在当事人提供材料的基础之上，并对交易本身的风险免责；律师起草律师意见书时也需要声明律师意见是建立在现有材料基础之上，只能作为当事人的参考使用等；律师参与公司成立、变更和注销等工作时，要严格按照法律规定提出法律意见，不能为当事人规避法律出谋划策，更不能建议当事人采用非法手段逃避债务等。总之，律师应当从专业角度时刻审查业务中的风险，并建立、健全风险防控档案，保护自己的合法权益。

二、律师处理合同的非诉讼业务及注意事项

合同起草是主要的非诉讼业务。起草合同是一项综合性的工程，不仅需要律师对合同法等法律法规的熟练掌握，还需要对合同指向的交易等行为作充分理解和规划。律师进行合同起草的非诉讼业务，要体现专业性。这种专业性主要体现在合同体例的专业化、合同表达的专业化以及合同条款内容的专业化等

方面。

(一)合同体例的专业化

合同体例的专业化主要表现在律师所起草的合同,在整个体例设计上具有合理性,各个合同内部模块之间紧密衔接、易于辨别,不会产生阅读和理解上的内部矛盾。合同体例通常不为人们所重视,认为只要在合同中表达了需求,进行了主要条款的约定即足够。而事实上,只要合同具有一定的篇幅和内容,体例的好处对合同日后适用的重要性就显现出来了。

1. 合同体例要注意全面合理

合同体例可以按照合同履行的顺序,对一个交易行为从开始到结束逐步列举规范,从而避免某些重要约定的遗漏;也可以按照合同法规定的合同的主要要素进行展开,如当事人的基本情况、合同各方的权利义务、合同的违约责任等。无论以何种方式进行合同的体例安排,都需要做到合同体例的平衡。尽量避免出现头重脚轻或两头小、中间大的合同样式。这样的合同样式既不美观,也不全面,很有可能存在失之偏颇的问题。例如,有的合同关于合同履行的具体内容约定得非常简单,却对违约责任进行了大篇幅的约定,但事实上,如果合同履行的标准都非常模糊不清,违约责任就成了无本之木。

2. 合同体例要简明紧凑,避免出现重复矛盾

例如,有的合同在合同履行章节中,对双方的每一项义务都在之后约定了一款违约责任,而在违约责任一章又对违约责任进行了重复规定,有的还相互矛盾。这种重复的现象不仅不易于理解,而且可能造成条款内容无法正常适用,影响对合同内容作出符合当事人本意的解释,对当事人权益的保护是有害的。

3. 合同模块要避免出现循环引用的情况

有些合同为了追求简便,会采用模块内的相互引用,这种情况应该尽量避免。一份高质量的计算机程序讲究简短精悍,程序模块之间往往会相互引用,从而减少程序本身占用的内存。合同虽然也类似于计算机程序,但应该避免循环引用。因为循环引用往往会因为语言文字的多样性或不同模块的特殊性等原因而导致合同最终无从适用,适得其反。例如,有些合同中约定了一方的合同义务和违约责任,该合同为行文简练,将另一方的违约责任表述为“乙方违反

合同约定,应该承担与甲方同等的违约责任”,这种模块内随意引用,就可能造成实际应用时无法确定乙方的行为是否违约以及如何承担具体的违约责任。

(二)合同表述的专业化

合同表述的专业化主要体现在律师起草合同应当字字斟酌,使用的语言应与法律规范相符,语言文字以及标点符号要具有解释上的唯一性,以避免出现理解和适用上的困难。

1. 合同用语要严谨

很多合同中经常出现口头语、习惯用语以及行业中流行的非官方术语。例如,“近亲”是生活用语,与法律上的“近亲属”不完全一致;企业负责人的“法人”是习惯用语,与法律上的“法人”也完全是两个概念。又如,建设工程中经常有“旁站”“巡视”“平行检测”等行内术语,这些含义也有别于通常的文字含义。这些非规范的合同用语往往会影响合同适用的准确性,为日后发生争议埋下隐患。另外,合同中的标点符号也可能对语句理解产生重大影响。例如,某厂业务员订购一批牛皮,在合同中约定“每张大于 4 平方尺、有疤痕的不要”,结果供货商发来的牛皮都是小于 4 平方尺的牛皮,问题就出在业务员把逗号写成了顿号,导致出现完全不同的理解。可见,语言文字和标点符号的准确运用,是一份好的合同的基本要求。

2. 法律含义要准确

民商事等合同包罗万象,涉及各种法律法规,合同通常运用法律术语来描述合同的基本事实或规范双方之间的权利义务。因此,正确理解和运用法言法语,是律师内在功力的直接体现。例如,“定金”和“订金”只有一字之差,其违约责任的处理却有很大差别:约定“订金”的情况下,违约方只需退还订金;约定“定金”则适用定金罚则,违约方需要双倍返还定金。“分包”和“转包”也有不同含义,合法的专业分包为法律所允许,转包则一般属于违法行为。又如,“一般保证”和“连带保证”对债权人的权利保护程度完全不同。可见,律师在起草合同过程中,要对一些具有特殊内容的法律术语准确把握,了解这些术语的内涵和外延以及包含的各种权利义务。当然,合同表述的专业化也需要易读易懂,让合同当事人都能理解各方在合同中的权利义务,只有各方均能理解合同含义,才能避免今后出现不必要的争议。因此,律师要做到专业性与通俗性并重,并注意用语的人性化,尽量减少使用“严重”“必须”“后果自负”等可能会破坏当事人合作关系的词语。

(三)合同条款的专业化

合同条款的专业化体现在律师起草的合同条款要能够被准确地适用并能达到合同的主要目的。律师起草合同要注意主要合同条款的约定。

1. 合同的效力条款

我国《民法典》规定,依法成立的合同自成立时生效,因此一般合同的成立和生效都是同时的。但有时候当事人希望在满足一定条件时才让合同生效并履行,此时就需要律师为合同拟定生效条件,使合同成为附条件生效的合同。此时生效条件应当具有明确性,否则就会产生纠纷。

2. 合同的权利义务条款

合同的权利义务条款是一份合同的核心内容。权利义务如何约定,本质上是各方实力和谈判确定的结果,律师应当参与合同谈判并明确当事人的真实合同意图,制定出符合当事人要求的条款。对合同权利义务条款要特别注意对条款效力的判断。有些合同条款违反法律的强制性规定,属于无效约定,应尽量避免。例如,有些合同中存在“霸王条款”,这些条款可能存在违法问题,对于提供方来说,这些条款可能会被认定为无效,不能达到预期效果,应尽量使用符合法律规定的约定。此外,很多合同中还存在行业惯例和交易习惯的运用。对于行业惯例等确定的权利义务,律师应当加以重视,谨慎使用。因为行业惯例等存在不确定性,可能导致一些重要的权利义务无法被准确界定,日后涉及诉讼时也会徒增举证成本。总之,合同权利义务条款内容繁多,律师起草合同时应当尽量注意各方权利与义务的对等,同时尽可能合理地为自己的当事人多争取合同上的权益和主动性,这样才能既被各方接受,又使自己的当事人获得最大的合同利益。

3. 合同的违约责任和管辖等条款

违约责任的约定应当做到有明确的适用条件和适用后果,并避免与法律强制性规定相冲突。例如,有些合同只约定“如一方拒不履行合同义务的,应承担相应的违约责任”,这里“拒不履行”就没有明确的认定标准,“相应的违约责任”也缺乏明确的违约后果。还有合同同时约定了定金、违约金、赔偿金等许多违约责任，但根据《民法典》的规定，这些违约责任不可能全部适用，因此这样的约定既造成适用上的混乱，又达不到任何强化的效果。关于合同的管辖条款，律师也应当充分重视。诉讼案件的管辖直接关系当事人的切身利益，属于不得不争的环节。应注意合同管辖约定的强制性规定，合同纠纷的管辖权可以自由约定，但不能超出合同五要素的范围和级别管辖等规定，否则管辖约定无效反而使自己变得被动。

总而言之，合同起草的非诉业务是对律师专业知识和实践经验的综合考验，看似可以自由发挥，实则机关遍布。但合同起草又是最常见的非诉业务，服务市场巨大，是律师开拓业务的主要途径。因此，我们需要不断总结经验，为当事人制定高质量的合同。

三、律师使用律师意见书的情况及注意事项

律师意见书，是指律师针对特定的法律事务，根据当事人提供的材料和相关法律法规等规定，就该事务发表法律上的意见。律师意见书也称法律意见书，法律分析报告等律师意见书是律师办理非诉讼业务的文本载体。

（一）律师意见书的基本原则

与审计报告等中介机构的文书要求类似，律师意见书也可以总结出一些基本的起草原则来指导我们完成一份合格的律师意见书。

一是客观原则。律师出具意见书的基础，是当事人提供的各种材料。律师首先要甄别这些材料是否真实、是否与特定事务有关联。律师对于当事人提供的材料不可盲信盲从，而要细致辨别，否则所作出的意见书就可能失去真实性。

二是独立原则。律师虽然是接受当事人的委托出具律师意见书，但不是当事人的发言人，而是独立的法律服务中介机构。有时候律师为了开拓业务而出具符合当事人内心偏好的律师意见，这样的做法不仅不能切实维护当事人的利益，甚至还会给律师自己带来很大的风险。

三是审慎原则。律师基于客观材料而发表的律师意见，难以避免带有律师自己对事物事实的理解和对法律适用的把握。事实认定可能存在偏差，法律适用更是仁者见仁，智者见智。因此，律师在意见书中发表意见应当是审慎的，要做到分析全面、引用准确，意见结论要有所保留。拿不准的问题要向当事人充

分说明，给自己留有余地，避免不必要的风险。

四是规范原则。律师写意见书不同于写散文、写小说，要遵循行业中普遍认可的行文规范和体例结构，不能随兴发挥，要保证整个律师意见书的规范性。

（二）律师意见书的体例结构和基本内容

律师意见书的体例没有硬性规定，实践中不同律师根据自己的经验总结有不同的形式。但是通常都包括首部、正文、结论、声明、附件等几部分。

1. 首部

首部主要是对受托事务的一个概况陈述。例如，“本所受贵公司委托，就贵公司×××一事，根据贵公司提供给本所的×××等相关材料，结合我国现有有效的法律、法规、司法解释等规定，发表如下法律意见供贵公司参考”。首部主要是表明律师意见书出具的权限和事实基础以及该律师意见书的使用范围等基本信息。律师意见书有的针对某项非诉业务发表意见，有些针对某件具体诉讼案件发表意见，要有所区分。

2. 正文部分

正文部分主要包括律师对特定事务的基本事实的归纳和认定，以及根据现行有效的法律法规等对特定事物相关的法律问题发表意见。

一是事实认定部分。律师意见书应当对基本事实作出律师自己的理解和认定，律师在事实概述部分发表的意见，是律师适用法律的基础。因此，要重视对事实的概括归纳。事实认定应当主要建立在真实的书面材料等之上。当事人自己的陈述如果没有证据支持，不宜作为基础事实予以认定。有时候律师会接受当事人的委托对该事务相关情况进行律师调查，此时律师也应当尽量基于调查取得的书证发表意见，不要轻信自己的认识和证人证言等。事实概述部分应当有条理，行文上要做到体例合理、表述准确、逻辑严谨、详略得当。体例上面可以按照时间顺序进行陈述，也可以按照交易内容的模块等进行归纳，要有内在逻辑性，不能想到哪写到哪；表述要做到准确，避免使用“可能”“大概”这样含糊其词的词句，不能确定的事实就不要进行认定；内容要详略得当，要突出重要和关键的事实点，并突出这些事实反映的案件的主要疑难点或各方当事人之间的争议焦点。这些是之后法律分析的基础，可以方便法律分析部分的引用。

二是法律分析部分。法律适用的分析是律师意见书的重头戏,要体现律师的专业水平,给当事人的行动提供法律指向,并且还可能涉及律师的执业风险等因素,因此要特别重视。一方面,法律分析要做到有理有据。律师分析的主要工作是对可以认定的事实进行法律适用,跟判决书的说理部分类似。说理就要有依据,这个依据就是现行有效的法律、法规、司法解释及各种行业惯例或交易习惯等,这就是第一步“找法”。由于各种法律规范包罗万象,律师要通过各种搜索手段收集有关的法律规范,并对这些收集的规范进行适用方面的挑选,有时候还会涉及国际商事条约和国际行业惯例等。这是法律适用的第一步,有时候也可能是最难的一步。收集规范要有重点,要重点考证主要适用的法律规范,根据不同的事实点进行相关搜索,不要一头扎进浩瀚的法规海洋迷失方向。另一方面,法律分析要做到界定明确。相同的事实,角度不同可以得出不同的法律观点,因此分析的问题要限于所需范围。要把当事人想要知道的法律意见表述给当事人。例如,有时候当事人只想了解交易行为的合法性,有时候只想了解案件是否能被法院立案,有时候只想了解违约责任的内容,此时我们就只需就这些特定问题提出意见,不要漫无边际,法律分析要做到准确适用规范。适用规范属于“用法”,是律师对涉及的法律事务作出律师自己的解释。适用国内法律主要是用三段论的方法,就是要以法律法规为大前提,以案件事实为小前提,并推出相应的结论。例如,民间借贷不得预扣利息(大前提),当事人起草的借款合同中约定利息预扣(小前提),因此该预扣利息的约定无效(结论)。实践中,我们要尽量避免将一些不确定概念(如显失公平、重大误解、合理期限)以及行业惯例、习惯等作为大前提,这些不易界定的概念往往会导致结论的不确定性。当然,如果是根据国外法律进行法律分析,可能还要涉及判例法等适用方法,此时律师就应当特别小心,拿不准的情况下不要信口开河,以免给自己带来法律风险。

3. 结论部分

结论部分是对涉及的具体事务发表法律方面的结论性意见。律师一般只能发表法律方面的结论,不要越俎代庖发表其他方面的意见。律师发表结论性意见,既要做到意见明确,又要做到留有余地。意见明确包括可以出具意见和不能出具意见。即便是可以出具意见,也要注意在表达上留有余地。例如,关于股权转让事宜,我们可以根据现有事实发表收购行为符合法律规定的意见,但同时也要指出如监管部门的审批或相关规章制度的变化对收购行为效力可能造成的影响；又如，对于诉讼案件，我们可以根据现有材料向当事人指出我们的诉请获得法院支持的可能性较大，但同时也要指出案件存在的诉讼风险。如果律师无法收集或者确实无法确定相关法律依据，则应当作出不能出具意见的结论。例如，有些事务涉及国外法律、案例，此时律师从审慎原则出发应当作出不能出具意见的结论。需要注意的是，有些事务涉及合同效力、行为合法合规性等问题，此时律师要特别谨慎，一旦出具错误的法律意见，很有可能会遭到当事人的索赔，实践中出现的这种问题不在少数。如果我们对这些问题拿不准，应当及时提请所在律师事务所进行集体论证，避免风险。

4. 声明部分

声明部分是对律师出具意见书的一些附属性说明，主要是一些适用范围界定和免责说明等。例如，“本律师意见书可能因国家法律法规或其他强制性规范的变化而失去可适用性”“本律师意见书仅供委托人内部参考适用，未经本所允许，不得出示给第三人”“本律师意见书不得作为证据或其他不合理用途使用”，等等。声明部分不一定具有实际有效的免责效力，但是作为提供律师意见书的一方应尽到谨慎的提醒义务，故也不可缺少。当然表述上也不能过于绝对，如避免使用“本所对本法律意见书的正确性概不负责”等说法，以免引起当事人的不满。

5. 附件部分

附件部分可以将法律意见书涉及的当事人提交的材料列举一份清单，以表明作出该律师意见书基于的主要材料，以免引起日后不必要的争议。

四、律师使用律师函的情况及注意事项

律师函是律师办理非诉讼业务中最常用的文书。律师函是律师事务所接受当事人的委托，就特定事项代表委托人一方向受函方发表意见的一种文书。律师函虽然运用普遍，但不少律师对起草律师函的各个环节却缺少应有的重视，导致实践中很多律师函不仅不能达到预期效果，反而给当事人甚至律师事务所和承办律师带来麻烦。因此，我们有必要对律师函的起草进行研究和总结。律师函起草要从程序和内容两方面进行规范化操作。

（一）起草律师函的程序要合规

第一步是接受委托。很多情况下律师起草律师函都不办理委托手续，直接根据当事人的指示起草和寄送律师函。这种处理方式应当说是不规范的。律师事务所发律师函的权利来自当事人的授权，一般应办理委托手续，明确双方的权利义务，以避免引起纠纷。例如，某公司副职领导电话要求律师就某事致函客户方单位，正职领导事后知道并责怪律师，造成双方的交易无法继续，失去了赚钱机会；又如，有的当事人要求律师发律师函时，没有提供最基本的书面资料，或由于其提供的地址或当事人的名称不正确，导致律师函无法送达，当事人因此将失误归责于律师。因此，办理委托手续，获得当事人的书面授权是很有必要的。第二步是律师函经过律师事务所内部的登记和审批。律师事务所是对外表达法律意见和承担责任的主体，因此律师函需要加盖律师事务所公章。有的律师函只有承办律师签名，没有律师事务所公章；有的只有公章，没有承办律师署名，这都是不符合规范的。而且，律师函还需要办理发文登记并作备案。由于律师函大部分需要向受函方发表观点和立场，而且往往是“来者不善”，可能会导致受函方情感上的不满、投诉甚至报复，因此律师函的内容应当经过律师事务所负责人或内审部门的审核。这种审核既能为律师函的规范性和合法性增加一道审核关，又可以为律所最大限度地避免风险，对承办律师来说也可以减轻责任，是非常有必要的，不要因为怕麻烦而忽视它。特别是向国家机关、银行系统、垄断性国企等“实力强大”的机构发送律师函，需要特别谨慎地审查。第三步是律师函的发送经过当事人的确认。有些律师常常会认为自己熟悉法律，忽视当事人确认的环节，却忘了自己并不完全清楚事实，也不可能完全明了当事人的内心真实想法；而当发生意外情况时，这些律师就会被当事人责怪甚至投诉。因此，律师函只有经过当事人的确认才能最后发送。此外，我们还要注意保存发送律师函的 EMS 邮寄凭证，以便日后有据可查。

（二）律师函的行文要规范

律师函虽然内容简单，文体短小，但是由于文书的直观和不易更改性，说出去的话就像泼出去的水，不能收回，因此需要我们认真对待。律师函主要有这样几部分内容：首先是标题。标题一般使用“律师函”“律师催款函”的写法，也有的律师使用“律师告知函”“关于要求你公司履行付款义务的律师函”等写法,我们认为后者的写法值得商榷。具体内容可以在主文部分表达,不必在标题中写明。其次,受函方的名称应当准确无误。有的律师函中,受函方的名称书写错误,没有按照公司营业执照上的全称书写,或者人名书写错误,这样会造成律师函失去应有的发送效果,如果将来产生诉讼,这份律师函的催告效力也会产生问题。因此,受函方的名称要详细核对,避免因为细节上的失误而导致权益受损。律师函的主文包括简要的事实陈述和意见两部分。事实陈述要写明“当事人提供的材料显示”,表明律师的陈述是建立在当事人提供材料的基础之上的。当然,律师应当对当事人提供的材料或陈述做一个初步的审核,包括事实的真实性和法律上的可行性的审核。从审慎角度出发,律师应当要求当事人提供基本的证据材料,初步确认当事人提供的事实是真实合理的,以免引起受函方的不满和投诉。事实陈述要简明扼要,体现律师函的要点,如催款函要表明催款的金额、履行期限以及违约责任的约定等。同样,律师还应当基于这些事实,对当事人在法律上的权益作出分析,只有符合法律规定的主张才是合理的;如果缺乏法律依据,律师应当拒绝为当事人出具律师函。发表意见部分要特别注意语句措辞。有些律师喜欢使用严厉的表达方式,如“一切后果自负”“我方将向法院提起诉讼,冻结查封你方银行存款和财产”等类似文字。这些表述虽不能说错误,但往往起不到应有的发函效果,反而会招致受函方的反感甚至对律所的投诉。事实上,律师函本身就是一封“合法恐吓信”,是一种带有威慑力的表态方式,向他人发送律师函如同战场上的“宣战书”,已经说明了己方“忍无可忍”的立场。此时再使用过于激烈的言辞,会使受函方产生抵触情绪,不利于纠纷在诉讼外的顺利解决。因此,我们只需使用“望你方收函后尽快履行义务,以免引起不必要的诉讼”等言辞就已经足够。此外,律师函的最后可以留下律师的联系方式,写明“你方如有情况需要反映,可与本承办律师联系”,以便于对方反馈相关情况。

五、律师办理公司非诉讼业务及注意事项

(一)公司设立、变更、清算等相关非诉讼业务

公司是社会经济生活的基本细胞,是法律的拟制人。公司如同自然人一样

会经历出生、成长变化和终结的过程。因此，公司设立、变更和清算等业务是最常见的公司非诉讼业务，每一个律师都可能办理过相关业务。这些非诉讼业务需要我们掌握专业的公司法、证券法、破产法等法律知识，并配以较为丰富的实际操作经验，只有这样才能高质量地完成当事人委托的任务。

1. 公司设立的相关非诉讼业务

公司设立主要是程序性的事务，对此律师还需要熟悉工商行政管理方面的法律法规。《市场主体登记管理条例》及其实施细则等法律法规是工商行政管理部门履行职责的主要依据，也是我们办理公司设立业务的主要准则。此外，股份有限公司等特殊公司形态还涉及《证券法》及监管部门的相关部门规章、准则等的约束。

(1)公司设立要“登记户口”

公司设立需要向特定的工商行政管理部门进行登记。原《公司登记管理条例》第 6 ~ 8 条规定了不同级别工商部门的登记管辖范围，对此我们要有大致概念的掌握。办理登记业务时，大多采用的是格式文本，不允许当事人修改格式和要求填写的项目。律师需要从工商登记机关办理窗口或网站上下载《公司设立登记申请书》，其中包括了《企业设立登记申请表》《单位投资者名录》《投资者注册资本缴付情况》《法定代表人登记表》《董事会成员、经理、监事任职证明》《企业住所证明》等表格。对于这些表格，应当据实填写，不能弄虚作假。律师应当对这些文件中的主要内容进行初步的审核。例如，根据我国《公务员法》等规定，公务员担任公司董事、监事、经理等职位时需要经过相关有权部门的批准；如发生此种情况，律师应当向当事人提示需办理的相关事宜。

(2)公司登记需要确定注册资本

与自然人不同，公司作为拟制人，财产是其存在的基础。公司只有具有符合法律规定的真实的财产基础，才是合法的法律主体。《公司法》第 47 条第 1 款规定，有限责任公司的注册资本为在公司登记机关登记的全体股东认缴的出资额。第 48 条规定了股东出资方式，可以以货币、实物、知识产权、土地使用权等可以用货币评估并可以依法转让的非货币财产作价出资，法律规定不得作为出资的财产除外。对此，律师应当为当事人预先审核其出资的金额和出资方式的合法性。必要时，律师可以接受当事人的委托对待出资财产在法律上的合法性进行尽职调查，出具法律意见书。

(3)公司设立的审批环节

普通公司的设立只需按照工商管理部门的指引办理登记手续。但是很多情况下,特殊性质的公司需要经过相关部门的审批,对此我们应当做充分的掌握。审批在形式上包括前置审批、后置审批以及平行审批。前置审批主要指公司需先行取得相关部门的批准才能申请领取营业执照从而正式成立公司。例如,药品生产经营需要先经过药监局的行政许可;进行采矿经营的,需要先经过自然资源部门的审批;国有资产持有人以国有资产出资设立公司的,需要经过国有资产监督管理部门的审批;募集方式设立股份有限公司的,需要经过证券监督部门的审批;等等。后置审批,一般是指公司成立后,开始从事具体内容的生产经营活动时,需要相关部门的审批。例如,工业品生产企业在设立后,需要取得工业品生产许可证才能开展生产;建筑公司成立后,需要取得相应的建筑资质才能开展具体的建筑业务。此外,还涉及消防、环保等这些属于公司登记与行政许可互不关联的情况,实践中究竟是前置还是后置存在争议,故也有称平行审批的。对于这些需要审批的环节,律师可以为当事人提供咨询、规划、调查以及全程协助办理等非诉讼服务。

公司设立过程中,律师主要为当事人提供咨询、进行尽职调查、出具法律意见书以及代为办理各项登记事务等非诉讼服务。其中,律师提供法律意见书是主要的服务内容。实践中主要有以下几个方面:一是对出资出具法律意见书。我国《公司法》及《市场主体登记管理条例实施细则》等规定了当事人可以货币之外的财产进行出资,在扩展出资方式灵活性的同时,也带来很多法律问题。无效的出资会给出资人带来违约责任,其还有承担行政处罚的责任,因此对货币之外财产的出资要格外谨慎。律师对此可以出具法律意见书,对待出资财产的各项法律属性进行分析。例如,实物出资的,要对该实物的权属是否明确、是否有其他的权利负担、是否能够办理财产过户手续等进行审查;对无形资产出资的,要对该无形资产来源的合法性(主要是是否存在侵犯他人权利的情况)、是否有合法有效的权利证书(包括该权利是否有有效期限以及存续期限)、是否有权利负担、是否可以办理变更转移手续等问题进行审查;以股权出资的,应当符合《市场主体登记管理条例实施细则》第13条的规定,符合权属清楚、权能完整、依法可以转让等要求,了解是否具有不能出资诸如已被设立质权或依法冻结等情况。可见,出资方式丰富多样,律师审查时遇到的新情况也会层出不穷,对此我们要认真研究总结。二是起草出资协议。出资协议是规范出资人在出资期间权利义务的主要法律文书,律师应当协助当事人起草出资协议。对于外商投资的有限责任公司和股份有限公司等来说,出资协议书还是必需的法律文书。律师起草出资协议书时,要明确待设立公司的基本情况,包括出资方的基本信息,公司名称和住所,公司注册资本、各方出资金额、方式和出资期限,公司的经营范围等。此外,要重点关注出资人之间的权利义务关系,包括出资方在设立公司过程中各自的权利义务,公司表决权的安排、公司主要经营人员的配置、出资各方的利润分配方案,并约定各方违约时相应的违约责任。需要注意的是,出资协议原则上是公司设立之前的一种约定文件,但其与公司章程可能会存在冲突,此时原则上还是以公司章程的内容为准,但是有些约定在不与公司章程冲突矛盾的情况下,对协议各方内部还是具有法律约束力的。三是起草公司章程。公司章程是公司自治的主要表现,是公司内部的法律。对于公司章程,律师主要根据我国公司法规定的主要条款和市场监督管理部门的一些范本作为主要起草内容。起草公司章程时要特别注意公司法的强制性规定和授权性规定,要充分利用公司法的公司自治原则,为当事人起草出符合当事人具体需求的公司章程。四是律师就公司设立的可行性发表意见。这主要是针对一些需要办理各种审批、取得一定资质的企业,律师可以针对待设立企业现有的基本状况,根据法律法规的规定,对现阶段的企业设立情况的合法性发表法律意见。

2. 公司变更的非诉讼业务

广义的公司变更包括任何公司要素的变动,如公司注册资本的变更、公司组织形式的变更和公司股东的变更。狭义的公司变更主要包括公司的分立和合并。这里主要讲公司的分立和合并。

(1)公司合并

根据我国《公司法》的规定,公司合并分为新设合并和吸收合并。新设合并是两家公司合并成为一家新公司,合并各方解散;吸收合并是一个公司吸收其他公司,被吸收的公司解散。律师在公司合并中的主要非诉讼服务有两种。

一是对合并各方进行尽职调查。例如,审查公司的财产是否真实,是否有权利凭证,财产之上有无质押、抵押等权利负担;审查公司股东的出资是否存在出资不足等瑕疵;审查公司对外债务的清偿情况、对外债权的到期情况;等等。

律师应当通过各种途径取得各方公司的详细材料，做好审查工作。

二是在尽职调查的基础上发表律师意见。律师意见主要是对合并方案的合法性发表律师意见。律师意见涉及合并方法的各个方面。首先，对合并行为是否符合法律规定发表意见。公司合并需要经过有关监管部门前置审批的，需要办理相关审批手续，否则合并将存在法律障碍；公司合并后经营特殊业务的，需要办理相关资质，此时公司需要符合法律规定的注册资本、技术人员等要求。其次，对合并后公司的内部制度发表意见。主要包括公司董事会、监事会、总经理等主要机构的设置和任职人员资格审查；员工的调动和解约的后续安排方案；公司股东会表决权和利润分配方案等安排的合法性。再次，对合并涉及的公司资产转移和债权债务处理发表意见。公司合并必然涉及原有公司资产的权属变更，包括登记性权利的办批和非登记性权利的转移交付等、公司对外债务的交接和通知等。可见，律师意见涉及的范围很广，律师需要尽可能地做到详细全面，同时注意法律意见的准确性。最后，公司变更还需要办理相关工商变更手续，律师可以接受当事人委托代为办理。需要注意的是，我国《公司法》第 220 条规定，“公司应当自作出合并决议之日起 10 日内通知债权人，并于三十日内在报纸上或者国家企业信用信息公示系统公告。债权人自接到通知之日起 30 日内，未接到通知的自公告之日起四十五日内，可以要求公司清偿债务或者提供相应的担保”。因此，办理工商变更登记前，需要参与合并的公司召开股东会，通过合并决议并在全国发行的报刊上公告合并事项，并各自书面通知原有的债权人。

(2)公司分立

律师提供公司分立的非诉讼业务主要有以下几方面：

一是审查公司分立的程序合法性。公司分立属于重大事项，根据我国《公司法》的规定，公司分立需要召开股东会，有限责任公司须经代表 2/3 以上表决权的股东通过，股份有限公司必须经出席会议的股东所持表决权的 2/3 以上通过。对此律师可以就股东会表决程序的合法性发表律师意见。需要注意的是，如果公司设立时经过有关部门的行政许可，可能还会涉及相应的审批和备案。外商投资企业还需符合《关于外商投资企业合并与分立的规定》，遵守中国的法律、法规和本规定，遵循自愿、平等和公平竞争的原则，不得损害社会公共利益和债权人的合法权益；要符合《关于外商投资企业合并与分立的规定》的规定,不得导致外国投资者在不允许外商独资、控股或占主导地位的产业的公司中独资、控股或占主导地位。公司因合并或分立而导致其所从事的行业或经营范围发生变更的,应符合有关法律、法规及国家产业政策的规定并办理必要的审批手续。另外,还需要符合海关、税务和外汇管理等有关部门颁布的规定等。

二是起草分立协议。公司分立经股东会表决通过后,一般需由分立后的各公司就公司分立过程中的资产归属、债权债务继受、股权分配等事宜达成一致协议。分立协议是待分立公司之间的内部约定,是实际操作时的依据。对此,律师应当协助起草分立协议,并就协议的合法性和合理性提出律师意见。

三是编制资产负债表和财产清单,进行财产分割。根据《公司法》第 222 条的规定:公司分立,其财产作相应的分割。公司分立,应当编制资产负债表及财产清单。实践中,分割的具体方案是根据股东会决议和公司分立协议来进行的。律师应当就待分割财产的真实性、合法性等进行审查,并就分割方案提出律师意见。

四是通知或公告债权人。根据《公司法》的规定,公司应当自作出分立决议之日起 10 日内通知债权人,并于 30 日内在报纸上或者国家企业信用信息公示系统公告。公告通知是强制性义务,不履行通知义务的会导致行政处罚。公司分立必然会涉及办理公司变更登记、注销登记或设立登记。例如,新设分立的,涉及原公司的注销登记和新公司的设立登记;存续分立的,涉及新公司的设立登记和原公司的变更登记。

除了前文论述的公司合并分立外,公司变更还涉及公司的增资、减资、公司组织形式的变更等其他非诉讼业务。对此,律师也应当根据《公司法》《市场主体登记管理条例》等法律法规的规定,为当事人提供高质量的非诉讼服务。由于篇幅所限,这里就不再展开了。

3. 公司解散清算中的非诉讼服务

公司作为法律上的拟制人,与自然人一样有出生也有消亡。公司的消亡是指公司通过一定的法律程序,永久性地结束其在法律上的主体资格。财产是公司存在的基础,因此公司解散主要是针对公司债权和债务进行公平的处理。

公司解散的原因各不相同,主要有被动解散和主动解散。被动解散主要基于《公司法》的强制性规定而发生。根据我国《公司法》等规定,被动或强制性的解散情况主要有:(1)公司变更而产生的解散。例如,公司发生合并或者分立时,可能出现原公司需要解散的问题。吸收合并时,被吸收的公司需要进行解散,新设合并中,原公司都需要解散;解散分立时,原公司需要进行解散。(2)公司因被吊销营业执照、责令关闭或者被撤销等情况。公司因违反法律规定而被吊销营业执照等时,需要根据法律程序进行解散。(3)公司因解散诉讼而被法院判令解散。我国《公司法》规定了股东申请法院解散公司的司法救济途径。因此,如果代表一定表决权的公司股东向法院起诉申请解散公司,就可能会出现通过法院判决解散的情况。(4)公司或债权人申请法院破产清算时,也会涉及公司解散的问题。律师在公司强制性解散的过程中,可以提供各种形式的非诉服务。例如,公司因分立或者合并而解散的,律师可以为当事人出具法律意见书,对解散的程序、条件或者涉及行政审批等环节提出律师意见;如果公司对被强制吊销营业执照等行政行为不服,律师可以代为提起行政复议,或代表公司与主管机关进行沟通;股东起诉解散公司的,律师可以为公司提供法律意见,代表公司参与调解或直接应诉。

主动解散,是指公司股东根据一定的解散事由,通过法定程序了结公司的债权债务,从而注销公司的行为。主动解散的基础是意思自治原则,是商事行为自由的体现。这种解散既可以满足一定的约定条件为依据,也可由公司股东通过股东会等方式决议解散。律师在此间,可以提供相应的非诉讼服务。律师可以为公司解散提供法律咨询。例如,公司经营期满后一般应当予以解散,但如果股东会持有2/3以上表决权的公司股东投票表决公司存续,公司可以继续进行经营。对此,律师可以建议主要股东通过召开股东会,表决公司的存续事宜,并对股东会的召开和决议出具律师意见书。律师还可以为公司解散提供有效的法律方案。例如,为公司股东之间就公司解散过程中的权利义务起草内部的协议;对可供分配的公司财产设计符合法律规定的分配方案;对公司债权债务的处理进行审查并提出律师意见;等等。

在公司解散过程中,必然会涉及公司的清算问题。只有通过合法清算手续公司才能解散,否则公司股东将承担连带的清偿责任。清算组既有经过公司股东会决议成立的,也有通过法院指定等强制性成立的。律师应当对清算组成立的程序、组成和运行提供法律意见。在程序上,律师应当提示当事人根据《公司法》的规定在解散事由出现之日起15日内成立清算组开始清算;逾期不成立清算组的，债权人可以申请人民法院指定有关人员组成清算组进行清算。在人员组成上，有限责任公司的清算组由股东组成，股份有限公司的清算组由董事或者股东大会确定的人员组成，不符合法律规定的人员不能成为清算组成员。清算组工作任务主要是对外了结债权债务和对内分配剩余财产。律师应当对清算组的工作进行监督并提出律师意见，如对清算费用、职工工资、社会保险费用以及税款等项目的缴纳，对公司剩余财产分配是否符合《公司法》或章程等规定，对公司股东或清算组成员是否有违反职责侵占公司财产等行为进行监督。律师也可以代表公司起草债权申报或债务追偿等法律文书，协助公司对外回收债权，或就债务的处理与债权人进行协商调解等工作。清算组工作完成后，律师可以整理所需材料，接受公司委托向主管部门提出注销公司的申请，办理注销的相关手续。

需要注意的是，公司清算还包括破产清算。公司破产清算是通过司法程序进行的，有别于一般清算程序。而且，公司破产清算往往会涉及公司破产重整等程序，法律规定较为复杂，且涉及一系列特殊规范。因篇幅所限，本书对此不再展开。

（二）股权转让中的非诉讼业务

广义上的公司变更包括公司股权转让行为。公司股权转让是最为常见的律师非诉讼业务。律师要完成高质量的股权转让，既要有专业的公司法律知识，又要有丰富的实践操作经验。由于股份有限公司原则上属于自由转让，因此本章主要讨论的是“人合性”较强的有限责任公司的股权转让，包括内部转让和外部转让。

1. 律师在股权转让交易前的准备工作

股权转让主要包括公司股东之间的内部转让和股东将股份转让给公司外第三人的外部转让。公司股东之间的内部转让没有突破公司人合性的特点，因此相对于对外转让股份限制较少。而股权对外转让则存在较大的法律限制和特殊规定。不论何种形式的股权转让，都可能存在较大的交易风险，这就需要律师为当事人做好各项法律工作，保驾护航。

（1）分析利弊得失，提出总体建议

股权转让属于公司结构的变化，有些股权转让可能会导致公司控制权的变化。具有控制权的股东,可以通过董事会、股东会修改公司章程等方式对公司进行控制,特别是对《公司法》允许的可以由公司自治的环节,如公司利润的分配权和公司的表决权行使方式等,对此律师要给当事人作出全面的分析。有些当事人希望通过股权转让获得公司的控制权,这就需要进行通盘的策划和分析。另外,有些情况下当事人希望以股权转让代替资产转让方式,取得公司的资产。虽然根据主管部门的规定,股权转让免征营业税等税目,在税收方面具有一定优势,但是股权上面负担了公司存在的对外担保和各种债务,股权的实际价值难免存在较大变数,对此律师也应当了解情况后向当事人作出分析。另外,股权转让中可能涉及各种需要审批的情况。如果涉及标的股权属于国有股等特殊情况,出让方还需要得到上级主管部门的审批,才可以进行股权转让交易,此间也可能存在交易不被准许而产生的风险。可见,股权转让并不简单,需要律师为当事人全面分析,统筹规划。

(2)收集各类资料,做好尽职调查

内部股权转让所受限制较少,而且一般当事人对自己公司的情况都比较了解,但实践中也存在不少风险陷阱。外部股权转让时,公司可能缺乏对目标公司的了解,更需要律师做好尽职调查工作。律师在股权转让中的尽职调查主要有以下几个方面:一是对目标公司资产真实性的调查。公司资产情况可以从公司财务报表、工商登记以及实物状况等途径进行了解。公司财务报表主要考察资产负债表、利润表、现金流量表以及附注等内容,通过真实的财务报表等材料,可以了解一个公司的经营状况,从而对目标股权的价值作出一个初步评判。工商登记材料是公司对外公示的主要方式,其中包括了公司注册资本、股东信息以及历年的年检材料等信息。需要注意的是,工商主管部门对登记信息只做形式审查,因此也可能存在虚假信息,对此律师要审慎判别。实物状况主要是公司主要资产的情况,如主要机器设备的权属(是自购还是租赁或是融资租赁等),厂房及其下土地使用权的权属、性质和期限,以及这些财产上是否具有抵押、质押等权利负担,对此律师可以通过向主管部门查询等方式了解情况。特别要注意的是以实物、知识产权或者其他可评估财产作为出资时,这些财产是否存在瑕疵或缩水的情况。二是我们需要注意对公司在经营期间内的一些重大情况作出调查。例如,公司是否有重大的诉讼,特别是作为被告的案件;公司是否存在偷税漏税的违法情况未被查实处理;公司涉及特许经营的,许可证书的有效期限;等等。实践中,律师可以建议当事人要求出让方出具转让信息真实性的承诺,并约定陈述不实应承担的法律责任,或者要求对方提供交易保证金等方式来保障交易安全。

(3)运用谈判技巧,确定初步意向

在确定目标公司目标股权的基本情况后,就需要当事人之间进行具体转让方案的谈判。具体转让方案主要是指转让方式、转让价款和各方的权利义务等内容。转让方式主要涉及股权转让合同的生效等问题。有些情况下,当事人对股权转让协议的生效附加了生效条件,此时律师应当为当事人审查附条件生效合同的合法性以及相应的法律效力和交易风险。另外,股权转让还可能涉及股权转让合同各个履行时间的问题。股权转让交易涉及评估基准日、实际股权交付日以及会计制度上的年末日等时间点,这些时间点关系股权评估时的市场价值、股权交付后的股东权益归属以及交易年度的公司利润分配等。此时律师应根据实际情况建议当事人采取合适的交易时点,以最大限度地争取自己的利益。股权转让的价款主要由当事人协商确定或委托评估机构评估确定。律师可以根据自己的市场知识和以往参与交易中积累的经验,为当事人提出一些合理性建议。各方的权利义务问题,主要是股权转让合同履行中的价款支付时间和方式、股权交付时间和方式、办理股权过户中的配合义务、交易当事方的保证和陈述以及股权转让合同的违约责任等。经过初步谈判,双方之间可能会形成股权转让意向书,以便双方开展下一步的交易工作。

2.转让意向确定后的主要工作

双方经过了解和初步谈判后,可能达成股权转让的基本意向。此时,各方均需要就下一步的交易行为展开工作。

(1)履行对其他股东的通知义务

我国《公司法》第 84 条第 2 款规定:“股东向股东以外的人转让股权的,应当将股权转让的数量、价格、支付方式和期限等事项书面通知其他股东,其他股东在同等条件下有优先购买权。股东自接到书面通知之日起三十日内未答复的,视为放弃优先购买权。两个以上股东行使优先购买权的,协商确定各自的购买比例;协商不成的,按照转让时各自的出资比例行使优先购买权。”可见,有限责任公司对外转让股权,必须履行通知义务,这是《公司法》的强制性规定。因此,出让方应当及时将拟出让股权的事宜通过中国邮政 EMS 的方式书面通知到各股东,通知中应标明待出让的股权情况和拟出让的价格。但其他股东在同等条件下有优先购买权,此时待受让的交易方可能就无法购买到股权。实践中,受让方为取得目标股权,前期就会投入较大的成本进行分析、调查和谈判,如果之后又因为其他股东行使优先购买权而导致交易中断,可能会造成相应的损失。因此,律师可以建议收购方要求出让方先出具其他股东放弃优先购买权的股东会决议,避免交易因其他股东行使优先购买权而无法完成。

(2)注意是否有需要主管机关审批的问题

国有股的转让和外商投资企业(包括外商独资企业和中外合资、中外合作经营企业)的股权变更需要经过国家主管部门的批准。对此,律师也应当为当事人分析交易行为的合法合规性和交易获得审批的可能性。如认为该交易行为可能出现无法获得批准的情况,应当建议当事人及时终止交易或要求对方提供履约保证。律师可以为当事人收集和整理审批所需材料,并协助当事人向主管机关提出申请,获取主管机关对交易事项的批准。

(3)起草并签订股权转让协议

经过前期的准备工作,当事人需要最终签订书面股权转让协议,明确各方的权利义务。股权转让协议是股权转让交易中最重要的环节,律师应当运用自己的法律知识和实践经验,为当事人拟定出内容详细、表述精确和具有可操作性的协议。股权转让协议主要有以下几方面的必备条款:①股权转让款支付条款。转让款支付方式由双方协商确定,有受让方先行支付全部价款方式、分阶段支付方式(按照股权转让进行的阶段相应支付一定比例的款项)、附条件支付方式(需要主管机关审批的,于审批通过之日支付)等。款项可直接支付至出让方账户,也可支付至双方共管账户,待约定条件完成时由托管银行交由出让方。转让价格一般由双方在签订合同时协商确定。双方也可约定如在实际交付时价值发生重大变化,实际价格相应调整。②出让方的合同义务条款。股权转让协议中应明确出让方的合同义务。如出让方应当在约定条件成就时,协助受让方办理股权变更登记,提供股权变更登记所需的全部文件。出让方在协议签订后至股权变更登记完成前的过渡期内,应当保证其股份的实际利益归于受让方,在公司改变其现有状况(包括处置现有财产、进行利润分配、调整职工薪酬、变更公司注册资本或组织形式)的行为中,应当投不同意票,以维护受让人的权益。实践中也存在出让人在此期间将股份通过质押等方式交由受让人管理的情况。③各方的陈述与保证条款。股权转让协议涉及出让各方和目标股权的各种信息,交易各方一般难以通过表面调查完全了解。为保证交易安全,各方一般都需就影响交易的相关情况作出陈述与保证。交易主体应当具有法律上的主体资格(自然人需具有民事行为能力、公司等组织需合法存续),交易代表应当有明确合法的授权,交易行为需不存在因违反法律法规或公司章程规定而导致无效的情况,不存在影响交易事宜顺利完成的诉讼、仲裁、破产、法院执行等事件,等等。出让人还需就公司注册资本是否到位、是否存在抽逃出资问题、公司重要资产之上是否存在权利负担、公司对外担保情况、公司是否存在偷逃税行为以及公司已有或将发生的重大诉讼仲裁等事项作出陈述和保证。总之,陈述与保证应尽量详尽完善,以便今后发生纠纷时守约方向违约方追究违约责任时有据可依。④合同效力条款。股权转让交易是一项系统工程,交易过程千变万化,不可能都一帆风顺。因此,协议中应当约定交易条款或协议无效情况下的法律后果。无效情况下主要涉及已支付价款的返还、已接收资料的返还、前期交易费用的承担以及合同无效情况下的违约责任等。具体条款的约定应做到明确合理,具有可操作性。

3. 股权转移阶段的具体工作

股权转让协议签订后,各方将根据协议约定开展最后的股权转移工作。股权转让协议是交易方之间的合意,转让协议生效不代表股权转移的完成。受让方要成为公司的股东,还需履行一系列的法律手续。根据我国《公司法》的规定和实务操作经验,律师在此阶段应协助当事人开展以下工作:

(1)更换出资证明书

股权转让后,公司应注销原股东的出资证明书,同时向新股东签发出资证明书。出资证明书需要载明公司名称、公司成立日期、公司注册资本、股东的姓名或者名称、缴纳的出资额和出资日期、出资证明书的编号和核发日期。出资证明书上需加盖公司公章。

(2)修改股东名册

股东名册是股东履行股东权利的主要依据,完成股东名册的修改是受让方取得公司股东身份的标志。股东名册主要记载股东的姓名或者名称及住所、股东的出资额、出资证明书编号。记载于股东名册的股东,可以依股东名册主张行使股东权利。

(3)办理工商变更登记

股东名册是股东对内行使股东权利的主要依据,但股东名册不具有对外公示的法律效力。因此,只有办理工商变更登记对外公示后,股东的权利才具有对第三人的法律效力,股东权利才能得到最大限度的保障。律师可以为当事人整理办理变更登记所需的材料,包括股权转让协议,股东会或董事会同意转让的决议,公司法定代表人签署的《企业变更登记申请书》等一系列表格,公司法定代表人签署的办理变更手续委托书,修改后的公司章程,公司董事、监事及法定代表人变更的决议,依照法律等规定在登记前须经批准的有关批准文件等。需要注意的是,办理股权变更登记应自转让股权之日起30日内向工商管理机关提交变更登记申请。

附录6-1　律师函

律　师　函

(××××)××律函字第×号

A公司:

××律师事务所接受B公司的委托,就贵公司至今尚未履行某项目灯具维修及更换义务一事,特致函如下:

根据委托人提供的资料及陈述显示:××××年××月××日,贵公司与B公司签订《材料采购合同》,约定由贵公司向B公司供应某项目所需灯具。根据该合同第十一条“质量保证”以及第十三条“违约责任”中的相关条款,贵公司供应的产品不符合合同约定的,由贵公司负责包换或包修,并承担修理、调换或退货而支付的实际费用以及由此导致B公司的一切经济损失。

合同签订后,B公司按约支付了材料进度款,但贵公司供应的一系列灯具在安装调试过程中,出现玻璃面罩破损、腔体密闭性不足、进水白化及不亮等各项问题,所涉问题灯具的金额高达××万元。B公司先后于××××年××月××日向贵公司发送《关于某项目灯具质量问题的函》;××××年××月××日发送《某项目灯具进水问题汇总》;××××年××月××日发送《工程联系函》,要求协商解决灯具的质量问题,并就该问题与贵公司多次召开推进会议,贵公司也于××××年××月××日出具《联合承诺函》,明确在三个月内对上述问题灯具全部进行更换。但截至目前,贵公司仍未对灯具进行维修或更换工作,已对B公司与项目总包方办理验收及结算的进度造成了严重影响。

本律师认为:贵公司作为供货方应按约向B公司提供质量合格且符合总包方、业主方要求的产品,协助B公司按时进行产品移交及项目验收工作。现贵公司拒不维修和更换存在质量问题灯具的行为已构成根本违约。望贵公司本着友好合作的态度,在收函后尽快完成某项目所有灯具的维修及更换工作。否则我方将暂停后续灯具款项的支付,并根据合同约定和法律规定,通过法律途径处理本纠纷。

特此函告。

××律师事务所:(盖章)

承办律师:(签章)

××××年××月××日

附录6-2 法律意见书

×××××律师事务所
关于A市B县C街道D地块新型城镇化改造项目
定向融资计划的法律意见书

(2016)××律非字第001号

甲金融顾问有限公司:

×××××律师事务所接受甲金融顾问有限公司的委托担任A市B县C街道D地块新型城镇化改造项目在甲金融顾问有限公司所属的网络信息中介平台乙信息平台定向融资("2016A市C街道基建"定向融资计划)的专项法律顾问。本所律师依据《中华人民共和国合同法》、《中华人民共和国担保法》和《关于促进互联网金融健康发展的指导意见》等法律法规的规定,根据律师行业公认的业务标准、道德规范和勤勉尽责精神,出具本法律意见书。

为出具本法律意见书,本所律师特作如下声明:

1. 本《法律意见书》以出具日之前已经发生或存在的事实和我国现行法律法规、规范性文件规定，发表法律意见。

2. 本《法律意见书》仅就“2016A 市 C 街道基建”定向融资计划的真实性、合法性出具法律意见，除履行法律法规规定的注意义务外，不对这些内容的准确性做任何明示或漠视的保证，也不做任何商业判断或发表其他方面的意见。

3. 为出具本《法律意见书》，委托人已向本所律师提供了为出具本《法律意见书》所必需的真实、完整、有效的原始书面材料、副本材料、复印材料、确认函或者口头证言，并无隐瞒、虚假或重大遗漏之处，文件材料为副本、复印件的，其与正本、原件一致和相符。

4. 本所律师未授权任何单位或个人对本《法律意见书》作任何解释或说明。

5. 本《法律意见书》仅用于评估“2016A 市 C 街道基建”定向融资计划的真实性、合法性之目的使用，除非事先取得本所律师事先书面授权，任何单位或个人不得将本《法律意见书》或其任何部分用作任何其他目的。

6. 为出具本《法律意见书》，本所律师审核了以下文件材料：

(1)《关于“2016A 市 C 街道基建”定向融资计划投资说明书》；

(2)《B 县人民政府 C 街道办事处关于 B 县 C 街道城市建设投资有限公司申请融资的确认函》；

(3)《关于同意上线“2016A 市 C 街道基建”定向融资计划的股东决定》；

(4)《关于“2016A 市 C 街道基建”定向融资计划材料的承诺书》；

(5)《关于“2016A 市 C 街道基建”定向融资计划到期兑付事宜的承诺函》；

(6)《关于“2016A 市 C 街道基建”定向融资计划到期兑付事宜的保证函》；

(7)《B 县 C 街道企业资产经营公司股东决定》；

(8)《B 县 C 街道城市建设投资有限公司关于“2016A 市 C 街道基建”定向融资计划在乙信息平台转让事宜的确认函》；

(9)《关于“2016A 市 C 街道基建”定向融资计划上线交易推荐服务协议》；

(10)《易宝支付服务协议》。

基于上述声明，本所律师根据法律、法规、部门规章及相关业务规则，在对公司提供的有效文件和事实进行核查和验证的基础上，出具本《法律意见书》。

本《法律意见书》中，除非另有说明，下列词语具有以下特定含义：

“融资人”指 B 县 C 街道城市建设投资有限公司。

“投资人/合格投资者”指在乙信息平台注册的实名制投资用户，依据《乙信息平台网站注册用户服务协议》提供真实、准确、完整的用户信息。

“乙信息平台”指甲金融顾问有限公司所属的从事网络信息中介业务活动的互联网平台。

“易宝支付”指第三方资金存管机构，对融资人与合格投资者的资金进行托管。

“定向融资计划”指“2016A 市 C 街道基建”定向融资计划。

“本所”指×××××律师事务所。

“元”指人民币。

正文

一、定向融资计划的主体资格

（一）B 县 C 街道城市建设投资有限公司

根据 B 县市场监督管理局于 2015 年 4 月 28 日核发的注册号为××的《企业法人营业执照》，B 县 C 街道城市建设投资有限公司成立于 2003 年 8 月 27 日，住所地位于 B 县 C 街道镇北路 98 号，法定代表人×××，注册资本 2000 万元，企业类型为一人有限责任公司（内资法人独资），经营范围为一般经营范围：辖区内城建基础设施的开发建设、旧城改造、土地整理、储备开发、新农村建设、城建咨询服务、实业投资、企业管理服务、一般经济信息咨询服务、金属材料、塑料原件、建筑材料、五金件、家用电器、轻纺原料的批发、零售。B 县 C 街道城市建设投资有限公司自 2003 年成立以来至 2014 年均通过了历年的工商年检，并在全国企业信用信息公示系统公示了 2013 年、2014 年企业年度报告。截至本法律意见书出具之日，公司不存在根据相关法律、法规、规范性文件及《公司章程》应当终止的情形。公司有效存续，是“2016A 市 C 街道基建”定向融资计划的融资人。

（二）B 县 C 街道企业资产经营公司

根据 B 县市场监督管理局于 2015 年 1 月 6 日核发的注册号为××的《企业法人营业执照》，B 县 C 街道企业资产经营公司成立于 1994 年 7 月 19 日，住所地位于 B 县 C 街道镇北路口，法定代表人×××，注册资本 380 万元，企业类型集体企业，经营范围为一般经营项目：受委托的资本经营、投资经营和资产管理。B县C街道城市建设投资有限公司自2003年成立以来至2014年均通过了历年的工商年检，并在全国企业信用信息公示系统公示了2013年、2014年企业年度报告。截至本法律意见书出具之日公司不存在根据相关法律、法规、规范性文件及《公司章程》应当终止的情形。公司有效存续，是“2016A市C街道基建”定向融资计划的担保人。

（三）丁投资管理合伙企业

根据E市市场监督管理局于2015年4月24日核发的注册号为××的《企业法人营业执照》，丁投资管理合伙企业成立于2012年9月7日，住所地位于E市F县G街道志远南路425号B－330室，执行事务合伙人×××，企业类型为有限合伙，合伙期限为2012年9月7日至2022年9月6日，经营范围一般经营项目：投资管理、企业管理咨询、投资咨询（除证券、期货）。截至本法律意见书出具之日，公司不存在根据相关法律、法规、规范性文件及《公司章程》应当终止的情形。公司有效存续，是“2016A市C街道基建”定向融资计划的推荐人。

经审查，本所律师认为：本次“2016A市C街道基建”定向融资计划的主体系依法成立、合法经营，有效存续。符合乙信息平台关于定向融资计划主体资格要求。

二、定向融资计划的要素

（一）定向融资计划的标的

根据《“2016B县基建”定向融资计划投资说明书》记载，定向融资计划的标的为浙江省B县C街道329国道南侧地块的新型城镇化改造项目。B县C街道城市建设投资有限公司在乙信息平台分期募集资金，发行规模不超过2亿元，单个计划融资兑付期限不超过36个月，预期年化收益率为6.6%～6.9%，付息方式ACT/365。

（二）定向融资计划的资金

根据《“2016B县基建”定向融资计划投资说明书》和《关于“2016B县基建”定向融资计划到期兑付事宜的承诺函》，“2016B县基建”定向融资计划的全部资金来自非公开募集，募集资金由第三方机构易宝支付有限公司予以管理和监督，对融资人和合格投资人的资金进行存管、划付、核算、监督。全部资金用于B县C街道329国道南侧地块的基础设施建设，融资人未在乙信息平台以外的公开场所发布相同信息。

（三）定向融资计划的审批

根据《B县人民政府C街道办事处关于B县C街道城市建设投资有限公司申请融资的确认函》的记载，B县人民政府确认浙江省B县C街道329国道南侧地块的新型城镇化改造项目的真实性，批准实施“2016B县基建”定向融资计划，认可定向融资计划的相关法律文件和民事合同。

（四）定向融资计划的推荐人

根据《“2016B县基建”定向融资计划上线交易推荐服务协议》的记载，丁投资管理合伙企业是乙信息平台推荐人会员，受B县C街道城市建设投资有限公司委托向乙信息平台推荐上线定向融资计划，履行乙信息平台的推荐人会员职责。

（五）定向融资计划的兑付

根据《“2016B县基建”定向融资计划投资说明书》和《“2016B县基建”定向融资计划投资协议》的记载，定向融资计划到期日为单个计划上线日起至36个满月后的第一个工作日。融资人在到期兑付日的前10个交易日将不低于应兑付金额10%的备付金存入乙信息平台指定账户。计划交收和资金清算均采用“T+1”方式。

（六）定向融资计划的增信

根据《关于“2016B县基建”定向融资计划到期兑付事宜的保证函》的记载，保证人B县C街道企业资产经营公司为企业法人，对定向融资计划的投资款、罚息、违约金、赔偿金及实现债权的费用承担连带责任保证，保证期限为主债务履行届满之日起2年。投资人转让债权不影响保证人在原保证担保的范围内继续承担保证责任。

经审查，本所律师认为：“2016B县基建”定向融资计划项目真实、形式合法，仅在乙信息平台募集，融资人与平台之间无关联关系，平台实行资金隔离制度。上述保证函真实存在，系该公司真实意思表示，未违反我国法律的强制性规定，对被担保人具有法律约束力。

结论意见

综上所述，“2016B县基建”定向融资计划的形式符合法律法规要求，各主体依据双方和多方协议各自履行职责、承担相应责任。投融资主体依据自愿、平等、诚实信用的原则享有权利、承担义务。

本法律意见书正本一式五份，经本所盖章并由经办律师签字后生效。

（以下无正文，为签字盖章页）

经办律师：×××、×××

××××年××月××日

附录6－3　增资协议

甲有限公司增资协议

目　　录

本增资协议（以下简称本协议）由以下各方于20××年××月××日在中华人民共和国（以下简称中国）××市签署：

（1）乙有限公司（以下简称乙公司），一家根据中国法律设立并有效存续的有限责任公司，住所为××，法定代表人为×××。

（2）赵某，中国公民，身份证号码为××××××××××××××××××。

[除非上下文另有说明，上述第（1）项至第（2）项以下合称为投资人。]

（3）张某，中国公民，身份证号码为××××××××××××××××××。

(4)李某,中国公民,身份证号码为××××××××××××××××××。

(5)王某,中国公民,身份证号码为××××××××××××××××××。

[除非上下文另有说明,上述第(3)项至第(5)项以下合称为原股东。]

(6)甲有限公司(以下简称甲公司或公司),一家根据中国法律设立并有效存续的有限责任公司,住所为××。

(上述单独称为一方,合称为各方。)

鉴于:

1. 甲公司为依据中国法律设立且有效存续的从事×××××的公司。

2. 乙公司为依据中国法律设立并存续的主要从事投资业务的企业。

3. 赵某为中国公民。

4. 张某、李某和王某为甲公司现有股东,分别持有甲公司×%、×%和×%的股权。

5. 各方同意由投资人根据本协议的条款和条件,对甲公司增资共计××××元人民币(以下简称本次增资),本次增资的内容如下:

投资人拟将××××××元人民币直接投入甲公司,部分用于认缴甲公司新增注册资本,其余计入公司资本公积,原股东均同意本次增资并承诺放弃优先认缴新增注册资本的权利。

为此,各方就本次增资有关事宜达成一致协议如下:

第1条　增资

1.1　新增注册资本及认缴出资方

各方同意,将公司的注册资本由××××××元人民币增至××××××元人民币,新增注册资本××××××元人民币由投资人认缴,占增资后公司注册资本的×%,其中,乙公司认缴××××××元人民币,赵某认缴××××××元人民币。

1.2　认购价格

1.2.1　各方确认,在投资人向公司进行本次增资前,基于对公司资产(包括有形和无形资产)和经营业绩的评估,公司的价值为××××××元人民币(以下简称本次增资前估值),各方同意以本次增资前估值作为投资人向公司本次增资的定价依据。

1.2.2　各方同意,为认购本次增资,投资人应向公司投入共计××××××

元人民币(以下简称本次增资总金额),其中乙公司投资××××××元人民币,赵某投资××××××元人民币。本次增资总金额中,××××××元人民币作为对公司增资后注册资本的出资(以下简称本次新增注册资本),占注册资本的×%,其余××××××元人民币计入公司的资本公积。

1.3　出资方式

乙公司、赵某以人民币认缴其对公司的出资以及计入资本公积的投资额。

1.4　本次增资期限

投资人应在公司获发新的外商投资企业批准证书后×日内缴付不低于本次增资总金额的×%(××××××元人民币),本次增资总金额的其余部分应在公司获发新的营业执照后×日内缴清。

第2条　本次增资的先决条件

各方一致同意,投资人履行本协议项下缴付增资总金额价款的义务应以以下条件事先得到令投资人满意的满足(或由投资人全权酌情明确放弃)为先决条件:

(1)原股东向投资人提交一份交割后×个月公司详尽的营业计划和预算,并为投资人满意和认可;

(2)甲公司的股东会及董事会已同意投资人的本轮投资,且原股东已放弃优先认缴本次新增注册资本的权利;

(3)投资人关于甲公司及其关联方的业务、法律和财务尽职调查,且结果令投资人满意;

(4)投资人投资委员会的批准;

(5)投资人与原股东就合资经营甲公司的《甲有限公司合资经营合同》及其任何补充协议(以下简称合资合同)和经适当修订后的公司章程已被妥善签署;

(6)投资人收到①公司与高级管理人员签署的雇佣协议;②公司与高级管理人员签署的包括保密、不引诱(雇员/客户)和不竞争条款以及知识产权相关承诺的协议的经认证的副本;及③公司主要股东及每一核心管理团队人员签署的竞业禁止承诺书,内容包含:a. 非他(她)的辞职书事先得到投资人的批准或另外的安排得到投资人的认可,他(她)会将所有可得的工作时间和精力投入公司业务并尽最大努力争取公司利益,直到合格上市完成的一年以后;b. 在公司获发营业执照起到他(她)辞职或离开公司后的第一年内,他(她)本人不得从事任何与公司竞争的业务;c.他(她)与公司签订期限不少于×年的另投资人满意的雇用协议;

(7)公司依据披露函所列之贷款合同/保理合同的约定,向贷款人/保理人披露本轮投资事宜和/或获得其书面同意(如适用);

(8)公司已偿还完毕投资人向其贷出的全部金额以及任何应付款项,不存在任何公司欠付或应付给投资人的任何金额;

(9)除已在披露函适当披露事项外,在合资合同签署日至完成本轮投资之日,列于合资合同附录二的陈述和保证的所有重大方面均真实和准确;

(10)没有发生对公司整体的任何重大不利变更,并且投资人已就此收到公司法定代表人签署和出具的说明文件。

第3条　本次增资后的股权结构

3.1　本次增资前,公司注册资本为××××××元人民币,公司原股权结构见下表:

股东名称	出资额/元	出资比例/%
张某	××××××	×
李某	××××××	×
王某	××××××	×
合计	××××××	100

3.2　各方同意按照下列内容确定各方在完成本次增资后的甲公司中的出资额及出资比例见下表:

股东名称	出资额/元	出资比例/%
张某	××××××	×
李某	××××××	×
王某	××××××	×
乙公司	××××××	×
赵某	××××××	×
合计	××××××	100

3.3　本协议签订后，各方应配合甲公司向有权审批机关申请批准本次增资，并在批准后向工商登记管理机关办理相应的变更登记手续。

3.4　于本次增资完成工商变更登记之日起，甲公司的股东权益（包括未分配利润）由原股东及投资人按本次增资完成后的出资比例享有。

第4条　公司组织机构及相关文件的修订

4.1　各方同意按照《公司法》及《中外合资经营企业法》等相关适用法律规定签署合资合同，以及修订并重新签署《甲有限公司章程》，该合资合同和章程应在申请本次增资的同时提交有权审批机关批准。经重新签署后的章程在本次增资获得有权审批机关批准后生效适用并取代原公司章程。

4.2　各方同意，在本次增资获得有权审批机关批准后，由各方按照公司合资合同和章程的有关规定委派董事组成新一届董事会。

第5条　保密

在本次增资完成之前，除非根据有关法律、法规的规定，应向有关政府部门直接或间接报告、报批、登记或备案或向各方的母公司（如适用）或法律、财务咨询顾问披露外，各方不得向与本次增资无关的任何第三方以任何形式泄露与本次增资有关的任何信息。

第6条　陈述、保证、承诺

各方各自向其他方作出下述陈述、保证与承诺：

(1)该方均有合法的权利、权力和授权签订和履行本协议及本协议相关文件，这些文件一旦签订即按照其各自的条款构成对该方有效和有约束力的义务（受限于必要的政府批准）。

(2)其已获得签署本协议所需的一切批准、许可和授权，有权签署本协议。

(3)严格履行本协议规定的义务。

第7条　违约责任

7.1　本协议签署后，任何一方（违约方）未能按本协议、合资合同或公司章程的规定履行其任何义务，或作出任何虚假的陈述、保证及承诺，则被视为违约。违约方应赔偿因其违约而对另一方（守约方）造成的一切损失。

7.2　任何一方因违反本协议、合资合同或公司章程的规定而应承担的违约责任不因本次增资的完成或本协议的解除而解除。

第8条　适用法律及争议解决

8.1　本协议受中国法律的管辖和保护。

8.2　凡因履行本协议所发生的或与本协议有关的一切争议或纠纷，各方应首先通过友好协商方式解决。如果在争议发生×日后，仍不能通过协商加以解决，该争议应提交中国国际经济贸易仲裁委员会，由该会根据届时有效的仲裁规则在北京进行仲裁。仲裁语言为中文。仲裁裁决应是终局的、有约束力的、可据以执行的。仲裁费用应由败诉方支付或按仲裁庭的决定支付。如一方需要通过任何种类的法律诉讼以强制执行仲裁裁决，被起诉的一方应支付一切合理的费用、开支和律师费，包括要求执行裁决的一方引致的任何额外诉讼或仲裁的费用。

8.3　除各方有争议正在仲裁的部分外，各方应继续履行本协议的其他部分。

第9条　投资费用

9.1　如本次增资完成，公司将承担本次增资所涉及的不超过本次增资总金额的×%的费用与支出，包括但不限于投资人因尽职调查、法律文件的准备、协商及执行产生的费用与支出，该等金额将直接从本次增资总金额中扣除。

9.2　如本次增资因可归咎于公司的原因未能完成交割，公司将承担/补偿投资人为本次增资所发生的全部费用及支出，包括但不限于投资人因尽职调查、法律文件的准备、协商及执行产生的费用及支出；如本次增资因可归咎于投资人的原因未完成交割，则上述相关费用及支出由投资人承担；如本次增资因其他原因未能完成（包括但不限于因本协议第11.1条所述而终止本协议），则公司/原股东和投资人将各承担上述相关费用及支出的×%。

第10条　补充、修改和转让

10.1　本协议的任何补充或修改必须经各方签署书面补充协议，补充协议是本协议的组成部分，与本协议具有同等法律效力。

10.2　非经对方同意，任何一方不得将其在本协议项下的权利和义务转让给任何第三方。

第11条　协议生效及其他

11.1　本协议自各方签署盖章之日起对各方具有约束力。本协议项下的增资事项自审批机关批准之日起生效。各方进一步同意，若在本协议项下的增资申请向审批机关提交之日起×个月内仍未获得审批机关的批准,则本协议终止,除非届时各方另行约定。

11.2 本协议可由各方一致同意而终止,或在任何一方严重违反本协议或合资合同及其各自的补充协议,并且在守约方发出要求改正的通知后×日内仍未予以改正的情形下,守约方有权发出通知终止本协议。除上述情形外,任何一方不得单方面终止本协议。

11.3 如果本协议的某部分由于法律、法规或政府命令而无效或失效,其他部分仍然有效,则本协议各方应根据本协议的总的原则履行本协议,无效或失效的条款由最能反映本协议各方签订本协议时的意图的有效条款所替代。

11.4 本协议中使用的标题仅为阅读方便而设,在任何情况下均不应影响对本协议内容的解释。

11.5 本协议用中文签署。本协议正本一式×份,协议各方各执壹(1)份,其余报送有关部门。

(以下无正文)

(签署页略)

附录6-4 股权转让协议(简版)

股权转让协议

转让方(以下简称甲方):

法定代表人:

联系地址:

联系电话:

受让方(以下简称乙方):

身份证号:

联系地址:

联系电话:

鉴于甲方在××公司合法拥有××股权,现甲方有意将其所持有的××股权转让给乙方。甲乙双方经友好协商,《中华人民共和国民法典》《中华人民共和国公司法》等相关法律法规的规定,本着平等互利、协商一致的原则,就股权转让事宜达成协议如下:

一、股权的转让

1. 目标公司概况

××有限公司(以下简称标的公司)是在××××年××月××日依法注册登记成立的一家有限责任公司,统一社会信用代码:××,住所××,法定代表人:××,注册资本:××,实缴资本:××,股权结构:××公司持有××股权,××持有××股权。

2. 股权转让标的

甲方将其所合法持有的目标公司××的股权(认缴××万元,实缴××万元),包括该股权项下的所有附带权益及权利转让给乙方,乙方同意按本协议约定的条件受让甲方出让的股权。

3. 股权转让价款

本协议项下股权转让的总价款为:人民币××万元整。

二、股权转让价款的支付

乙方同意在本协议签订之日起××日内向甲方支付××元,在甲乙双方办理完工商变更登记后××日内,乙方向甲方支付剩余价款××元。甲方指定收款账户为:户名××,开户行××,账号××。

三、股权变更登记

甲方应于××××年××月××日前配合乙方到外商投资主管部门、市场监管部门办理股权变更登记手续。双方应当全力配合出具相关法律手续,确保股权变更登记的顺利进行。

四、费用负担

双方同意,因办理本协议约定的股权转让手续所产生的税费及有关费用,由××方承担/由双方根据相关法律规定承担。

五、陈述与保证

1. 甲方为本协议第一条所转让股权的唯一所有权人。甲方对其向乙方转让的股权享有完全的独立权益,且上述股权未设定任何留置、抵押、担保或存在其他可能影响乙方利益的权利负担和瑕疵。

2. 甲方转让股权的事宜已获得目标公司股东会的批准，目标公司的其他股东已知晓此次股权转让事宜并放弃优先购买权。

3. 自本协议生效之日起，甲方退出公司的经营管理，不再参与公司财产、利润的分配等各项活动。

六、保密条款

1. 未经对方书面同意，任何一方均不得向其他第三人泄露在协议履行过程中知悉的商业秘密或相关信息，也不得将本协议内容及相关档案材料泄露给任何第三方。但法律、法规规定必须披露的除外。

2. 保密条款为独立条款，不论本协议是否签署、变更、解除或终止等，本条款均有效。

七、违约责任

任何一方不履行或严重违反本协议的任何条款，违约方须赔偿守约方因此遭受的一切经济损失。

八、争议的解决

协议各方因履行本协议所发生的或与本协议有关的一切争议，应当友好协商解决。如协商不成，任何一方均有权向目标公司所在地人民法院起诉。

九、生效及其他

1. 本协议自双方盖章签字之日起生效。

2. 本协议正本一式四份，甲乙双方各执一份，目标公司存档一份，工商登记机关一份，具有同等法律效力。

（本页以下无正文）

（签署页略）

附录6－5　股权转让协议

股权转让协议

本股权转让协议（本协议）由以下双方于20××年××月××日在中国D市签订：

乙有限公司，一家根据中国法律设立并有效存续的有限公司，住所为B市

×××区×××街道×××路×号×室,法定代表人为×××(受让方);

甲有限公司,一家根据中国法律设立并有效存续的有限公司,住所为A市×××区×××街道×××路×号×室,法定代表人为×××(转让方);

在本协议中,以上两方合称“双方”,单称“一方”。

鉴于:

1. 丙有限公司为一家依据中国法律设立且有效存续的从事×××××的有限公司,其前身为丁有限公司(目标公司);

2. 转让方持有目标公司【×】%股权(目标股权),并拟全部出售给受让方;

3. 受让方希望从转让方购买目标股权。

本协议双方经友好协商,依据适用法律、法规,就购买目标公司股权相关事宜,达成以下协议,并共同遵照执行。

1. 定义和释义

除本协议另有规定外,本协议中下列用语的定义如下:

本协议,指本股权转让协议。

本次股权转让,指受让方购买转让方持有的目标公司【×】%股权。

人民币,指中华人民共和国的法定货币。

中国,指中华人民共和国(就本协议而言,不含港、澳门和台湾地区)。

工作日,指除中国法定休假日、公休日以外的工作日。

费用,指各种形式的金钱支出,如合同一方为维护合法权益花费的咨询费、调查费、旅差费、诉讼费、律师费、公证费、鉴定费、评估费、登记费等。

关联企业,就某一方而言,应指控制该方,受该方控制或与该方受共同控制的任何人;某人应被视为“控制”另一人,如果前者直接或间接拥有主导或促使他人主导后者的管理和政策的权力。

关联人,就实际控制人而言指:

(a)该方直接或间接拥有或控制的公司或其他经济实体。如果该方拥有直接或间接支配或促使他人支配另一实体的管理和政策的权力,即视同其“控制”该实体。

(b)与上文(a)项具体说明的某一实体正式或非正式地达成明示或暗示的协议、安排、谅解或承诺的公司或其他经济实体。

(c)该方(如果该方为自然人)的亲属或者该方的股东的直系亲属(如果该

方为实体)，包括配偶、子女、父母、兄弟或姐妹以及其各自的直系亲属。

(d)上文(c)项具体说明的个人直接或间接拥有或控制或在其中任职的公司或其他经济实体。

第三方，指除本协议双方之外的其他人。

2. 本次股权转让

2.1　买卖双方同意，转让方按照本协议的条款及条件将其持有的目标公司【×】%股权转让予受让方，受让方同意受让该等目标股权。

2.2　买卖双方同意，自本协议生效之日起，除需要继续办理的股权交割事宜外，受让方即享有和承担与目标股权有关的权利和义务，转让方将不再享有和承担与目标股权有关的权利和义务。

3. 本次股权转让对价和支付

3.1　本次股权转让对价

买卖双方同意，本次股权转让的对价为人民币×××××元(大写：人民币××××××元)(本次股权转让对价)。

3.2　本次股权转让对价的支付

自本次股权转让获得有权之商务主管部门批准之日起×个工作日内，受让方应向转让方支付本次股权转让的全部对价。

4. 股权交割手续办理

4.1　转让方承诺在受让方全额支付本次股权转让对价后×个工作日内将需要转让方配合完成的办理股权交割工商变更手续相关的文件提供给受让方。

4.2　股权交割以下列条件全部成就为完成：

4.2.1　目标公司章程中相关条款按照本次股权转让相应修订；

4.2.2　有关本次股权转让事宜的相关工商变更登记或备案手续完成。

4.3　转让方应当为办理上述股权交割手续，特别是目标公司工商变更登记手续提供一切必要的配合，包括但不限于签署相关政府部门要求的与办理上述手续有关的一切必要的法律文件。

5. 转让方陈述与保证

为本协议之目的并为受让方之利益，转让方谨此向受让方作出如下陈述与保证。转让方将承担因以下陈述或者保证/承诺中的虚假、不真实、遗漏或有误导而给受让方或目标公司造成的一切损失。

5.1 目标公司的注册资本已经全部缴清，转让方为目标股权的合法持有人。

5.2 转让方已根据目标公司的有关设立文件履行其责任，包括但不限于其根据该等文件的出资责任。

5.3 转让方拥有签订本协议书及履行本协议书项下义务的全部权利和授权；一经本协议书双方当事人签署，本协议书即构成其有约束力的义务。

5.4 转让方对于目标股权拥有合法的、完全的所有权；并且直至股权交割，转让方未对此设立过任何第三者权益，包括任何抵押、质押、留置、第三方权利或权益，以及任何其他担保或担保权益。

5.5 转让方确认其目标股权没有违反对其具有约束力的任何公司章程、合同、协议及所有法律文件，转让方已经履行在其持有目标股权期间因该股权而产生的全部义务。

6. 受让方陈述与保证

为本协议之目的并为转让方之利益，受让方谨此向转让方作出如下陈述与保证。受让方将承担因以下陈述或者保证/承诺中的虚假、不真实、遗漏或有误导而给转让方或目标公司造成的一切损失。

6.1 受让方拥有签订本协议书及履行本协议书项下义务的全部权利和授权；一经本协议书双方当事人签署，本协议书即构成其合法有效并有约束力的义务。

6.2 受让方具有完全民事行为能力和完全民事责任能力；一经本协议书双方当事人签署，本协议书即构成其有约束力的义务。

6.3 其在本协议书上签字的代表，根据有效的委托书或董事会决议已被授予全权签署本协议书。

6.4 受让方保证在完成本次转让后，将继续保持目标公司现有的经营决策、管理团队等，不会因其对股权的受让对目标公司现有的正常经营造成影响。

7. 保密

7.1 保密条款

双方应对本协议的规定、谈判过程及其因谈判、签订或履行其在本协议项下的各项义务而获得或接到的关于任何他方（包括该方关联人或关联企业）的一切资料、机密、秘密或专有的数据或信息，包括但不限于与本协议内容或本协议项下任何争议、公司、其业务经营有关的信息，或与其他方或其关联人或其关联企业有关的信息（保密信息）严加保密；除经对方事先书面同意（该方不得无理拒绝或拖延作出该同意）外，不得使用（为履行其在本协议项下义务的除外）任何保密信息或向任何人披露或透露任何保密信息。

若根据适用法律规定必须予以披露，则需披露方应在披露该等信息前的合理时间内征求对方的意见，且应将其披露范围限定在最小范围内。

7.2　获准披露或使用

如果使用、披露或透露保密资料的一方能证明下述情况，则第7.1条不得适用：

(1)为与本协议合理相关之目的向一方关联人或关联企业或其专业顾问披露信息；

(2)受让方向持有其权益的股东或实际控制人披露信息；

(3)由收到信息的一方独立地且非以保密信息为基础开发获得的信息，或由收到信息的一方从有权披露信息的第三方获得的该等信息；

(4)非因收到信息的一方违反本协议而公之于众的信息；

(5)信息的披露为①任何法律、法规、证券交易所规则、或任何法庭、监管部门或其他政府部门具有约束力的判决、命令或要求所要求的；或②在就相关一方或其关联企业的税务事项之目的而合理要求的范围内向任何税务机关作出的；

(6)在披露方向接受方披露之前所做的书面记录能够证明已为接受方所知的。

7.3　保密义务的期限

双方在第7条项下的义务自本协议签订之日起至整个协议有效期间以及协议终止后的2年内持续有效。

8.违约责任

8.1　如果一方未能履行其在本协议项下的任何义务，或若其在本协议项下的任何陈述或保证被证明于有关日期存在不真实之处，或不能按期完成承诺或迟延30天或以上未完成承诺的，则该方即属违反了本协议。在此情况下，非违约方可书面通知违约方其已违反本协议，违约方应在收到通知之日起30天内对违约作出补救。如果违约未在该30天期限内得到补救，则任何非违约方有权发出第二个通知终止本协议。

8.2　发生本协议或交易文件项下的违约时，违约方有责任向非违约方赔偿因其违约造成的一切损失。除了在本协议项下可以享有的其他救济，非违约方还享有终止本协议的权利。行使该等权利终止本协议并不消除任何一方截至终止日的累计义务，亦不消除违约方的损害赔偿之责任。

9.适用法律

本协议的法律效力、解释及履行受中华人民共和国法律的管辖。

10.一般规定

10.1　本协议的任何变更及/或补充须书面作出并经双方签署，否则无效。如所适用法律规定该变更及/或补充协议必须经过批准，则该变更及/或补充协议只有在经上述批准后始方才有效。该变更及/或补充协议一经签署及批准（如适用），即与本协议具有同等法律效力，并构成本协议不可分割的组成部分。

10.2　本协议任何约定的无效不应影响本协议其他任何约定的效力。

10.3　除非本协议另有规定，与本次股权转让有关的双方聘请的审计和律师费用等第三方费用将由双方各自承担。

10.4　本协议规定的通知、同意、批准或其他通信（分别称为“通知”）应以书面形式出具，并经通知方或其代表签字，以邮资预付的快递或电子邮件（但应与传真一同发送）或传真发往被通知方地址。就本条款而言，发送方可采用下列地址、电子邮件地址和传真号码为收件方的地址和传真号码，或当收件方通知发送方其他地址和传真号码时最后收到的地址和传真号码。

受让方：

乙有限公司

地　址：B市×××区×××街道×××路×号×室

收件人：×××

电　话：××××－×××××××××

传　真：××××－×××××××××

转让方：

甲有限公司

地　址：A市×××区×××街道×××路×号×室

收件人：×××

电　话：××××－×××××××××

传　真：××××－×××××××××

协议中所列双方的法定地址为双方的收件地址，双方地址如有更改，须在地址更改前×天内书面通知对方，否则，因此而引起失误的责任，概由地址更改方负责。

10.5　本协议经由双方或双方的授权代表签署之后即对双方具有约束力。本协议项下的股权转让事项自审批机关批准之日起生效。

10.6　本协议正本一式四份，双方分别持有一份，其余报送有关部门。

（本页以下无正文）

（签署页略）

第七章　调解和仲裁代理要“和”

调解和仲裁代理要“和”,“要和谐双赢,不要两败俱伤”。律师参与调解,一是代理一方参与有关部门主持的调解;二是受有关部门或双方当事人的委托,主持调解。仲裁分为国内仲裁和涉外仲裁,律师担任仲裁代理人,是代理当事人一方参与仲裁活动。由于调解和仲裁的对抗性没有诉讼强,故律师参与时需要柔性和适度。在确定和解方案时,要尽可能在形式上“和”,做好“和事佬”,促成和解;在结果上“和”,尽可能兼顾双方利益,实现双赢。

一、律师参与调解大有可为

中国社会素有“和为贵”的传统认识。所谓“礼之用,和为贵,先王之道斯为美”,足见中华文化中历来就贯穿着和谐的思想精髓。调解制度正是这一传统思想的表现。调解思维和调解制度在中国历史悠久,历朝历代的法律史料中都有相关记载:西周时期的官职类别中就有“调人”职位,职能为“司万民之难而谐合之”;唐代基层分设官位对各类民事纠纷进行调解;到了清代,调解已经分为诉讼外调解和诉讼内调解两大类,分别有不同的调解制度和调解效力。抗日战争时期,根据地民主政权在实践中形成了别具一格的马锡五审判方式,确立了“以调为主”的审判方针。我国1982年《民事诉讼法》和之后多次修改的《民事诉讼法》均详细规定了调解制度,2017年又出台了《最高人民法院、司法部关于开展律师调解试点工作的意见》。至今,我国已逐步建立起了司法调解、行政调解、人民调解、律师调解“四调联动”的“大调解”体系。调解制度被誉为“东方经验”,被世界各国包括西方发达国家所广泛借鉴。

可见,调解制度在我国早已发挥重要的润滑作用,其涉及的纠纷数量远远大于有统计数字的诉讼案件。调解意味着和解，而“和”具有多方面的意义：“和”意味着双赢。在中国，诉讼方式绝非解决争端的首选。尤其是当事人之间具有血缘或地缘关系的纠纷，如婚姻家庭、继承、相邻关系、物业纠纷等，唯有和解才能真正地化解矛盾。“和”也意味着效率。通过和解、调解等方式促进当事人之间矛盾的化解，远比打一场旷日持久的诉讼来得有效。在追索赡养费、抚养费、劳动报酬以及损害赔偿等纠纷中，一方当事人往往处于弱势地位，急需相关费用解燃眉之急，此时调解效率的重要性更为明显。“和”还意味着机会。有的矛盾常产生在熟人之间，矛盾一旦化解还会有继续合作的可能，还有的当事人因为矛盾纠纷的解决，从而不打不相识，还做起了朋友。可见调解是处理社会矛盾的首选途径。我国《律师法》第 28 条第 5 项对律师参与调解作了规定，将律师参与诉讼外的各种调解活动归纳为律师的一项主要工作内容，对律师参与调解作出了指引。律师可以作为一方代理人参与民间私人主持的调解，也可以参与人民调解委员会和行政机关主持的调解工作。律师也可以作为中立的第三方，通过组织协商、普法教育、排解疏导实现调解。最近，某省高级人民法院与省律师协会共同试点，在基层法院设立律师调解中心，由律师出面调处法院尚未正式立案的民事纠纷。这一尝试也为律师参与调解开辟了一条新的道路。实践证明：首先，调解是律师发挥社会作用的方式和途径，有利于促进纠纷解决，实现公平正义。公平正义并不是只能通过判别谁是谁非才能实现，以最为有效的方式平息矛盾有时候不失为更好的正义实现。因此，律师积极参与调解，帮助当事人化解各种矛盾，维护社会稳定，是律师社会职能最好的阐释。其次，律师参与调解还可以有效地节省司法资源。律师参与调解，可以在诉讼之前将社会矛盾化解，避免当事人将争端诉之法院，有效节省了紧缺的司法资源，避免了纠纷因长久对抗而进一步激发，有效促进了社会和谐。最后，律师参与调解也具有先天优势：律师具有专业法律知识和丰富的谈判调解等实战经验，能为当事人作出合理的判断衡量，并在此基础上为当事人提供兼顾双方利益的和解方案；律师处于中间方角色，不偏向于任何一方，能够通过努力获得当事人的信任，从而推动调解工作的进展，提高调解效率。

除参与调解履行社会职责外，调解对律师本身的职业发展也具有重要作用。调解是律师建立口碑的方式，也是律师开拓业务的有效途径。成功的调解对当事人来说是一种双赢，当事人对律师在其中的努力也大都会持肯定态度。

当事人对律师服务的满意不仅会给律师带来良好的口碑和职业形象,还会给律师带来案源。同时,律师调解会提高律师工作效率,为当事人和律师节省时间成本和费用成本。

律师调解制度作为当前多元化纠纷解决机制下的新型调解制度,不同于以往律师作为一方代理人参与调解的模式,而是律师作为调解主持人,为当事人双方协调解决纠纷。对于进一步拓展非诉讼纠纷解决机制的途径、化解社会矛盾和纠纷、推进公共法律服务体系建设具有重要意义。该制度目前虽尚在试点之中,但已显现出强大的生命力。根据《最高人民法院、司法部关于开展律师调解试点工作的意见》,律师调解是指"律师、依法成立的律师调解工作室或者律师调解中心作为中立第三方主持调解,协助纠纷各方当事人通过自愿协商达成协议解决争议的活动"。律师调解的工作地点是在律师协会、公共法律服务中心、人民法院、律师事务所等机构中设立律师调解工作室。经律师调解达成具有金钱给付内容的协议,当事人可以向法院申请支付令;具有民事合同性质的,当事人可以向法院确认调解协议效力,继而取得强制执行法律效力。而且根据我国签署的《联合国关于调解所产生的国际和解协议公约》(简称《新加坡调解公约》),律师调解协议还具有域外的强制执行效力。

二、律师参与调解要贯彻"和"的精神

律师参与调解要做到"和"。将利益对立、情绪冲突的双方引向和解,绝非一项简单的工作。这需要律师们从各个环节去策划准备,凭借律师们的专业素养和人格魅力去实现当事人之间的握手言和。

(一)自愿合法是达成"和"的基础

调解是当事人对自身权利的处分,因此调解的达成必须出于当事人的自愿。违背自愿原则将导致调解协议等结果不具有法律效力。自愿原则贯穿调解工作的整个过程。双方邀请并接受律师参与主持调解工作,应当是出于当事人的自愿。调解的参与人员、时间和地点等,都应当经过各方当事人的协商同意,不能强制要求当事人接受。律师参与调解工作之前,应当表明自己的律师身份,不能通过虚构国家工作人员等身份来取得当事人的信任和信服,否则调解工作就违背了当事人的真实意愿;调解过程中,当事人应当出于自愿,将案件

的真实情况和自己的内心想法表达出来，律师不能用胁迫等手段要求当事人陈述所需事实，更不能要求当事人承认违背客观真实的事实。如果调解工作中有一方不愿继续调解、想退出调解，调解工作应当就此中止。经过多番调解仍不能达成协商结果的，律师也应当建议当事人寻求司法救济，不能以调解为借口故意拖延纠纷的解决。

真实合法原则要求律师主持调解工作应在真实客观的基础之上进行，不能违背事实说话，也不能作出违反法律规定或损害当事人利益的调解结果。调解不是司法审判，不需要强调“定分止争”，只要当事人能接受调解结果就达到了化解矛盾的目的。但客观事实仍然是调解的基础，当事人需要建立在客观事实基础上的利益平衡，黑白颠倒不可能成为调解的基础。例如，殴打致伤的纠纷中，需要分清谁是肇事人、谁是侵权人，这样才可以确定谁是赔偿责任人，调解只是对赔偿金额的一种调解。因此，律师主持调解，应当尽可能地为当事人查明和确认客观的案件事实，在此基础上开展调解工作。当然，这需要律师运用丰富的办案经验和逻辑判断能力，让双方当事人心服口服地接受案件的事实。合法性原则要求调解结果必须是合法的，调解的内容不违反法律、行政法规的禁止性规定，不违反社会的公序良俗，不损害国家利益、社会公共利益和他人利益。例如，当事人之间因买卖假酒欠付货款产生纠纷，此时调解结果就不能是继续履行该无效的协议。同样，在涉及人身关系的民间纠纷中，律师也要注意不能得出违反社会公序良俗的调解结果。例如，民间存在的婚外情情况，律师不能寻求以经济利益换取婚外情继续存在的违反公序良俗的调解结果。

另外还要注意的是，调解工作不能以要求当事人放弃诉权作为前提。律师参与的人民调解或行政机关调解等调解活动，不具有法律的强制效力，当事人对调解结果不满的，仍可以行使司法救济的权利向司法机关提起诉讼。因此，调解活动应当尊重当事人的诉权，不能以要求当事人放弃诉权作为达成调解的条件，这种做法也是违反法律规定的，不具有合法性。

（二）“吃透”案情是达成“和”的前提

律师参与调解工作，首先要做好功课，不能因为纠纷事小而不做准备草率应对。因此，律师要在事前了解纠纷的基本情况，要打有准备之仗。

律师要了解当事人的基本情况。当事人的基本情况，包括当事人的工作背景、教育水平、心理状况、经济条件以及当事人之间的身份关系等因素。当事人的基本情况是律师开展调解工作的重要前提。例如,当事人从事不同工作,会有不同的思维模式和人生感受,律师在交谈中就要根据情况注意言辞;又如,当事人的经济条件不同,所能接受的调解范围也有很大不同,了解双方的身份关系,有助于律师从感情的角度进行感化。这样,律师在制定调解方案时,就可以有针对性地设定调解的限度。因此,律师要做到知己知彼。例如,一起分家析产案件中,兄妹四人对好几套拆迁房因继承形成共有,因拆迁房是兄长原有的房屋基础上拆迁。原本母亲就占有的份额很少,母亲去世后,继承该份额的妹妹三人占有的份额就更少了。在兄妹为该微小的份额几近反目成仇时,律师参与调解,不仅从法律的角度阐述,更是从亲情的角度努力修复关系,最终促成调解,双方握手言欢。

律师要了解纠纷的起因和经过。任何纠纷都有起因,对此律师不能不查。例如,婚姻纠纷的起因多种多样,有的是因为性格不合导致感情不和,有的由于夫妻一方有婚外情而导致感情破裂;继承纠纷中有的对被继承人的遗嘱不公产生不满,有的对被继承人的债务清偿产生纠纷;侵权纠纷中有的因邻里相处矛盾而发生,有的因偶尔事件发生冲突。起因是矛盾的根源,了解纠纷的起因,有利于律师具体问题具体分析,追根溯源开展有效的疏导工作。纠纷的经过也是展开调解工作应当了解的信息。纠纷发生后,当事人之间一般都会有初步的接触。例如,婚姻关系中,一方发现对方有婚外情后,可能会采取措施锁定婚外情的证据,双方也可能已经分居,而过错方可能也已经与情人结束了婚外情关系。侵权纠纷中侵权方可能已经对受害方予以了初步的赔偿,受害一方的伤情变化过程以及现在已经产生的医疗费等都需要了解。纠纷的经过和现状是律师调解工作的基础,是拟定调解方案的主要参考依据,对此律师应当尽可能地掌握详细的信息。

律师应了解当事人的真正内心需求。不同纠纷中的当事人的内心需求是不同的,律师应当注意挖掘掌握。例如,婚姻关系中,有时候当事人虽然情绪比较激动坚持要求离婚,但事实上只是希望给对方一个教训,内心还是希望维持婚姻关系,而有些只是以此为借口希望通过离婚来获得婚内财产。又如,合同纠纷中有的当事人做"一锤子"买卖,只想拿到款项;有的当事人希望和对方保持长期合作,眼前利益是其次。这就需要律师弄清楚当事人内心的真正意图,以便在调解过程中因势利导。实践中,当事人的内心需求往往不容易被发现,律师应当凭借人生经验进行判断。

律师还应了解调解之后可能产生的各种情况，从而为当事人作出客观分析，促成调解。例如，分家析产和继承等案件中，律师可以为当事人分析，过长的诉讼程序会影响财产的市场价值，迅速和解可以尽快在市场行情好的时候处理房产，获取经济利益最大化，从而最大限度地促成调解。律师作为综合性的专业人才，可以想当事人所不能想，从各个方面突破法律范畴为当事人作出分析和判断。

（三）熟悉法律是实现“和”的手段

调解工作虽然不同于司法审判需要运用法律进行裁判，但是我们开展调解工作也需要以事实为根据、以法律为准绳。因此，律师不可能绕开法律规定来开展调解工作，当事人也不会接受脱离法律规定的调解结果。只有对相关法律规定了然于胸，才能言之有理有据，获取双方当事人的信任和信服，从而更好地推动调解工作。

律师在开展调解工作前，就要针对纠纷可能涉及的法律法规、行业规范、当地的习俗等，进行收集和研究。对此特别要注意一些民间习俗、行业惯例与法律法规之间的冲突问题。例如，处理为结婚而交付彩礼后因结婚未果而产生的纠纷，律师应当了解当地的结婚习俗，如果当地结婚有交付彩礼的风俗，应当认定该行为是合法有效的，但是如果存在婚姻法相关司法解释规定的几种应当返还的情况时，该彩礼应当予以退还。又如，一起画家将少女裸照公开展览导致被诉侵权的案子，其中就涉及艺术行业使用模特画照不需经模特同意的行业惯例和法律对模特肖像权保护之间的冲突。

律师熟悉法律也是维护当事人利益最大化的要求。例如，一起侵权纠纷案件，甲乙双方因小事引发互殴各有伤势，通过派出所调解各自的伤势各自负责，互不赔偿对方。但随后甲方发现其受伤部位疼痛加剧，经治疗后并经鉴定构成伤残，遂反悔并要求对方赔偿。乙方委托律师参与调解，此时，乙方的代理律师不能以“派出所已调解完毕”为由拒绝再行调解，也应当知道合同法关于“合同因重大误解可请求变更或撤销”的规定，因此应积极参与调解，争取为当事人提供一个合理的调解方案。这也是避免引发诉讼增加当事人理赔成本，符合维护当事人利益最大化的要求。

可见,律师在参与调解时,应当对纠纷涉及的法律问题了然于胸,针对相关法律适用的疑难问题有备而去,这样才能进行平衡各方当事人合法权益的调解工作。

(四)巧妙调解是实现“和”的途径

1. 准备好调解方案并及时调整

调解是一种谈判,谈判就需要方案,需要谈判的策略。无论律师是作为一方当事人的代理人参与调解,还是作为中间人主持调解,都需要认真准备调解方案。调解方案要视纠纷的具体情况而定。有些案件双方对事实无大的争议,只是对处理有争议。如一方将另一方打伤,双方对损害结果无争议,但对赔偿数额有争议。此时律师应当首先准备好情感上的沟通,侵害方应当有表示歉意的态度,受害方应当有接受对方道歉的气量。其次是关于赔偿金额,受害一方应当先提出一个较为全面的损失计算方法,包括直接医疗费、间接误工等损失,或者还有后续治疗费等损失。如果对方对该金额表示不能接受,则可以适当放弃一些间接损失。在几番来回调解中,使双方的意见逐步统一。律师主持此类调解也可以使用类似方式。对于一方当事人态度强硬的情况,律师应当站在中立的角度进行情理教育和法律教育,并可以告知其行为按照法律需要承担何种责任,而如果接受调解则可以使自己责任在一定程度上得到减轻等;或者告知一方如果调解不成提起诉讼,要花费大量人力财力取得胜诉判决,之后还需要较长时间的执行过程,而调解则可以迅速地解决纠纷。总之,律师应当动之以情、晓之以理,尽力把双方拉到共同的认识上来。需要注意的是,调解是一个互相妥协的过程,因此最初的调解方案与最终的调解结果之间往往有差距,需要律师灵活应变,审时度势地作出判断,当然最终决定权在当事人手中,但是当事人的心理往往起伏比较大,此时就需要律师冷静地根据具体情况改进调解方案,尽力促进当事人达成调解。

2. 注意沟通等技巧

律师应当做好与当事人的沟通工作。律师代理一方参与调解,应当在事先与当事人做好沟通,弄清纠纷的基本案情,并为当事人作出法律上的分析判断,告知当事人相关法律风险和调解的利弊得失。同时,律师对于当事人愿意调解的案件,要清楚了解当事人对于调解设定的底线。在调解过程中,律师也要观察和掌握对方当事人的内心活动、真实意图以及其调解的底线，并针对这些具体情况及时作出安排。对于律师主持调解工作的情况，律师在有条件的情况下应在正式调解前大致了解各方当事人的态度，做个摸底调查，在此基础上准备调解的基本方向，确立调解的基调。在调解过程中，要注意倾听当事人的陈述，设身处地地去理解当事人的心绪、处境、请求。注意观察当事人语言中流露出来的情绪。要注意当事人在陈述时往往会失之偏颇，需要律师通过客观询问来了解事情的全貌。避免只听当事人一面之词，而丧失了自己的独立判断。同时，律师还可以采用“背靠背”等调解方法，尽量做好沟通工作，避免调解陷入僵局。

另外，律师还要充分利用自己在实践中掌握的各种调解技巧，综合运用语言学、逻辑学、心理学等各种知识，把调解工作引向积极有效的方向。

3. 督促履行避免反复

民间调解不具有法律强制效力，所达成的调解协议不具有法律强制执行力。因此，律师参与调解工作，应当尽量在达成和解后及时督促当事人履行协议约定的内容。律师需要了解当事人不履行调解协议的原因。有的是经济确实困难，律师应做好对方工作，让对方宽容一定期限；有的是对调解协议内容产生了不同想法，此时律师应当做好当事人的思想工作，并让当事人遵循自己的承诺及时履行；还有的是故意拖延不履行的，律师应当做好当事人的教育工作。确认一方当事人无履行诚意时应当建议另一方向法院提起诉讼，以免错过诉讼时效等。为了督促调解协议的及时履行，防止不诚信方故意拖延，律师调解时，也可在调解协议中建议增加违约金条款，给不诚信方增加拖延履行的成本，从而督促其按约及时履行。

另外，需要注意的是，对于人民调解，律师还可以建议当事人自调解协议生效之日起30日内共同向人民法院申请司法确认。经法院依法确认有效的调解协议就具有了强制执行力，一方不按协议约定履行的，另一方可以向法院申请强制执行。因此，申请司法确认不失为较好的保障措施。

三、律师参与调解的其他注意事项

（一）调解不能以牺牲当事人利益为代价

调解是双方当事人谈判、妥协、互谅互让的过程，因此当事人在自愿前提下作出一定程度的利益牺牲是不可避免的。但是,律师作为代理人或者居间人,在进行调解时不能以牺牲当事人的利益为代价。在调解过程中,如果当事人在场,律师应作为谈判代表与对方协商,但对于实体权利的处分要尊重当事人的意愿。当然律师在其中也不是完全被动的,通过协商了解对方的调解想法有助于律师帮助当事人作出正确的决定。如果调解过程中当事人不在场,而是授权律师全权参与处理调解,律师应当在当事人事先授权的范围内与对方进行沟通,在可能的范围内尽量为当事人争取利益。一定要切记,律师不是当事人,对关乎当事人切身利益的实体权利作处分时,律师一定不能越俎代庖。

(二)让当事人知道律师在调解中发挥的作用

律师在调解中可能做了大量的工作,但调解的工作量不像完整的诉讼程序那样容易为当事人所感知,而且由于不能完全符合当事人的诉讼请求,当事人对律师的工作大多数情况下都很难满意。因此,律师代理调解工作或主持调解工作,要让当事人知道自己为调解所做的工作,让当事人理解律师在其中的辛苦付出。在调解中律师最需要做的就是多与当事人沟通,及时汇报调解的进展情况等,这些都是加深当事人对律师调解工作的途径。如何把握双方谈判的细节促成调解不仅靠临场发挥,更需要律师对纠纷进行细致的调查了解。律师在其中花费的精力,也应当让当事人感受和了解,这样有利于与当事人交心,推动调解工作的开展。

(三)律师应注意预防调解中的风险

律师在调解过程中特别需要注意风险的防范。调解过程没有特别的程序性规范,当事人参与调解的形式和方式自由度较大,调解过程缺少法律规范,因此律师参与或主持调解要特别注意风险防范。首先,律师要注意收费问题。律师参与公益性质的调解,属于法律援助性质的服务,不能向当事人私下收费,否则就违反了律师的执业纪律,会受到处罚。律师代理一方参与调解时,也应当与当事人就收费进行协商,并在有关机关颁布的律师收费标准范围内合理收费,人身关系类的案件不能实行风险收费。其次,律师要注意调解的授权问题。调解过程中不可避免地涉及当事人的权利处分问题,此时律师要特别注意自己的授权范围。有时候律师有特别授权,但是具体到重大的权利处分时,最好还是让当事人另行出具具体的权利处分授权文书。最后，律师还要特别注意某些调解可能带来的社会影响。律师代理或参与群体性的纠纷调解时，要特别注意风险防范。群体性纠纷当事人人数众多，积怨容易爆发，易起冲突，甚至还会影响社会治安。因此，律师接受代理参与调解或作为居间人主持调解，要及时将调解情况向主管机关汇报，必要时还需要与其他机关或组织相互配合。要注意参与群体性调解时的言行和工作方向，避免引起不良的后果。

（四）律师应注意调解的保密性

律师参与调解过程中，可能会涉及当事人的商业秘密、个人隐私等一些当事人不想为外人知晓的调解信息，律师要注意为当事人保守调解信息，不要对外人甚至己方当事人泄露。有时，在促成双方当事人自愿调解达成协议后，如当事人不想对外公开调解协议的内容，也不可泄露调解协议的内容。例如，开发商逾期交房与购房者达成支付违约金的调解协议，因开发商面对类似的购房者很多，对于开发商而言，为全面处理问题起见，有选择性地与部分购房者不同程度地妥协，所达成的调解协议不想对外公开起到示范作用，因此，律师不可对外公开调解的内容。同时，因调解是双方的私事，为确保坦诚交流，建立信任，自由放心地敞开沟通，不受外界因素的干扰，当事人对调解的过程也不愿公开；对此，律师应予充分尊重。调解的保密性原则也是2009年出台的《最高人民法院关于建立健全诉讼与非诉讼相衔接的矛盾纠纷解决机制的若干意见》确定的原则，当然如果双方当事人均同意公开的除外。

四、律师参与仲裁要讲究“和”

仲裁主要是指由有关仲裁机构对当事人之间自愿达成仲裁协议的合同纠纷和其他财产纠纷进行裁决的制度。因此，仲裁是一种私法自治的纠纷解决机制，即当事人摒弃对国家司法权力的依赖，订立契约建立一套纯粹民间化的制度来自主解决纠纷。

仲裁制度具有悠久的历史。我国古代就有家族间的族长等长者对邻里纠纷进行调停和解的制度。汉代时开始有“三老会”对民间纠纷进行断定的做法，这被视为仲裁制度的雏形。北洋政府时期颁布的《商事公断处章程》《民事公断暂行条例》，中华民国国民政府时期颁布的《劳动争议处理法》，以及抗战时期晋察冀边区行政委员会颁布的《关于仲裁委员会的工作指示》等法律法规，都有对仲裁制度的明确规定。中华人民共和国成立后，我国开始着手建立涉外仲裁和国内仲裁制度，并随着《经济合同法》（已失效）和《经济合同仲裁条例》（已失效）等法律条例的颁布逐步健全完善。而 1995 年 9 月 1 日《仲裁法》开始实施，标志着我国现代仲裁制度的正式建立。

2019 年 4 月，《中共中央办公厅、国务院办公厅关于完善仲裁制度提高仲裁公信力的若干意见》发布。该意见表明：仲裁是我国法律规定的纠纷解决制度，也是国际通行的纠纷解决方式。充分发挥仲裁在尊重当事人意思自治和便捷、高效解决纠纷等方面的作用，对完善多元化解纠纷机制，公正及时解决矛盾，妥善化解纠纷，维护社会稳定，促进改革开放，保障经济社会持续健康发展具有重要意义。要深入学习贯彻习近平新时代中国特色社会主义思想，全面贯彻落实党的十九大和十九届二中、三中全会精神，完善仲裁制度、提高仲裁公信力，坚定不移走中国特色社会主义仲裁发展道路。要明确仲裁委员会的公益性、非营利性质，加强委员会建设，改革完善内部治理结构和管理机制，改进仲裁员选聘和管理，推进仲裁秘书职业化和专业化建设。这一意见为我国仲裁事业在新时期的进一步发展指明了方向。

在国外，仲裁是商人之间为了简便快速地解决商事争议，于 14 世纪地中海沿岸发展来的一种自治制度，到现在已在国外贸易经济发展中发挥着重要作用。可见，仲裁制度自古有之，其目标是快速解决争议，其内在主线是以和为贵的双赢思维。

仲裁制度不同于诉讼制度，有其自身的明显特征：第一，仲裁注重当事人意思自治。仲裁程序的启动以当事人达成的协议为基础，即当事人之间必须达成有效的仲裁协议以排除法院的管辖权；仲裁机构一般可由双方当事人选择确定；双方当事人挑选自己的仲裁员并可共同指定首席仲裁员。第二，仲裁实行一裁终局的制度，追求高效快捷。诉讼实行两审终审制，而仲裁实行一裁终局制，裁决一旦作出即发生法律效力，当事人应当履行仲裁裁决。一方不履行的，另一方当事人可以依法申请人民法院强制执行。第三，仲裁注重当事人的信息保护，一般实行不公开进行。诉讼程序一般是公开开庭审理，群众可以旁听。而仲裁的不公开进行不仅注重保护当事人的纠纷隐私，也可以让双方在一个轻松的环境下协商，更有利于矛盾的化解。

可见，仲裁制度弱化了“对簿公堂”的传统思维，缩短了纠纷处理的时间成本，提高了裁决的执行效率，在市场经济高度发达的今天越来越受欢迎。仲裁制度和调解制度一样，都追求高效、快捷和纠纷的实质性解决，因此律师参与仲裁也要注意做到“和”。

五、律师参与仲裁如何做到“和”

（一）拟定好仲裁协议

提起仲裁申请首先要有仲裁约定。当事人之间在进行商业往来订立合同时就需要约定仲裁条款。仲裁条款不仅是一个简单的约定，还关系今后涉及仲裁时的各种事宜。因此律师为当事人拟定仲裁条款要特别用心。

仲裁条款首先要有明确的选择仲裁作为纠纷解决争议方式的意思表示，即我国《仲裁法》第 16 条第 2 款规定的“请求仲裁的意思表示”。仲裁意思表示必须明确、合法，否则将会导致仲裁协议无效。明确是指当事人必须明确选择仲裁作为唯一的纠纷解决方式，或裁或诉的表述就属于不明确，可能导致仲裁条款无效；当然先诉再裁或先裁再诉的约定也是无效的。合法是指这种意思表示必须是基于当事人的自愿，用胁迫等方式迫使对方订立仲裁条款的无效，无民事行为能力人或限制民事行为能力人订立的仲裁协议也是无效的，超过法律规定的仲裁范围也无效。因此，当事人之间订立仲裁协议须基于自愿基础上的共同认识，这也是今后双方之间可以和解的前提。

仲裁条款需选定一家共同信任的仲裁机构。选择仲裁机构，也必须是基于双方协商同意。只有选择双方均信任的仲裁机构，才有利于今后争议的解决。这里需要注意的是，如果当事人只约定将纠纷提交仲裁但没有约定仲裁机构，事后不能就选择哪家仲裁机构达成一致的，将导致仲裁协议无效。仲裁协议只能选择一家仲裁机构，而不能选择多家仲裁机构。仲裁机构要书写明确，例如，“北京仲裁委员会”不要写成“北京市仲裁委员会”，否则很可能因仲裁机构不能确定而导致协议无效。因此，律师要为当事人审查仲裁机构条款，避免因不符合法律规定而失去仲裁这一有利于和解的途径。

另外，还要注意的是，有些纠纷中如果当事人共同选择将争议提交如中国国际经济贸易仲裁委员会等仲裁机构，律师需要特别注意这些仲裁机构的特有仲裁规则。例如,根据中国国际经济贸易仲裁委员会仲裁规则,当事人可以约定仲裁适用的实体和程序法律,以及如仲裁地点、时间、开庭地点、仲裁程序等仲裁要素。这些众多的意思自治条款,需要律师为当事人去把关和选择。律师要注意尽量选择有利于己方的条款,同时也要注意与对方当事人进行充分协商后共同明确,以保证将来仲裁时双方能心平气和地坐在一起协商问题,避免因当初约定不明而出现对抗局面。

(二)选好仲裁员

仲裁员由双方当事人自愿选定,从而根据《仲裁法》获得了裁决纠纷的权力。不同于诉讼程序中法官由法院指定,仲裁员可以由当事人各自或共同指定。我国《仲裁法》第 31 条规定:当事人约定由 3 名仲裁员组成仲裁庭的,应当各自选定或者各自委托仲裁委员会主任指定一名仲裁员,第 3 名仲裁员由当事人共同选定或者共同委托仲裁委员会主任指定。由于《仲裁法》规定当事人可以自己选择仲裁员,因此我们不要放弃选择仲裁员的权利,应当选择一名有利于纠纷解决的仲裁员。实践中,我们要选择一个公正、懂专业和有权威性的仲裁员为自己说话。要注意的是,选择仲裁员时不能只看重仲裁员的名气。有些仲裁员名气大,但是对案件具体涉及的纠纷类型可能不擅长,不能为解决纠纷提出有说服力的观点,也是不利于纠纷解决的。而且有些名气大的仲裁员自己事务繁多,难以保证仲裁的质量和效率。因此,选择仲裁员是一门大学问,律师应为当事人把关。

还需要注意的是,首席仲裁员也可由当事人共同选定。实践中双方往往不做协商而让仲裁委员会选择首裁。但是,如果双方共同选择一名双方均信任和尊重的首裁,无疑会为纠纷的解决提供更为有利的条件。因此,律师在需要时可以建议当事人共同选择首裁,为双方争取一个实现“和”的环境。

(三)做好仲裁代理各阶段的工作

仲裁庭审规则相比诉讼程序,有自身的一些特点。例如,双方当事人可以协商选择不开庭的书面裁决;仲裁开庭原则上为不公开审理,除非双方当事人协商申请公开审理;当事人可以在仲裁规则规定的期限内请求延期开庭;仲裁纠纷中一部分事实已经清楚的,可以就该部分先行裁决;等等。可见,仲裁审理环节有其自身特点，律师应当了解掌握后充分利用仲裁规则，促进纠纷的妥善解决。为此我们律师在作为代理人参与仲裁时，需要注意这样一些方面：

首先，要做好仲裁前的准备工作。担任申请人代理人的，一是分析仲裁协议条款，注意瑕疵条款的处理；二是确定适格的仲裁当事人，注意特殊当事人的选择；三是写好仲裁申请书和仲裁请求，注意避免自相矛盾和逻辑混乱；四是组织整理相关证据，注意证据的分类和排列并归纳好证明对象；五是考虑是否申请财产及证据保全，注意申请保全因案而定。担任被申请人代理人的，一要分析仲裁各方当事人是否适格，考虑是否提出管辖权异议或请求驳回仲裁申请；二要拟定答辩意见或提出反请求，注意适当和适时；三要组织整理答辩证据或反请求证据，注意证据的针对性。

其次，要做好庭审中的发挥。一是简要陈述或答辩，注意突出重点不宜照本宣科；二是举证质证层次分明，注意简繁适当突出“三性”；三是庭审辩论有理有据，注意避免废话、空话、套话；四是调解方案合情合理，注意面对现实各有退让。各方代理人在庭审中，还需根据情况作出处理：一是考虑是否申请专业鉴定，注意并非所有专业问题都要鉴定；二是考虑是否补充举证或申请调查取证，注意举证的全面、完整、适时。

再次，要做好庭审后的完善工作。一要修改补充代理意见并及时提交，注意适时适当；二要与委托人进行沟通和分析协商，注意不自作主张；三要视情况申请再次开庭或调查取证，注意有理有据；四要提出切合实际的最终调解方案，注意合情合理。

最后，要做好仲裁后的补救工作。一是申请法院强制执行或选择自觉履行，注意不要超过申请期限；二是申请撤销仲裁裁决，注意选准理由，有的放矢；三是申请法院不予执行，注意面对现实妥善处理。

商事仲裁案件往往关系复杂，仲裁材料众多。首先，律师要根据行业规范将案件资料妥善装订，以易于翻阅查看，也给仲裁员一个好的印象。切忌材料七零八落、一头乱麻。一般情况下不要搞证据袭击，更不能超过仲裁规则规定的期限提交材料。其次，要把案件的基本事实和法律适用研究透。仲裁审理与法院审理一样，也是要查明事实后适用法律。因此，律师要对案件的基本事实了然于心。商事纠纷一般都涉及复杂的交易关系，律师在开庭前应当充分了解交易各个环节的基本事实，以免开庭时一问三不知，影响庭审效果。再次，律师还要熟悉掌握纠纷涉及的法律法规和行业规范，以加强代理意见的说服力。还要注意的是，司法解释属于法院审理适用的规范，仲裁审理中可以参考司法解释，但司法解释是否有强制适用性实践中存在争议，对此律师应当予以把握。最后，律师还要注意庭审中的仪态言语。仲裁的基础是双方协商同意由仲裁庭裁决，因此双方本质上还是有“和”的基础。因此，律师应当注意开庭中的言语，不要使用攻击性言语，以免破坏仲裁的和睦气氛，最终不利于纠纷的解决。律师还要注意对仲裁员保持应有的尊重，不要对另一方选择的仲裁员恶语相向，更不要挑战首席仲裁员的权威，否则会导致不利的仲裁结果。

（四）注意做好“和”的调解工作

律师在仲裁中所做的工作除了仲裁代理外，还要重视协助当事人在仲裁庭的主持下进行和解或调解。庭外和解分庭前和解和庭后和解。在开庭前律师要积极与对方进行沟通，尤其是作为被申请人要主动与对方进行沟通，看双方在哪些利益上是一致的，哪些是存在分歧的，尽量求同存异。在经过庭审之后，即使庭上达不成一致，庭后仍可以继续沟通，提出和解方案；一旦达成和解协议，要及时通知仲裁庭申请撤回仲裁申请或申请仲裁庭根据和解协议出具裁决书。律师可以通过自己指定的仲裁员向仲裁庭表达调解的意愿，并通过其努力做对方的工作。在仲裁庭提出调解方案时要与己方事先制定的调解意见进行比较，在可接受或相差不大的情况下尽力劝服当事人接受调解。即使作出裁决，在申请执行时仍然可以与对方在执行阶段达成一致，进行执行和解。

六、律师参与仲裁的其他注意事项

（一）注意仲裁不公开审理和一裁终局的特点

仲裁具有一裁终局的特点，因此在仲裁中律师要比代理诉讼案件保持更加谨慎的态度。律师要特别注意首席仲裁员的公正性，如果首席仲裁员与本案有利害关系可能导致裁决不公，要向仲裁委员会及时提出回避申请。如果仲裁过程存在程序违法的情况，也要及时向仲裁委提出异议要求纠正，尽量进行书面固定，以备将来向法院提出撤销仲裁时有据可凭。另外，仲裁原则上实行不公开审理，如果对方带了很多人来旁听，律师可以向仲裁庭提出异议，以免气势上落下风。

（二）用足用好仲裁的救济手段

我国《仲裁法》第58条规定，当事人有证据证明仲裁裁决有下列情形之一，可以向仲裁委员会所在地的中级人民法院撤销裁决：(1)没有仲裁协议的；(2)裁决的事项不属于仲裁协议的范围或仲裁委员会无权仲裁的；(3)仲裁庭的组成或仲裁的程序违反法定程序的；(4)裁决所根据的证据是伪造的；(5)对方当事人隐瞒了足以影响公正裁决的证据的；(6)仲裁员有索贿受贿、徇私舞弊、枉法裁决行为的；(7)裁决违背社会公共利益的。因此，如果仲裁裁决不公，律师应当为当事人向法院寻求救济，提出要求法院撤销裁决的申请。另外，对方当事人不履行裁决的，代理律师可协助或代理委托人向人民法院申请执行。

（三）注意做好保密工作

律师参与仲裁不同于诉讼程序。诉讼程序实行公开开庭审理，因此只要不涉及国家秘密或者个人隐私的信息，律师原则上不负有保密义务。但是仲裁因建立在双方协商的基础上，且纠纷往往涉及商业上的秘密，因此仲裁原则上实行不公开开庭审理，除非双方一致同意公开。可见，律师在代理仲裁时，要树立起保密的观念。在代理案件过程中了解到的各种信息，律师应当对外保密。否则很可能会导致当事人商业秘密的泄露，甚至还会招来当事人的投诉和赔偿追索。

附录7－1 调解协议书

调解协议书

甲方：张三

乙方：A控股有限公司

丙方：B投资有限公司

丁方：李四

戊方：王五

鉴于：

××××年××月××日，甲乙双方签订《投资意向协议书》，甲方根据该协议的约定向乙方支付了投资款1000万元；××××年××月××日，甲、乙、丙、丁、戊五方签订《投资意向协议书补充协议》，约定将甲方的1000万元投资款转化为借款，并就乙方归还借款本息的金额及付款节点作出具体约定，丙、丁、戊三方作为担保人对乙方的债务承担连带清偿责任。因乙方未能按约归还全部借款本息，现甲、乙、丙、丁、戊五方经协商一致，就该笔借款达成如下调解协议：

一、截至本协议签订之日，各方确认乙方尚欠甲方借款本金a元，利息b元，上述款项合计(a+b)元。

二、甲方同意乙方将上述借款的债务全部转移给丁方，由丁方承担乙方的全部还本付息义务(甲方不得再向乙、丙、戊三方主张还款及担保责任)。

三、丁方承诺分××期向甲方归还借款本金及利息：

1. 自××××年××月××日起每月××日向甲方归还借款本金c元，直至××月××日前还清本金a元；

2. 未付部分的借款利息按照在××××年××月××日前还清全部借款利息。

四、甲方指定收款账户如下：

公司名称：

开 户 行：

账　　号：

五、丁方按本协议第三条约定向甲方支付全部款项后，五方基于上述借款的权利义务全部结清(甲方自愿放弃向乙、丙、丁、戊四方主张本协议第三条约定之外的本金及利息的权利)。

六、如丁方未能按照本协议第三条约定按期足额支付款项的，本协议自动失效，未到期款项视为全部到期，甲方有权自丁方逾期之日起向法院起诉，并要求一次性支付全部余款，同时以剩余未付(本息)款项金额为基数，以月利率1%为标准、自丁方逾期之日起至实际付清之日止计收逾期违约金(资金占用损失)；丁方应承担甲方为实现债权而支付的一切费用(包括但不限于诉讼费、律师费、保全费、公证费等)。

七、本协议一式五份,各方执一份,自五方签字并盖章后生效。

(签署页略)

附录7-2　调解协议书

调解协议书

甲方:A公司
乙方:B公司
丙方:C公司

××电子商务园项目(以下简称本项目)由甲方开发建设并由乙方承建施工,本项目现已具备验收条件并有债权债务、信访问题亟待解决。为此,在某市某区经济技术开发区管理委员会主持下,为尽快解决本项目竣工验收及债权债务处理等事项,各方在依法、平等、自愿基础上达成如下协议:

一、本项目因工程款、材料款、人工费等全部应付款项(包括但不限于陈某、余某、材料商、劳务班组等人的诉讼),自本协议订立后由甲方负责处理和承担。

二、乙方此前已垫付或已被法院执行完毕的款项,经双方对账后,由甲方在本协议签订后15日内一次性支付给乙方(垫付及执行清单详见附件1)。

三、乙方因本项目被农民工/材料商催讨民工工资/材料款,被人民法院判决承担的付款等民事责任,概由甲方处理和承担(具体金额、付款周期、违约责任等按法院生效文书、执行和解协议或与债权人的协议书确定)。乙方在收到相应生效司法文书后通知甲方;甲方经确认后,在15日内负责支付。

四、本协议签署当日乙方应根据甲方及住建、档案等部门关于工程验收资料的备案要求在本项目竣工验收所需资料(如《单位(子单位)竣工验收记录表》,含前期未完善资料)上加盖公章,协助本项目通过竣工验收并在协议签署后45日内办妥竣工备案手续。

五、为保障乙方、农民工、材料商、购房户、债权人等相关利益方的合法利益,维护社会稳定,经甲、乙双方与丙方协商一致,丙方同意并承诺:在本协议签订后24个月内,乙方因本项目支付、应付(指裁判文书确定的债务)本协议第三条所涉之农民工工资/材料款(不含购房款、借款等债务)的,若甲方未能在接到乙方书面通知后45日内清偿,乙方可凭支付凭证和债权证明要求丙方垫付;丙方应在接到乙方书面通知后15日内向乙方支付相应款项。

甲方确认:丙方在实际支付后可即时行使追偿权;甲方以其名下××电子商务园商业楼1~3层的物业(详见附件2)向丙方提供担保(抵押登记条件成就时,应办理抵押登记)。

若乙方不履行本协议第四条约定,则丙方有权单方无责解除本协议书。

六、本协议订立后,甲、乙双方互不追究工期逾期、工程质量等责任。本项目通过竣工验收后,本项目所涉的工程质量保修等民事责任以及与本项目建设有关的行政责任均由甲方承担。乙方无须向甲方开具相应金额的工程发票。

七、本协议订立后,对各方均具有法律约束力,各方应切实履行合同义务。因履行本协议发生的纠纷,各方协商解决,协商不成由中国国际经济贸易仲裁委员会浙江分会仲裁解决。

八、本协议书一式六份,各方各执二份,由各方盖章后生效,具有同等法律效力。

(以下无正文)

(签署页略)

附录7-3 仲裁申请书

申请人甲集团股份有限公司
与被申请人乙电子商务有限公司、丙网络科技有限公司、
丁某新增资本认购纠纷一案仲裁申请书

申请人:甲集团股份有限公司,住所地××。

法定代表人:×××。

被申请人(一):乙电子商务有限公司,住所地××。

法定代表人:丁某。

被申请人(二):丙网络科技有限公司,住所地××。

法定代表人:×××。

被申请人(三):丁某,男,汉族,××××年×月×日出生,身份证号码××××××××××××××××××。

仲裁请求事项:(1)依法裁决认定申请人与三名被申请人签订的《乙电子商务有限公司增资扩股认缴协议》已经解除;(2)由三名被申请人返还申请人750万元股权认缴款;(3)由三名被申请人支付申请人违约金300万元;(4)本案仲裁费由三名被申请人承担。

事实和理由:申请人与三名被申请人在2014年签订了《乙电子商务有限公司增资扩股认缴协议》,四方约定:甲方(申请人)拟投资乙方(第一被申请人),乙方拟增资扩股。甲方分两期缴纳增资资金,其中第一期认缴增资资金750万元在2014年12月31日前缴纳到位;同时乙方和丙方(第二和第三被申请人)承诺:丙方认缴的出资资金应在2015年2月19日实际缴纳到位,如未按期完成实际缴纳出资义务的,甲方有权要求乙方和丙方回购甲方出资;同时丙方保证,在甲方增资前,保证目标公司(第一被申请人)拥有运营“形象吧”所需的全部完整和必要的资产、业务和关键技术人员。协议还约定,如由于乙方、丙方的原因致使甲方不能如期办理股权变更手续或者严重影响甲方实现订立本协议的目的,每逾期一天,乙方应按照甲方当次认缴到账的增资资金的千分之五向甲方支付违约金,丙方承担连带偿还责任。此外协议第八条还约定,因履行本协议发生争议的,由××仲裁委员会管辖。

协议签订后,申请人于2014年12月29日将750万元认缴款支付给了第一被申请人,然而第一被申请人未按照协议约定拥有运营“形象吧”所需的完整和独立的知识产权,第二和第三被申请人也未按照约定在2015年2月19日前将认缴出资资金实际缴纳到位。2015年3月31日,申请人向三名被申请人发出了《关于终止增资扩股协议的通知函》,解除了该增资扩股协议。

申请人认为,依法成立的协议受法律保护,各方当事人均应按照协议履行义务。本案中三名被申请人的行为已经构成违约,依法应承担相应的违约责任。为此,申请人特向贵委提出仲裁申请,望依法支持申请人的全部仲裁请求。

此致

××仲裁委员会

申请人:(签章)

××××年××月××日

附录7-4 仲裁申请书

仲裁申请书

申请人:甲公司,住所地××。

法定代表人:王某,董事长。

被申请人:××财产保险股份有限公司××市分公司,住所地××。

负责人:张某,总经理。

案由:进出口信用保险合同纠纷。

仲裁请求事项:(1)依法裁决被申请人向申请人支付保险理赔款××万美元及利息××元(利息以××元为基数,按全国银行间同业拆借中心公布的一年期市场贷款报价利率,自××××年××月××日起暂计算至××××年××月××日,至被申请人实际清偿之日止);(2)依法裁决被申请人承担本案全部仲裁费。

事实与理由:2021年5月,申请人甲公司与被申请人××财产保险股份有限公司××市分公司签订短期出口贸易信用保险合同,保单号为:××,双方约定申请人的进出口贸易信用保险由被申请人承保,承包风险包括商业风险和政治风险,保险金额为10,000美元,赔偿比例为90%。

合同签订后,申请人作为投保人按照保单约定按时足额缴纳保险费用。××××年××月××日,申请人的关联公司B公司与澳大利亚的C公司签订《供货协议》,约定货款总额为:50,000美元,付款方式为预付款10%,剩余90%尾款为提单日期后120天付。货物生产完后按客户要求订舱发货,提单号为:××,开船日期是××××年××月××日,货物到港时间为××××年××月××日。货物到港后申请人一直催客户付款,但客户至今未将尾款××万美元支付给申请人。发生保险事故后,申请人及时向被申请人理赔,并按被申请人要求提交了所有相关材料,同时向被申请人发出可能损失通知书和索赔申请,然而被申请人受理后一直以降低赔偿比例、需要跟上级汇报等各种理由拖延,拒不按照保险合同的约定履行相关义务。

根据双方签订的《短期出口贸易信用保险合同》第八条的规定，因履行本合同发生争议的，由××仲裁委员会管辖。

申请人认为，双方签订的《短期出口贸易信用保险合同》合法有效，被申请人未按约理赔的行为已严重侵害申请人的合法权益。为此，申请人特向贵委提起仲裁申请，请贵委依法查明事实，判如所请。

此致

××仲裁委员会

申请人：(签章)

××××年××月××日

附录7－5　仲裁代理词

申请人甲集团股份有限公司
与被申请人乙电子商务有限公司、丙网络科技有限公司、
丁某新增资本认购纠纷一案仲裁代理词

尊敬的首席仲裁员、仲裁员：

×××××律师事务所接受申请人甲集团股份有限公司的委托，指派我们作为代理人依法参加申请人与乙电子商务有限公司、丙网络科技有限公司、丁某新增资本认购纠纷一案的仲裁活动。现对本案发表代理意见如下，供仲裁庭参考。

一、关于被申请人是否根本违约的问题

申请人认为，被申请人在本案中存在明显的根本违约，理由如下：

1. 被申请人未实际履行认缴出资的合同义务。根据申请人与被申请人签订的《乙电子商务有限公司增资扩股认缴协议》第1.8条的约定，被申请人认缴的资金应在2015年2月19日实际到位，未能按期完成实际缴纳出资义务的，申请人有权要求被申请人回购申请人的全部出资。然而，在申请人按照协议约定于2014年12月29日支付了750万元至乙公司账户后，丙公司和丁某却一直未按照协议约定履行自己的出资义务。其间，申请人多次催促其按时履行出资义

务，但被申请人直至本案开庭之前，仍一直表示无能力履行。虽然被申请人在仲裁庭审理期间提交了两份×××××会计师事务所有限公司出具的验资报告，但申请人认为这两份验资报告的真实性存在明显问题：首先是验资报告没有银行汇款单据，其出资行为没有原始凭证印证；其次是形成时间有问题，如果被申请人真的在2015年2月进行过增资，为何一直未告知申请人？却一直向申请人表示要求宽延时间想办法筹集资金？而且申请人认为，被申请人即使真的在形式上有出资行为，也是被申请人通过一些验资公司采用的“过账”方式，该资金早已抽逃，根本没有用于乙公司的经营。按照协议第3条的约定，增资款有特定的用途，只能用于“戊项目”的运营。因此我们认为，被申请人根本就没有履行也没有能力履行出资义务，其行为已经明显构成了根本违约。

2. 被申请人没有履行为申请人办理工商登记的合同义务。按照《乙电子商务有限公司增资扩股认缴协议》第2.1条的约定，被申请人保证在申请人认缴资金到位之日起六十日内，完成公司章程修改、将申请人的名称、住所、出资金额、持股比例记载于目标公司股东花名册，并办理相应的工商登记变更手续。但是，被申请人并没有按照约定将申请人登记于公司股东名册，也未办理工商登记变更手续。关于这一事实，被申请人在庭上也予以承认，申请人调取的乙公司工商登记资料也可以证实。关于被申请人在庭审时提交的《关于增资扩股办理的通知函》，发函时间是2015年7月17日，而被申请人表示收到申请人的仲裁申请书是在2015年7月15日，很明显被申请人所谓的通知函是在收到仲裁资料后补做的。事实上，被申请人的工商登记材料中只有公司设立时的初始材料，之后根本没有任何关于增资或股东变更等内容，这也足以证明被申请人不仅自己没有履行出资义务，也没有为申请人办理股权登记。因此申请人认为，被申请人的行为已经构成根本违约。

3. 被申请人未完成戊项目的相关约定义务。按照上述增资扩股认缴协议第8条的约定，在申请人增资前，被申请人应当将全部“戊项目”相关的业务、专利技术、经营主体均纳入目标公司统一的产权归属和组织管理架构内运行，保证目标公司拥有运营“戊项目”所需的全部完整和必要的资产、业务和关键技术人员。但事实上，被申请人至今仍没有完成将戊项目所有知识产权归属于目标公司等相关合同义务。被申请人提出的相关商标注册文件等证据，恰恰只能证明其并未在申请人增资前就拥有关于戊项目的全部法律权利，且至今仍没有完成商标注册和知识产权的归属，其行为明显属于根本违约。

二、关于合同是否解除及被申请人是否应当回购股份的问题

1. 本案双方签订的增资扩股认缴协议已经依法解除。申请人认为，本案中双方签订的增资扩股认缴协议已经依法解除。因被申请人没有按照协议约定在规定期限内办理认缴出资和为申请人办理工商变更登记，以及未在申请人增资前拥有运营“戊项目”的全部权利，其行为已经构成根本违约，导致申请人的合同目的无法实现，申请人为保护自身权益，根据《中华人民共和国合同法》第94条第4项的规定，于2015年3月31日向被申请人发送了《关于终止增资扩股协议的通知函》，明确解除双方签订的《乙电子商务有限公司增资扩股认缴协议》。在申请人发出合同解除函后，被申请人一直未予理会，也未在收函后三个月内向法院起诉。根据《最高人民法院关于适用〈中华人民共和国合同法〉若干问题的解释(二)》第24条的规定，双方签订的增资扩股认缴协议已经解除。从事实上来说，因被申请人完全没有能力履行合同，也缺乏最必要的商业信誉，双方已经不可能再继续合作，双方之间的合同也没有实际履行的必要和可能，依法应解除合同，恢复原状并由被申请人赔偿损失。

2. 被申请人应当根据协议约定向申请人回购全部股份。根据增资扩股认缴协议第1.8条的约定，如被申请人不能按照约定完成增资扩股的，申请人有权要求被申请人回购已经缴纳的出资款。因此，被申请人应当按照申请人的要求回购出资。而且，本案增资扩股认缴协议已经法定解除，三名被申请人也应当按照《合同法》第97条的规定，返还申请人已经缴纳的款项。至于被申请人所称的公司注册资本不能撤回因此无法返还的说法，申请人认为完全不能成立。本案中申请人的款项并没有办理注册资本的工商变更登记，因此不存在撤回注册资本的问题；而且即使是注册资本，那么被申请人按照协议约定进行股份回购也完全符合法律规定，股份回购与撤回注册资本完全是两个概念。因此，被申请人以注册资本不能撤回作为拒绝返还的借口，是完全不能成立的。

三、关于被申请人的仲裁反请求理由是否成立的问题

申请人认为，被申请人的仲裁反请求理由根本不能成立。仲裁反请求和本请求应当基于同一事实或同一法律关系，反请求的起诉能使本请求失去意义，吞并或抵消申请人的仲裁请求。而被申请人提出的第一项反请求，明显是一个反驳或者是抗辩理由，根本不属于反请求的问题。而第二项反请求内容，与本

案不属于同一个法律关系,被申请人如果认为有损失,则应当在本案结束后另案提起仲裁。而且,被申请人要求申请人赔偿损失,既没有任何合同依据,也没有任何事实根据。被申请人的反请求完全是胡搅蛮缠的恶意请求。

综上所述,申请人认为本案中被申请人根本违约的事实清楚,证据充分,申请人的仲裁请求合理、合法,被申请人的反请求不符合法律规定。为此,望仲裁庭依法支持申请人的全部仲裁请求并驳回被申请人的全部反请求。

申请人代理人:×××、×××

××××年××月××日

第八章　法律顾问要“勤”

担任法律顾问要“勤”，“要勤勉尽职，不要顾而不问”。担任法律顾问是律师的主要业务，律师担任法律顾问的职责，是为聘请单位业务上的法律问题提供意见，草拟、审查法律事务文书，代理参加诉讼和解或仲裁活动。律师无论是担任国家机关、社会团体、企事业单位的法律顾问，还是个人的法律顾问，无论是常年法律顾问还是短期法律顾问，无论是综合法律顾问还是专项法律顾问，都要注意一个“勤”字。

一、法律顾问是综合性很强的律师主要业务

接受自然人、法人和其他组织的聘请担任法律顾问，是我国《律师法》第28条规定的律师主要业务。自1980年我国《律师暂行条例》将法律顾问业务规定为律师的首要业务以来，我国律师的法律顾问业务持续稳步发展。2013年10月，党的十八届三中全会《关于全面深化改革若干重大问题的决定》要求“普遍建立法律顾问制度”；2014年10月，党的十八届四中全会《关于全面推进依法治国若干重大问题的决定》要求“积极推行政府法律顾问制度”；2016年7月，《中共中央办公厅、国务院办公厅关于推行法律顾问制度和公职律师公司律师制度的意见》要求：在2017年年底前，中央和国家机关各部委，县以上地方政府的党政机关普遍设立法律顾问、公职律师，乡镇党委和政府根据需要设立法律顾问，国有企业深入推进法律顾问制度，事业单位探索建立法律顾问制度。到2020年全面形成与经济社会发展和法律服务需求相适应的中国特色法律顾问、公职律师、公司律师体系。中共中央、国务院发布的《法治政府建设实施纲要（2021—2025年）》对此也作了进一步规定。这些规定为律师的法律顾问业务

开辟了广阔领域，律师法律顾问业务的“春天”已经到来。

法律顾问业务具有很强的综合性。无论是国家行政机关还是企业、事业单位，或者是社会团体、农村和社区、公民个人，在行政管理、生产经营和社会生活中都会遇到各种各样的法律问题，这些法律问题有时是多种法律关系交织在一起，既包括了行政法律关系，又包括了民事法律关系，甚至包括了刑事法律关系。例如，政府准备投资建造一个垃圾焚烧厂，涉及决策、立项、投资、环保、征迁等行政法律问题，又涉及建设出资、支付征迁补偿款、支付工程款等民事法律问题。又如，决策或实施不当，出现群体性冲突事件，有可能产生滥用职权、玩忽职守的刑事法律问题。企业在生产经营同样也会产生民事、行政、刑事三大法律问题，如生产的产品被认定为假冒伪劣产品，就会产生向消费者赔偿的问题，或被行政管理机关行政处罚，或被司法机关追究刑事责任的问题。公民个人如果发生交通肇事，也可能产生赔偿受害人经济损失、被暂扣或吊销驾驶证、判刑等情况。可见，担任法律顾问的律师要有较为完善的法律知识结构，不仅要熟悉民事、行政、刑事等法律法规，还要能够融会贯通、综合运用，否则就难以胜任法律顾问工作。

二、法律顾问的工作职责和工作程序

（一）法律顾问的工作职责

根据我国《律师法》第29条的规定，律师担任法律顾问的工作职责是“应当按照约定为委托人就有关法律问题提供意见，草拟、审查法律文书，代理参加诉讼、调解或者仲裁活动，办理委托的其他法律事务，维护委托人的合法权益”，简言之是“四个方面、一个维护”，即咨询、审查、代理和其他事项，维护顾问单位的合法权益。具体工作职责和内容，因服务对象的不同而有所差异。律师的法律顾问业务，按服务对象分，可分为政府法律顾问、企业法律顾问、社会团体法律顾问、农村和社区法律顾问以及个人法律顾问。按诸多服务对象，法律顾问通常可以粗分为两大类：一是政府法律顾问；二是企业法律顾问；其他服务对象的不同服务内容基本上可以参照或归入这两大类。

关于政府法律顾问的具体工作职责和内容，早在1989年《司法部关于律师担任政府法律顾问的若干规定》（司法部第7号令）就规定了八个方面：

“（一）就政府的重大决策提供法律方面的意见，或者应政府要求，对决策进行法律论证；（二）对政府起草或者拟发布的规范性文件，从法律方面提出修改和补充建议；（三）参与处理涉及政府的尚未形成诉讼的民事纠纷、经济纠纷、行政纠纷和其他重大纠纷；（四）代理政府参加诉讼，维护政府依法行使行政职权和维护政府机关的合法权益；（五）协助政府审查重大的经济合同、经济项目以及重要的法律文书；（六）协助政府进行法制宣传教育；（七）向政府提供国家有关法律信息，就政府行政管理中的法律问题提出建议；（八）办理政府委托办理的其他法律事务。”近年来，随着法治政府建设和依法行政步伐的加快，政府法律顾问的工作增加了一些新的内容，如对政府拟制定规范性文件进行合法性审查，参与政府重大事项的决策论证，参与政府疑难行政复议案件和疑难信访案件处理，参与突发性群体事件的处理等。

关于企业法律顾问的具体工作职责和内容，司法部也早有规定。1992 年发布的《司法部关于律师担任企业法律顾问的若干规定》（司法部第 20 号令）规定了十个方面：“（一）就企业生产、经营、管理方面的重大决策提出法律意见，从法律上进行论证，提供法律依据；（二）草拟、修改、审查企业在生产、经营、管理及对外联系活动中的合同、协议以及其他有关法律事务文书和规章制度；（三）办理企业的非诉讼法律事务；（四）代理企业参加民事、经济、行政诉讼和仲裁，行政复议；（五）参加经济项目谈判，审查或准备谈判所需的各类法律文件；（六）提供与企业活动有关的法律信息；（七）就企业深化改革、扩大开放，发展外向型经济，转换企业经营机制，提高企业经济效益，加强生产、经营、管理和对外联系中的有关问题，提出法律意见；（八）协助企业对干部职工进行法制宣传教育和法律培训；（九）对企业内部的法律工作人员的工作进行指导；（十）其他法律事务。”随着我国市场经济的发展，企业法律顾问的工作职责和内容也是不断更新深化和细化。在经济运行的新常态和供给侧结构性改革的今天，工作重点更是不断从“事后补救”向“事中监管”和“事先防范”发展。

（二）法律顾问的工作程序

法律顾问的具体工作程序，主要包括以下内容：

1. 了解情况：主要了解顾问单位的基本概况、生产经营情况、管理架构、部门结构、工作流程、规章制度等情况；

2. 接受委托：接受顾问单位的相关法律咨询，对规范性文件和合同进行审查，参与论证，代理诉讼或仲裁等相关法律事务；

3. 提供服务：接受顾问单位的相关委托后，按照受理不同的工作内容，办理相应事项，提供相应的法律服务；

4. 记录归档：对于提供的法律服务内容及时记录，按照法律服务的类型分别进行总结、记录和归档；

5. 总结考评：总结专项或年度服务情况，向顾问律师和所在律师事务所书面报告，并由顾问单位和所在律师事务所对顾问律师的服务质量和工作内容作出综合评价。

三、做好法律顾问工作要“勤”

如何成为一个好的法律顾问？每个担任过法律顾问的律师都会有自己的感悟。律师个性千差万别，有的律师激情洋溢，善于从宏观上为客户指点江山；有的律师细致冷静，善于洞察客户身边细小的法律风险。虽然每个律师都有自身特点，但唯独勤勉尽职的“勤”字是通用的，是做好法律顾问必须具备的条件。

（一）嘴要“勤”

1. 勤于询问，了解需求

作为客户的法律顾问，律师需要及时了解客户在法律上的困难和需要。律师应当从“被动提供服务”向“主动提供服务”转变，树立“有为才能有位”的观念，将法律顾问工作提高到一个新水平。对此，我们应当注意做到：

选择合适的时间打电话给客户，注意语气和用语。避免在工作外的时间打电话给客户，保持合适的电话联系的频率，特殊情况除外，无须太过频繁地询问。与客户联系时，律师应当保持工作状态，不应过多地与客户寒暄聊天，语言应简练，谈话可开门见山。主动拨打电话前，应事先对通话内容打好草稿。内容较多时可以列一个通话提纲，把要讲的事情逐条列明，然后再打电话，通话过程中，边打边核对、补正。这样既可以避免挂了电话才发现有事情遗漏的尴尬现象，也可以更有逻辑性地表达想法，给客户留下好印象。

选择合适的通话对象。在担任规模较大的单位的法律顾问时，要注意选择合适的通话对象。律师应当按照规定或惯例，与所涉及事务的主管人员进行沟通。不要事无巨细都直接联系单位的老总，因为企业的高层并不一定参与该具体的事务，律师可能无法有效地处理相关事项，同时也会浪费企业高层的工作时间。当然，特殊情况下需要向企业高层直接反映问题的除外。

要对询问的情况予以记录，并及时予以回应。要避免“问”而不“顾”的情况，不要询问客户的需要之后就没有了下文。律师应当对通话情况予以记录，并在通话后对客户的需要及时处理和反馈。

2. 勤于讲授，答疑解惑

律师担任法律顾问，主要是通过各种形式的“讲”来为企业提供服务，同时展现律师的执业水平和人格魅力。在担任法律顾问过程中，我们要勤于讲，同时也要注意讲的方式和方法。

为客户讲解法律问题。律师讲解法律问题，应当以现有事实材料为基础，以法律规定为依据，给出的解答要明确、有可操作性，不能含糊其词，更不能言不对题。如果当面无法全面准确解答客户的疑问，可以先给出一个粗线条的框架性分析，并向顾客说明需要事后进一步考证，并及时给客户回复。不要不懂装懂，以免经常反复地纠正自己的解答，反而给客户留下不好的印象。律师应当勤于为客户进行法律解答，事无大小都应重视，体现律师专业能力和负责精神。律师担任法律顾问一般都是长期的服务合作，应当与客户建立起真诚可靠的关系。

为客户进行法律培训。律师在为客户解决具体的法律问题同时，还应当定期为客户进行法律培训，提高客户的法律意识，更好地预防法律风险。律师的法律培训应当根据客户涉及的行业特点、企业营运中经常面临的法律问题，以及可能涉及的基础法律知识等内容来准备培训讲稿和授课方式。律师授课的对象是非法学专业人士，因此语言应当通俗易懂，并注意结合实例来进行讲授。要注意通俗性与专业性的结合，既要让客户听明白，也要展现律师的专业性，让客户感受到律师的专业能力。课后应该与客户进行探讨，获得听众的回馈意见，在下一次授课中改进。具体的培训形式可以分为定期的一般培训与不定期的专题培训，有必要的时候，还可以引入第三方机构开展培训工作。实践中，培训内容应当具有针对性，并应当区别培训对象，对决策层、管理层的培训内容与普通员工的培训内容要有不同的侧重点；在政府法律顾问中，对领导层的培训内容与对普通科员的培训内容也应有所不同。

3. 勤于谈判,保驾护航

律师要勤于参与客户对外的各种谈判和调解,为客户谋取利益的最大化。无论是公司、企业,还是国家机关、事业单位,均可能碰到与他人谈判调解的时候,此时就需要律师参与谈判,维护客户的合法权益。律师参与客户的谈判,应在事先认真制定谈判策略,在谈判过程中应当担负起客户委托的重任,充分发挥自己的谈判技能,并注意遵循事先与客户商定好的内容、方式、权限。

律师参与客户的谈判活动,应做到耐心、冷静和沉着。谈判本身就是一种拉锯战,有些商务谈判,特别是签订重大协议过程中的谈判,有时要持续相当长的时间。因此律师应当耐心地与客户沟通,勤于表达,善于表达,体现出律师的敬业精神,讲出气势、讲出信心、讲出诚心。当然,律师在谈判过程中要谨慎,避免言多有失,在表达内容、语气、表情等各方面都要小心把握,不能超出客户授予的谈判权限,也不能透露客户的谈判底线和商业秘密。

(二)手要"勤"

1. 勤于写作,展现成果

有些律师担任法律顾问时,讲得很勤,跑得很勤,代理客户打官司也很勤,但是往往在"写"这一环节上偷懒。传统法律顾问有以"成败论英雄"的现象,能打赢官司的律师才是好顾问。这一理念已经不适应现在的市场经济模式和企业运行模式。客户之所以愿意支付律师顾问费,是因为企业运行中会碰到很多法律疑难问题和法律陷阱,需要律师给予全程的指导;就律师而言,服务要得到顾问单位的认可,就必须有意识地将劳动"固化",使律师提供的各种服务有案可查。勤于用书面形式开展顾问工作,是体现律师服务成果的重要方式。

(1)解答性的律师文书。除了当场能解答的简单法律问题,律师应当对客户提出的法律问题及时予以书面解答。由于口头表达常有误述或误解的情况,因此即使是已经回答过的疑难问题,律师事后也可以书面形式给予客户更为全面准确的分析解答,并附上相关的法律条文,使客户对涉及的法律问题能有更好的了解。

(2)风险提示性的律师文书。律师在担任法律顾问过程中,不仅要为客户树立风险意识,也要为自己树立风险意识。律师应经常撰写风险提示书提醒客户注意生产经营中可能存在的法律风险,同时这也是律师自己今后免责的一种书面证据。

(3)请示性的律师文书。律师应就客户委托的某些事项的处理权限、处理方式、处理时限等,在需要明确的时候及时请示客户,以便准确地限定和把握自己的顾问任务与权限,这样可以在一定程度上避免律师自己的代理风险。

(4)反馈性的律师文书。这种文书比较多样,主要是律师完成顾问单位委托的某一具体事项后而出具的反馈性文书。常见的有合同审查意见书、尽职调查资料清单等。

对于上述各种文书,律师应当事先准备这样一套在顾问工作各种情况下使用的书面文件,以便于及时、经常和规范化地使用。

2. 勤于记录,及时总结

由于法律顾问多数情况下有较长的服务期间,服务工作一般也比较琐碎,因此我们要将这些琐碎零星的工作整理归纳,从中总结经验,查漏补缺,寻找工作中的不足,不断优化服务。这就需要律师勤于将自己的日常工作及时记录,有条件的还要经常写工作体会。例如,律师在谈判、调解、诉讼等过程中,应当养成习惯将谈判方案、诉讼策略、调解要点等工作思路记录下来,以后遇到类似案例可以进行比较研究;在非诉讼事务中,律师也应当及时将工作过程中碰到的法律法规、操作流程、注意事项等及时记录和总结。

3. 勤于整理,分门别类

律师担任某些较大型企业的法律顾问时,可能涉及的咨询事宜、诉讼事宜和非诉讼事宜会比较多。对此,律师应当在日常工作中做好文件的分类和归档工作,以便满足今后提交给顾问单位的工作总结以及律师事务所的顾问归档的要求。律师可将顾问单位的事务进行分类,如分成日常咨询和解答类、法律文书类、诉讼类、非诉讼项目类等,也可以按照企业的部门类别进行归类,如劳动人事类、销售事务类、公司管理类等。律师可以结合顾问单位的具体特点,确定科学合理的文档归类方法。实践中,及时对顾问工作进行归类整理,不仅能从中研究查找顾问工作不足的原因,也可以使顾问单位感受到律师工作的细致负责。

(三)腿要“勤”

1. 勤于跑动,积极沟通

律师担任法律顾问要勤于跑。律师不应待在办公室中等待顾问单位来电或来人咨询，而是应当有事没事多去顾问单位跑跑，主动了解顾问单位的经营状况和需要，让顾问单位感受到律师的负责和勤恳。律师除了为当事人提供出色的法律服务，还需要在情感上与客户进行互动，让顾问单位体会到律师在专业之外的优秀品质和人格魅力，使客户单位的负责人对律师的综合素质产生认同感，愿意与律师成为工作之外的朋友，从而保持长期的合作关系。

当然，律师要注意跑顾问单位的方式和方法，不能“乱跑”。首先，如果律师与顾问单位在处理事务的程序上有约定，那么律师一般应当遵守约定。例如，如果约定律师在工作上与公司的副总经理进行沟通，则律师不要轻易主动“越级”去找总经理或董事长，以免引起副总经理的不满，影响律师今后的顾问工作。其次，律师去顾问单位前一般应先电话联系，不要搞“突然袭击”，以免顾问单位相关人员“措手不及”影响正常的工作。最后，应当做到“有备而去”，事先做好一定的功课。例如，律师可以对某项业务进展中的法律问题，对某项诉讼结束后的后续问题，或者行业新的政策法规对企业的影响等，进行事先的准备，让顾问单位体会到律师的“良苦用心”。仅仅是去顾问单位喝口茶或混个脸熟的做法是不可取的。

在沟通方式上，要善于变通，除常规的通过现场拜访、电话沟通、书面邮件沟通外，律师还要与时俱进，注意使用近些年新兴的一些沟通方式，特别是网络即时通信方式，如微信、钉钉、QQ、视频会议软件等。在使用这些软件进行沟通时特别要注意做好保密工作，对于聊天记录和传输的文件也要及时存档。

2. 勤办实事，注重细节

律师应当踏踏实实地为顾问单位跑一些事，特别是“小事”。律师担任法律顾问工作，除偶尔处理一些比较重大的诉讼事项外，基本上都是顾问单位的琐事。对于这些琐事，我们不可怠慢。例如，顾问单位与其他单位或个人进行贸易或合作时，需要审查合作方的资信，此时就需要律师为顾问单位查阅基本工商档案、企业信用等级以及特定行业需要的资质或特许经营权证等信息。此时律师应当及时去市场监管等部门为顾客提供调查服务，不能因为调个工商档案是小事而怠慢甚至推托。有些小事只是举手之劳，却因为律师的怠慢而影响了客户的重大利益，给顾客留下不好的印象，影响了律师顾问业务的持续和扩大。

(四)脑要“勤”

1. 勤于观察,对症下药

律师担任法律顾问,应当为客户提供符合客户具体情况的顾问服务。在开展具体法律顾问活动之前,律师必须细致了解企业的性质、业务、规模、财务、人事以及日常生产经营流程等基本情况,在客户允许的范围之内掌握信息,加以整理,在此基础上制定出适合的服务模式。

例如,对于生产经营型企业,除工商登记的企业基本信息外,律师应当为当事人提供合同制度、生产制度、财务制度等方面的法律服务;对于规模较大的企业,还应当关注企业的工会制度、用工制度以及企业的各种管理制度;对于投融资等投资型企业,律师应当侧重了解企业的投资领域、投资途径、融资渠道等信息;对于规模较大的公司制企业,律师应当了解企业的股权结构、内部管理体制、股东会、董事会、监事会的组成和机制等;对于国家机关或事业单位,律师应当对客户的职权范围、具体工作部门的职能、流程制度等信息予以了解,以利于顾问工作的开展;担任个人法律顾问的,律师应当对客户的基本信息、所从事的行业背景以及客户性格等进行一定程度的了解。

了解客户的基本情况,是为了在有限的服务时间内提供给客户最有效的顾问服务,也有利于律师针对客户的特点,开发新的增值服务,给企业创造尽可能多的经济效益。另外这也是律师避免执业风险的前提。因此,律师在担任法律顾问时,第一步就要做到动脑观察,以达到对症下药、自我防范的目的。

2. 勤于思考、精益求精

很多律师在担任法律顾问时,能做到“有问必答,有事必办”。但是,随着律师行业竞争的日益激烈,市场要求律师提供越来越有效和积极的顾问服务,“被动的负责”已经不能适应法律服务市场的发展要求。因此,担任法律顾问要不断总结思考更为有效的顾问服务模式。

传统的顾问模式主要有以下几种:(1)问一答一型。有问题的时候解答,没问题的时候基本不联系。这种模式显然不能算是好的顾问服务。(2)诉讼为主型。经常询问客户是否有诉讼案件要处理,除此之外鲜有服务。这种模式只着眼于客户是否有诉讼案件,显然不可取。(3)感情联络型。平时精力基本放在与客户“扯家常”联络感情,缺乏专业性的法律指导。这几种都是传统顾问服务中存在的现象,显然已经不能满足当今的法律顾问要求。客户不是要一台“活法典”,也不是要找律师“陪吃陪喝”,更不是要找一名只想从自己身上赚钱的律师。客户需要的是能实实在在为自己预防风险、排忧解难和给自己创造收益的律师。

因此,要把法律顾问工作做好,我们应当不断思考探索更为有效的顾问工作方式。律师要根据客户自身特点,设计有针对性的服务方案、服务模式、收费方法等。这些工作可以体现律师对顾问服务的拿捏能力和用心程度,客户从中可以感受到律师的敬业和水平。此外,我们要摒弃传统的粗枝大叶的服务方式,注意服务内容的精细化。顾问服务不能大而空,要提供具有可操作性的意见,使客户可以明确其中的利害得失,以作出正确决策。我们还要尽可能地为客户提供增值化服务,为客户的日常生产经营提供融合法律、财务、管理等各方面知识的建议和方案。

总之,律师在担任法律顾问活动中,应当勤于思考,不断反思自己工作中的不足,总结完善自己的顾问服务,使自己的服务能得到客户最大限度的认可和赏识,打造自己良好的口碑。

3. 勤于学习,立足前沿

律师是一个充满竞争的职业,要想在竞争中生存并壮大,就需要不断地充电学习,完善自己的知识结构,提高自己的核心竞争力。企业法律顾问是一项综合工程,律师不仅应当学习、更新自己的法律知识,也需要补充学习相关学科的知识。

首先是财务知识。每个企业都有出纳、会计等财务人员,但是作为法律顾问,我们还是需要掌握一定的财务知识的。一方面,作为一名法律顾问,客户潜意识里认为律师应当是一个复合型人才,应当懂财务,如果基本的财务问题都需要询问财务人员,会使客户对律师能力的评价大打折扣;另一方面,财务知识是我们提供某些服务时必须具备的。例如,企业并购、融资、对外投资等业务中,律师仅凭法律知识无法设计合理的方案或提供准确的法律意见。

其次是税务知识。税务知识对律师来说同样重要。律师在提供法律顾问服务时,经常会分析该方案的成本问题。此时往往会涉及方案的税务成本。因此,律师应当掌握基本的税务知识,在顾问活动中为客户争取最优的节税方案或诉讼结果。

律师还需要掌握一定的管理知识。管理可以产生巨大的生产力。律师在为客户提供法律顾问服务，特别是参与协助企业制定生产制度、人事制度、决策制度的过程中，除法律上的考量外，还需要具备一定的管理学知识，这样才能为企业设计出最优的方案，为企业带来额外的增值服务。

四、做好政府法律顾问需要“勤”

党的十八届三中全会提出了关于普遍建立法律顾问制度的要求，党的十八届四中全会进一步作出了“积极推行政府法律顾问制度，建立政府法制机构人员为主体、吸收专家和律师参加的法律顾问队伍，保证法律顾问在制定重大行政决策、推进依法行政中发挥积极作用”的战略决策，这对我们律师开拓政府法律顾问业务来说是一个极好的机遇。关于如何加强学习，提升能力，创新服务，积极作为，努力做好政府的法律顾问，“勤”是必备的条件。

（一）勤于业务学习，提升工作能力

打铁还需自身硬。政府法律顾问工作具有较强的专业性。政府和职能部门的法制工作人员，一般都是某一行政法领域的行家，而律师则在综合法律业务和诉讼方面比他们有优势。律师要做好政府法律顾问，首先自己要充好电。一要学好相关法律法规。政府法律顾问主要涉及行政法，而行政法纷繁复杂。我国没有统一的行政法典，尽管近年来已经制定了一些单行法律，如《行政许可法》《行政处罚法》《行政强制法》等，但在行政主体法、行政行为法、行政程序法、行政救济法等各领域还缺少立法。行政确认、行政给付、行政奖励、行政征收等行政行为以及行政程序方面的规定，均散见于各法规规章之中。而且，行政规章之间互相矛盾的情况也屡见不鲜。因此，学习量很大，需系统梳理。二要学好国家政策和文件。例如，《全面推进依法行政实施纲要》、《国务院关于加强市县政府依法行政的决定》、《国务院关于加强法治政府建设的意见》（已失效），党的十八届三中全会《关于全面深化改革若干重大问题的决定》以及党的十八届四中全会《关于全面推进依法治国若干重大问题的决定》，中共中央、国务院《法治政府建设实施纲要（2021—2025 年）》等。这些内容是我们从事政府法律顾问工作时需要掌握和运用的。三要学习行政管理知识。顾问律师还要学习和了解行政机关的组织框架、运行模式、管理要求和行政程序，以更好地当

好行政机关的“法律参谋”。

(二)勤于履行职责,改进工作方法

律师担任政府和职能部门的法律顾问,具体有哪些职责? 怎样才能履行好职责? 需要仔细分析和研究。我国《律师法》第29条对法律顾问的职责规定得比较简单:咨询、审查、代理和处理委托的其他法律事务。《司法部关于律师担任政府法律顾问的若干规定》虽细化为八项职责,但制定时间较早,缺少近年来政府法制工作的新内容,如参与政府涉法信访、疑难行政复议,重大社会公共事件处理等。近年来,有部分省政府制定了一些关于政府法律顾问工作的规定,部分省律协制定了政府法律顾问工作指引。我们需要综合以上规定,确定具体职责。关于律师从事政府法律顾问工作的思路和方法,应有别于政府内部的法制工作人员,也应有别于企业等其他类别的法律顾问。在参与政府重大决策和规范性文件的草拟审查时,顾问律师既要站在政府管理的角度,又要以法律专家和社会监督者的身份,从行政管理相对人角度来考虑问题,要以类似于上市公司的“独立董事”的身份来参与决策,以独立董事“维护公司的整体利益,维护中小股东的合法权益”的职责要求,来参与政府决策;在代理政府参与诉讼、调解、仲裁和处理重大公共事件时,顾问律师不能混同于一般的代理人,既要尊重有证据证明的法律事实,也要尊重无充分证据证明的客观事实,以维护政府诚信形象,保护行政相对人对政府的信赖利益。

(三)完善制度保障、健全工作机制

律师要做好顾问工作,一要理顺外部关系,二要完善内部机制。目前全国大部分政府的法律顾问模式,是由政府内部法制部门工作人员和外部执业律师及专家学者组成的两结合模式。执业律师在担任政府顾问律师时,要有良好的制度保障。顾问律师要理顺与政府办公厅(室)及法制办的协作关系,并争取取得较好的工作条件和工作报酬。同时,律师事务所内部要完善法律顾问工作制度,如顾问律师的日常工作记录制度、法律文书审查登记制度、疑难事务讨论制度、团队协作制度、保密制度、联络协调制度、文书归档制度等各项环节的制度,使政府法律顾问工作制度化、规范化。

（四）健全考核制度、强化业务监督

一是要对顾问律师的推荐选聘进行考查，把好入门关。采用科学的考核办法，把具有较高政治觉悟和较强业务水平的律师，选派到政府法律顾问岗位。入选律师应当具有四个方面的知识结构：(1)具有较高的法律专业水平；(2)具有较强的逻辑思维和文字表达能力；(3)熟悉与顾问工作相关的专业知识；(4)具有一定的社会阅历。二是要对顾问律师的履职情况进行考评。除政府对顾问律师的每年履职情况进行考评和反馈外，在律师事务所内部还应经常对顾问律师进行业务监督。对于工作不尽责或者业务能力不适应、不宜继续担任该政府法律顾问的，应与政府及时沟通协商更换。

（五）协助政府防范行政法律风险

2014 年修正的《行政诉讼法》对政府及工作部门的依法行政提出了较高的要求，主要增加了以下几项行政法律风险：一是加大了行政机关在行政诉讼中的责任；二是扩大了行政诉讼的受案范围；三是延长了行政相对人的起诉期限；四是法院对规范性文件及民事争议的一并审查处理制度；五是加重行政机关责任的一些其他规定。面对这些新增的行政法律风险，最有效的防范措施是政府部门自身严格依法行政。在此之中，律师可以扮演很重要的角色，协助政府顾问单位做好风险防范工作：一是提醒政府顾问单位加强行政执法队伍建设，提高法治思维能力；二是协助政府顾问单位健全行政决策机制，依法科学民主决策；三是做好政府规范性文件的审查工作，为政府重大决策和行政执法行为提供法律咨询意见，督促政府顾问单位严格行政执法，减少行政争议；四是做好普法宣传工作，通过开展讲座等，给政府顾问单位的工作人员讲解新的行政诉讼法，提高其行政执法新水平。

五、做好企业法律顾问需要“勤”

我国的企业法律顾问制度与政府法律顾问制度一样，从 20 世纪 80 年代开始，经历了起步阶段、有序推进阶段，直到现在的全面发展阶段。最初是在大型国有企业、金融机构开始推行，现在已在不同所有制不同行业大中小企业“全面开花”。对律师来讲，企业法律顾问的工作内容是最纷繁复杂的，但也是最能积

累各方面知识且最有挑战性的。

(一)企业法律顾问要勤于学习与企业相关的法律

作为企业法律顾问的律师,除需要具备一般律师的法律知识外,还需要通晓与经济有关的法律。一是有关企业与公司组织结构的法律,如公司法、各类企业法等;二是有关财产权利的法律,如《民法典》的物权编及其中的所有权、用益物权、担保物权等,债权编及其中的各类合同的法律规定,以及无形资产如商标、专利、著作权、商业秘密等知识产权法律;三是有关市场竞争和规制的法律,如反不正当竞争法、反垄断法、招标投标法、产品质量法、广告法、消费者权益保护法等;四是有关宏观调控和综合管理的法律,如计划法、财税法、自然资源法、环境保护法等;五是有关劳动和社会保障的法律,如劳动法、劳动合同法、社会保险法、安全生产法等;六是有关纠纷处理的法律,如仲裁法,民事、行政、刑事三大诉讼法等。作为顾问律师应结合企业的情况,重点学好用好其中与顾问单位生产经营密切相关的法律。

(二)担任企业法律顾问后要做的具体工作

一是全面了解企业基本情况,包括企业性质、管理架构、运营状态、业务流程等;二是协助企业建立和完善法律风险控制管理体系,包括合同管理、劳动管理、规章制度管理、知识产权及商业秘密管理,员工法律风险防范培训等;三是提供日常法律服务,包括提出法律咨询意见,参与重大经济活动谈判,审查修改合同等法律文书,为企业出具律师函、法律意见书等文书,处理企业内部和外部的法律事务和法律纠纷;四是建立企业法律顾问工作档案:建立顾问工作台账,留存工作日志、工作底稿及相关法律文书,定期向顾问单位和所在律师事务所提交工作总结。

(三)企业法律风险防范和企业合规

首先,顾问律师应助力企业提高法律风险的防范意识。什么是风险?风险就是损失的可能性。通俗地说,风险就是像“风”一样的危险,具有客观性、不确定性、相对性的特点。风险无时不有、无处不在,因此应当警钟长鸣,未雨绸缪。风险包括自然风险和社会风险,社会风险中包括了法律风险。企业法律风险存在于企业从设立到终止的全过程，特别是企业的生产经营过程中。企业法律风险可分为民事、行政和刑事三类，其中民事风险最为常见，刑事风险最为严重，有时三种风险同时产生。如企业生产的产品被认定为假冒伪劣产品，一是承担民事责任——向受害人赔钱，二是行政责任——企业被罚款或被责令关停，三是刑事责任——责任者坐牢。企业法律风险具有法定性、普遍性、严重性的特征，但同时又具有可预测性的特征，因此，防范企业法律风险是顾问律师最重要的工作。

其次，顾问律师应助力企业落实法律风险防范措施。2012 年 2 月，国家标准化管理委员会发布了《企业法律风险管理指南》（以下简称《指南》），标志着我国企业法律风险防范上了一个新的台阶。《指南》对企业法律风险下的定义是：“基于法律规定或者合同约定，由于企业外部环境及其变化，或者企业及其利益相关者的作为或者不作为导致的不确定性，对企业实现目标的影响。”《指南》确定了法律风险管理过程 4 个阶段。一是明确法律风险环境信息；二是法律风险评估，包括风险识别、分析、评价；三是法律风险应对；四是监督与检查。此外，《指南》还规定了企业法律风险管理实施具体机制和措施等，为企业防范法律风险提供了系统性的指引。《指南》不仅对大中型企业的适用性较强，对小企业也有参考价值，同时也是顾问律师指导企业落实法律风险防控措施的重要文件。2023 年 6 月 12 日，国务院国资委还印发了《中央企业法律纠纷案件管理办法》，这是继国资委 2022 年 8 月颁布《中央企业合规管理办法》之后又一部重要行政规章。《中央企业法律纠纷案件管理办法》共 7 章 39 条，规定了指导思想、组织职责、管理机制、重大案件管理、中介机构管理、奖惩等内容，有很多立足时代背景的亮点和创新，如界定了向国资委备案报告的重大案件的范围，鼓励企业内部法务人员直接代理案件，要求建立健全涉外案件管理机制，鼓励中央企业之间纠纷协商解决，强调同一央企内部纠纷可以协调解决等。这些规定直接影响中央企业，对央企之外的其他各类企业的法律管理也有重要借鉴引导意义。

最后，顾问律师应助力企业完善合规制度。关于企业合规制度的内涵和外延，通俗地说，“合”是符合，“规”是规则，包括三方面：一是法律法规和规范性文件；二是商业行为守则和企业伦理规范；三是企业规章制度。由此可见，企业合规的概念大于法律风险防范。企业合规的目标，不仅是防范法律方面的风险,还要防范违反行业惯例、职业道德和规章制度等方面的所产生的风险。我国的企业合规制度,从21世纪初国有金融机构制定规范性文件开始,经历了从无到有、不断完善的过程。2017年12月,国家标准化管理委员会发布《合规管理体系　指南》;2018年11月,国务院国资委发布《中央企业合规管理指引(试行)》;两部门在四年后,对原有的合规管理规定均进行了升级。2021年10月,国家标准化管理委员会发布《合规管理体系　要求及使用指南》;2022年8月,国务院国资委又制定了《中央企业合规管理办法》。可见我国对企业风险防控十分重视,管理规定迭代速度快,管理措施要求不断提高。目前我国各类不同性质、行业、规模的企业都在进行合规建设和完善,合规风险识别的领域,现主要聚焦在反贿赂、招投标、安全生产、环境保护、产品质量、公司治理等方面。企业合规工作需要律师介入,顾问律师大有用武之地。

六、担任法律顾问的其他注意事项

(一)要做帮助型的顾问不做仆人型的顾问

当好一个法律顾问,要树立正确的服务理念。有的律师认为法律顾问就是聘用单位的员工,聘用单位需要的服务,律师就应当尽力提供。这种观念是错误的。"顾问"是指在某个领域的知识和技能上达到专家程度的人。顾问提供的意见和服务应当是独立和中立的。因此,律师担任法律顾问,也要把自己置于一个独立于聘用单位的角色。这种独立性,是指律师应当从一个中立的角度为当事人去分析法律问题,提出客观可靠的法律意见,避免将自己与当事人的利益混同,或简单地把自己当作顾问单位聘用的员工而"唯命是从"。例如,顾问单位迫切地想获得一份回报丰厚的业务合同,但是该合同中附有苛刻的履约条件和高额的违约金。对于该份合同的审查,顾问律师不可因聘用单位强烈的签约意愿而轻易附和,而是应当更加全面地提醒当事人注意合同风险。否则,顾问律师的工作就与当事人混为一体,失去了中立性。

除了保持中立性,顾问律师还要避免好大喜功引起的法律风险。顾问律师应当注意提供合法合规的顾问意见,不应刻意显示自己的"才能"而脱离依法执业这一基本的原则。例如,合法的节税操作是法律所允许的,但是避税措施甚至是游离于非法边缘的逃税方案,是被法律所禁止的。律师在为当事人规范和设计税务制度时，应当严格按照税法规定提供律师意见，不要为了显示自己的能力而提出可能涉及违法的避税和逃税的主意，最终只会害了顾问单位甚至也害了自己。

（二）用心制定顾问服务的内容

评价顾问律师服务水平的一个重要内容，就是律师为当事人提供的服务内容。高水平的顾问服务，应当是个性化、体系化和增值化的服务内容。

个性化服务是现代顾问服务的主要趋势，要求律师为顾问单位设计一套适合其自身特点的服务内容。每个服务对象都有不同的行业背景、企业规模、人员结构以及运行制度等。律师对于不同的服务对象，应当具体问题具体分析，对症下药方能有所成效。例如，制造业和建筑业属于不同行业类别，企业运行中涉及不同的行业规范、监管部门、运作方式和人员管理模式。对此律师可以为当事人制定不同的服务模式：制造业特别注重销售环节的买卖合同审查以及供货收货方面的法律风险防范；建筑业特别注重前期招投标环节、项目建设过程中的分包和建造管理以及工程收尾阶段的竣工验收等环节的风险防范。由此，律师的顾问服务也可以针对这些不同的侧重点进行精心设计。除不同行业的特点外，律师还可以根据服务对象的不同，如企业、事业单位或者国家机关；对象规模的不同，如个人法律顾问、小型企业或者大型企业等差别来设计不同的服务内容、服务时间、服务场所等，以达到最好的服务效果，并让当事人切实感受到律师的专业水平和敬业精神。

体系化要求，是指律师提供的法律顾问服务应当是系统化、全面化和制度化的，而不是零星、随意的。律师应当根据顾问单位的特点，设计一套全面的顾问服务方案。例如，担任一家进出口公司的法律顾问，我们可以安排定期的法律培训讲座，讲解进出口业务中涉及的各项新的法律规范和部门规章；定期将公司主管和业务员的咨询总结归纳，起草阶段总结性的书面意见；定期对公司业务中涉及的各种合同进行重新审查和完善，以适应新的业务需要。通过这种体系化和制度化的顾问服务，有利于企业运行中及时总结完善，时刻保持“法律指标”的健康。

增值服务，是指律师为当事人提供委托合同约定之外的额外服务。律师提供的法律服务有别于一般的商品或简单的服务，律师涉及的法律事务往往融合在一个复杂的交易或事务之内,因此律师在完成当事人的委托之外,还可以就当事人的事务为当事人作出更为全面和超出纯粹法律范畴之外的延伸意见,为当事人提供额外的"金点子"。例如,律师在担任法律顾问时,可以根据自身的经验能力,对法律服务过程中发现的企业管理等问题,提出自己的法律建议;或者根据在参与商业谈判过程中发现的商机,为当事人作出可行性的法律分析建议;或者在代理顾问单位参与诉讼时,向当事人全面分析该诉讼可能对企业今后运行带来的利弊得失。可见,律师在担任法律顾问时,除了"老老实实"地完成受托工作外,还应当适当超越受托范围,为当事人提供更加全面和超值的服务。

(三)如何拓展法律顾问业务

顾问单位不仅可以给律师带来稳定的顾问费收入,还是顾问律师的"根据地",可以给律师提供充足的案源,向来是律师业务开拓的重点。实践中,一般律所的顾问费收入占全所律师业务收入的1/3或以上。如何开拓法律顾问业务,是每个律所和律师关心的问题。

关于开拓法律顾问新客户的方式,在实践中有推荐、自荐、慕名聘请、招投标等方式,聘请方的聘请动机有:实际需要、应付上级、招揽生意、吓唬他人、碍于情面等情况,律师在确定是否建立顾问关系时,需要根据不同情况分别处理。对于聘请动机是为了利用律师影响力招揽生意的或对抗执法机关,以及有违法经营可能性的聘请方,需要特别注意并重点考察。

聘请程序一般需要通过洽谈—考察—签约的"三部曲"。在洽谈前,律师应对聘请单位的基本情况进行网上查询,做到心中有数。洽谈时,要针对聘方的生产经营范围所涉的法律需求进行了解;对需要上门"拜访"的单位,应通过考察,进一步核实其实际情况,确定是否接受聘请,如接受聘请,应配备合适的律师和确定合适的收费。

法律顾问的收费方式,有固定收费、计时收费、两结合收费等方式,收费标准可以根据聘请单位的性质、规模程度、注册资本和产值、法律服务工作量大小等因素协商确定,也可以由律师提出报价表(详见本章后附录8-1),由聘请方选择。

开拓法律顾问业务,首先要与当事人建立起充分信任。律师担任法律顾问，有不少是通过朋友介绍或在社会活动中结识的，还有的是在诉讼中不打不相识的。律师与当事人见面之后，就应当通过展示自己的性格魅力和工作能力，与当事人建立起初步的信任关系，有了信任就有了下一步合作的机会。其次要有开发顾问单位的合适策略。很多当事人不愿意聘请法律顾问，有的因为自身涉诉可能性低，不愿意支付固定的顾问费用；有的因为以前聘请过法律顾问但对律师服务不满意；还有的有聘请顾问的意愿，但不愿支付过高的律师费。律师应当在与当事人交谈中去发现当事人内心的想法，从而有针对性地调整应对策略。再次要善于在现有基础上进一步拓展。例如，担任某企业法律顾问时，该企业有总公司、子公司或者关联公司，顾问单位的投资人也可能有其他投资企业，这些都是律师可以开发的资源，对此要“近水楼台先得月”，就近开发积累。最后也是最重要的，就是要为已有的顾问单位提供全面、可靠和超值的顾问服务，建立良好的口碑，积累足够的潜在资源。

（四）注意担任法律顾问的职业准则

律师担任法律顾问是一项综合性的服务，可能会涉及方方面面的执业状况。很多律师把全部精力投入不断开拓业务，或只关注代理诉讼业务中的风险，却容易忽视担任法律顾问中的执业陷阱。对此，我们要时刻保持警惕，严格遵循律师职业准则，以避免各种风险。

首先是利益冲突问题。律师接受某项法律事务，如果与自己担任的顾问单位有利益冲突，律师应当予以回避，终止该项法律事务的代理。很多律师遇到这种情况时，会安排本所其他律师代理或者介绍给其他律所律师代理，这些严格来说都是违反律师职业守则的。因此，在鱼与熊掌不能兼得的情况下，我们应当有所取舍，不能因小失大。

其次是保密义务。律师担任法律顾问，应当对在执业过程中知晓的顾问单位的各项商业秘密、知识产权等信息严格保密。有些律师在工作中为了炫耀自己的业务成绩，往往会刻意与他人聊自己顾问单位的某些重大业务或内部信息。殊不知这种炫耀往往会让自己丢失客户，严重时甚至会为自己招来法律风险。因此，我们应当注意保密工作，注意守口如瓶。需要注意的是，有时候自己担任的几家顾问单位之间可能也存在利益冲突或其他潜在矛盾，对此律师也不能在自己的客户之间宣扬所知信息。

再次是防止不正当竞争。担任法律顾问的律师以及律师事务所，特别是从事政府法律顾问业务的，应当严格避免同行业的不正当竞争，不得利用法律顾问的身份，用不正当手段排斥其他律师事务所和律师的正当竞争。

最后还要注意利益回避。律师担任法律顾问时，应当注意不能利用顾问这一便利条件，获得顾问单位合同范围之外的利益。律师从顾问单位取得利益，一般只能是顾问费。有些律师在担任法律顾问过程中，会经常利用所知信息或所得条件，获得顾问单位的各种利益，如交易利益或诉讼利益。例如，顾问单位财产的处置拍卖中，律师应当避免自己或指派他人参与竞拍获利；顾问单位对外进行商业交易，律师不应以自己直接或间接参与的组织，作为交易的另一方；律师不应自己直接或间接参股从而成为企业的投资人或管理人员。这些行为都违反了利益回避准则，应当予以禁止。

附录 8-1　常年法律顾问服务项目及收费标准

北京浩天(杭州)律师事务所

常年法律顾问服务项目及收费标准

服务项目	5 万元/年 咨询型介入程度较低	10 万元/年 咨询、事务型介入程度适中	15 万元/年 事务、常务型介入程度适中	20 万元/年 派驻型介入程度较高	30 万元/年 派驻型介入程度高	30 万元以上 另行协商
日常法律咨询(电话、微信、邮件)	20 次	30 次	不限	不限	不限	……
审查、修改合同、文函、规章制度、配套文件等	10 份	15 份	20 份	30 份	40 份	……
起草合同、规章制度、配套文件等	5 件	10 件	15 件	20 件	25 件	……
出具律师函	5 份	10 份	15 份	20 份	30 份	……
专题法律培训	1 次 (2 小时)	1 次 (2 小时)	2 次 (2 小时)	2 次 (2 小时)	3 次 (2 小时)	……
诉讼前介入分析、收集证据、整理诉讼方案	1 次	2 次	3 次	4 次	5 次	……
参与事务谈判、起草、审查相应文件	—	1 套	2 套	3~5 套	5~8 套	……
律师前往/派驻顾问单位	半年度	季度	月度	半个月	每周	……
法律服务工作书面反馈	年度	年度	年度	年度	半年度	……
代理诉讼、仲裁、复议收费标准	浙江省最低收费标准的 90%	浙江省最低收费标准的 85%	浙江省最低收费标准的 80%	浙江省最低收费标准的 75%	浙江省最低收费标准的 70%	……

注：1. 以上各项法律服务项目为本年度免费服务事项，服务次数原则上以本表所列次数为限，如需增加服务次数或提供表外服务内容，双方可另行协商收费；

2. 律师参与重大项目法律事务谈判并提供配套法律服务的，由双方参照本所非诉讼服务的收费标准，另行协商计费；

3. 在按照本所收费标准的基础上，主办律师可根据实际情况、法律事项的复杂程度等，适当增、减非诉类服务项目或服务时间。

附录 8－2　法律顾问单位基本情况登记表

×××××律师事务所法律顾问单位基本情况登记表

（　　）××律顾字第____号

<table>
<tr><td>顾问单位</td><td colspan="2"></td><td>法定代表人</td><td></td></tr>
<tr><td>住所地</td><td colspan="2"></td><td>邮政编码</td><td></td></tr>
<tr><td>联系电话</td><td colspan="2"></td><td>传真</td><td></td></tr>
<tr><td>合同签订日期</td><td colspan="2"></td><td>电子邮件</td><td></td></tr>
<tr><td>合同期限</td><td colspan="2"></td><td>顾问费用</td><td></td></tr>
<tr><td>顾问单位的
基本情况</td><td colspan="4"></td></tr>
<tr><td>顾问单位的
主要法律服务需求</td><td colspan="4"></td></tr>
<tr><td>负责人意见</td><td>签订意见</td><td></td><td>归档意见</td><td></td></tr>
<tr><td>财务意见</td><td>缴费意见</td><td></td><td>归档意见</td><td></td></tr>
<tr><td>备注</td><td colspan="4"></td></tr>
</table>

附录 8－3　政府法律顾问聘用合同

政府法律顾问聘用合同

（　　）　　字第　号

聘请方(甲方)：　　　　　　　　　　住所地：

法定代表人：

应聘方(乙方)：　　　　　　　　　　住所地：

负责人：

甲方为全面推进依法行政，加快法治政府建设，根据中央关于普遍建立法律顾问制度的要求，聘请乙方指派律师担任法律顾问。乙方根据《中华人民共和国律师法》等法律规定，接受甲方聘请。双方按照平等自愿、诚实信用原则，经协商一致，于________年____月____日订立本合同。

1. 法律顾问工作范围

甲方聘请乙方律师为法律顾问，在下列方面应甲方要求提供法律服务：

(1)为甲方行政管理中的重大决策和行政执法行为，提供法律咨询意见；

(2)对甲方草拟的规范性文件进行合法性审查，从法律方面提出修改和补充建议；

(3)参与处理涉及甲方尚未形成诉讼的民事、商事、行政和其他重大纠纷；

(4)优先代理甲方参加诉讼或仲裁活动，协助甲方处理重大涉法事件；

(5)协助甲方审查重大经济合同、经济项目以及重要的法律文书，参与甲方重大项目的谈判及合同签订等工作；

(6)参与甲方重大行政复议案件、疑难信访案件的研究讨论，对涉及甲方的社会公共事件提出法律意见和建议；

(7)协助甲方进行法制宣传教育；

(8)办理甲方委托的其他法律事务。

2. 顾问律师

(1)乙方根据甲方的聘请要求，指派______律师、______律师担任甲方的法律顾问(以下简称顾问律师)。

(2)经甲方同意，顾问律师在必要时可以将部分法律顾问工作交由乙方的其他律师及助理人员协助完成。

(3)本合同履行过程中，顾问律师因合理原因(包括正常调动、离职、时间冲突、回避、身体状况等)无法继续或暂时不能提供服务时，乙方应及时告知甲方，经双方协商由其他合适的律师接替。

3. 聘请期限

(1)乙方为甲方提供法律顾问服务的期限为____年，自________年____月____日起至________年____月____日止。

(2)合同期满需续签法律顾问合同的，由双方在合同期满前30日内续签。甲方单方通知或支付新年度顾问费的，视为续签。

4. 法律顾问费

(1)每年为人民币________元,本合同总金额为人民币________元。乙方收到甲方支付的常年法律顾问费后,应当向甲方出具正式税务发票。

(2)上述法律顾问费按年度支付,首期法律顾问费甲方应于本合同签订后10日内一次性支付,以后每年的法律顾问费在____月____日之前支付。

(3)本法律顾问费不包括顾问律师代理诉讼、仲裁、专项非诉讼法律服务的费用。顾问律师代理甲方参与诉讼、仲裁、非诉讼专项法律服务的,应另行签订委托合同另行收费,但可以按××省律师服务收费标准优惠收费。

5. 其他费用

顾问律师履行顾问职责时的有关费用开支由甲方另行负担,如交通、住宿、通信、文印、查档费等。

6. 顾问律师的义务

(1)顾问律师必须遵守职业道德和执业纪律;

(2)顾问律师应当依法履行职责,勤勉尽职,在本合同约定范围内维护甲方的合法权益;

(3)顾问律师应当在甲方授权范围内履行职责,不得超越职权;

(4)顾问律师对在履行职责过程中知晓的国家机密、商业秘密负有保密义务。

7. 甲方的义务

(1)为顾问律师开展法律顾问工作提供必要的工作条件。

(2)向顾问律师提供与法律顾问事务有关的文件及资料。

(3)在召开与法律顾问工作有关的会议时通知顾问律师或事后告知顾问律师。

(4)委托顾问律师办理的法律事务情况发生变化,应及时告知顾问律师。

(5)甲方指定______为顾问律师的联系人,负责转达各方的工作要求和意见,传递文件和资料等。联系人发生变动,应及时通知顾问律师。

(6)按照约定支付常年法律顾问费和其他费用。

8. 利益冲突

根据律师执业规范的要求,顾问律师不得为与甲方存在利益冲突的对方当事人提供法律服务。在发生利益冲突的情况下,顾问律师应当回避。

9. 合同的解除、终止履行

在本合同存续期间，任何一方不得擅自解除合同。但有下列情形之一的，可以解除：

(1)经双方协商一致，各方可以提前解除合同；

(2)如顾问律师不履行法律顾问职责情节严重，甲方有权解除合同，但应书面通知乙方；

(3)如甲方未按照本协议约定支付常年法律顾问费，且逾期超过30日，乙方有权解除本合同，但应书面通知甲方。

10. 争议解决

双方因合同履行发生争议的，应当协商解决；协商不成的，由原告所在地人民法院处理。

11. 其他约定

(1)________。

(2)________。

12. 合同生效

(1)本合同自双方签署之日起生效。

(2)本合同一式____份，双方各执____份，具有同等法律效力。

(本页以下无正文)

聘请方(甲方)：　　　　邮政编码：

代表人或代理人：　　　　联系电话：　　　　传真：

电子邮件：

应聘方(乙方)：　　　　邮政编码：

代表人或代理人：　　　　联系电话：　　　　传真：

电子邮件：

开户银行及账号：

年　　月　　日

附录8－4　法律顾问实务操作指引

××省律师担任政府法律顾问实务操作指引

第一条　为指导和规范我省律师的政府法律顾问业务，保证服务质量，增强各级人民政府及工作部门对法律风险的防范和化解能力，推进和保障政府法律顾问工作，根据《中华人民共和国律师法》《司法部关于律师担任政府法律顾问的若干规定》等法律法规规章的规定，以及中华全国律师协会《律师法律顾问工作规则》《律师办理法律顾问业务指引》等行业规范，制定本指引。

第二条　本指引所称的政府法律顾问业务，是律师依法担任各级人民政府或工作部门的法律顾问，以自己的法律专业知识和技能为聘请方提供法律服务的专业性活动。

第三条　律师担任政府法律顾问的依据是《中华人民共和国律师法》《司法部关于律师担任政府法律顾问的若干规定》等法律法规及规章。

律师担任政府法律顾问的形式和种类主要分为：常年法律顾问和专项法律顾问。常年法律顾问是指顾问单位在较长时间内持续聘请律师担任法律顾问。是律师担任法律顾问的主要形式，具有服务时间经常性、服务内容多样性和综合性的特点。专项法律顾问是指顾问单位为完成或处理某项法律事务而临时聘请律师担任的法律顾问，具有服务时间短期性和服务内容单一性的特点。

第四条　政府法律顾问的业务范围及职责，是为顾问单位就有关法律问题提供意见，草拟、审查法律事务文书，代理参加诉讼、复议、调解或者仲裁活动。维护顾问单位的合法权益。具体业务和职责是：

（一）为政府行政管理中的重大决策和行政执法行为，提供法律咨询意见；

（二）对政府草拟的规范性文件进行合法性审查，参与政府的立法项目研究和论证，从法律方面提出修改和补充建议；

（三）参与处理涉及政府尚未形成诉讼的民事、商事、行政和其他重大纠纷；

（四）代理政府参加诉讼或仲裁活动，协助政府处理重大涉法事件；

（五）协助政府审查重大行政合同、经济合同，以及其他重要法律事务文书，参与政府重大项目的谈判及合同签订等工作；

（六）参与政府重大行政复议案件、疑难信访案件的研究讨论，对涉及政府的社会公共事件提出法律意见和建议；

（七）协助政府进行法制宣传教育和培训工作；

（八）办理政府委托的其他法律事务。

第五条　律师为政府提供法律顾问服务，除了依法履行职责，维护顾问单位的合法权益，还应当遵循以下原则：

（一）保密原则。律师在担任法律顾问过程中，对其提供法律服务过程中接触、了解到的国家秘密、商业秘密、不宜公开的情况及个人隐私负有保密的义务。在顾问合同到期后，亦应当视为后合同义务而予以保密，严格恪守行业规范及执业道德。

（二）防止利益冲突原则。担任政府法律顾问的律师以及律师事务所，如果与相对方有利害关系，应依照律师执业避免利益冲突的相关规定，采取措施避免利益冲突，防止争议及纠纷的产生。

（三）防止不正当竞争原则。担任政府法律顾问的律师以及律师事务所，应当严格避免同行业的不正当竞争，不得利用政府法律顾问的身份，用不正当手段排斥其他律师事务所和律师的正当竞争。

（四）独立原则。律师作为政府法律顾问，从事法律服务活动时具有相对独立性，任何单位和个人不得强制要求律师违法出具法律意见。

第六条　根据政府法律顾问业务的特点，律师在办理政府法律顾问业务过程中可采取以下工作方法：

（一）了解情况：主要了解顾问单位的基本情况、管理架构、部门结构、工作流程，法律要求；

（二）接受委托：接受顾问单位的相关法律咨询，对规范性文件和合同进行审查，参与论证，代理诉讼或仲裁等相关法律事务；

（三）提供服务：接受顾问单位的相关委托后，按照受理的不同工作内容，办理相应事项，提供相应的法律服务；

（四）记录归档：对于提供的法律服务内容及时记录，按照法律服务的类型分别进行总结、记录和归档；

（五）总结考评：总结专项或年度服务情况，由顾问单位和所在律师事务所对顾问律师的服务质量和工作内容做综合评价。

第七条　律师担任政府法律顾问，应当根据不同的法律服务内容，制作不同的法律服务文书，形成书面工作成果，可采用如下工作形式：

（一）根据法律服务方式的不同，律师法律文书分为建议性法律文书、说明性法律文书、请示性法律文书、记录性法律文书。

（二）根据法律服务事项的不同，律师法律文书有《法律意见书》《律师建议书》《法律风险提示》《法律信息提示》等。

《法律意见书》是针对合同、法律文件、其他重大行政事项涉及的法律问题，提出法律分析或修改意见，提出解决方案的分析性法律文书。

《律师建议书》是针对顾问单位行政管理和行政执法的现状，根据国家法律法规提出改进方案的建议性法律文书。

《法律风险提示》是在顾问单位涉及的法律问题不适合出具法律意见书或法律建议书，或者仅需对某种法律风险作出一般提示的情况下，提出的风险提示法律文书。

《法律信息提示》是律师提供给政府顾问单位，可能对政府行政管理有重大影响的新法律、法规、规章或政策信息等资料或其索引。

第八条　律师的工作记录。律师对所做的政府法律顾问工作，应当建立完善的工作记录制度。可以采用《工作日志》《法律顾问服务记录》《会议纪要》等形式，对政府法律顾问工作过程中涉及的服务内容、程序及相关建议、处理结果进行记录。

（一）《工作日志》。工作日志是律师服务事项的简单记录，以日期为程序进行记录。

（二）《法律顾问服务记录》。法律顾问服务记录是律师服务过程中，根据服务事项填写的记录性表格，表明重点服务内容、律师意见等主要事项。

（三）《法律咨询记录》。法律咨询服务记录是律师对于顾问单位口头或电话咨询事项，填写的记录性表格。

（四）《会议纪要》。会议纪要是律师参与顾问单位召开的会议或者律师与顾问单位进行法律服务事项会谈时，所制作的记录性法律文书，会议纪要按照固定格式制作和管理。

第九条　律师参与政府重大决策和重大事项法律论证。对政府拟作出的重大决策和拟决定的重大事项，从法律角度进行评估，从主体上、程序上、实体内容上审查论证其合法性、合理性。

（一）主体审查：拟作出重大决策的政府工作部门是否合格的行政主体，有无超越法定权限（包括级别权限和部门权限）的情况。

（二）程序审查：方案的拟订、决策的作出、审批、公示、发布等是否符合法定程序，是否符合党的十八届四中全会《关于全面推进依法治国若干重大问题的决定》中公众参与、专家论证、风险评估、合法性审查、集体讨论决定这五步骤重大行政决策法定程序。

（三）实体审查：相关决策事项涉及的行政权力有无明确的法律法规依据；方案的内容是否符合法律、法规、规章规定。

第十条 律师参与地方立法和地方政府规范性文件的制定和修改。参与地方法规、规章、政府规范性文件的制定和修改，重点审查内容包括：

（一）合法性审查：主要进行冲突审查，审查地方法规、规章、规范性文件有无与上位法相冲突的情形。

（二）权限审查：对规范性文件，重点审查规范性文件不得设定的事项，如行政处罚事项、行政许可事项、行政强制措施等应当由法律、法规或者上级行政机关规定的事项；有无自我授权等。

（三）合理性审查：有无地区封锁、行业保护、行政垄断；有无违法限制或者剥夺公民、法人或者其他组织权利；有无规避自身法定义务；所规定的管理措施是否适当；政府及各部门规范性文件是否协调等。

第十一条 律师代理政府参加诉讼、仲裁、非诉讼活动。律师在代理政府及工作部门参加诉讼、仲裁、非诉讼活动时，应注意维护政府形象和诚信，保护行政相对人对政府的信赖利益，不能混同于一般案件的代理，律师既要尊重有证据证明的法律事实，也要尊重无充分证据证明的客观事实，依法尽职代理案件，依法合理解决争议。

第十二条 律师为政府重大经济项目提供法律服务。协助政府对重大招商引资、投资、合作等经济项目，从项目的立项审批、项目招投标、项目实施到项目验收全过程进行合法性审查，对相关参与方的主体资格、资信状况、交易背景等进行详尽的尽职调查，对有关交易结构、交易条件、法律风险等作出准确的法律评价，提出审慎尽责的法律意见，作为政府评估法律风险、作出决策或审批、核准的重要参考：

（一）法律可行性。根据双方项目框架协议确定的交易模式、交易结构和交易条件，结合我国有关法律法规的规定，论证该项目的法律可行性；在遇到相关法律障碍时，通过交易结构的重新设计、合作模式的调整或重新选择等方式，提供可行的法律解决方案。如遇到无法克服的法律障碍，应指出其法律风险及相关的法律依据。

（二）决策程序合法性。审查是否属于依法必须招标的项目；是否需要上级主管部门的批准手续；审批部门是否具有法定审批权。

第十三条 律师参与办理涉法涉诉信访案件处理。律师参与处理信访案件，应当遵循以下原则：

（一）合法合规。律师对接受委托的信访案件进行核查、分析、评估，要以事实为依据，以法律、行政法规、行政规章为准绳，严格按照法律规定提供法律咨询或出具法律意见书。

（二）尊重事实。律师参与办理化解、调解信访矛盾的，要认真分析矛盾产生的根源，对责任单位的化解方案进行相应的法律分析，以切实保障信访人和责任单位的合法权益。

（三）调解原则。律师参与信访案件，应利用自身法律专业水平和中立第三方的客观地位，积极发挥律师的调解作用。同时，对于暂时无法化解的信访案件要配合信访部门做好信访人的答疑工作，避免群体事件发生。在负责日常信访接待时，应重视对初信初访矛盾的评估和化解力度，使信访矛盾及时解决在基层。

（四）遵守信访程序规定。律师参与信访核查终结工作，应当依照《信访条例》等相关政策法规，对事实依法核查、依法按政策出具相应的法律意见。

第十四条 律师参与重大突发事件的处理、协调和善后工作。律师接受政府委托，参与协助处理重大突发事件和重大涉法案件，参与调查、调解等活动，为委托人提供法律咨询，评估处理方案。

（一）协助调查。律师可以接受政府委托，参与政府依法成立的调查组织，作为调查组成人员，协助调查了解有关事实，进行法律评估；或者作为政府方面法律顾问，了解有关事实，提供法律咨询。

（二）善后处理。律师接受政府委托，与其他专业技术人员共同会商评估，制订处理、救助、补偿、抚恤、安置等善后工作方案并组织实施，妥善处置突发事件引发的矛盾纠纷。

第十五条　律师参加政府的有关会议。律师参加政府有关会议，应当就涉及的法律问题进行发言，发表法律意见。对于确有法律障碍的事项，根据不同情况提出律师建议：

（一）原定操作方式不符合法律规定，但有其他合法方式的，律师应在了解政府决策的目的和想要达到的效果后，为其设计合法的替代方案。

（二）律师认为会议讨论事项涉及重大法律问题，需要进一步进行法律论证的，应当指出法律问题及进一步论证的必要性。律师可以根据实际情况提议在会后进行法律论证，待法律论证后向政府提交《法律意见书》。

（三）涉及事项属于违法事项且无其他合法替代方案，或者存在不可避免的重大法律风险的，律师应当对违法性及违法后果予以说明。

（四）律师参加顾问单位会议应当恪守律师职业道德和执业纪律，严守职业秘密。

第十六条　律师参与法治宣传与法律培训。律师根据政府顾问单位的要求，可以采取定期或不定期的方式，为顾问单位进行法律培训及举办讲座。培训的内容应当结合顾问单位的实际情况，注重培训结果，对培训效果进行定期回访。

第十七条　律师担任政府法律顾问工作中要做好以下防范措施，以避免因服务不到位、法律适用不当、工作方法不当而产生的风险：

（一）加强业务学习，提高自身素质和工作能力；

（二）明确工作职责，树立良好的工作作风及工作责任心；

（三）完善制度保障，健全工作机制，减轻及防范风险；

（四）对顾问单位的不适当或违法要求，律师应予拒绝，并阐明拒绝办理的依据。

第十八条　签订法律顾问聘应合同。律师担任政府法律顾问，应当在协商一致的基础上，由政府或工作部门与律师事务所签订《政府法律顾问聘应合同》。聘用合同采用书面形式，包括以下主要条款：

（一）聘请方及应聘方的名称、住所、联系方式；

（二）担任法律顾问的律师姓名、执业证号；

（三）法律顾问的工作范围、工作方式、履行职责的权限；

（四）聘请期限；

（五）法律顾问费及其他费用的支付标准和办法；

（六）双方约定的权利、义务；

（七）聘方为保证法律顾问职责的履行所提供的必要工作条件和物质保障；

（八）顾问律师应具有的知情权等权利；

（九）合同的变更和解除；

（十）违约责任及解决争议的方法。

律师事务所与具有行政管理职责的事业单位以及具有法定授权组织签订法律顾问合同，适用本指引。

第十九条 律师与顾问单位签订法律顾问合同后，应依照法律顾问合同的规定或聘请方的授权委托提供法律服务，律师不得从事与履行法律顾问职责无关的事务，不得利用担任各级政府及工作部门法律顾问的便利进行不正当竞争，也不得用政府法律顾问的身份代理其他单位和个人办理法律事务。

第二十条 律师担任政府法律顾问的收费标准可以根据政府的法律事务要求和工作量、服务期限等综合因素考虑。法律顾问费用的收费模式主要有年费制、计时收费制、特殊事项的单独收费等，具体收费方式可以由双方协商确定。

政府委托律师办理个案代理事务或专项顾问事务，应向律师另行支付代理费，由双方另行签订委托代理合同。

第二十一条 本指引由××省律师协会法律顾问专业委员会起草，经××省律师协会第____届常务理事会第____次会议审议通过，自发布之日起施行。

附录8－5 常年法律顾问工作总结

常年法律顾问工作总结

×××××公司：

受贵公司的委托，我们担任了贵公司××年度的法律顾问。回顾全年工作，本所为贵公司起草、审查、修改合同×件，出具律师函等法律文书×件，协助处理非诉讼事务×件，办理诉讼案件×件，并提供法律培训、解答法律咨询等其他法律服务×次。现将该年度的法律顾问工作总结如下，供贵公司参考。

一、起草、审查、修改合同×件

序号	时间	合同名称	工作内容
1	××××年××月××日	《××合同》	起草
2	××××年××月××日	《××协议》	审查
……	……	……	……
×	××××年××月××日	《××合同》	修改

二、出具律师函等法律文书×件

序号	时间	事项	法律文书名称
1	××××年××月××日		《××律师函》
2	××××年××月××日		《××律师意见书》
……	……	……	……
×	××××年××月××日		《××法律意见书》

三、协助处理非诉讼事务×件

（一）________事项简介______________。______________我方工作________________________________。______________取得成果____________________。____________________经验总结______________。

（二）________事项简介____：

1. ________具体工作____；

2. ________具体工作____；

________取得成果____。

________经验总结____。

（×）……

四、办理诉讼案件×件

（一）贵公司诉×××（对方当事人）××纠纷（案由）一案

基本案情____________________。________________我方工作__________________。__________________处理结果__________________。________________经验总结__________________。

(二)×××(对方当事人)诉贵公司××纠纷(案由)一案

基本案情________。________我方工作________。________处理结果________。________经验总结________。

(×)……

五、提供其他法律服务×次

(一)进行法律培训×次,具体如下:

1. ________;2. ________……

(二)解答法律咨询×次,具体如下:

序号	时间	咨询内容	解答方式
1	××××年××月××日		电话口头解答
2	××××年××月××日		邮件书面解答
……	……	……	……
×	××××年××月××日		坐班当面解答

(×)______________。

一年来,在我们双方的真诚合作下,法律顾问工作得以有效、顺利地开展。回顾一年来的工作,我们坚持认真负责的工作态度,谨慎、有效地处理贵公司的各项法律事务,承担了审查、起草合同,出具律师函、法律意见书,参与非诉讼法律事务的谈判,办理诉讼案件,定期到贵公司坐班,解答电话、邮件、当面法律咨询,并不定期为贵公司进行法律培训等工作。

通过一年来的法律服务,我们对贵公司的情况有了更深的了解。在此基础上,我们对贵公司的生产经营情况相关的法律事务,提出如下建议:1. ____________;2. ____________;3. ____________……

在总结本年度法律顾问工作事务的基础上,我们明确了下一步顾问工作的方向和重点:1. ____________;2. ____________;3. ____________……我们还将随时根据具体情况,对以上工作计划进行适当的调整,以更好地为贵公司提供优质的法律服务。

为客户提供最优质的服务是我们一直以来的追求。我们对贵公司的发展前景充满信心，也真诚地希望能继续与贵公司携手合作，为贵公司的发展继续提供优质、高效、全面、及时的法律服务。

××××××律师事务所

律师：×××、×××

××××年××月××日

第九章　法律咨询要“全”

法律咨询要“全”,“要全面准确,不要片面解答”。解答法律咨询是律师的基础工作,也是律师业务中最繁杂、要求最高的工作,它是律师业务水平的试金石。一个合格的律师,就其知识结构而言,不仅需要精通法律知识,而且需要一定的基础知识功底,需要熟悉相关的行业知识,更要有社会阅历的积累,这样才能在进行法律咨询时游刃有余。

一、法律咨询是律师业务的试金石和敲门砖

法律咨询是一个范围很广的概念。律师业务中的法律咨询可以贯穿诉讼或非诉讼业务的整个过程。《律师法》第 28 条规定的律师七大业务中的“法律咨询”,是独立于诉讼案件或非诉案件的一项律师业务,是律师接受公众的咨询,就涉法问题作出解答,以及提出应对意见的一项业务活动。法律咨询最能考验律师的综合能力。一方面,它考验律师对国家法律法规和政策的把握,对相关学科的知识储备程度;另一方面,它也考验律师的思维能力、语言表达能力、实务把握能力和临场应变能力等职业素养。因此,要做好法律咨询工作,需要律师不断地学习和实践,在充分积累理论知识和实践经验的基础上“厚积薄发”。通过法律咨询,律师也能发现自身的不足,并对存在的问题不断加以改进。每一次法律咨询都如同一场考试,只有通过反复的“应试—学习—再应试”,律师才能不断提高法律咨询的服务水平。

法律咨询也是律师业务开拓的敲门砖。律师开拓业务有多种方式,如在各种场合自我介绍、参加协会的各种比赛以及参加各种公益活动等。但律师真正获得委托业务,离不开当事人的法律咨询。只有通过成功的法律咨询服务,才

能得到当事人对律师业务能力的认可，进而获得当事人的信任和委托。另外，法律咨询也将直接为律师带来可观的收入。随着我国法治社会的不断发展以及律师法律服务水平的不断提高，公众对法律咨询的需求也会大幅增加，我国法律服务的收费方式也将逐步向计时收费的方向发展。因此，高水平的法律咨询服务能大大增加律师的收入。

另外，法律咨询还是律师发挥社会职能的主要途径之一。随着我国经济的不断发展和法治建设的不断深入，人们开始认识到法律的重要性并希望在各种事务中得到法律帮助。因此，律师通过日常的各种法律咨询，可以起到普法宣传、平抑诉讼以及为各类经济组织的发展保驾护航的作用，发挥律师在社会主义法治建设中的社会职能。

二、准确获取信息，提供全面解答

（一）获取案件信息要“全”

律师在提供法律咨询服务之前应尽可能地获取关于诉讼案件或非诉事项的基本信息，在此基础上得出的法律咨询意见才可能全面而准确。在面谈之前做好相关法律规定和案例的检索，在面谈时更能体现律师的专业性，取得客户的信任。由于诉讼与非诉讼业务各自的特点不同，律师在获取信息时也要有不同的侧重点。

1. 诉讼业务中的信息获取

诉讼法律事务的法律咨询，内容繁杂，类型不一。在获取案件基本信息的时候，应从案件的各项事实要素着手，层层递进。实践中可以按照以下几个方面展开：

（1）时间。时间是各类案件的基本事实要素。时间要素首先关系案件诉讼能否得到法律强制力的保障，如诉讼时效问题、民事案件执行期限问题等；或能否依照法律提起相应程序，如各类案件的上诉期限和申请再审期限、被告提起反诉的期限等。在实务中，若涉案的上述时间已逾期，法律绝不会因当事人的大意而网开一面。因此，如果律师发现存在已超过诉讼时效等问题，则需为当事人另外谋划对策，不可贸然建议当事人提起诉讼。例如，某些借款案件已经超过诉讼时效，如果律师贸然为当事人提起诉讼，不仅会遭法院驳回诉请，更会使债务人有所提防，不再给债权人重新签订借款协议或确认债权债务关系的机会。此时，就应当建议当事人采用其他可行方法使债务人重新确认债务从而获得诉讼时效的重新起算，而后提起诉讼。

(2)地点。地点也是法律咨询中必须要考虑的基本要素。地点关系法律上的管辖问题：如民事案件中合同的签订地，履行地，标的物所在地，原告、被告所在地；商事案件中的保险标的所在地等。刑事案件中则关系到侦查机关的管辖权以及人民法院的审判管辖等问题。因此，在民事案件中，要尽量为当事人争取管辖权，而在刑事案件中，律师对于错误管辖应当及时向办案机关提出异议。可见，获得咨询案件的地点要素，也是律师作出正确的法律咨询的重要基础。

(3)当事人。律师在提供法律咨询服务中对当事人的基本信息应予以查明。我们知道，法律上的“人”的属性由法律赋予，会影响具体的法律适用。法律上存在拟制的“人”，如公司等；自然人也可区分为完全民事行为能力人、限制民事行为能力人、无民事行为能力人等；刑事案件中有完全刑事责任能力人、限制刑事责任能力人、无刑事责任能力人之分。不同属性的“人”将产生不同的法律适用和法律后果，律师应根据具体法律规定来分析当事人的法律属性，从而判断案件的法律适用及法律后果等问题。例如，某企业因承包合同纠纷被另一单位诉至法院，笔者为该企业提供法律咨询时发现，对方单位已经注销，不再具有诉讼主体资格，我方可提出诉讼主体不适格的抗辩。后法院经审查，以对方单位主体不适格为由驳回了其起诉。

(4)事件。诉讼案件一般而言都有具体的事件。了解案件所涉事实的基本情况是法律咨询的基础工作。事件性质决定了调整适用的法律规定，决定了当事人各方的权利义务，决定了针对案件应当采取的诉讼策略或辩护方案。了解事件需要注意耐心听、仔细问、准确记、认真看：①让当事人讲述案件基本情况。律师不要越俎代庖，不要随意打断当事人的陈述，同时也要善意提醒当事人进行有序、全面、清晰地陈述，律师在听第一遍时应做好详细记录，此时记录的主要有案件的时间、地点、人物、事件经过等信息。这既是为了分析案情的需要，也有利于律师预见当事人法庭陈述可能存在的问题。②在听完当事人陈述后，应根据记录的已知信息，对其中不清晰或相互矛盾的地方，向当事人核实。要将事实基本了解清楚，以免因信息不准确导致法律分析错误。③根据已知信息向当事人询问在案件处理上具有重要意义的事实点。例如，民事案件中合同纠纷的约定权利义务，侵权纠纷中侵害程度、过错事实，物权纠纷中标的物上的权利义务等；刑事案件中的起诉书指控的罪名、犯罪的大致情况等；行政案件中的行政处罚起因、经过和处罚的具体内容等。④律师应将自己了解的案件基本情况，以较为通俗的表达方法与当事人进行核对。此时，当事人根据律师的陈述可能想起新的案件情况或补正疏漏的案件信息。

需要注意的是，上述案件的咨询方法是一个不断核实的循环过程。当然，对于案件基本信息的掌握也有个度的问题，律师不应一知半解，以致对案件无法作出正确判断；也不必事无巨细，只要能达到可以对案件作出正确判断的目的即可。

2. 非诉讼法律咨询的信息获取

与诉讼案件的法律咨询一样，非诉讼法律咨询应当尽量获得全面的信息，以便在此基础上作出正确全面的分析。但是，非诉讼业务与诉讼业务又存在一定的区别。

首先，非诉讼业务的信息量相对较大。例如，破产案件可能涉及企业财务状况、企业财产状态、对外债权债务、职工劳动关系、企业正在进行或可能发生的诉讼事件等；企业上市融资则可能涉及股权结构、财务状况、行业背景等不同内容。即使是一些专项的非诉咨询，如解答如何起草一份具体的合同，也需要获得如签约背景、合同目的、标的状况、履约能力等各项信息。

其次，非诉讼业务信息的获得更需要律师与当事人的协作配合。诉讼业务的法律咨询涉及的信息量一般不多，但非诉讼业务往往涉及大量信息材料。例如，需要审查相关的财务报表、合同章程等材料后，才能获得企业上市事宜所需信息。由于非诉讼法律咨询需要的信息繁多，而律师比较清楚非诉讼操作的程序和要点，律师需要指导当事人提供相应的信息或材料，以便进行初步的法律咨询，当事人也需要与律师积极有效配合。

非诉讼业务法律咨询要获得全面的业务信息，应当从以下几点入手：

(1)非诉讼业务的背景信息。例如，公司需要上市融资，律师应了解该公司的经营现状、产业背景、国家宏观经济政策等情况。就非诉讼业务而言，律师不应仅就事论事提供服务，而是应提供综合性的法律建议。不仅应当提供合法性意见，还应当提供合理性意见。对于客户的咨询，律师如果能从这样的层次和高度去进行分析，不仅能体现律师高超的业务水平，也能让客户对律师更加信任,今后可能会对律师委以更为重要的业务。

(2)当事人的基本属性。例如,企业因性质不同(国有企业、集体企业或私营企业),在融资、重组、破产等程序中会受不同法律规范的调整;又如,企业的住所地、经营范围、特许经营权等基本信息,也会涉及相关的法律调整。

(3)当事人的财务状况。在企业上市、破产重组、资产处置等事务中,财务状况具有重要意义。财务状况一般可以通过对企业的财务报表进行分析后获得。

(4)财产状况。如财产上的所有权、用益物权、担保物权等权利的法律状态。财产状况对破产重组、企业分立合并、重大资产购买等非诉讼业务意义重大,律师必须准确全面地获取这方面的信息。

总之,由于非诉讼业务涉及的面更广,关系的相对方可能更多,非诉讼业务咨询中的信息获得更要讲究全面。另外,由于很多非诉讼业务服务的周期长、资料取得需要的时间长、相关因素的变化快,在不同的服务阶段律师也应视具体情况而决定所需要的基础信息。

(二)了解当事人的目标需求要“全”

当事人的目标需求,是指当事人通过委托律师想要达到的最终目的。当事人的目标需求往往决定了律师提供法律服务的大方向。而只有明确了这个大方向,才能更好地规划和落实律师接下来所要面对的咨询业务甚至接受委托代理案件的业务。因此,了解当事人的目标需求,不仅有利于律师为当事人提供更为合理的法律咨询,也有利于律师更好地开展自己的工作。

通常而言,当事人一般性的需求是显而易见的,即针对自己遇到的问题向律师寻求法律分析和对策解答。但需要注意的是,律师永远不要想当然地认为自己知道当事人真正需要什么而鲁莽地为当事人提供对策。例如,某个交易中当事人想设定违约金以防对方随意违约,同时自己也可能视具体情况而选择违约,此时律师就应当了解当事人的需求,不能一厢情愿地设定高额违约金。

充分了解当事人目标需求,往往非常考验律师的耐心和洞察力。在这个过程中,律师需要在工作方法上注意以下几个方面:

1. 耐心倾听。当事人向律师寻求法律咨询,往往身处一定的困难之中。在此情况下,一般当事人会就自己所遇到的麻烦向律师诉苦。此时,律师切不可认为与案情无关而擅自打断当事人或表现出不耐烦。事实上,当事人向律师诉苦的过程，也是逐步向律师袒露心声并了解律师的过程。而律师亦可从当事人的诉苦中了解当事人面临的困境以及亟须解决的问题。因此，律师的耐心安抚不仅能增加当事人的信任，也能为律师进一步了解当事人的目标需求打下基础。

2. 仔细梳理。在当事人陈述自己需求的过程中，往往夹杂很多与法律无关的信息。此时律师不应认为这些信息与法律适用无关而疏忽。而应当仔细聆听并记录，避免与当事人的沟通因律师的专业知识背景而受到阻碍，从而疏忽了体现当事人诉求的重要信息。至于信息的筛选，大可在接下来的工作中展开。

3. 善于引导。在很多情况下，由于当事人对法律知识的缺乏，其对自身所面临的困境以及相应的化解对策缺乏专业理性的判断。这时候，律师就要根据自己的专业判断，引导当事人在法律的框架内选择能够实现自己目标的对策并向律师提供相应的信息。这不仅能够帮助当事人梳理问题的轻重缓急和能够选择的出路，也能打消当事人通过非法途径达到目标的念头，从而规避律师的执业风险。

（三）审查材料要“全”

充分掌握案件的基本信息和当事人的目标需求后，律师要进行审查材料的工作。需要注意的是，材料审查与分析解答是不同层次的工作。材料审查主要是对个别证据材料的真实性、合法性与关联性等方面的审查，是一个基础性的工作；而分析解答则是在诉讼层面或非诉讼层面所做的结论性意见，是律师最终呈现给当事人的工作成果。重视材料审查环节，是我们为当事人提供准确法律解答的前提。材料审查主要有以下几个方面：

1. 材料的真实性审查

任何当事人从自己角度考虑，会认为所有材料都是对自己有利的。但很多时候律师面对的材料中，往往夹着不真实的材料。在审查材料时，律师应当凭借职业敏感性，结合前几个环节收集到的信息，将这些不真实的材料甄别出来，或就案件关键事项与当事人进行重新核对，以避免当事人因败诉责怪律师，或避免虚假诉讼等执业风险。因此，注重材料的真实性审查不仅是对当事人利益负责，也是对律师自己负责。

在审查材料真实性的过程中，律师要把自己摆在独立的角度，用自己的职业判断和工作标准去审查，不能将自己与当事人“合为一体”，以免在真实性审查环节就出现问题。例如,张某因王某向其借款不还,欲起诉王某和担保单位。笔者审查其提供的借款合同和保证合同时发现,该保证合同上保证单位的盖章位置在左侧,不符合常理。经笔者反复询问,张某才承认该保证合同是其利用该单位之前业务往来的空白盖章,事后补做了担保合同。为此,笔者建议其停止虚假诉讼并拒绝接受张某的委托。

2. 实体性问题审查

实体性审查即合法性审查。合法性审查,是指律师对当事人提供的材料进行法律法规、部门规章、行业规则以及交易习惯的审查。审查材料的合法性需要注意以下几点:(1)全面了解和掌握与案件有关的法律依据。诉讼案件涉及众多法律法规、司法解释、部门规章。例如,建筑类案件涉及建设部门、规划部门、国土部门、质监部门等部门的规范;企业融资重组等事务涉及证监会、银保监会等颁布的行业规则;涉外离婚、继承等案件还涉及国际条约和国际惯例。这些文件或惯例虽然不属于我国法律体系,却可能是实践操作中需要遵循的规范。例如,某企业需与另一企业签订租赁合同承租某冶钢设备,笔者审查相关行业规范后发现该设备已经被列入国家禁止使用的范围,承租合同可能涉及违反强制性规范而无效的情况,为此笔者建议当事人谨慎处理。(2)尽量对每个材料都进行审查,不能一概而论。有时案件材料中既有合法材料也有不合法材料,有时不同材料的合法性之间存在关联性,如主合同无效担保合同也无效;有时又是相互独立、互不影响,如合同无效不影响合同违约条款的效力。因此,律师对此要具体分析,不能一概而论。

3. 程序性问题审查

除实体合法性外,律师还应当对咨询事项涉及的程序性问题进行审查。在接受各类诉讼案件的咨询时,律师应当充分重视程序问题,这往往是案件的主要突破点。例如,民事案件中的管辖权、举证期限、审判程序等;刑事案件中的侦查程序、羁押期限等;行政案件中行政主体作出具体行政行为是否符合程序要求,是否存在先实体再程序的违法情况等。对于非诉讼业务的咨询,律师也需要进行程序审查。例如,在接受破产案件法律咨询时,要审查破产程序的启动是否满足法律规定,企业现有材料的处置是否符合法律程序要求等。

4. 其他需要注意的方面

要注意审查各个材料局部与整体的关系。在当事人提供材料较多的情况下，要注意审查各个材料在案件整体中的关系和含义。例如，当事人向律师咨询一个产权交易案件，在该案件中当事人之间签订了多份买卖协议，而每个协议之间又相互引用概念。此时，律师应当将各份合同作为一个整体进行审查，不能单从每个合同本身进行考察。

另外，律师还要注意对材料进行分类和摘记，养成良好的习惯。由于各个材料在案件中的类别不同，如登记材料、合同材料、标的的权属材料、已有诉讼法律文书材料等，律师应当在审查的时候进行分类。另外，材料审查过程中尽量将审查的意见记录下来，以提高审查效率并为后期可能面临的工作做好充分的准备。

（四）分析解答问题要“全”

材料审查完毕之后，律师就需要对案件作出法律分析并给出咨询意见。分析解答要全面，不要以偏概全。一般而言，律师需要从以下几个方面为当事人进行分析：

1. 法律解答

法律解答的工作主要是根据当事人提供的材料和前期对材料的审查，分析案件可能产生的法律后果。法律解答中，准确把握咨询案件涉及的法律关系是关键。因为不同的法律关系所适用的法律规范不同。而且，对案件法律关系的判断还决定案件今后审理的方向和出路问题，律师应当为当事人作出精准的解答。在民事案件中尤其需要注意对法律关系的梳理和分析。例如，是普通的债权纠纷，还是不当得利；是整体承包关系，还是单个标的物的租赁关系；是合法分包关系，还是违法的转包关系。

另外，法律解答要准确掌握法律规定的含义和适用条件。律师解答法律问题是一个“三段论”的推理过程，一般是将已有事实置于法律规范之下从而得出结论。因此，准确掌握法律规范的内涵和适用条件，也是法律解答工作不可或缺的前提。例如，刑事案件中各项罪名都有其特殊的构成要件，对此我们要准确把握各个构成要件的含义，寻找案件的突破口。

2. 对策解答

当事人就某一案件咨询律师，往往是需要律师从专业角度提出一个应对措施。因此，仅仅进行合法性分析还不够，大多数情况下，律师还应当对案件的诉讼策略或非诉讼的法律可行性进行分析。针对案情的具体特征来选择最佳的应对策略,往往能大幅度地提高当事人解决问题的效率。例如,某公司希望得到另一公司名下的一块土地使用权。笔者审查当事人提供的材料后认为,如果购买 B 公司的土地,B 公司需就出售土地缴纳营业税、城市建设维护税、教育费附加、土地增值税等诸多税费,另一公司清算后公司股东需交个人所得税等,税务成本较高。但是,如果购买该公司的股权并办理企业变更手续,则同样可以达到取得 B 公司土地使用权的目的,而税费上只需被收购公司股东交纳股东个人所得税、股权转让合同印花税以及办理营业执照的变更登记费用等。鉴于目标公司的债权债务清晰,收购法律风险不大,我们建议采用股权收购策略达到获取土地使用权的目的。

3. 成本分析

当事人打官司或进行商业交易,是希望从中获得各种形式的利益,维护自己的权益。但是,如果成本超过可期待的利益,就需要慎重考虑。因此,律师需要对不同策略所需成本和所获收益进行客观的分析。成本和收益是律师需要为当事人进行分析的问题。如果律师只为了自己赚取代理费而不顾当事人是否会亏本,就丧失了基本的职业道德,甚至还会被当事人投诉。因此,律师应当就诉讼费成本、时间成本、合作成本等问题为当事人进行分析。其中诉讼成本是最重要的成本分析因素。律师应当为当事人计算诉讼费、律师费、差旅费、保全费、执行费等诉讼成本。时间成本,主要是指当事人为诉讼会付出大量的时间精力,失去从事其他经营活动的机会。对于一些客户来说,诉讼带来的时间成本可能比诉讼费成本更大。合作成本,主要是指如果客户与对方当事人之间本来就存在合作关系,可能会因为诉讼而丧失将来继续合作的可能。除此之外,还可能存在其他的成本因素。因此,律师应当尽可能全面地分析各项成本,提醒客户予以充分考量。

4. 风险分析

在诉讼案件中,律师应当为当事人进行败诉风险的预判。例如,在行政案件中,作为行政相对人的一方,律师要提醒客户注意,行政机关可能会对客户进行税务、安全、质量等各方面的检查等。在刑事案件中,律师要对被告人家属的各种行为可能带来的法律风险进行提示。对于非诉讼业务,律师也应当为客户分析可能存在的风险。例如,对于购买资产的行为,律师应当提醒客户权利负担的风险;对于融资业务,律师应当提醒当事人注意政策风险、行业风险等;对于破产重组案件,律师也应当提醒客户注意破产程序可能给当事人带来各项潜在的风险等。

(五)配套服务要“全”

法律咨询是律师与客户接触的第一步,是律师在客户心中树立良好形象的关键。第一印象的重要性,要求律师充分重视法律咨询的服务质量。上面讲述的各个要点,均是律师应当掌握的基本技能。但是,律师服务既然是市场经济活动的一种,必然也需要遵循市场经济的要求。如何提供以及提供怎样的配套服务,是律师应当重视的问题。

1. 接待客户时应当为客户提供必要的接待服务。例如,接待客户时应当遵守约定时间,不能让客户久等;客户已到律所但自己还在处理业务时,应当向客户说明,让客户稍加等待并表达歉意,不能不理不睬;应当为客户提供饮用水等服务;第一次见面应当主动提供名片等联系方式以备今后联系;对于较大的客户,还可以提供律师和律所的宣传材料供客户参考。

2. 如果客户需要,在咨询时或咨询后,可以为客户提供案件相关的法律法规或相关案例材料。可以直接提供文本,也可以通过电子邮件等方式提供。

3. 初次见面或通电话后,应关注客户此后对案件处理的情况,并通过各种形式与客户保持联系,给予客户跟踪式的法律咨询,如果案件情况发生变化,要及时修正先前的解答,并给予客户新的解答和指导。

4. 如果客户需要,律师视业务发展需要,可以给客户出具法律意见供客户参考。

三、法律咨询的其他注意事项

(一)规范法律咨询业务的形式

1. 规范法律咨询的工作流程

律师应当做好法律咨询的相关制度规范。在接受咨询时,应当准备好格式化的登记表予以登记,如果当事人不愿意透露详细身份信息,可以就大致的咨询事项予以记录。这一方面可以使律所做到有案可查,另一方面也便于律所对法律咨询的大致范围进行总结和研究。在咨询过程中,应当规范化地对咨询内容予以记录,主要记录咨询的时间、地点、咨询人、接待律师、咨询事项、解答内容等,一般应当让咨询人签名,记录后及时归案。这一做法可以使律师有效避免今后因法律咨询而引起的意想不到的风险。另外,有些律所对咨询建立了收费制度,对此也应当确立合理价格,并在律所的显著位置予以公示,事先提醒客户有偿咨询制度,以免服务后因收费问题产生争议。

2. 谨慎提供书面解答

一般情况下,律师都是通过口头形式对客户的法律问题进行分析和解答的,属于非正式的法律咨询解答。这种方式不会形成正式的书面文件,所以基本不存在风险问题。但是,在某些情况下,如果律师在咨询阶段向客户出具书面法律意见,则应对此保持足够的谨慎。这是因为,即使在书面法律意见内容完全合法的情况下,客户如果依照书面意见的内容去办事而出现问题,也依然可能会事后来追究律师的责任。这毕竟是律师和律所不愿看到的,尽管在情理和法理上,律师不应当承担任何责任。

例如,某律师接受某村村民咨询的案例中,因某政府征收某村的一块土地,多户村民认为政府征收行为违法,想提起行政诉讼。律师听了情况后,向该村民提出了法律咨询意见,认为政府的行政行为不合法,应依法维权,争取获取满意的处理结果。后该村民联合其他村民一起到市政府门口静坐抗议,并与政府部门发生了冲突。政府了解情况后,要求司法行政主管部门对该律师进行通报批评和行政处分。该案例中,该律师根据法律提供的咨询意见并不违法,但该律师缺乏风险防范意识,没有考虑其行为可能带来的政治问题和社会影响。

3. 妥善处理当事人的材料

一般情况下,律师在接受法律咨询时,应当尽量避免接受当事人提供的案件材料原件,以免不慎丢失而承担相应责任。但是,如果当事人提出要求,为方便当事人,避免今后长途往来核对证据,且案情重大,律师也可以将当事人的材料原件留下予以研究。原件在律师手中,当事人一般就不会再去咨询其他律师。如果律师分析后认为能胜任,最终就可能与当事人达成代理协议。此时,律师应注意对原件的妥善保管,并放入专门的档案袋和档案柜。这样一方面可以便于律师日后查找,另一方面也可以防止出现材料丢失或排序错乱难以查找的情况。当然,如果律师认为不能胜任该业务,就应当及时联系当事人并将材料返还。在返还的过程中,应当注意与当事人做好材料的核对工作,并要求当事人签字确认已收到材料,以免引起麻烦。

(二)提高特殊情况的应对能力

法律咨询过程中,可能会出现律师事先没有准备的情况,我们称为特殊情况。我们虽然不能苛求律师必须防止特殊情况的出现,但律师对此应当有一定的应对能力。这不仅是对律师基本能力的要求,也有助于对律师职业形象的维护。

1.答不出问题时如何处理

这可能是很多年轻律师经常碰到的问题。面对当事人提出的各种各样的法律问题,不仅是年轻律师,就是资深律师,有时候也难以立即作出准确的分析解答。此时,是坦率地告诉当事人不会解答,需要翻阅法条,还是含糊其词或者干脆乱答一气?在笔者看来,这两种方式都不可取。对于前者,律师作为服务行业从业者,需要经受市场竞争,如果碰到难题就承认无法解答,必然会让客户怀疑你的执业水平,客户可能就会选择其他律所和律师,即使你的水平并不比别人差,也会因此而失去业务。对于后者,律师不应自作聪明,认为客户不懂法就可以随意糊弄,而不负责任地错误回答法律咨询以招揽业务,一旦客户咨询其他律师发现问题,该律师不但品格会受到怀疑,某些情况下还会遭到客户的索赔。

关于这一点,我们首先应当摆正心态:当面答不出问题是正常的,没有律师可以做到在毫无准备的情况下正确回答所有问题。但是,我们完全不必直接承认不能回答。只要准备一些简单而实用的应对技巧,我们就能解决这一问题。例如,在一时不能确定案件依据的法律条文时,可以借口接听个电话需要离开,或者借口要拿笔、拿纸或倒水暂时离开一下,然后在自己办公室翻阅下法条。或是在接待的时候用笔记本电脑进行记录时,碰到此类情况可在当事人不注意时快速查询相关法律法规,也能很好地作出应对。笔者认为,比起直接承认不能回答的无所作为,以及乱答一气的不负责任,这是完全可以接受和采用的办法。

2. 遇到客户有通过非法途径解决纠纷的想法时该怎么做

在前文中笔者也曾提到，在某些民事纠纷，如相邻关系、离婚、侵权纠纷，或者刑事案件中，当事人有时候会表示要采取法律框架外的私力救济方式解决纠纷，如表示“要教训教训对方”“要对方付出代价”等，在行政诉讼中也会碰到当事人要采取“越级上访”“网上曝光”，甚至“围攻”行政机关等极端方式表达诉求的。面对这种情况，律师应当及时劝说客户放弃这些打算，以免因此承担相应的法律责任，使自己从原告变成被告甚至变成被告人。律师切勿为了讨好客户而鼓动或默许客户采取非法手段解决纠纷。

（三）如何在法律咨询中留住业务

如何在法律咨询中留住业务，这是每一个律师都关心的问题。法律咨询是律师与客户第一次打交道。笔者认为，要在法律咨询中留住业务，除了本章讨论的基本业务素质外，还可以注意以下几个技巧：

1. 注意职业形象

律师作为一项专业性很强的职业，有其自身特殊的职业形象要求。律师的形象表现在衣着、谈吐、情绪等各个方面：律师的着装不应花哨，也不必太刻意追求庄重，但必须达到整洁、干练的效果；律师的谈吐应当文明，体现出律师作为法律专业知识分子应有的素质；律师的表述应当注意简洁、明了、具有逻辑性，在为当事人解答法律问题时，既不能向当事人卖弄法律知识，也不能过于通俗，使当事人误以为律师不够专业。在了解案情时，应当尽量用平实易懂的语言引导客户陈述案情，在分析法律问题时，则可以使用法律概念，并相应地用通俗的说法对法律概念加以解释，这样既体现律师的专业性，又便于客户理解，达到深入浅出的效果。在情绪控制上，律师应当体现出一种处惊不乱的气质，不能有过分夸张的情绪表情。要让客户感到律师是稳重、沉着的，有能力应对各种局面，保护当事人的利益。

另外，律师在接待当事人时，不宜过度宣传自己的优势，更不宜宣传自己与司法机关的良好关系，甚至直接告知客户自己与承办案件的公职人员有特殊联系。律师自我宣传是必要的，但应当把握好度。不符合实际的宣传只会让当事人感到反感，甚至对律师的诚信度产生怀疑。至于与法院或承办法官的关系，律师更应当谨慎，以免给自己甚至是给法官带来麻烦。

2. 从当事人的利益出发思考问题

在很多从事诉讼业务的律师看来，只有当事人多打官司，律师才能赚取更多的代理费，因此在完全不必诉讼的情况下也要“创造机会打官司”。事实上，这些做法不仅难以使律师财源广进，甚至还会给律师执业带来危害，是不可取的。律师在面对前来咨询的当事人时，首先应考虑的是如何分析、处理问题能最大限度地解决当事人的问题，使当事人的利益最大化。只有这样，才能逐步积累律师的执业口碑，为执业的发展起到真正的推动作用。

另外，律师也要纠正每个案件都打官司才能致富的错误观念。虽然代理诉讼可以为律师带来可观的律师费，但是，经验丰富的大律师往往会在诉讼案件中看到非诉讼模式解决纠纷带来的巨大服务空间。例如，某公司咨询律师，其因另一公司欠款不还，准备起诉该公司要求还款。律师了解到债务公司有一块颇具价值的土地的开发使用权，于是建议采取调解方式，与缺乏资金的债务公司合作开发该土地。后双方达成了合作意向，律师接受委托担任地产开发的全程法律顾问，并获得了可观的顾问费。因此，不仅诉讼可以排忧解难，某些情况下非诉讼解决纠纷的方法往往也是更佳的选择。

需要指出的是，律师千万不能有糊弄当事人的心态，不要认为当事人不懂法律，更不要认为自己比客户精明。事实上，当事人对于关系自己利益的法律事务，很多都已经通过各种途径进行了了解，有些当事人甚至比律师都了解某个法律规定。因此，如果当事人发现律师只是想从其身上谋取代理费，那么他肯定不会选择这个律师，甚至还会对外宣传该律师不道德的行为。因此，只有真正站在当事人角度为其利益着想，当事人最后才会委以律师重任。

3. 及时履行对当事人的承诺

律师接受法律咨询之后，当事人一般情况下不会立即与律师签订代理合同。他们往往需要对委托律师的利害得失进行衡量，或者再咨询其他人获取更多的意见。因此，在这一段时期内，律师要注意及时履行在接受咨询时给予当事人的承诺。由于没有正式签订代理协议，很多律师不愿做这方面的工作，有时候会因小失大。例如，王某咨询某律师，意欲购买某公司的一处商业房产，希望律师能全程为其提供法律服务，但需要在购买之前查明该房产上是否有抵押权等权利负担。律师承诺王某在一个星期内为其做个前期的调查。后来该律师并没有将此事放在心头。半个月后，该律师才想起此事，打电话给王某。王某告知律师已经在几天前委托另一律师调查并已经在着手购买事宜，话语间透露出对该律师工作态度的不满。

可见，当事人往往对律师的承诺“铭记于心”。即使没有签订正式委托协议，只要律师给予当事人承诺，该承诺对当事人来说就是正式的。能否及时履行承诺也可以反映律师的工作态度。特别是在律师行业竞争激烈的今天，律师与律师之间比的不仅是执业水平，更是服务质量和执业信誉，因此律师应当谨慎地对待这一问题。

另外，需要注意的是，对于办不到或者成本过高的事情，律师不要为了表现自己而在前期就草率地承诺当事人。一方面，承诺了却办不到，反而会给客户不好的印象；另一方面，成本过高的事情，即使办到了，有些精明的客户也不一定会正式聘请你代理，反而得不偿失。

4. 善用同行推荐留住业务

很多情况下，律师都会碰到自己不擅长的业务范围。此时不管自己是否能胜任都硬着头皮接下业务，不仅是对当事人的不负责任，也不利于律师自己的长远发展。事实上，面对自己陌生的业务，律师完全可以向当事人推荐律所的其他律师，甚至还可以推荐给其他律所的律师来代理。这样既向当事人体现了自己的诚实和负责，也建立了自己与其他律师的合作关系，将来这些律师也会给自己带来业务，这也不失为另一种留下业务的好方法。

需要注意的是，在将业务介绍给同行后，律师也需要与当事人保持适当的联系，询问案件的进展情况并提供必要的帮助和建议。这一方面能够体现律师对当事人负责任的工作态度，提升律师的执业口碑；另一方面也使当事人感觉自己被充分重视和关心。通过这样的关系维护，律师能够在很大程度上获得当事人的信任，并很有可能在今后的工作中再次受到当事人的委托。

附录9－1　解答法律咨询登记表

××××××律师事务所解答法律咨询登记表

<table>
<tr><td>姓名</td><td></td><td>性别</td><td></td><td>年龄</td><td></td></tr>
<tr><td>人数</td><td></td><td>时间</td><td></td><td>案由</td><td></td></tr>
<tr><td>工作单位
或住址</td><td colspan="2"></td><td>联系方式</td><td colspan="2"></td></tr>
<tr><td colspan="6">咨询情况：

咨询人：</td></tr>
<tr><td colspan="6">解答意见：

解答人：
年　　月　　日</td></tr>
</table>

附录9－2　律师咨询意见书

律师咨询意见书

浙江××建设集团有限公司：

本所于近日收到贵公司提供的与××房地产开发有限公司(以下简称××房产)建设工程合同纠纷一案的有关材料后，随即组织了部分资深律师进行了研究，目前已形成了初步的处理方案。现分述如下，供贵公司在决策时参考。

一、本案的基本情况

2004年5月，贵公司与××房产签订了《××××工程承包合同》和《××××工程总承包合同补充协议》，贵公司作为总承包人负责施工××房产的××××项目。××××工程主体完工后，贵公司于2008年2月26日与××房产签订了工程结算协议书，双方确认并约定：××××项目截至2007年5月21

日实际施工所产生的工程款为5600万元，另××房产同意补偿贵公司在该项目中的非工程量损失1900万元，两者共计7500万元；扣除××房产已经偿付的3299.2574万元，其还须支付贵公司4200.7426万元。2008年7月31日，贵公司与××房产签订了延期付款的确认书，贵公司同意××房产应付首期款1260万元延期到2008年8月30日。后由于××房产仍然未能依约支付所欠款项，贵公司于2009年1月12日向A市中级人民法院提起了民事诉讼，要求法院判令××房产支付所欠工程款4200.7426万元，支付逾期利息和违约金189万余元，并支付看管费及补偿款、诉讼费等款项。因被告××房产提出管辖权异议，现A市中院可能会将本案移送至被告所在地和合同履行地的B市第二中级人民法院审理。

二、本案的处理意见

虽然本案事实较为清楚，双方对工程款的实际金额也有明确约定，但本案在实际处理过程中，无论在程序上还是实体上均存在一些争议，案件处理结果的可变性仍然存在。我们认为，本案需考虑下列问题：

1. 案件管辖权的问题。本案现由A市中院受理，但本案建筑工程位于B市，执行标的物在B市，且根据贵公司反映，被告在B市已有多起案件在诉讼和执行，如果案件最终移送B市法院处理，对贵公司也应该有利，有利于尽早纳入B市法院的处理和执行范围，有利于实际参与执行分配。

2. 财产保全问题。现本案还在A市中院审理，由于涉案房产位于B市，可先由A市中院进行财产保全，查封相关房产，然后将案件移送B市的法院审理，这样，可规避B市法院要求现金和实物担保的规定，掌握主动权。

3. 实体审理问题。无论案件在何地审理，贵公司均应依法主张工程款优先受偿权。现贵公司的起诉状中没有这一诉讼请求，如贵公司的工程竣工至今尚未满六个月，贵公司应通过补充起诉状的形式，增加这一诉讼请求。

4. 执行受偿比例的问题。本案中，由于××房产经济状况较差，偿债能力很低，因此，在本案执行中，××房产的其他债权人也会对同一执行标的物主张受偿，贵公司最后的受偿比例仍存在不确定性。

对于上述情况，本所可利用自身总所在B市、分所在与A市同省的C市之优势，为贵公司妥善处理本案。如本案最后移送B市法院审理，本所会利用自身在B市良好的社会基础和业务能力，最大限度地为贵公司维护权益。

三、委托代理方案

鉴于本案诉讼标的较大,诉讼和执行有一定难度,故本所对本案较为重视。如本案委托本所代理,在人员方面,本所将组成由主任为主,由多名诉讼经验丰富的律师参加的工作小组,确保足够的工作时间;在代理目标方面,本所可根据贵公司的要求和实际情况,最大限度地帮助公司实现诉讼请求;在代理费用方面,本所按收费标准收费。

以上案件的可行性分析和委托代理方案,由于本所掌握情况不够充分,难免有不当之处,请贵公司指正和进一步完善,并将反馈意见告知本所。

×××××律师事务所

承办律师:×××、×××

××××年××月××日

附录9－3　律师咨询意见书

关于中国××保健品有限公司独家经销合同纠纷案的律师咨询意见书

中国××保健品有限公司:

本所于日前收到了贵公司提供的与A市×××制药有限公司的独家经销合同纠纷案的一审材料后,随即组织部分资深律师进行了研究,目前已形成了初步的处理方案。现分述如下,供贵公司在决策时参考。

一、本案的基本情况

2003年5月22日,贵公司与A市×××制药有限公司(以下简称×××公司)签订了《×药剂独家经销协议》,约定贵公司享有该药品的国内独家经销权,×××公司负责按贵公司进货计划生产,提供符合国家GMP标准的药品。协议签订后,贵公司按约定于2003年5月29日支付了200万元预付货款,×××公司按贵公司生产计划提供了2万盒药品,价值66万元。2004年4月8日,双方针对×药剂的生产及市场销售情况又签订了《补充协议》,贵公司仍享有该产品的国内独家经销权。同时,贵公司于2004年4月7日再次向×××公司支付了200万元预付货款，并在2004年6月2日向×××公司提交了订货计划，要求×××公司于2004年8月交付×药剂39,600盒；2004年11月交付48,320盒，总价值共计334万元。×××公司收到进货计划后，至今仍未向贵公司交货。另外，在协议执行期间，×××公司违反独家经销协议约定，未经贵公司允许，于2004年10月19日授权B市××生物医药有限公司在上海、重庆、江苏等24个省市销售×药剂，造成市场销售混乱。贵公司向A市某区人民法院提起诉讼，在诉讼过程中×××公司提起了反诉。2006年4月25日A市某区人民法院判令解除贵公司与×××公司于2003年5月22日签订的独家经销协议及2004年4月8日签订的补充协议，×××公司向贵公司返还货款334万元，并支付利息；同时也判令贵公司赔偿×××公司药品赠样损失29.7万元，驳回了贵公司其他的诉讼请求。现×××公司已向A市第二中级人民法院提起上诉。

二、本案的处理意见

本所认为，A市某区人民法院的一审判决认定事实基本正确，适用法律基本适当。因此，只要我方认真准备，论据充分，工作到位，二审维持原判是完全可能的。现将本案涉及的几个主要问题及我方的理由分析如下：

在本案中，关键问题在于确认哪方违约，进而可以确定各方的责任。而规定贵公司与×××公司之间权利义务的主要依据是双方于2003年5月22日签订的《×药剂独家经销协议》和2004年4月8日签订的《补充协议》，在《×药剂独家经销协议》与《补充协议》有不一致时以《补充协议》为准。

1.未按期供货的问题。协议约定×××公司必须按医保公司已交预付款金额提供相应数量的货物，医保公司不承担其他任何责任。贵公司于2003年5月29日和2004年4月7日共支付了预付货款400万元，而×××公司仅提供了2万盒总价值为66万元的药品，尚有334万元的药品未交付。×××公司的违约行为是非常明显的。原审判决也认定双方在补充协议中虽然有年度最低销售量的约定，若贵公司不能完成当年销售量时×××公司可以解除合同，但应当按贵公司已交付预付款金额提供相应数量的货物，并同意销售，贵公司不再承担其他任何责任。因此，贵公司即使完不成年度销售量的任务，也不存在违约行为，不承担任何责任。

2.违反独家经销约定的问题。无论是根据《×药剂独家经销协议》，还是按照《补充协议》，贵公司都享有约定药品的国内独家经销权。而×××公司却未经贵公司允许，于2004年10月19日授权B市××生物医药有限公司在C市、D市、E市等24个省市销售×药剂，违反了协议的约定，给贵公司造成了损失。原审法院也认定×××公司不能向除贵公司以外的任何一方供货，但×××公司却授权B市××生物医药有限公司为总经销商，该行为明显违反了双方的约定。

原审判决依据《合同法》第94条第4项、第97条，认定基于×××公司的上述违约行为，贵公司有权解除合同。且贵公司已向×××公司交付预付款400万元，而×××公司仅提供了价值66万元的药品，所余334万元应当退还贵公司，并应赔偿该款自交付预付款之日起至给付之日止的利息损失。

另外，我方曾经在一审诉讼中要求先期投入费和销售损失的赔偿，原审判决以贵公司提供的证据不能证明与×××公司的违约行为存在因果关系而否定了这两项损失的赔偿请求。事实上，根据《合同法》第107条的规定，我方请求在合同履行情况下所可能获得的利益损失的赔偿也是有理由的。关于赠样返还问题，×××公司未履行赠样返还协议是导致赠样未返还的直接原因，其责任实际上也在×××公司。由于我方服从原审判决，因此我方在二审中的任务就是使原审判决得以维持。

三、委托代理的有关事项

鉴于本案时间跨度较长、证据繁多、争议的法律问题复杂，故本所对此予以高度重视。如本案委托本所代理，在人员方面，本所将组成由多名资深律师参加的工作小组，确保足够的工作时间；在代理目标方面，本所可根据贵公司的要求和实际情况，以最大限度地维护公司的合法权益；在代理费用方面，本所按收费标准收费。

以上案件的可行性分析和委托代理方案，由于本所掌握情况不够充分，难免有不当之处，请贵公司指正和进一步完善，并将反馈意见告知本所。

×××××律师事务所

承办律师：×××、×××

××××年××月××日

附录9-4 律师意见书

关于A市××房地产有限公司与香港××财务有限公司借款纠纷案处理的律师意见书

中国××银行：

本所于日前收到了贵行提供的A市××房地产有限公司（以下简称A市房地产公司）与香港××财务有限公司（以下简称香港财务公司）借款纠纷案的一审部分诉讼材料。本所随即组织资深律师进行了研究分析，目前已形成了初步的处理方案。现分述如下，供贵行在决策时参考。

一、本案的基本情况

1998年5月至7月，A市房地产公司与香港财务公司签订《贷款协议》两份，由A市房地产公司向香港财务公司借款1500万美元，借款期限2年。A市房地产公司以自已拥有的A市×路×号街坊×号×地块13,841平方米的土地使用权作为抵押担保。其中第一份《贷款协议》的签订日期为1998年5月6日，借款金额为800万美元，还款日期为“放款”后24个月；第二份《贷款协议》的签订日期为1998年7月22日，借款金额700万美元，还款日期为“放款”后24个月。《贷款协议》订立后，借贷双方还到A市房地产登记机关办理了抵押登记。其中第一份抵押登记的有效期自1998年5月15日至2003年5月14日，第二份抵押登记的有效期限自1998年7月28日至2003年7月27日。

第一份《贷款协议》订立后，香港财务公司根据A市房地产公司于1998年6月19日出具的《提款通知》，将800万美元汇给C市××国际信托投资（香港）有限公司（以下简称C市投资公司）。第二份《贷款协议》订立后，香港财务公司根据A市房地产公司出具的三份《提款通知》，分三次将645.361111万美元汇给了A市房地产公司。其中于1998年8月19日支付300万美元，1998年11月13日支付200万美元，1999年1月22日支付145.361111万美元（其中已预扣利息54.638889美元）。

2000年6月至2001年1月，贷款陆续到期，香港财务公司一直没有主张权利，直到2003年3月13日才向A市高级人民法院提起诉讼。一审审理过程中，A市房地产公司提出香港财务公司的债权已超过诉讼时效，800万美元贷款是香港财务公司与他人恶意串通的无效协议等抗辩理由，但一审法院未予采纳，判令A市房地产公司归还贷款1500万美元。现A市房地产公司已向最高人民法院提起上诉。

二、本案上诉理由的可行性分析

本所认为，A市高院的一审判决存在诸多问题，其判决理由和结论明显与法律不符。该判决明显有利于香港财务公司，对香港财务公司有利的部分做了详细阐述，对其不利的部分便一笔带过。因此，只要我方认真准备，论据充分，工作到位，二审反败为胜是完全可能的。现将本案涉及的几个主要问题及我方的理由分析如下：

1. 诉讼时效问题。贷款协议约定还款期限为“放款”后24个月，本案的实际“放款”日期最早一笔为1998年6月19日，最晚一笔为1999年1月22日，因此，本案1500万美元的债务到期日分别是在2000年6月19日至2001年1月22日。《中华人民共和国民法通则》第135条和第137条规定，“向人民法院请求保护民事权利的诉讼时效为二年，法律另有规定的除外”，“诉讼时效期间从知道或者应当知道权利被侵害时起计算”。根据上述法律规定，本案的诉讼时效应从借款到期未还之日起计算，即第一笔贷款800万美元应从2000年6月20日起算，至2002年6月19日时效届满；第二笔贷款700万美元的最后一笔应从2001年1月23日起算，至2003年1月22日时效届满。而香港财务公司起诉是在2003年3月，因此，其起诉早已超过诉讼时效，而且，在一审中已经查明本案没有出现过时效中断的情况，香港财务公司从未在时效之内向A市房地产公司主张权利，因此，即使其债权存在，也依法不受法律保护，已经丧失了胜诉权。原审判决将主债权的诉讼时效和抵押权的有效期限混为一谈是完全错误的，没有丝毫的法律依据和法理依据。

2. 预扣利息问题。本案当事人协议约定借款1500万美元，而在实际履行中，香港财务公司预扣了利息54.638889万美元。《中华人民共和国合同法》第200条明文规定，“借款的利息不得预先在本金中扣除。利息预先在本金中扣除的，应当按照实际借款数额返还借款并计算利息”，因此，香港财务公司如有债权存在，也只能以其实际发放的贷款金额主张债权，即只能主张1453.64111万美元的债权，而不能主张1500万美元的债权。而且，在本案中，香港财务公司仅起诉要求归还贷款本金，而未主张该本金的利息。根据“不告不理”的民事诉讼原则,法院无权就利息作出判决。因此,原审法院判决A市房地产公司归还1500万美元是违反法律规定的。

3. 恶意串通问题。在本案中,虽然A市房地产公司曾于1998年6月19日根据香港财务公司的要求,向其发出《提款通知》,要求其将800万美元汇入C市投资公司账户。但当时A市房地产公司并不知道该款是香港财务公司用以行使对C市投资公司的债权的,A市房地产公司当时更不知道香港财务公司与C市投资公司已经约定并签订了《债务清偿确认书》,用该款抵销C市投资公司欠香港财务公司的债务的。《中华人民共和国民法通则》第58条规定,“下列民事行为无效:……(三)一方以欺诈、胁迫的手段或者乘人之危,使对方在违背真实意思的情况下所为的;(四)恶意串通,损害国家、集体或者第三人利益的……”香港财务公司与C市投资公司瞒着A市房地产公司,用A市房地产公司贷来的钱为C市投资公司向香港财务公司偿债,其行为完全符合法律规定的“欺诈”和“恶意串通”的行为特征,是无效民事行为。香港财务公司“以贷还贷”,且该800万美元从未脱离其控制,应认定为实际没有放贷,依照事实和法律,不能让蒙在鼓里的被害人A市房地产公司来偿还这笔根本没有得到过的贷款。原审判决认定《债务清偿确认书》等书证“与本案缺乏法律上的关联性,本院不予采信”,这明显是在偏袒香港财务公司。

4. 适用法律问题。本案当事人在《贷款协议》中约定适用我国香港地区法律。原审判决认为,“原、被告在贷款协议中约定适用香港地区的法律,未违背我国法律规定的约定选择法律适用的规定,应属有效。但在本案审理过程中,双方当事人均未按法律规定,向本院提供相关适用于本案的香港地区的法律,故本案只能适用法院地法即中国(内地)的法律”。原审法院的这一判决虽然不完全符合法律,但对我方是有利的。根据《最高人民法院关于贯彻执行〈中华人民共和国民法通则〉若干问题的意见(试行)》第193条的规定,“对于应当适用的外国法律,可通过下列途径查明:(1)由当事人提供;(2)由与我国订立司法协助协定的缔约对方的中央机关提供;(3)由我国驻该国使领馆提供;(4)由该国驻我国使馆提供;(5)由中外法律专家提供。通过上述途径仍不能查明的,适用中华人民共和国法律”。对照上述法律,原审法院仅以“当事人未提供”为由就直接适用内地法律似有不当。根据本案案情,本案适用内地法律对我方是十分有利的,特别是关于“诉讼时效两年”的规定,而如果适用我国香港地区法律,则香港财务公司的起诉就没有超过诉讼时效。现香港财务公司一审胜诉，估计其不会仅就适用法律问题上诉，如果我方对适用法律问题也不上诉，则法院一般不会对这部分内容进行审理。现我方对此提出了上诉，这是不利的。目前的解决办法是，在二审开庭时或书面审理中，撤回对适用法律这部分的上诉，改称原审适用法律正确。

三、委托代理的有关事项

鉴于本案诉讼标的额高，涉及法律问题多，工作难度大，故本所对本案予以高度重视。希望贵行能委托本所代理。若委托本所代理，在人员方面，本所将组成以主任为首、多名资深律师参加的工作小组，确保足够的工作时间，由×××主任、×××副主任出庭代理本案；在代理目标方面，本案可根据贵行的要求和本案案情，力争在诉讼时效方面予以突破，争取在二审中驳回香港财务公司的全部诉讼请求；在代理费用方面，本所可与贵行协商确定代理费用。

以上的案件分析及委托代理方案，由于本所掌握的情况尚不够充分，故难免有不当之处，请贵行进一步完善，并尽早将反馈意见告知本所。

×××××律师事务所

承办律师：×××、×××

××××年××月××日

第十章　法律文书要“精”

撰写法律文书要精益求精，不要粗枝大叶。法律文书是律师的“脸面”，既是律师的外部形象，又是律师内在实力的体现。更重要的是，法律文书的内容确定了诉讼方向和诉讼请求，法律文书的文字内容构成了对本案事实的自认，法律文书写作的好坏，在一定程度上关系诉讼的成败。因此，一定要充分重视法律文书的制作。

一、法律文书要做到精益求精

撰写法律文书是律师的主要工作之一。这里所涉及的律师法律文书，包括诉讼文书和非诉讼法律事务文书。实践中较常用的是律师在代理案件过程中向法院提交的起诉状、反诉状、上诉状、行政复议申请书、再审申请书以及其他法律文书。这些文书写作的质量，不仅体现了律师自身的执业态度和执业水平，更会实实在在地影响律师代理案件的效果。因此，我们一定要注重法律文书的写作，尽可能地做到精益求精。

（一）“精”是法律文书自身的特点要求

法律文书具有直观性、固定性以及规范性等特征。法律文书的直观性，表现为法律文书的文字内容在表达上直观显见，相比口头语言或行为语言，更加直接明了。律师在代理案件中需要表达何种观点，建议适用何种法律，提出何种诉讼请求，在法律文书中都可以全方位地表达出来。因此，律师应当认真对待法律文书，并利用法律文书这一载体表达律师对案件的意见。法律文书的固定性，是指法律文书一旦提交法院，一般情况下其内容即已经为固定，不能轻易进行修改,这与法庭陈述需要遵守“禁反言”的规则是一样的。例如,起诉状中对案件事实的陈述,可以作为一方对案件事实的自认,即使这种自认有时候不利于自己一方,也不能随意否认,自己打自己巴掌;又如,申请法院调查取证时,要注意申请调查的证据是否对自己一方有利,一旦法院调取的证据反而是对己方不利的,将会导致诉讼的被动甚至败诉;再如,要注意法律文书中涉及的事实是否会导致侵犯他人权益的问题,一旦侵犯他人权益,文书本身可能就会成为将来他人起诉自己的证据。法律文书的规范性,是指按照法律规定,某些法律文书要遵守固定的书写规范和格式,否则将不能产生相应的法律效果。例如,起诉状、上诉状要遵循法定的格式和要求,起诉状要有符合法律规定的当事人信息、明确的诉讼请求以及事实和理由,上诉状也要有符合规范的上诉请求。特别是民事的再审申请书,更要注意相应的格式要求,否则再审请求将不能被法院立案受理。

(二)“精”是我国现有诉讼模式的要求

我国现有的诉讼模式,是法官主导庭审的审判模式。结合我国现有的司法实践,律师在法院审理中往往无法和法官进行充分的面对面接触和沟通,在法庭庭审中,也是在法官主导指引下进行法庭审理,法官往往更注重对其需要的案件事实进行查证,却缺少对律师法律意见表述进行详细听取的耐心,法官审理案件适用法律,很多情况下会认为这只是法官自己的事情。在这种情况下,律师的口头表达机会被严重限制,且口头发表意见由于口头语言自身的特点,其效果一般也不理想。法官往往在查明事实后,就要求双方当事人各自发表辩论意见;而这些庭审中的辩论意见被法官听取的程度往往要打一个折扣。因此,法律文书作为可以全面表达律师意见以及今后有据可查的载体,其重要性不言而喻。因此,律师应当注意法律文书写作的质量,重视法庭之外的书面意见表达。特别是对于案件事实复杂、适用法律争议比较大的案件,律师更应当对提交法庭的法律文书精推细敲,使自己的观点有依据、有逻辑,从而增强观点的说服力。

(三)法律文书是检验律师执业水平的主要标准

能言善辩,通常被人们理解为一名优秀律师的特点。口头表达固然是律师的一项基本技能,能反映律师作为法律公平正义实践者的风采;案件审理的过程是一个摆事实、讲道理的过程,更多地注重律师在审理过程中提出意见的逻辑性、严谨性和规范性。因此,律师应当把法律文书写作水平当作衡量自己专业水平的主要指标。对自己提交法院或提交给对方和自己当事人的文书,要前思后想、精益求精,以免在文书中出现不应有的错误,导致"一言既出,驷马难追"的不利结果。对于法律文书,代理律师应当从各个方面去推敲和检查。要避免低级的错误,如出现错别字或明显错用标点符号的情况;要避免出现明显的语句不通或乱用词汇,以免影响文书的逻辑性和可读性;要注意把握用词用句的得当性,避免出现对司法机关或对方当事人的攻击性言语。除此之外,还有更高层次的要求,如论理的深度、文笔的优雅,这就需要律师自己在平时的文书训练中不断摸索和提高。

二、民商事案件的法律文书写作

(一)民事起诉状

民事起诉状,是指民商事案件中原告一方向法院提交的诉请文书。当事人向人民法院提起诉讼,必须提交民事起诉状。《民事诉讼法》第 123 条第 1 款规定,"起诉应当向人民法院递交起诉状,并按照被告人数提出副本"。第 124 条规定:"起诉状应当记明下列事项:(一)原告的姓名、性别、年龄、民族、职业、工作单位、住所、联系方式,法人或者其他组织的名称、住所和法定代表人或者主要负责人的姓名、职务、联系方式;(二)被告的姓名、性别、工作单位、住所等信息,法人或者其他组织的名称、住所等信息;(三)诉讼请求和所根据的事实与理由;(四)证据和证据来源,证人姓名和住所。"这些规定是我们起草民事起诉状的基本依据。民事起诉状的起草需要注意以下几点:

1. 名称。文书名称一般为"民事诉状"或者"民事起诉状"。"诉状""起诉状""起诉书"等写法都是不规范的,无法与行政或刑事自诉案件等其他案件相区别。这点需要尤其注意。

2. 当事人。当事人部分需要注意写正确当事人的全称。特别是当事人是法人或者其他组织的,要按照营业执照或登记机构登记的名称来书写,切勿写错。否则不仅不规范,还可能影响在财产保全时能否准确及时地对对方的银行账户或其他财产进行保全，错误的单位名称将导致银行不予冻结账号，从而使对方当事人有了财产转移的机会，导致今后判决无法得到有效执行。另外需要注意的是，自然人的住址一般用“住……”，法人或其他组织一般用“住所地……”，两者不可混用。如果有多名被告，还应当用“被告（一）、被告（二）……”等形式依次列明。

3. 诉讼请求。民事起诉状中应当有诉讼请求。诉讼请求应当明确规范，民商事案件遵循不诉不理原则，因此当事人诉请的内容就是法院裁判的范围。因此，诉讼请求应当明确，注意不同的诉讼请求内容不能一股脑儿地写在一起，不同的诉请应当分别单独立项。

4. 事实和理由。事实和理由部分是民事起诉状的重要组成部分。对于原告而言，民事起诉状中的事实部分不仅是我们对事实的归纳和陈述，也是法官审理案件第一次了解到的案件事实。因此，要特别注意引导法官的第一印象。事实部分可简可繁，这需视不同案件具体案情的需要而定。一般而言，事实部分尽可能地要简明易懂，条理清晰，表述准确。特别是对己方“事实版本”的描述，不能出现对自己不利的自认。如果案件的事实证据还有待收集提供，那么应当对相关事实的陈述留出一定空间，以免与以后取得的证据相左。起诉理由方面，应当列出主要的法律法规规范，但不必全部列举。

5. 附件部分。正文最后应当写明：“附：本诉状一式×份；证据清单及证据一式×份。”

6. 其他。例如，对于案件的案由，不同法院可能有不同的要求。有些法院要求当事人在起诉状中写明案件的案由，否则不予立案。对此，我们应当按照最高人民法院对民事案件案由的规定要求，选出案件案由，列在诉讼请求一栏之前。

总之，民事起诉状应当在保证格式的规范的前提下，对诉讼请求和事实理由进行反复推敲，以保证我们递交给法院的民事起诉状的质量。

[范文]

民事起诉状

原告:A 钢铁有限公司,住所地××。

法定代表人:吕某,执行董事兼总经理。

被告:B 电气股份有限公司,住所地××。

法定代表人:于某,董事长。

案由:买卖合同纠纷。

诉讼请求:(1)依法判令被告向原告支付货款 1,146,530.98 元及逾期付款利息 114,628 元(利息以 1,146,530.98 元为基数,按全国银行间同业拆借中心公布的一年期市场贷款报价利率的 1.5 倍,自 2020 年 10 月 10 日起至暂算至 2022 年 7 月 10 日,以被告实际清偿之日为准);(2)依法判令本案诉讼费、保全费由被告承担。

事实与理由:原告系被告的常年合作供货商,被告根据生产需求向原告下单,双方再签订相应批次的采购合同。2010 年至 2020 年,被告多次向原告采购镀铝锌板等材料,并与原告签订多份《产品购销合同》,约定付款条件为"货到验收合格后,供方按订单明税率开具全额增值税专用发票,以需方财务挂账日期次日起,15 天结算货款"。

业务往来过程中,原告始终按约履行合同义务交付货物,但被告并未按约足额支付货款。2020 年 9 月 10 日,被告向原告寄送《企业询证函》,确认被告尚欠货款 635,030.98 元。此后,被告又于 2020 年 9 月 21 日向原告采购了一批合同总价为 511,500 元的镀铝锌板,但仍未按时支付货款。为此,原告于 2020 年 12 月 8 日、2021 年 1 月 6 日和 7 月 30 日多次向被告发出《企业询证函》,确认被告累计欠付货款 1,146,530.99 元,之后原告也通过电话、微信等方式多次催讨,但被告至今尚未支付该笔货款。

此外,《产品购销合同》第九条明确约定管辖法院为需方即被告所在地人民法院,因此本案依法应当由某市人民法院管辖。

原告认为,原被告双方签订的《产品购销合同》合法有效,被告作为买方拒不按约支付货款,已构成根本违约,严重损害原告的合法权益。为此,原告根据我国民法典、民事诉讼法等相关法律的规定，特向贵院提起诉讼，请法院依法查明事实，判如所请。

此致

某市人民法院

具状人：A钢铁有限公司

××××年××月××日

附：1. 本状副本一份；

2. 证据清单及所附证据两份。

（二）民事反诉状

反诉状，是指在民商事案件中，本诉的被告以本诉的原告为被告，提出的与本诉有牵连的独立反请求。民商事案件中本诉被告提起反诉的情况较多，特别是在买卖合同案件、建设工程施工合同纠纷案件等民商事案件中经常出现。提起反诉，必须提交反诉状。如何将反诉状写得规范准确，也是我们需要研究的。

1. 标题。反诉状的标题一般为“民事反诉状”“反诉状”等。“反诉意见书”“反诉申请书”等写法都是不符合法律规定的。

2. 当事人。反诉状的当事人部分，应当按照对方起诉状的内容相对而写。一般用“反诉原告（本诉被告）”“反诉被告（本诉原告）”等形式来表明当事人的法律地位。在此应注意不要将反诉的原告、被告混淆。

3. 反诉请求部分。反诉请求部分是反诉原告提出的，可以吞并本诉诉讼请求的诉请。反诉的诉讼请求必须是独立的诉请，如本诉原告请求法院判令本诉被告支付货款，反诉原告则请求法院判令反诉被告支付违约金，而不能是请求法院驳回本诉原告的货款请求。

4. 事实和理由。事实和理由部分应当阐述反诉原告对案件事实的看法和适用法律的意见。一般而言是与本诉原告的事实陈述和法律适用针锋相对的，或有较大的不同意见。

［范文］

民事反诉状

反诉原告(本诉被告):A 制衣有限公司,住所地××。

法定代表人:徐某,执行董事。

反诉被告(本诉原告):B 集团有限公司,住所地××。

法定代表人:吴某,总经理。

案由:合同纠纷。

诉讼请求:(1)依法判令反诉被告赔偿反诉原告经济损失 1000 万元(暂定,反诉原告保留增加诉请金额的权利);(2)依法判令本案全部诉讼费用由反诉被告承担。

事实与理由:2018 年 5 月,反诉被告 B 集团有限公司(以下简称 B 公司)主动联系反诉原告 A 制衣有限公司(以下简称 A 公司),要求收购 A 公司名下位于某工业园区的工业用地和地上房屋、附属物及机器设备。2018 年 5 月 14 日,双方就收购资产的标的物、交易方式、交易价格、付款方式、履行期限等内容协商一致,签订《协议书》《补充协议》各一份。双方约定:B 公司应在协议订立后 3 日内支付定金 500 万元;在协议订立后 30 日内进场对 A 公司进行审计;最迟到 2018 年 7 月 31 日完成资产交付。A 公司应在资产交付前,将现有的租赁关系、贷款和债务清理完毕。同日,B 公司支付了 500 万元定金。

上述协议签订后,A 公司按约停止经营、清退租户、清偿债务等,但 B 公司却以各种借口拖延履行财务审计、资产交付等合同义务,阻碍合同的正常履行,导致收购项目陷入停滞状态。在 A 公司多次催促之下,直至 2019 年 6 月 18 日,B 公司才与 A 公司、A 公司的股东三方签订《补充协议书之二》,对财务审计、合同签订和资产交接的履行期限进行约定。而在 2019 年 7 月 18 日由 B 公司指派的大华会计师事务所完成尽职调查报告后,B 公司再次出尔反尔,拒不按照《补充协议书之二》的约定在 2019 年 8 月 15 日前签订资产转让协议,至今已逾期近 4 年,距首次《协议书》约定的资产交付时间也已近 5 年。

B 公司的多次违约行为,严重违反诚实守信原则,也给 A 公司造成重大经济损失,包括但不限于因停业产生的经营性损失、全面清退租户的租金损失、提前归还银行贷款的资金成本损失、丧失资产交易机会的损失等，上述损失合计高达数千万元。现A公司因B公司毁约遭受重大经济损失，无力缴纳高额反诉诉讼费，暂向B公司主张1000万元的损失赔偿，保留增加诉请金额的权利。

A公司认为，双方签订的《协议书》《补充协议》《补充协议书之二》合法有效，B公司拒不按约履行上述协议已构成根本违约，不仅无权要求A公司返还500万元定金，而且还应赔偿A公司的全部损失。为此，A公司依据我国相关法律的规定，特向贵院提起反诉，请贵院依法查明事实，支持A公司全部的反诉请求。

此致

某市人民法院

具状人：A公司

××××年××月××日

附：1. 本状副本一份；

2. 证据清单及所附证据两份。

（三）民事上诉状

民事上诉状，是指当事人一方对原审判决或裁定不服，而向二审法院提出的请求二审法院改判的法律文书。民事上诉状是民商事案件中的主要法律文书。民事上诉状的写作难度比较大，不仅在格式上有一定要求，在内容上也需要仔细推敲。

1. 标题。一般用“民事上诉状”“上诉状”，不要使用“上诉书”“上诉请求书”等不规范的写法。

2. 当事人。用“上诉人（原审被告）”“被上诉人（原审原告）”列明上诉状中的当事人。如果有第三人，还需要列出第三人。

3. 上诉请求。上诉请求是上诉状中的重要内容。如何提出上诉请求，是撰写民事上诉状应当特别注意的内容。很多律师对于上诉请求不重视，往往只做“依法改判”等笼统的表述。而诉讼请求不仅是上诉人单方面提出的请求，也是给法院审理上诉案件指出的一个方向。上诉请求应尽量做到全面、准确和合理。一般而言,事实清楚适用法律错误的,可以请求二审法院直接改判;事实认定不清、原审诉讼程序不当的,应当加入“撤销原审判决,发回原审法院重新审理”的请求,以使法院尽可能对上诉请求作出支持。

4.事实和理由。上诉状中的事实和理由,主要是针对原审判决在认定事实、适用法律和诉讼程序方面的错误。在书写格式上,既可以按照事实、法律、程序的三段论从重要到次要来写,也可以将原审判决中存在的主要问题归纳成几个点来写,具体应视案情而定。上诉状主要是针对原审判决的错误来论述,应当做到先树靶、再打靶,有针对性地指出原审判决的错误。而详细全面的论述应当在代理词中深入展开。需要注意的是,上诉状的撰写应当就事论事,摆事实、讲道理,论述要客观,不能带有太大的主观性,言辞也应把握分寸,不要出现过分的指责和谩骂的言语,以免引起二审法院的反感。

[**范文**]

民事上诉状

上诉人(原审被告):A珠宝有限公司,住所地××。

法定代表人:徐某,董事长。

被上诉人(原审原告):沈某,住××。

原审第三人:B珠宝有限公司,住所地××。

上诉人因与被上诉人合同纠纷一案,不服某市某区人民法院(××××)民初××号民事判决,特提起上诉,上诉的请求和理由如下:

上诉请求:(1)依法撤销原审判决,改判驳回被上诉人的全部诉讼请求,或将本案发回原审法院重新审理;(2)判令被上诉人承担本案一审、二审全部诉讼费用。

一、原审判决将被上诉人事后单方制作的货物清单认定为三方收购协议中的附件,继而认定该清单上所列的货物和标价就是上诉人收到的货物和价值,这是完全错误的。

原判决认定:“本案从三方收购协议签订的时间以及清点交货的顺序来看,原被告双方均确认清点交货在前,三方收购协议签字确认在后。现被告对原告提出的三方收购协议(清单附后)中的内容不予认可,认为在交货时并无清单,但对于协议上清单附后的约定又无法做出合理解释。本案收购协议所涉的标的物为价值数千万的黄金、珠宝饰品,被告系一家专业从事经营以及饰品经营的公司,如果没有对案涉的黄金、珠宝等饰品进行清点估值确认,也不可能在案涉三方收购协议上予以盖章确认;如果没有对交付的黄金、珠宝等饰品达成一致的价格,被告从第三人处接收货物时也不可能不出具任何的签收手续,故本院认定原告提供的清单即为收购协议的附件,被告在诉讼中提供的清单系其单方制作的,且制作于其掌控货物数月之后,本院不予采信。”上诉人认为,原审判决的这一认定是完全错误的。

(一)原审判决关于被上诉人提交的货物清单就是收购协议附件的认定,与事实完全不符。事实上,上诉人于2015年7月8日在上诉人、被上诉人及原审第三人B珠宝有限公司(以下简称B公司)三方的《收购协议》上盖章时,并没有被上诉人提交的这一货物清单的存在。如果当时存在该货物清单,按照常识和惯例,各方在收购协议上签了字盖了章,也必然会在清单上签字盖章,或在协议与清单上骑缝盖章或签字。现被上诉人提交的清单上并无任何一方当事人签字或盖章,且庭审质证时发现被上诉人所称的“清单原件”与《收购协议》的纸张颜色、打印字体等多方面不一致,足以证明各方签约时并不存在该“货物清单”。且根据该收购协议第1条的约定,抵债货物是按“成本价格”计价,而上诉人在原审起诉时提交的“货物清单”上列举的是“标价”和“折算价”,这也说明签约当时并不存在该“货物清单”。

(二)原审判决关于上诉人已经收到了三方协议约定的货物的认定,毫无事实根据且推理自相矛盾。首先,不存在“原被告双方均确认清点交货在前”的情况,录像等证据只能证明上诉人一方有人到过现场,但没有证据证明上诉人一方参与了“装箱”,而没有证据证明进行了“清点”,更不存在“交货”。事实上,该货物只有在B公司送到了上诉人所在地嘉定之后,三方才会组织人力进行“清点”和“交货”,且用短短几天时间是完成不了该清点工作的。其次,不存在上诉人对“清单附后”的约定无法解释的问题。上诉人在原审中多次强调:该收购协议第1条中的“清单附后”的含义是指“货物清单收货清点之后再附”,上诉人的这一解释完全符合本案的客观事实和常识惯例。最后,原审判决关于“如果没有对交付的黄金、珠宝等饰品进行清点估值确认,也不可能在三方收购协议上盖章确认”,“也不可能不出具任何签收手续,故本院认定原告提供的清单即为收购协议的附件”的认定,与“原、被告双方均确认清点交货在前”的说法自相矛盾,且该“猜想”毫无依据,推理不符合常理。

(三)原审判决对上诉人提交的货物清单以“单方制作且时间过长”为由不予采信,其理由不能成立。事实上,涉案货物的清点需三方当事人共同到场,而2018年7月8日上诉人收到B公司送来的20余箱货物后,准备与B公司及被上诉人派员共同清点,但因被上诉人单方认为上诉人修改此前的四方协议是“诈骗”而搁置清点。直到被上诉人在嘉定法院提起的诉讼开庭时,法官要求上诉人清点,上诉人才单方组织人员清点并制作收货清单,确定货物价值共计300余万元(详见上诉人原审证据1)。现原审判决对被上诉人事后制作的货物清单偏袒有加,而对上诉人提交的货物清单求全责备,明显不公正。

二、原审判决关于B公司已履行了全部交付义务的认定,背离客观事实,与本案书证及双方当事人陈述不符,其认定完全错误。

原审判决认定:“关于被告抗辩称在合同履行过程当中,因第三人仅交付了价值300万余元的货物,并未按约交付价值4000万元的货物,故被告没有付款给原告的义务,本院认为被告确认已收到了第三人交付的部分货物,然被告至今未要求第三人继续履行交货义务,且在原告催促被告付款时也未积极回应,结合双方送货后无交接手续,本院认为被告与第三人之间系采用一次性送货的方式,第三人已履行了全部交付义务,被告的抗辩意见不能成立。”上诉人认为:原审判决的认定完全背离了客观事实。

(一)被上诉人自己的确认也足以推翻原审判决的认定。被上诉人在2015年7月28日给上诉人的书面《通知》中,除了表达自己是最后在收购协议上签字、三方收购协议仅有两份原件外,还要求上诉人“在收到本通知后三日内前往天宝坊府横街店提取由B公司代管的《收购协议》所涉及的剩余货物”(详见被上诉人原审证据2)。关于剩余货物的数量,被上诉人在另案庭审时承认有翡翠原石等42件未交付(详见上诉人证据上海一审、二审法院庭审笔录)。这些证据足以证实收购协议中所涉的大部分货物上诉人尚未收到。至于被上诉人提交的录像和录音,不真实不完整,不足为凭。且被上诉人提交的录像中,B公司所送的货物也不会多于上诉人认可的20余箱货物。

(二)原审判决对B公司有无履行全部交付义务的认定自相矛盾,推断有违常理。原审判决一方面认为"被告确认已收到了第三人交付的部分货物",另一方面又以"被告至今未要求第三人继续履行交货义务"等理由,推断出"被告与第三人之间系采用一次性送货的方式,第三人已履行了全部交付义务"。事实上,本案各方当事人从签约到发生纠纷,只有短短几天时间,之后一直在通过法律途径处理,在此期间,上诉人没有自行再向B公司提出履行要求,符合常理;至于B公司没有履行全部交货义务,被上诉人的《通知》及在一审、二审法院的陈述,也足以证实。现原审判决撇开这些客观事实和书证,随意作出"第三人已履行全部交付义务"的认定,是完全错误的。

三、原审判决关于本案系B公司将自己的合同义务转让给上诉人的认定,并以此为由判决上诉人支付被上诉人2000万元本息是完全错误的。B公司没有按照收购协议交付4000万元货物,仅交付了300余万元货物给上诉人,上诉人没有义务向被上诉人支付款项。

原审判决认定:"本案中,原告、被告与第三人之间签订的协议,实质上系第三人将自己的合同义务转移给了被告,原告也予以同意。故在第三人已向被告履行交货义务的情况下,被告理应按约支付原告相应的款项。现被告未在约定的期限内向原告支付收购款的行为显属违约,应承担相应的法律责任。原告要求被告支付欠款的诉讼请求,本院予以支持。原告要求被告支付违约金的诉讼请求,本院认为《收购协议》中约定的每日千分之一的标准过高,酌情调整为按年利率24%的标准计算。"上诉人认为:原审判决的认定和判决结论是完全错误的。

(一)本案并非债务转让关系,本案只有先后顺序的抵债和收购法律关系。首先,涉案货物应按先抵上诉人后再抵被上诉人的顺序进行。该收款协议第2条约定:"上述货物2000万元抵偿甲方债务,剩余2000万元货物由甲方以2000万元的价格收购,收购款甲方应当在本协议生效后10个工作日内支付丙方……"根据该条的约定,涉案抵债4000万元物资应先抵偿给甲方(上诉人)2000万元,剩余2000万元货物再抵债给丙方(沈某),现第三人B公司交付的货物连上诉人一家都未满足,自然不存在被上诉人的合同权利。如果被上诉人要主张合同权利,应向B公司主张。其次,上诉人与被上诉人之间存在的是"收购"法律关系。根据该收购协议第2条的约定,是上诉人收购B公司抵债给被上诉人的货物。因此,在B公司没有向上诉人交付抵债给被上诉人的货物时,自然也不产生上诉人向被上诉人付款的合同义务。

（二）原审判决判令上诉人支付2000万元及逾期付款违约金没有合同依据和法律依据。首先，上诉人没有支付2000万元“收购款”的义务。收购协议约定上诉人应在协议生效10个工作日内支付的是“收购款”，而本案尚不存在收购事实，更未产生收购款。如前所述，上诉人无货可收，当然也不存在支付“收购款”给被上诉人的义务。其次，上诉人更不存在支付逾期付款违约金的义务。在本案中，上诉人没有违约，不存在承担违约责任的问题。原审判决判令上诉人按年利率24%的标准支付自2015年7月22日至实际给付之日止的逾期违约金更是没有依据。

综上所述，原审判决认定事实明显错误，判决结论明显不当。需要特别指出的是：原审判决对本案事实的认定和判决结论，几乎照抄了上海一审判决的内容，原审判决完全忽略了上海二审裁定正是因为“原审判决认定基本事实不清，关于系争合同的实际履行过程该节事实未予查明”的原因才发回重审的。更何况，在杭州原审法院审理时，还发现了被上诉人提交的“货物清单”与《收购协议》纸质、字体等多方面不一致以及B公司还有大量货物未交付的新事实，而原审法院无视这些关键事实和证据，用不符合常理的推断，作出背离事实和法律规定的判决。为此，望你院查明事实后，依法改判，支持上诉人的全部上诉请求。

此致

某市中级人民法院

具状人：A珠宝有限公司

××××年××月××日

（四）民事答辩状

民事答辩状，是指被告或被上诉人针对原告或上诉人的起诉或上诉提出的反驳意见。答辩状是民商事案件中的主要法律文书，是被告或被上诉人案件代理思路的总体体现，也是法庭审理案件时主要参考的当事人意见。答辩状的书写主要要注意如下几点：

1. 标题。一般使用“民事答辩状”“当庭答辩意见”等。“答辩词”这样的写法欠规范。

2. 当事人。当事人部分列明“答辩人”的基本信息和“被答辩人”的基本信息，如有第三人的，还需要列明第三人。

3. 答辩意见。答辩意见部分，应当针对原告或上诉人提出的诉讼请求、事实理由或上诉理由等内容，提出具有针对性的反驳意见。写法上没有固定格式规范，但是内容排布上应尽量做到论点全面、言简意赅。例如，一般我们可以将原告的诉讼请求和事实理由从事实和法律两个方面进行概括后加以反驳，指出原告的诉讼请求不能成立；对于上诉案件，应当指出原审判决的正确性，并针对上诉人的上诉理由加以反驳。在写法上，做到先树靶、再打靶，先总结对方观点，再进行反驳，这样既有针对性，也有可读性，避免论点论据杂乱无章。需要注意的是，在答辩状中要避免出现对我方不利的自认而影响案件的处理结果。

4. 答辩请求。答辩状行文最后，要提出明确的答辩请求。在一审案件的答辩中，我们主要针对不同的案件情况，提出驳回原告的全部诉讼请求或驳回原告起诉等答辩请求。对于上诉案件，我们一般提出的请求是驳回上诉、维持原判，或发回重审。两者有所区分，需要根据案件类型进行分析研究，不能混同。

在司法实践中，不少被告或被上诉人为避免对方早做准备，而事先没有提交书面答辩状，采用当庭口头答辩的方法。对此也应制作当庭答辩状提交法庭，便于法官制作裁判文书时参考。

［**范文　一审民事答辩状**］

民事答辩状

答辩人：陈某，住××。

被答辩人：王某，住××。

答辩人陈某因王某所诉民间借贷纠纷一案，现根据本案的事实和相关法律法规，提出答辩意见如下：

一、案涉款项8000万元系股权投资款，230万元系设备采购费用，并非王某主张的借款。王某利用优势地位设定的条款显失公平，且双方未能完成股权转让的责任在王某，其要求返还全部投资款和设备采购款并按照法定上限计息，缺乏事实根据和法律依据。

本案双方并非民间借贷，案涉款项均建立在双方的股权投资关系基础之上。2021 年，王某和案外人沈某得知陈某为 A 矿业有限公司寻找融资，主动结识陈某并提出投资入股的意愿。各方于××××年 4 月 28 日签订《股权收购意向协议》，约定由王某出资 8000 万元作为部分股权转让款。王某利用其投资人的优势地位，不仅虚构借款关系掩盖股权投资的本质，还进一步在协议中设定霸王条款，约定无论出于何种原因，只要双方在××××年 7 月 15 日之前未能签订《股权转让协议》，陈某就应在××××年 7 月 30 日前返还全部出资。该条款明确王某在本次股权交易中可无条件撤回投资，明显违背民法的公平原则以及投资行为风险共担的原则，对陈某显失公平。

事实上，王某已经提前行使股东权利，早在××××年 5 月就将总指挥矿长蒋某华、销售统计王某、行政杨某力、工程师杨某光、杜某、杨某等管理人员派驻现场管理，王某及其公司副总也经常前往 A 公司视察。同时陈某也按照约定，完成清退原合作单位、收购公司股权等事宜，在××××年 7 月 9 日已完成股权转让给王某的前置条件。但在陈某多次催告之下，王某均以各种理由推诿办理股权变更事宜。且王某在 2021 年 7 月 15 日之后还共同出资 230 万元用于购买矿区技改设备，该笔款项也并非借款。本案双方最终未能完成股权转让的原因在于王某单方违约不愿继续投资入股，陈某并无过错。现王某要求守约方陈某无条件返还全部投资款和设备购买费用，并按照民间借贷利率的法定上限承担利息，于法无据，于理不合。王某在本案中隐瞒双方存在股权投资关系的客观事实，主张双方只有借款关系而没有其他法律关系，明显是为了逃避法院对股权投资关系的审查，谋取不正当利益。

二、因王某中途撤资给陈某及 A 公司造成严重损失，陈某将另案向其追究法律责任。

根据王某的要求，本次股权交易以清退其他合作经营单位为前提。为此，陈某提前终止和 F 公司的合作关系，并于××××年 5 月 8 日签订《〈开采加工总承包合同书〉终止协议》，除返还 F 公司投入的 5500 余万元之外，还额外承担损失赔偿款 2500 万元。现因王某违约未支付后续投资款，并中途以借款名义要求返还投资款，给陈某及 A 公司造成重大经济损失。此外，王某曾以提升矿区盈利能力为由，为公司购入价值 2500 余万元的矿区技改设备，但该加工建筑骨料流水线设备经过技术改造提升后，却根本无法使用，也给 A 公司造成巨额经济损失。现王某将上述资金成本和经营风险全部转嫁给陈某，要求陈某返还全部投资款和设备采购费用并按照法定上限计息，明显不公平不合理，陈某将另案向王某追究法律责任。

此外，本案不排除王某采用恶性商业竞争手段，谋取不正当利益的可能。王某以投资入股为诱饵设定霸王条款，再以莫须有的理由中途撤资，从而迫使陈某以偏离市场的低价出让股权。为此，陈某恳请法院依法查明事实，落实党中央关于六稳六保的政策精神，维护陈某及A公司的合法权益。

三、王某主张由陈某承担律师费及保全保险费，缺乏事实根据和法律依据。

首先，案涉《借款保证合同》中并无律师费、保全保险费由陈某承担的具体约定，王某在本案中向陈某主张律师费及保全担保费缺乏依据。其次，本案诉讼是由王某违约在先，不支付股权转让对价、不配合股权变更并中途撤资造成的，现王某要求守约方陈某承担律师费及保全保险费既不合法也不合理。且股权交易终止后，陈某始终积极协调后续的还款事宜，该笔律师费及保全保险费并非王某实现债权的必要费用。最后，王某主张的律师费和保全保险费已超出法定保护范围。根据《最高人民法院关于审理民间借贷案件适用法律若干问题的规定》第29条的规定：“出借人与借款人既约定了逾期利率，又约定了违约金或者其他费用，出借人可以选择主张逾期利息、违约金或者其他费用，也可以一并主张，但是总计超过合同成立时一年期贷款市场报价利率四倍的部分，人民法院不予支持。”案涉借款合同约定的逾期利息即合同成立时一年期贷款市场报价利率四倍，王某在此基础上额外主张律师费110万元和保全保险费3万元，已超出法定保护范围。

四、案涉8230万元款项均由B公司而非王某实际支付，且从未得到B公司的确认，被告面临被再次追讨同一笔债务的风险，原告向两被告主张归还该笔款项，没有事实根据和法律依据。

案涉8230万元款项均由B公司支付，王某主张B公司受其委托支付该笔款项，但起诉时未能提交任何证据证明。无论是《借款保证合同》还是B公司的付款凭证中，B公司从未确认该部分款项为代王某支付。如证据一《借款保证合同》的出借方一栏“B工程有限公司”明显是原告事后手动补写，且合同中并未约定该笔款项由B公司支付；证据二《借款保证合同》出借方一栏则根本没有B公司的署名；六份《借款保证合同》均无B公司的盖章确认。在该笔款项没有经过付款人确认的情况下,被告面临被B公司再次追诉同一笔债权的风险。此外,该8230万元款项中有7230万元款项均汇至A公司账户,并非由陈某个人使用。因此,本案原告向被告主张返还8230万元借款缺乏事实根据和法律依据。现原告主张庭后由B公司作出补充说明,但B公司为一人公司,股东及法定代表人王某西是王某的妹妹,具有利益关系;且该公司在庭审当日派公司副总及监事张某全程旁听庭审情况,其在庭后作出的说明不具有客观性和真实性。因此,原告无法证明该款项系B公司受其委托代付,原告要求被告向其返还8230万元借款的诉请不能成立,依法应当予以驳回。

综上所述,案涉款项系股权投资款和设备购买费用而非借款,且该笔款项从未得到付款方B公司的确认,原告向被告主张还款于法无据。现因王某单方违约导致双方未能完成股权转让,已给陈某和A公司造成严重经济损失,王某要求陈某返还全部出资并按法定上限承担利息,对陈某显失公平。王某主张由陈某承担律师费和保全保险费,也缺乏事实根据和法律依据。望贵院依法查明事实,驳回王某的诉讼请求。

此致

某市某区人民法院

陈某诉讼代理人:(签章)

××××年××月××日

[**范文　二审民事答辩状**]

民事答辩状

答辩人(原审被告):A置业有限公司,住所地××××。

法定代表人:吴某,董事长。

答辩人A置业有限公司(以下简称A公司)现对原审原告B建设集团有限公司(以下简称B公司或上诉人)不服某市某区人民法院(××××)民初××××号民事判决书所提起的上诉,提出如下答辩:

一、B公司关于原审判决认定事实错误的上诉理由不能成立。在案证据充分证明,B 公司在原审中诉称的内容与事实明显不符。原审判决作出的“双方债权债务业已清结”的认定完全正确,不存在 A 公司还欠 B 公司借款本金、利息或违约金的情况。

B 公司在原审中诉称:2012 年 6 月借给 A 公司 2000 万元,借期 5 个月。A 公司未按约归还,至今仍欠借款本金 6,297,228.56 元及逾期还款违约金 4,669,957.44 元(详见 B 公司起诉状)。而 A 公司在原审提交的还款凭证、收款收据等证据证实:该 2000 万元借款本金及利息早已结清,不存在还欠借款本金、利息或违约金的情况。

关于该 2000 万元借款本金,A 公司已在 2014 年 1 月 14 日、11 月 3 日和 17 日分三笔还清(详见原审 A 公司证据 1 至 4),不存在还欠本金的情况。至于利息,A 公司均按 8‰的利率按期支付,B 公司均出具了相应收据加以确认(详见原审 A 公司证据 5 至 20)。2015 年 8 月 4 日,B 公司开给 A 公司最终结算的利息收据,计息日期精确计算到具体还款日,金额为 913,333.33 元(见原审 A 公司证据 20)。后经双方协商,以 88 万元的吉利金额结清全部债权债务,为此 A 公司于 2016 年 2 月 3 日支付了 88 万元(见原审 A 公司证据 19)。因双方的借款关系已经了断,故在之后的近两年半时间里双方相安无事。

时至 2018 年 6 月,A 公司的全部股份由原股东转让给新股东,B 公司以为新股东不了解情况有机可乘,便挑起事端并于 7 月 2 日提起本案诉讼,提出违背事实的诉讼请求。原审判决查明事实后,作出了“双方债权债务业已清结”的正确认定,驳回了 B 公司的全部诉讼请求。现 B 公司在上诉状中已不再坚持“A 公司还欠借款本金 6,297,228.56 元”的主张,这证明 B 公司也承认其原审中对本案基本事实的陈述是不真实的,同时也证明了 B 公司上诉状中关于原审判决认定事实错误的上诉理由不能成立。

二、B 公司关于“利息收据不能证明约定利率已变更”以及“A 公司应支付逾期还款违约金 454.5 万元”的上诉理由不能成立。事实上,B 公司每期开出的利息收据和最终开具的 913,333.33 元利息收据,均足以证明双方对原约定的利率和违约责任已作了变更,证明 A 公司未欠利息,更谈不上违约金。

B 公司在上诉状中称:原审判决“仅凭借款过程中上诉人开具的发票就认定双方对借款期外的利率作了变更,明显存在事实认定错误的情形”。而事实上,双方对借款期外的利率和违约责任作了变更的事实,不仅有 B 公司每期开出的利息收据，特别是最终开出的金额为913,333.33元的利息收据等书证证实，还有其他客观事实证实。

事实上，本案借款关系的产生，是由于B公司欠付A公司施工合同履约保证金。根据双方签订的两份建设工程施工合同，B公司应支付A公司履约保证金2400万元［详见原审A公司补充证据（一）2、3］，而B公司仅支付了600万元，欠付1800万元。为解决资金问题，用于A公司向B公司支付前期工程进度款，双方商定由B公司借款2000万元给A公司。因此，双方于2012年6月18日签订借款协议，约定借期5个月内的利率为每月8‰，逾期按每日1‰支付违约金（详见原审B公司证据及起诉状）。协议履行中，B公司每月按8‰的利率收取了前5个月的利息（详见原审A公司证据5至12）。5个月的借款期届满时，因B公司仍不能支付履约保证金，双方约定延长借款期限，并按原利率计算利息。为此，B公司在2012年11月之后仍按每月8‰的利率向A公司收取利息，并开具相应的利息收据加以确认（详见原审A公司证据11至20）。B公司开出的这些利息收据，足以证明双方已约定延期还款，并对原借款期5个月外的利率及违约责任作了变更。

至于B公司在上诉状中所称的曾于2014年6月16日发函，要求A公司支付借款本金1000万元及利息和违约金之事，那是发生在2014年11月17日A公司还清全部借款本金之前。而B公司之后在2015年8月4日开具的913,333.33元的最终结算收据，已经变更了B公司2014年6月16日催款函的内容，足以证明双方已就全部债权债务作了最终了断，不存在还有违约金的问题。至于B公司在上诉状中诉称的“913,333.33元的收据是根据A公司要求所开”的说法，则完全违背客观事实，不符常理。该收据开具在先，付款在后，且最后以88万元吉利金额支付，足以说明是B公司的主动行为，且如此精确到日的计算，也只有债权人的财务才能计算到位。以上事实和证据，也足以证明双方当事人之间的债权债务早已结清，不存在现在还要支付B公司违约金的问题。

三、B公司关于原审判决适用法律错误以及判断推理不符合逻辑的上诉理由不能成立。原审判决适用法律正确，判断推理正确且逻辑严密，驳回B公司全部诉讼请求的判决结论合情合理合法。

B公司在上诉状中认为：原审判决违背了法律规定，判断推理违反了逻辑三段论。而事实上，原审判决适用法律和判断推理十分准确，逻辑严密，驳回B

公司诉讼请求的判决结论完全正确。

我国《合同法》第十条第一款规定，“当事人订立合同，有书面形式、口头形式和其他形式”，第七十七条第一款规定，“当事人协商一致，可以变更合同”，第九十一条合同消灭的原因第(一)项规定“债务已经按照约定履行”。对照本案，双方当事人约定延长还款期限，对借款期5个月之后的利率和违约责任的变更，虽然没有签订书面协议，但B公司每期开具的利息收据，特别是金额为913,333.33元的最终利息收据这些书证，足以证实双方存在延长还款期限、变更利率和违约责任的口头约定。原审判决将前述法律规定作为大前提，将B公司的利息收据特别是913,333.33元的利息收据等事实作为小前提，得出了“A公司已经清偿了B公司借款及利息，双方债权债务业已清结，B公司的诉讼请求无事实和法律依据”的结论。这完全符合法律规定的逻辑三段论的要求。至于B公司上诉所称的“原审判决违反合同法第七十八条”的说法，则是混淆了逻辑概念和判断。本案双方当事人用口头协议和行为变更的内容约定十分明确，是对原借款期外的利率和违约责任作了变更，不存在不明确的问题。至于B公司以借款期限过长不合法为由，来推断双方不可能变更原约定，则更是违反逻辑推理。

而且，原审判决的认定，还完全符合民事证据的采信规则。民事案件的证明标准，不同于刑事案件的严格证明标准，根据《最高人民法院关于民事诉讼证据的若干规定》第七十三条的规定，民事案件采用“优势证据”证明标准，根据“高度盖然性”认定案件事实。因本案A公司的证据证明力远高于B公司的证据所证明的内容，故原审判决据此作出有利于A公司的认定，驳回B公司的全部诉讼请求，是完全正确的。

综上所述，原审判决认定事实清楚，适用法律正确，判决结论适当，诉讼程序符合法律规定。为此，望你院查明事实后，依法驳回B公司的上诉，维持原判。

此致

某市中级人民法院

A公司诉讼代理人：(签章)

××××年××月××日

[**范文　被告当庭答辩意见**]

第一被告时光公司的当庭答辩意见

第一被告A市时光数码有限公司(以下简称时光公司)因与原告Joby公司著作权侵权纠纷一案,现根据法律和事实,针对原告Joby公司的起诉理由提出如下答辩意见:

一、原告诉讼主体不适格,原告与本案没有利害关系,无权提起诉讼

本案原告是一家公司,而原告在本案提交的证据反映,其主张的专利申请权是Jocben Bevirt这个自然人的。原告认为Jocben Bevirt个人已经将权利转让给公司,而原告提供的证据只能证明Jocben Bevirt个人将发明相关专利权转让给了公司,而没有证据证明其已将著作权转让。本案是著作权纠纷,Joby公司不是著作权人或著作权的受让人,其与本案没有利害关系,无权提起诉讼。因此,应依法驳回其起诉。

二、第一被告时光公司与原告没有任何关系,原告将时光公司列为第一被告,毫无事实依据和法律依据

根据原告提供的证据,原告告时光公司的理由,一是时光公司与时光厂的地址相同、股东相同、法定代表人相同;二是第二被告时光厂使用了时光公司的商标;三是第二被告时光厂通过网络发布的信息中称涉案产品是第一被告时光公司的产品。我们认为这些理由不能成立。地址、股东相同、法定代表人相同并不等于两个企业就是一个企业,更何况这两个企业的股东不同,地址也不同。第二被告使用了时光公司的商标,至多只能证明时光公司是同意时光厂使用的,不能证明共同侵权;时光厂发布的信息中有时光公司的介绍,这是时光厂擅自发布的,时光公司并不知晓。因此,第二被告时光厂的行为与第一被告无关。

三、涉案产品不是实用艺术作品,不受著作权法和相关国际公约调整,原告主张的是专利权利,应由专利法调整

原告认为自己的产品是实用艺术作用品,要求根据著作权法和相关国际公约保护。而事实上原告自己也不这么认为。据第一被告所知,原告已经因为与第二被告时光厂的这一专利纠纷,向国家专利局复审委员会申请宣告时光厂的这一专利无效,因处理专利纠纷的时间较长,原告为阻碍第二被告时光厂的生

产经营,而提起了本案诉讼。可见原告提起的所谓著作权纠纷诉讼是恶意诉讼。其实,关于实用艺术作品,国际公约和我国法律相关判例都认为,它是艺术性和实用性的结合,其主要成分是艺术性,只有具有艺术性的特征,才能与平面美术作品(图画)、立体美术作品(雕塑)相提并论。而原告的三脚架,只是一个工业用品,是摄影器材,只有实用性而没有任何艺术性可言,没有任何人会把它当成艺术作品加以欣赏,连原告自己在打这一官司前也从未讲过它有艺术性,这是为了打这一官司才牵强附会的乱说一通。为此,应依法认定涉案产品不是实用艺术作品,不受著作权法调整,依法驳回原告的诉讼请求。

关于原告的产品与第二被告时光厂的产品是否具有同一性,谁的权利在先,谁侵谁的权等问题,本案第二被告更清楚,更有发言权。因此,第一被告对此不再展开。第一被告需要指出的是,本案是一个因不正当竞争引起的恶意诉讼案件,第一被告保留另案起诉,追究原告法律责任要求赔偿的权利。

第一被告诉讼代理人:(签章)

××××年××月××日

(五)民事再审申请书

民事再审申请书,是指当事人对于已经发生法律效力的判决、裁定,认为有错误,而向上一级人民法院提出的再审申请。2008 年 4 月 1 日起,修订后的《民事诉讼法》对民事再审程序作出了更为详细和具有可操作性的规定。因此,再审案件的数量也较之以往有了很大的增加。当事人申请再审,首先就是要撰写格式正确的再审申请书,才可能被法院受理并立案。

1. 根据《民事诉讼法》第 214 条的规定,当事人申请再审的,应当提交再审申请书。因此,文书的标题应当为“再审申请书”。过去实践中出现的“民事申诉状”“再审请求书”等在现阶段属于不规范的写法,应予以避免。

2. 当事人及其诉讼地位。再审申请书中应当列明当事人及其在原审中的诉讼地位,如“再审申请人(一审原告、二审被上诉人)”“再审被申请人(一审被告、二审上诉人)”等。有第三人的,也应予以列明。

3. 再审申请事项。再审申请事项,是指申请人提起再审的法律依据,即依据《民事诉讼法》第 211 条的第几项规定。对此,律师应当根据案件情况列明相关申请事项。虽然再审事项多多益善,但也应当实事求是,有凭有据。

4.再审请求。申请人应当提出明确、准确、全面的再审请求。不能笼统地要求再审法院依法改判,而是应当根据案情提出具有可裁判性的再审请求。

5.事实和理由。由于再审案件一般都经过了一审和二审审理,当事人仍然对判决不服,往往案件事实比较复杂,对此在论述之前应当有一个概括性的案件基本事实的陈述。再审理由部分主要针对生效判决的错误进行论述。

［**范文**］

民事再审申请书

再审申请人:某高速公路股份有限公司,住所地某省某市某区某路。

法定代表人:王某,董事长。

再审被申请人:某建设集团有限公司,住所地某省某市某区某路。

法定代表人:李某,董事长。

再审申请人因不服某铁路运输法院(2008)铁民字第50号民事裁定书及某铁路运输中级法院(2008)铁中立民终字第10号裁定书,特向贵院申请再审。

申请再审事由:申请人的再审申请符合2007年《中华人民共和国民事诉讼法》第179条第7项“违反法律规定,管辖错误的”应当再审的规定。

再审请求事项:依法撤销某铁路运输法院(2008)铁民字第50号民事裁定书及某铁路运输中级法院(2008)铁中立民终字第10号裁定书,将本案移送到被告所在地某省某市中级人民法院或合同履行地的某省某市中级人民法院审理。

事实与理由:

一、本案的基本情况

2004年9月16日,申请人某高速公路股份有限公司与被申请人某建设集团有限公司签订了《某高速公路段拓宽工程土建施工合同协议书》及附件。合同约定:申请人将位于某省内的高速公路长约12.90千米的公路施工承包给被申请人,合同总造价306,668,721元。该工程已于2007年11月底完工,申请人也已按约付清了全部工程款。

2008年10月10日,被申请人向某铁路运输中级法院提起诉讼,要求判令申请人支付工程款11,849,953元及逾期付款利息。

2008年10月28日,申请人在接到《民事起诉状》后,即向某铁路运输法院提出了《管辖权异议申请书》及补充材料,认为本案为公路建设施工合同纠纷,根据我国《民事诉讼法》第24条的规定,应由被告住所地或合同履行地人民法院管辖,要求将案件移送到被告住所地的某市或合同履行地的某省某市中级人民法院处理。2008年11月6日,某铁路运输法院作出(2008)铁民字第50号《民事裁定书》,认为根据《最高人民法院关于印发〈关于铁路运输法院对经济纠纷案件管辖范围的规定〉的通知》第12条及《某省高级人民法院关于指定沈阳铁路运输两级法院受理民商事纠纷案件范围的暂行规定》第1条、第2条的规定,该院具有管辖权。

2008年11月19日,申请人向某铁路运输中级法院提起上诉。上诉状认为:最高人民法院司法解释和某省高级人民法院的规定均没有改变我国《民事诉讼法》第24条一般合同纠纷的管辖规定,更没有规定涉及一方为铁路系统当事人的诉讼均可以由原告所在地的铁路运输法院管辖。某铁路运输法院的裁定显然是错误理解了最高人民法院和某省高级人民法院的规定,违反了我国《民事诉讼法》所确定的基本原则,要求依法改判,将案件移送到被告住所地或合同履行地法院管辖。

2008年12月26日,某铁路运输中级人民法院作出(2008)铁中立民终字第10号民事裁定书。该裁定书对上诉人的上诉理由未作评析,仅认为根据最高人民法院和某省高级人民法院的规定,原审法院对本案享有管辖权,驳回了申请人的上诉。

二、申请人申请再审的理由

1. 本案是公路建设施工合同纠纷,而不是铁路运输合同纠纷或与铁路运输有关的侵权赔偿纠纷,依法不应由铁路运输法院管辖。

根据申请人与被申请人于2004年9月16日签订的《某高速公路工程土建施工协议书》及附件,双方当事人签订的合同是公路建设施工合同,被告所在地在某市,合同履行地在某省某市。根据《民事诉讼法》第28条、第30条和《最高人民法院关于适用〈中华人民共和国民事诉讼法〉若干问题的意见》第30条“铁路运输合同纠纷及与铁路运输有关的侵权纠纷,由铁路运输法院管辖”的规定,铁路运输法院只管辖铁路运输合同纠纷案件以及与铁路运输有关的侵权赔偿案件,在没有司法解释和上级有权法院指定的情况下,铁路运输法院无权管辖涉及地方的其他合同纠纷。

2. 根据我国《民事诉讼法》第24条的规定,本案应由被告住所地的中级人民法院或合同履行地的中级人民法院审理。

我国《民事诉讼法》第24条明文规定:"因合同纠纷提起的诉讼,由被告住所地或者合同履行地人民法院管辖。"本案两个被告住所地均在某市,合同履行地在某省某市,因此本案依法应由某中级人民法院或某某中级人民法院管辖。

3. 对照最高人民法院规定和某省高级人民法院的规定,某铁路运输中级人民法院无权未经个案指定就管辖其他合同纠纷,某省高级人民法院也无权跨省指定管辖本应属于某省法院管辖的案件。

1990年6月16日《最高人民法院关于印发〈关于铁路运输法院对经济纠纷案件管辖范围的规定〉的通知》是对铁路运输法院管辖案件的具体规定,其中列举的12项案件,前11项均是铁路运输合同及铁路侵权赔偿案件,其中第12项规定了"上级人民法院指定铁路运输法院受理的其他经济纠纷案件"。申请人对这一规定的理解是:铁路运输法院管辖其他经济纠纷案件的前提,一是要有上级有权法院的指定;二是双方当事人均在该指定法院的辖区之内。根据最高人民法院的这一规定,某省高级人民法院可以在某省范围内指定管辖,或协调铁路局辖区的邻省高级人民法院将普通法院管辖的案件指定给某铁路运输法院。而本案这起依法应由某省普通人民法院管辖的案件,只有最高人民法院可以指定管辖,某铁路运输中级法院无权撇开某省高级人民法院由自己越界管辖。《最高人民法院关于印发〈津、冀、晋、京四省市高级人民法院关于北京铁路运输两级法院受理民商事纠纷案件范围协调会议纪要〉和转发〈北京市高级人民法院关于指定北京铁路运输两级法院受理民商事纠纷案的规定〉的通知》,也足以印证申请人的理解是正确的,足以认定原一审、二审裁定关于某铁路运输法院对本案具有管辖权的裁定是错误的。

4. 最高人民法院已就与本案完全相同类型案件的管辖权纠纷作出了某铁路运输中级法院无权就该类型案件管辖的裁定后,该裁定书应当同样适用于本案。

最高人民法院所作的(2008)民提字第65号民事裁定书,"本院认为"部分明确指出,《最高人民法院关于印发〈关于铁路运输法院对经济纠纷案件管辖范围的规定〉的通知》明确铁路运输法院可以受理上级人民法院指定铁路运输法院受理的其他经济纠纷案件,某高级人民法院据此可以指定某铁路运输两级法院受理其他经济纠纷案件,但是此类案件应当是某高级人民法院根据《民事诉讼法》的规定具有管辖权的案件。因某高级人民法院对本案件没有管辖权,因此某铁路运输中级人民法院不能依据某省高级人民法院《暂行规定》对本不属于其受理范围的案件行使管辖权。该案件的纠纷与本案完全一致,也是同一工程中不同工程段的施工合同纠纷,某省高级人民法院对本案没有管辖权,因而某铁路运输法院和某铁路运输中级人民法院对本案也没有管辖权。

综上所述,某铁路运输法院和某铁路运输中级法院的一审、二审民事裁定认定事实不清,适用法律错误,确定管辖不当。为此,申请人根据我国《民事诉讼法》第179条的规定,特向贵院申请再审,望依法立案审理,并裁定将本案移送被告所在地或合同履行地的人民法院审理。

此致

某省高级人民法院

申请人:某高速公路股份有限公司

××××年××月××日

附:1. 再审申请书及副本一式两份;

2. 书证材料一式两份。

三、刑事案件法律文书写作

(一)刑事上诉状

刑事上诉状,是指被告人对一审判决的定罪量刑不服而向上级人民法院提出请求要求改判的法律文书。刑事上诉状是刑事辩护中的主要法律文书。撰写刑事上诉状要遵循一定的规范,并注意相关的写作技巧。

1. 上诉人的基本信息。上诉人的基本信息应当完整,包括上诉人的身份证号码等信息。上诉人应当是被告人本人,而不能是被告人的亲属或其他案外人。

2. 上诉请求。上诉请求应当根据原审判决在定罪量刑方面的错误而定。一般而言,上诉请求主要有要求改判无罪,或者要求改变量刑的范围幅度,或者要求改变罪名并改变量刑。如果原审判决认定事实不清,也应当提出要求发回原审法院重新审理的请求。这里要注意的是上诉请求一般应当与原审中的辩护意见保持一致,如原审程序中要求宣告无罪,二审一般应当坚持无罪观点;原审中要求改变罪名的,二审一般也应当坚持该辩护意见。总之,上诉请求应当合理合法,明确清楚,并做到观点的统一性。还需要注意的是,如果二审期间相关法律或司法解释正在修改或有修改可能的,在请求改判罪名时要注意衡量利弊,以防止要求判令的罪名反而比原先判定的罪名、量刑更重的情况出现。

3. 上诉理由。上诉理由部分是刑事上诉状的重点。撰写时可以从原审判决认定事实、适用法律和诉讼程序三方面依次展开。特别要注意对原审判决认定事实错误方面的阐述。适用法律方面如果存在错误,应当收集相关司法实践中的案例或者权威机构出版的审判观点及文章,来批驳原审判决在适用法律上的错误。诉讼程序也是刑事案件得以发回重审或改判的重要突破点。对此要特别留意原审在侦查阶段可能存在的程序瑕疵。另外需要注意的是,《人民法院量刑指导意见(试行)》颁布后,刑事案件量刑程序的重要性得到提升,对此也应当根据该意见的规定,对案件的量刑问题进行全面细致的阐述。

[**范文**]

刑事上诉状

上诉人:李某,男,1979 年 1 月 3 日出生,浙江省某县人,汉族,高中文化,经商,住某省某市某路。现羁押于某县看守所。

上诉人因被控妨害公务一案,不服某县人民法院(2012)刑初字第 200 号刑事判决书,特向贵院提起上诉,上诉的请求和理由如下:

上诉请求:依法撤销原判,改判宣告上诉人无罪,或将案件发回原审法院重新审判。

上诉理由:

一、原审判决认定事实错误。上诉人不具有妨害公务的犯罪行为。

原审判决认定:“2012 年 2 月 8 日 15 时 30 分许,被告人李某因其岳父张某家的房子被拆赶回某地,在路上遇到前往某村执行拆违任务的县国土资源执法监察大队挖机,被告人李某用轿车拦下挖机,并用石头扔、用铁皮簸箕打挖机司机刘某,在县国土资源执法监察大队其他工作人员前来劝拉李某时,被告人李某拿出折叠刀,将工作人员刺伤。经某县公安局法医鉴定:刘某等人所受损伤均构成轻微伤。”上诉人认为这一认定是完全错误的。本案的事实是:案发当时,上诉人在驾车回岳父母家的路途中遇到了一辆挖车,因该车逆向行驶且车速较快,险些与上诉人的车发生碰撞,上诉人下车与该司机论理。该车并无执法车标志,司机也未表明其身份。在争吵过程中,挖车司机打手机又叫来一帮人,不由分说对上诉人围攻殴打,其中一人还卡上诉人的脖子。这些人均未穿制服,也未表明身份。上诉人根本不知道他们是干什么的、从哪里来的,只以为是挖车司机的帮凶,便拿出随身携带的折叠式水果刀比画,以吓退这些人。在防卫过程中,不慎将他人划伤。关于本案的事实经过,原审判决的认定与客观事实完全不符,与上诉人亲身经历的事实真相存在很大差异。上诉人认为,人民法院审理案件时,应当“以事实为根据”,且应当以“严格证明标准”来证明案件事实。而原审判决并没有充分的证据来证实其认定,明显属于证据不足。

二、原审判决适用法律错误。上诉人的行为不符合妨害公务罪的法定构成要件。

根据我国《刑法》第 277 条的规定,以暴力、威胁方法阻碍国家机关工作人员依法执行职务的行为构成妨害公务罪。根据该罪的法定构成要件,行为人在主观方面必须具有直接故意,即“明知”是国家工作人员正在执行职务而故意阻碍;客观方面必须是采用暴力、威胁方法阻碍“正在执行”的公务。对照上诉人的行为,明显不相符合。首先,从主观要件讲,上诉人不具有妨害公务的犯罪故意。挖车司机以及其叫来的人并未穿着制服,也未表明身份,挖车也没有执法车辆的标志,上诉人当时确实不知其是执法人员,还以为后来来的人是司机的帮凶,原审判决也没有证据证明上诉人明知对方的主体身份。其次,从客观要件来看,双方发生冲突时公务已经结束。从时间上讲,双方冲突的时间是在当日 15 时 30 分左右,而此时执法人员的“拆违”工作已经结束;从地点上讲,双方冲突的地点是在进镇的道路上,距“拆违”现场约有 300 米,当时挖车是在返途之中。这一事实,不仅有大量的客观证据可以证实,而且从判决书中“被告人李某因其岳父的房子被拆赶回某地”这句话中,也可以看出当时房子已经“被拆”,公务活动已经结束。因此,无论是从主观要件看,还是从客观要件看,上诉人的行为均不符合妨害公务罪的法定构成要件,原审判决适用法律明显错误。

三、原审法院以妨害公务罪判处上诉人有期徒刑7个月是完全错误的,上诉人的行为依法不构成犯罪。

原审判决认为:“被告人李某无视国家法律,以暴力方法阻碍国家机关工作人员依法执行职务,致三人轻微伤,其行为已构成妨害公务罪。公诉机关指控成立,本院予以支持。被告人归案后自愿认罪,可酌情从轻处罚。依照《中华人民共和国刑法》第64条、第277条第1款之规定,判决如下:被告人李某犯妨害公务罪,判处有期徒刑七个月。”上诉人认为这完全是“畸重”处理,上诉人的行为依法不构成妨害公务罪。在本案冲突中,上诉人确实存在过激的错误行为,上诉人也愿意承担相应的法律责任,包括行政责任和民事责任。对于造成他人轻微伤的行为,如果要追究治安行政责任的,上诉人也绝无怨言;对于民事责任,上诉人愿意充分赔偿(上诉人的家属已对伤者进行了赔偿并取得了谅解,当地的某镇人民政府也向原审法院出具了《情况说明》,对上诉人的行为表示谅解,要求法院从轻处理)。但原审法院的这一判决,则完全违反了法律,是“无据判决”“超常判决”,上诉人坚决不服。

综上所述,原审判决无论在认定事实、适用法律方面,还是在判决结论方面都存在明显错误。为此,上诉人根据我国《刑法》和《刑事诉讼法》的有关规定,特向贵院提起上诉。望贵院审理后,依法支持上诉人的全部上诉请求。

此致

某市中级人民法院

上诉人:李某

××××年××月××日

(二)刑事申诉状和刑事抗诉申请书

刑事申诉状和刑事抗诉申请书,是指被告人及其法定代理人或近亲属对已经发生法律效力的刑事判决、裁定不服,向人民法院或人民检察院提起的请求再审案件的法律文书。《刑事诉讼法》虽然赋予被告人或其亲属提起申诉或抗诉申请的权利，但刑事申诉并非必经程序，因此我们更加要注意撰写规范的刑事申诉状，以使受理法院通过刑事申诉状发现原审裁判存在的问题，从而启动审判监督程序。

1. 标题。应采用“刑事申诉状”“申诉状”“刑事抗诉申请书”等写法。避免“申请书”“再审申请书”等不规范的写法。

2. 申诉人。申诉人一般可以是被告人，也可以是被告人的近亲属，还可以是刑事案件中的被害人。这与上诉不同。需要注意的是，一般申诉可由被告人的近亲属提起，这样既可以避免实践中影响到服刑的被告人的认罪态度问题，也可以取得启动审判监督程序的效果。

3. 申诉请求。申诉请求与上诉请求不同，因案件已经经过一审或二审，裁判已经发生法律效力。故此时是要求再审法院对案件立案再审，或者请求人民检察院提起抗诉，并依法进行改判。

4. 事实和理由。主要针对生效判决在认定事实、适用法律和诉讼程序上的错误进行阐述。特别注意对生效裁判认定事实方面可能存在的错误进行详细分析。

［**范文**］

刑事申诉状

申诉人：陈某，女，汉族，1969 年 1 月 6 日生，住某省某市某区，系张某被控盗窃一案被告人张某之妻。

申诉人因张某被控盗窃犯罪一案，不服台州市椒江区人民法院于 2010 年 2 月 8 日作出的（2010）台椒刑初字第 61 号刑事判决和台州市中级人民法院于 2010 年 4 月 6 日作出的（2010）浙台刑二终字第 49 号刑事裁定，根据我国《刑事诉讼法》第 203 条的规定，特向贵院提出申诉。申诉的请求、事实和理由如下：

申诉请求：依法立案再审，撤销台州市椒江区人民法院（2010）台椒刑初字第 61 号刑事判决和台州市中级人民法院（2010）浙台刑二终字第 49 号刑事裁定，改判宣告张某无罪。

事实和理由：

一、原重审一审判决和二审裁定认定事实不清，证据不充分，按照疑罪从无原则，不能对被告人张某作出有罪判决。

刑事诉讼要求证据必须确凿充分，证明标准必须排除一切合理怀疑，达到无可置疑的程度，而本案重审一审判决和二审裁定据以定罪量刑的证据远远达不到排除一切合理怀疑的程度；例如，本案的被害人问题，即钢材的所有权究竟是属于托运人、收货人、承运人还是保险公司？是中国的，还是外国的？至今仍不清楚。又如，货主的理赔情况如何？货主理赔的险种和内容是什么？货主理赔是否意味着货物已经属于失控物或灭失物？如果不是，货主为什么要理赔？对于这些关键事实，原一审法院和二审法院都没有进行认定和查明。因此，申诉人认为，原一审判决和二审裁定认定事实不清，证据不足，不能对张某作出有罪的实体处理。

二、原重审一审判决和二审裁定适用法律完全错误。被告人张某打捞钢材的行为不符合盗窃罪的构成要件，依法不构成盗窃罪。

（一）本案涉案钢材属于无人看管的失控物，不能成为盗窃的对象，张某对其进行打捞的行为不构成盗窃罪。

盗窃犯罪的对象即被窃的财物必须是权利人占有或控制的财物。本案中，权利人对沉船上的货物没有设置浮标或作出警示，更谈不上进行有效看管（原一审判决和二审裁定对此也是承认的）。因此，涉案钢材属于失控物。同时，船主至今一年多未进行打捞，船主沉船后随即申请保险理赔，均可以认为是放弃了对船只及船上的钢材的所有权（根据我国《打捞沉船管理办法》第 7 条的规定，沉船所有人自船舶沉没之日起 1 年内未向有关机关申请打捞的，丧失该沉船、沉物的所有权）。因此，张某通过打捞取得这些财产不是“偷”而是“拾”。事实上，张某所在地区，几乎所有渔民都不会认为打捞海底沉没物会构成犯罪，如果物主寻找到了打捞人，最多也只是返还打捞物而已。申诉人认为，这种朴素的法律观并不是无中生有，更不是对法律的对抗，恰恰相反，对照我国的法律，按照罪刑法定原则，这种行为确实无法构成盗窃罪。

（二）根据罪刑法定原则，张某的行为不属于刑法调整的范围。

我国《刑法》第 3 条规定：法律明文规定为犯罪的，依照法律定罪量刑，法律没有明文规定为犯罪的，不得定罪处罚。因此，对任何犯罪的处罚都必须有《刑法》的明文规定，也就是说必须“对号入座”，不能“差不多就行”。《刑法》第

264条规定的盗窃罪，本案并不符合；《刑法》第270条规定的侵占罪，本案也因缺乏必要条件而不能适用（因为侵占罪的一个主要条件是“拒不交出”的，但张某早已交出，所以不构成侵占罪）。因此，在《刑法》对张某的打捞行为没有规定相应罪名的情况下，原重审一审判决和二审裁定认定张某犯盗窃罪，明显违反了罪刑法定原则，是完全错误的。

三、本案诉讼程序严重违法。重审一审判决加重处罚被告人张某，明显有违上诉不加刑原则；海警一支队在侦查讯问过程中对张某存在刑讯逼供等违法侦查行为。

（一）重审一审法院加重处罚被告人张某，二审法院对此予以维持，违反了上诉不加刑原则，是严重的程序违法。

我国《刑事诉讼法》第190条规定，“第二审人民法院审理被告人或者他的法定代理人、辩护人、近亲属上诉的案件，不得加重被告人的刑罚”；《最高人民法院关于执行〈中华人民共和国刑事诉讼法〉若干问题的解释》第257条、《最高人民法院关于刑事第二审判决改变第一审判决认定的罪名后能否加重附加刑的批复》等规定也对上诉不加刑原则予以了细化和强调。申诉人认为，上诉不加刑既是我国《刑事诉讼法》的基本原则，也是保障上诉权的基本制度。申诉人认为，椒江区人民法院重审后对张某加重处罚，完全违法了我国《刑事诉讼法》上诉不加刑的基本原则。

（二）海警一支队在侦查讯问过程中对张某存在刑讯逼供等行为，是严重的程序违法。

在海警一支队侦讯过程中，有关办案人员对张某实施过刑讯逼供，强迫张某承认打捞钢材是盗窃行为。同时，办案人员在提出的问题中对案件性质已经进行了定性，给张某的回答设置陷阱，直接影响缺乏法律知识的张某对讯问的如实回答。而张某的口供是办案人员事先打印好的，直接让张某签字捺手印，因此张某并不清楚口供的具体内容，也没有机会对口供进行校对和修改。因此，海警一支队提供的张某的口供属于非法证据，不能成为认定本案事实的证据，海警一支队的侦查行为存在严重的程序违法。

四、重审一审判决和二审裁定认定张某犯盗窃罪，不符合《刑法》和《刑事诉讼法》确立的各项基本原则，是完全错误的。

（一）根据罪刑法定原则，张某的行为不构成盗窃罪。

我国《刑法》第3条规定：法律明文规定为犯罪的，依照法律定罪量刑，法律没有明文规定为犯罪的，不得定罪处罚。因此，对任何犯罪的处罚都必须有《刑法》的明文规定，也就是说必须“对号入座”，不能“差不多就行”。《刑法》第264条规定的盗窃罪，本案并不符合；《刑法》第270条规定的侵占罪，本案也因缺乏必要条件而不能适用。那么，本案处理是否还有其他可以对号入座的《刑法》规定？也没有。事实上，这并非立法的疏忽，而是恰恰反映了我国立法的科学性和严谨性：我国法律对盗窃等具有社会危害性的犯罪，规定必须追究刑事责任；对通过捡拾取得他人财物等不具有社会危害性的行为，规定了承担返还财物的民事责任。因此，在我国，不能离开现行法律而片面追求轰动效应，不能因为海警抓了人就将错就错。对法无明文规定的情况，应当从有利于被告人的角度来处理本案。

（二）根据刑法谦抑性原则，不应对张某定罪处罚。

刑法具有补充性和谦抑性，在法律规范属性上属于二次性规范，只有在其他法律无法处理或不足以处理的情况下，才能动用刑法来处理。申诉人认为，适用《民法通则》第92条不当得利应当返还的规定来处理本案已经能够解决社会矛盾和调整平衡各方利益，无须再生搬硬套刑法规范。本案一审的23名被告人大多都是老实巴交的渔民和农民，他们主观上没有盗窃的故意，客观行为也不符合盗窃罪的构成要件，不具有刑法意义上的社会危害性，对他们进行刑事处罚不具有充分的事实根据和法律依据。

综上所述，原重审一审判决和二审裁定无论在认定事实、适用法律还是诉讼程序上均存在严重错误。为此，申诉人恳请贵院立案再审本案，查明事实后依法撤销原重审一审判决和二审裁定，改判张某无罪。

此致

××市中级人民法院

申诉人：陈某

××××年××月××日

[范文]

刑事抗诉申请书

申诉人:陈某(为本案被害人王某的儿子),男,1960年2月15日出生,汉族,住某市某区某路。

原审被告人:李某,男,1972年10月25日出生,汉族,无业,住某省某市。因犯抢劫罪,一审被某市中级人民法院(2009)刑初字第297号刑事判决书判处死刑立即执行;二审被某省高级人民法院(2010)刑二终字第9号刑事判决书判处死刑缓期2年执行。

申诉人因不服某省高级人民法院2010年6月19日作出的(2010)刑二终字第9号刑事判决书,根据我国《刑事诉讼法》第203条的规定,特向贵院申诉。申诉请求、事实和理由如下:

申诉请求:依法提起抗诉,由原审人民法院立案再审,撤销原二审判决,裁定维持原一审判决的量刑部分,判决认定被告人李某犯抢劫罪和故意杀人罪,判决被告人李某死刑立即执行。

事实和理由:

一、原一审、二审判决仅以抢劫罪处罚被告人李某是完全错误的。被告人李某在抢劫过程中杀人灭口,应按抢劫罪和故意杀人罪数罪并罚。

1. 被告人李某的行为是抢劫行为和故意杀人行为。根据本案各被告人的供述,被告人去某电器公司作案,事先有撬保险箱和控制门卫的故意和行为,因撬保险箱的声音很大惊醒被害人门卫,被告人李某用撬棍将被害人打倒在床上的行为,属于盗窃转化为抢劫的犯罪行为。但在被害人失去呼喊和反抗能力,已经无碍被告人犯罪实施的情况下,被告人李某又用撬棍猛砸被害人面部共十余下的行为,属于典型的杀人灭口行为,且该行为超出了各被告人共同抢劫故意,系李某的单独故意和行为,李某应对其杀人灭口的犯罪行为承担法律责任。

2. 对被告人李某应按抢劫罪和故意杀人罪数罪并罚。1979年《刑法》第153条规定,“犯盗窃、诈骗、抢夺罪,为窝藏赃物、抗拒逮捕或者毁灭罪证而当场使用暴力或者以暴力相威胁的,依照本法第一百五十条抢劫罪处罚”;第150条规定,“以暴力、胁迫或者其他方法抢劫公私财物的,处三年以上十年以下有期徒刑。犯前款罪,情节严重的或者致人重伤、死亡的,处十年以上有期徒刑、无期徒刑或者死刑,可以并处没收财产";第 132 条规定,"故意杀人的,处死刑、无期徒刑或者十年以上有期徒刑;情节较轻的,处三年以上十年以下有期徒刑"。关于是否分别定罪和数罪并罚的问题,根据 2001 年 5 月《最高人民法院关于抢劫过程中故意杀人案件如何定罪问题的批复》的规定,"对于在实施抢劫后,为杀人灭口、逃避罪责又将被害人杀害的,则应当分别定故意杀人和抢劫两个罪,实行并罚"。因此,在本案中应当对被告人李某的抢劫行为和杀人灭口行为按抢劫罪和故意杀人罪数罪并罚。原一审、二审判决仅以抢劫罪进行处罚是明显错误的。

二、原二审判决关于被告人李某系被纠集参与犯罪及认罪态度好的认定是完全错误的。被告人李某是本案主犯,犯罪后长期畏罪潜逃,归案后避重就轻,认罪态度不好。原二审判决从轻处罚没有充分的事实根据,依法不能成立。

1. 被告人李某是本案的主犯,没有充分的证据可以证明其存在被纠集参与犯罪的事实。本案中被告人李某的犯罪事实清楚,证据确凿、充分。但原二审判决关于被告人李某是被纠集参与犯罪的认定,没有充分的证据可予证明。被告人李某与同案犯贺某等人共同预谋策划犯罪,犯罪地位相同,且其殴打被害人致死的犯罪情节极其恶劣,依法应予严惩。原一审判决认定被告人李某不存在被纠集参与犯罪,是完全正确的;原二审判决的认定没有事实根据,依法不能成立。

2. 原二审判决关于被告人李某归案后认罪态度好的认定也没有充分的事实根据。被告人李某在 1994 年作案后长期畏罪潜逃达 15 年之久,被通缉抓获后百般抵赖、避重就轻,最后在充分的证据面前才被迫承认了自己的犯罪事实,且被告人李某拒不赔偿被害人分文损失,毫无悔罪态度。而且,本案的公诉机关从未认定其归案后存在认罪态度好的情节,原一审判决也没有认定被告人李某认罪态度好。因此,原二审判决关于被告人李某认罪态度好的认定,申诉人认为没有充分的证据可予证明,依法不能成立。

三、原二审判决改判被告人李某死刑缓期 2 年执行不符合法律规定,量刑畸轻,其判决依法不能成立。

1. 被告人李某的犯罪行为情节特别恶劣,社会危害性极大,依法应判处死刑立即执行。《最高人民法院关于贯彻宽严相济刑事政策的若干意见》指出,对于罪行十分严重、社会危害性极大，依法应当判处重刑或死刑的，要坚决地判处重刑或死刑；对于社会危害大或者具有法定、酌定从重处罚情节，以及主观恶性深、人身危险性大的被告人，要依法从严惩处。贯彻宽严相济刑事政策，必须毫不动摇地坚持依法严惩严重刑事犯罪的方针，对于抢劫等严重暴力犯罪和严重影响人民群众安全感的犯罪，要作为严惩的重点，依法从重处罚。因此，依照我国《刑法》第263条的规定和我国的刑事法律政策，依法应以抢劫罪和故意杀人罪数罪并罚，对被告人李某判处死刑立即执行。

2. 原二审判决改判被告人死刑缓期2年执行的理由不符合法律规定。原二审判决以被告人李某被纠集参与犯罪和归案后认罪态度好为由，对其改判死刑缓期2年执行。申诉人认为，即使原二审认定的事实存在，其改判也不符合我国刑法的规定。本案中，原一审判决和二审判决均对被告人李某直接殴打被害人并致其死亡的事实予以了认定，且认定被告人李某与同案犯共谋犯罪，不存在主从犯之分，也没有投案自首的情节。对于抢劫犯罪致他人死亡这一恶性犯罪，即使存在归案后认罪态度好的情况，也不能成为犯罪行为人免除死刑处罚的法律依据。因此，原二审判决对被告人改判死缓不符合我国刑法的规定，依法不能成立。

综上所述，被告人李某抢劫和故意杀人的犯罪事实清楚，犯罪情节特别恶劣，社会危害性极大，罪行极其严重，依法应被处以极刑。原审判决认定事实和适用法律均存在错误，判决不当，应依法改判。

我国《刑事诉讼法》第203条规定，“当事人及其法定代理人、近亲属，对已经发生法律效力的判决、裁定，可以向人民法院或者人民检察院提出申诉，但是不能停止判决、裁定的执行”。《刑事诉讼法》第82条第2项规定，当事人是指被害人、自诉人、犯罪嫌疑人、被告人、附带民事诉讼的原告人和被告人。《刑事诉讼法》第204条规定，“当事人及其法定代理人、近亲属的申诉符合下列情形之一的，人民法院应当重新审判：(一)有新的证据证明原判决、裁定认定的事实确有错误的；(二)据以定罪量刑的证据不确定、不充分或者证明案件事实的主要证据之间存在矛盾的；(三)原判决、裁定适用法律确有错误的；(四)审判人员在审理该案件的时候，有贪污受贿，徇私舞弊，枉法裁判行为的”。申诉人的申诉符合其中的(二)、(三)项，为此，申诉人特向贵院申诉，请依法审查并提起抗诉。

此致

中华人民共和国最高人民检察院

申诉人:陈某

××××年××月××日

附:某市中级人民法院(2009)刑初字第297号刑事判决书和某省高级人民法院(2010)刑二终字第9号刑事判决书各一份。

(三)刑事附带民事诉状

刑事附带民事诉状,是指在刑事诉讼过程中,被害人由于被告人的犯罪行为而遭受物质损失,向人民法院提出的要求被告人承担民事责任的法律文书。附带民事诉讼应当在第一审判决前提起,超过时间则作为民事诉讼案件由法院直接受理。提起刑事附带民事诉讼需要提交规范的诉状。刑事附带民事诉状中的当事人分别是"附带民事诉讼原告人"和"被告人",诉讼请求则通常是要求在追究被告人刑事责任的同时,依法判令被告人承担相应的损害赔偿民事责任。事实和理由部分则应当阐述因被告人的犯罪行为而导致原告人受到损害的基本事实和因果关系,以及所遭受的损害的具体金额和计算依据。同时写明提起刑事附带民事诉讼的法律依据。

[**范文**]

附带民事诉状

附带民事诉讼原告人:周某一,男,1975年1月8日出生,汉族,个体工商户,住址略,系被害人长子。

附带民事诉讼原告人:周某二,男,1977年11月7日出生,汉族,个体工商户,住址略,系被害人二儿子。

附带民事诉讼原告人:周某三,男,1979年1月8日出生,汉族,个体工商户,住址略,系被害人三儿子。

被告人:王某,男,1965年4月29日出生,汉族,住址略。

被告人:屠某,男,1963 年 10 月 11 日出生,汉族,住址略。

被告人:杨某,男,1962 年 6 月 25 日出生,汉族,无业,住址略。

诉讼请求:在追究各被告人刑事责任的同时,依法判令各被告人连带承担下列民事赔偿责任:(1)支付被害人近亲属(原告人)死亡赔偿金 79.08 万元;(2)支付被害人近亲属(原告人)医疗费、丧葬费和接待亲友奔丧的交通住宿费共 2 万元。

事实和理由:三原告人均系本案被害人周某的近亲属。周某生前系北京市丰台区某辅料综合市场有限公司董事长。1999 年年初,周某与被告人王某、屠某合伙筹办某辅料综合市场,后王某、屠某企图独占市场股份未成而退出合伙。之后,王某、屠某一直扬言和策划杀害周某等。1999 年 11 月 10 日凌晨,王某、屠某雇用杀手杨某等十余人闯入市场将市场副总经理周某四(系被害人的亲侄子、三原告人的堂兄弟)杀害。杨某在逃亡期间,王某、屠某资助了杨某等人数十万元。2002 年 11 月,王某、屠某、杨某密谋商定,由杨某具体实施杀害周某的犯罪行为,事成后王某、屠某再向杨某支付人民币 50 万元。随后,王某在北京一面馆交给杨某 10 万元人民币,杨某用此款购买了作案工具,并招募了其他凶手。2003 年 2 月 12 日上午,被告人杨某等人在乐清市蒲歧镇北门村被害人家门口用极其凶残的手段将周某杀害。各被告人的相关犯罪事实,温州市人民检察院已经提供确实、充分的证据予以证明。

王某等被告人的犯罪行为,给被害人一家造成了巨大的精神痛苦和重大的经济损失。被害人生前经营的公司因此受到重创,经济效益明显下降;被害人一家因家庭栋梁的丧失,经济收入明显减少;为抢救和安葬被害人以及安置奔丧亲友的住宿交通,三原告人共花费了 10 万余元。

《刑事诉讼法》第 77 条第 1 款规定,“被害人由于被告人的犯罪行为而遭受物质损失的,在刑事诉讼过程中,有权提起附带民事诉讼”。《刑法》第 36 条第 1 款规定,“由于犯罪行为而使被害人遭受经济损失的,对犯罪分子除依法给予刑事处罚外,并应根据情况判处赔偿经济损失”。根据《最高人民法院关于审理人身损害赔偿案件适用法律若干问题的解释》第 17 条和第 29 条之规定,受害人死亡的,赔偿义务人除赔偿抢救治疗费用外,还应赔偿丧葬费、被抚养人生活费、死亡补偿费以及受害人亲属办理丧葬事宜支付的交通费、住宿费和误工损失等其他费用,死亡赔偿金按照受诉法院所在地上一年度城镇居民人均可支配收入或者农村居民人均纯收入标准,按二十年计算。鉴于被害人周某生前系公司董事长,其经济收入远远超过人均数十倍,故死亡补偿金的计算,按浙江省2003年度城镇居民人均可支配收入13,180元的标准计算20年为26.36万元,高出人均收入部分就低按3倍计算为79.08万元。抢救费、丧葬费和安置亲友的交通住宿费按照实际支出的1/5计算为2万元。

为此,三原告人特提起附带民事诉讼,望贵法院依法作出判决支持三原告人的诉讼请求。

此致

某市中级人民法院

具状人:(签章)

××××年××月××日

四、行政诉讼法律文书写作

(一)行政诉状

行政诉状是行政案件中使用最多的法律文书。书写行政诉状要遵循一定的格式。

1. 标题。一般应当用"行政起诉状"或"行政诉状"。

2. 当事人。原告应当是与具体行政行为有利害关系的行政相对人。被告部分需要注意被告的名称要写对,一般应当以其官方的名称为准,不能以民间的省略说法作为其名称。

3. 诉讼请求。行政诉讼的诉讼请求一般是以撤销具体行政行为或者确认具体行政行为无效等为请求标的。如果是要求行政机关赔偿损失的,则属于民事诉讼的受案范围。因此,行政诉讼的诉讼请求要符合行政案件的受案范围。关于行政诉讼的受案范围,应当参照《行政诉讼法》第12条、第13条的规定。

4. 事实和理由。事实和理由部分应当写明案件的基本情况,要点出具状人与案件涉及的具体行政行为具有利害关系的基本事实。还要提出该具体行政行为侵犯行政相对人某项法律权益的基本事实。

［范文］

行政起诉状

原告：翠景房地产开发有限公司，住所地A市B区某路。

法定代表人：王某，总经理。

被告：A市规划和自然资源局B分局，住所地A市B区某路。

法定代表人：冯某，局长。

被告：A市B区人民政府，住所地A市B区杨村雍阳西道118号。

法定代表人：戴某，区长。

诉讼请求：

1. 依法撤销两被告作出的津规自B〔2019〕130号《收回国有建设用地使用权决定书》；

2. 依法判令两被告重新作出决定，按重作决定时该土地的市场价格对原告进行补偿，对被收回土地上已建成的房屋依照《国有土地上房屋征收与补偿条例》进行征收补偿，对在建工程及其他土地开发投入按市场价格给予公平合理的补偿；

3. 依法判决两被告承担本案全部诉讼费用。

事实和理由：

一、本案的基本情况

原告是一家从事房地产开发经营的企业，2008年4月22日通过法定程序与第一被告A市国土资源和房屋管理局B区国土资源局（现名为A市规划和自然资源局B分局，以下简称B区规自局）签订了《A市国有建设用地使用权出让合同》（津武［挂］2008－007），受让位于A市B区大黄乡翠景的住宅建设用地，宗地总面积为934,297.5平方米，出让价为42,000万元，出让年期为70年（详见出让合同）。该土地共划分为11个地块，出让方案经B区政府批准，并已全部取得《A市房地产权证》和《建设用地规划许可证》。

原告取得土地后，在2008年至2014年，先后取得了1号、2号地块的《建筑工程施工许可证》《商品房销售许可证》等行政许可，进行了该地块上的房地产开发和商品房销售。而3号至11号地块的开发，基于环保审批原因未能取得施工许可而无法开工建设。2013年国家环保部和A市政府批复同意大黄湿地保护区范围及功能区调整后,A市B区人民政府(以下简称B区政府)于2014年1月20日同意继续开发建设"A市翠景居住小区"项目。但之后项目建设又因环境保护政策变化而未能取得相关行政许可。至2017年6月,按照区政府要求,翠景项目所有施工及销售也全面停止。

2018年5月至8月,第二被告B区政府组织区政府相关部门与原告研究土地收回和补偿问题,形成多份会议纪要并以区政府文件形式颁发。其中,于2018年6月4日作出的《大黄翠景项目整改对接工作会议纪要》第二条明确,"翠景房地产公司始终按政府要求和企业计划,依法依规积极推进项目开发建设。因政策变化原因,导致被环保督察要求整改。经双方协商,决定由政府收回翠景项目用地,政府可以采取使用货币资金或出让新的地块进行置换的方式解决翠景项目问题,收回方式经双方协商一致后确定,收回与使用货币资金或土地置换同步进行"。第四条确定,"公开聘请第三方机构开展上述用地土地评估和翠景房地产公司投资审计工作"。于2018年8月24日作出的《会议纪要》第四条明确:"翠景项目1、2号地五证齐全,且存在已售、未售、已入住、未交房等多种情况,在拆迁补偿安置时应统一标准,由大黄镇会同区房管局抓紧与1、2号地业主沟通,尽快启动评估工作。"然而,两被告及相关部门并未切实履行上述会议纪要。

2019年3月14日和25日,B区规自局相继向原告发出《关于召开翠景项目土地收回事宜对接会议的通知》和《收回国有建设用地使用权告知书》,拟收回原告已取得土地使用权的2号至11号地块。因该事项涉及原告重大利益,遂向B区规自局提出了听证申请,B区规自局于4月23日举行了听证会,但对原告在听证会上提出的异议置之不理,于2019年5月16日作出了A规自B〔2019〕130号《收回国有建设用地使用权决定书》(以下简称《决定》)。其主要内容为,"为贯彻落实《A市湿地自然保护区规划》和《A市大黄湿地自然保护区规划》,因大黄湿地保护与修复这一重大公共利益需要,根据《中华人民共和国物权法》第一百四十八条,《中华人民共和国土地管理法》第五十八条第一款,《A市土地管理条例》第五十八条第一款的规定,报经A市B区人民政府批准,决定:一、收回你方翠景项目2号至11号地……用地面积为777,642.3平方米的国有建设用地使用权(含地上在建工程所有权)……二、依法将合同剩余年限的土地出让金予以退还，并依法对被收回土地上的在建工程及其他土地开发投入给予适当补偿”（详见《决定》）。

该《决定》没有按照《会议纪要》确定的收回和补偿同步进行原则解决本案补偿事宜，没有将第三方审计和评估机构已于2018年年底完成的翠景项目投资审计报告及3—11号地土地评估报告审定的金额确定为具体补偿金额。相反，《决定》将原列入房屋征收补偿范围的2号地块上55,970平方米房屋改为按在建工程补偿，将3号地块上已建61,464.68平方米房屋列为在建工程，侵害了原告已建房屋的合法补偿权益。

二、原告的诉讼理由

原告认为：B区政府批准B区规自局作出的《决定》，在认定事实、适用法律、补偿标准和收回程序上，都存在明显错误，违反了合法行政、合理行政、程序正当、诚实守信的依法行政基本要求，违反了行政法的信赖保护原则，应依法予以撤销并重新作出决定：

（一）违反合法行政原则。《决定》对收回原告土地使用权的处理方式，仅是“将合同剩余年限的土地出让金退还”，没有其他相应的补偿，与其引用的法律规定也明显相悖。且两被告无视2号地块已合法建成住宅小区的现状，以及3号地块已建房屋的事实，未适用《国有土地上房屋征收与补偿条例》的规定进行补偿，违反了法律的规定。

（二）违反合理行政原则。两被告决定收回涉案土地使用权是由于环境保护政策变化，原告没有任何过错，两被告理应按照国家规定并参照最高人民法院的相关判例，按照市场价格给予原告“公平合理”的“完全补偿”，而不应借“公共利益需要”为名减损原告利益。

（三）违反程序正当原则。两被告在未在规定的六个月前予以公告并与原告就补偿问题进行具体协商的情况下，作出只有收回土地使用权而没有具体补偿的《决定》，且在2018年通过政府采购公开招标选定的第三方评估机构已经完成翠景项目3号至11号地土地评估报告的情况下，《决定》未按此土地评估报告明确具体补偿方案，违反“程序正当”的依法行政基本要求。

（四）违反信赖保护原则和诚实守信原则。两被告在未妥善处理涉案土地和房产等补偿问题的情况下收回土地使用权，违反国家法律的明文规定，违背其在会议纪要中作出的行政允诺，所作出的《决定》不仅违反我国《行政许可法》第八条规定的信赖保护原则,也违反了“诚实守信”的依法行政基本原则,与中共中央、国务院《关于完善产权保护制度依法保护产权的意见》背道而驰。

综上所述,两被告所作出的《决定》无论在认定事实、适用法律、行政程序等各方面均有错误,侵犯了原告的合法权益,原告依法有权提起行政诉讼。

鉴于B区规自局的《决定》是在B区政府批准后作出的,根据最高人民法院《关于审理行政许可案件若干问题的规定》第一条“公民、法人或者其他组织认为行政机关作出的行政许可决定以及相应的不作为,或者行政机关就行政许可的变更、延续、撤回、注销、撤销等事项作出的有关具体行政行为及其相应的不作为侵犯其合法权益,提起行政诉讼的,人民法院应当依法受理”以及第四条“当事人不服行政许可决定提起诉讼的,以作出行政许可决定的机关为被告;行政许可依法须经上级行政机关批准,当事人对批准或者不批准行为不服一并提起诉讼的,以上级行政机关为共同被告”的规定,本案应由B区规自局、B区政府作为共同被告。

为此,原告根据《中华人民共和国行政许可法》、《中华人民共和国行政诉讼法》和最高人民法院相关司法解释的规定,特向你院提起诉讼,请依法判决支持原告的全部诉讼请求。

此致

A市第一中级人民法院

具状人:翠景房地产开发有限公司

××××年××月××日

[**范文**]

A公司对区政府行政行为复议案

行政复议申请书

申请人:衡申置业有限公司,住所地A市B区某路。

法定代表人:林某,执行董事兼总经理。

被申请人:A市B区人民政府,住所地A市B区某路。

法定代表人:骆某,区长。

申请人因被申请人不履行B区人民政府B府纪要〔××××〕43号《B区人民政府关于某景观提升改造工程建设专题协调会议纪要》确定的法定职责,特向A市人民政府申请行政复议。申请复议的请求和理由如下:

行政复议请求:依法责令被申请人履行B府纪要〔××××〕43号会议纪要第四条确定的补偿职责,即对政府已占用的9110平方米建设用地,给予申请人“补偿不少于该部分土地容积率所对应的规划建筑面积(即9110平方米×2.2=20042平方米)”的市场价款,或置换同等地段9110平方米的建设用地。

事实和理由:

一、本案的基本情况

申请人是一家从事房地产开发业务的公司。申请人在B开发的×城房地产项目,一期建设分为×园、×园、×园三个组团,占地面积93,160平方米,二期建设占地34,408平方米。

××××年8月30日,B区人民政府召开专题会议,要求本公司将一期建设用地中的9110平方米用于市政公园建设。《B区人民政府关于某景观提升改造工程建设专题协调会议纪要》(B府纪要〔××××〕43号)第四条确定,“某岩以东共9110平方米为商住用地,系衡申置业有限公司通过市场招拍挂的方式取得,为实现提升改造的整体性,要求该地块与某景观原有规划设计中的公园合并统一设计,由恒晟置业负责建设,并向社会公众开放,政府给予适当的补助。政府同意在恒晟置业御城二期项目中给予补偿不少于该部分土地容积率所对应的规划建筑面积(即9110平方米×2.2=20042平方米)”(详见附件一会议纪要、附件二土地使用权证)。之后,申请人腾出该9110平方米土地并出资建设了该公园和运动中心。

××××年××月××日,B区人民政府又召开专题会议,确定对御城二期的三块土地34,408平方米予以收储。《B区政府关于衡申置业有限公司开发项目处置工作有关问题的专题协调会纪要》(B府纪要〔2014〕53号)第二条第6点还确定,“关于某岩以东地块及地上公共配套设施(公园和运动中心)相关事宜。对于该地块及其地上公共配套设施(公园和运动中心)等事宜,另行专题研究明确”(详见附件三会议纪要)。但之后被申请人一直未予处理并补偿。

2018年11月27日,申请人向被申请人寄交了《关于支付某景观工程用地补偿和建设费用的申请》,请求被申请人根据会议纪要予以处理,对申请人按9110平方米土地容积率所对应的规划建筑面积20,042平方米的价款进行货币补偿,或置换9110平方米建设用地给申请人,并及时书面回复(详见附件四)。但时至今日被申请人仍置之不理。

二、申请人的申请理由

申请人认为:B区人民政府应依法履行会议纪要确定的补偿义务。具体理由如下:

首先,履行政府在会议纪要中作出的行政允诺,是政府的法定职责。根据《地方各级人民代表大会和地方各级人民政府组织法》等法律规定,市、县政府对其工作部门具有领导和监督的职责。依法属于工作部门承办的具体职责,经政府会议纪要确定,转化为本政府依法应当履行的承诺、义务和职责。履行会议纪要确定的内容,也就是履行法定职责。

其次,根据原《国家行政机关公文处理办法》第二条、第九条第十三项,以及《党政机关公文处理工作条例》第八条第十五项的规定,政府会议纪要议定事项具有法定效力,非依法定程序不能否定。无论是政府还是行政相对人,均应当遵照执行。

再次,诚实守信是依法行政的基本要求,是社会主义核心价值观的重要内容。政务诚信是社会信用体系建设的关键,只有政府诚信施政,带头履行行政允诺、行政契约和会议纪要,不以地方以政府换届、领导人更替等理由违约毁约,这样才能更好地带动全社会诚信意识的树立和诚信水平的提高。

最后,被申请人在收到申请人的履职申请60日内未作出处理,违反了程序正当原则和高效便民原则,上级行政机关应依法监督其履行法定职责。

综上所述,被申请人不履行会议纪要的行为已构成行政违法。为此,申请人根据《中华人民共和国行政复议法》第六条、第十三条的规定,特向贵政府申请行政复议,请依法作出复议决定,支持申请人的全部复议请求。

此致

A市人民政府

申请人:衡申置业有限公司
××××年××月××日

[**范文**]

行政赔偿起诉状

原告:H有限公司,住所地A市某区某路。

法定代表人:周某,执行董事。

被告:A市人民政府,住所地A市某路。

法定代表人:徐某,市长。

原告因与被告A市人民政府违法批地的行政赔偿一案,不服被告于2019年3月26日作出的《A市人民政府不予赔偿决定书》,特向贵院提起行政赔偿诉讼,诉讼请求和理由如下:

诉讼请求:(1)依法撤销被告对原告作出的《A市人民政府不予赔偿决定书》;(2)判令被告因违法批地给原告造成的经济损失1441.125万元(暂按每亩土地市场价450万元计算),或者置换同类地段同等价值的土地;(3)判令被告承担本案全部诉讼费用。

事实和理由:

2004年,原告与A市B区签订×××号《××科技经济园国有土地使用权出让合同》,又与A市国土资源局签订××号《A市国有土地使用权出让合同书》,约定原告以协议方式受让宗地位于A市B区××园××区块内,地块编号为H,总面积为24,311平方米,其中出让的土地面积为20,011平方米,带征面积为4300平方米。同年原告就该地块申领了《国有土地使用证》(证号:×××),地类(用途)为工业用地,使用权类型为出让,终止日期为2054年2月15日。

2014年11月24日,被告在原告不知情的情况下批准了原A市国土资源局报送的《建设用地项目呈报材料“一书一方案”》,同意收回相应的国有土地使用权,以划拨方式供应给A市××国际商贸城建设指挥部办公室(以下简称××指挥部)用于道路建设,其中占用了原告2135平方米土地,严重侵害了原告的合法权益。

原告不服被告违法收回涉案土地的行政行为,提起了行政诉讼,Z省高级人民法院作出(2017)×××行终10号终审判决:“确认被告A市人民政府2014年11月24日对A市国土资源局报送的×××号《建设用地项目呈报材料‘一书一方案’》作出批准同意收回相应的国有土地使用权的行为违法”。为此，原告根据《中华人民共和国国家赔偿法》第四条和第九条的规定，依法向被告先行提出行政赔偿申请，被告于2019年3月26日作出《A市人民政府不予赔偿决定书》。现原告不服被告不予赔偿的决定，根据《中华人民共和国国家赔偿法》第十四条第二款的规定，特向你院提起行政赔偿诉讼，理由如下：

一、原告主张的是行政赔偿而不是“补偿”，被告应就违法批准收回涉案国有土地使用权的行政行为进行赔偿，被告不予赔偿的决定没有充分的理由和依据，应当予以撤销。

被告认为“关于2135平方米国有土地补偿问题应由××指挥部承担补偿责任……而非要求本机关进行行政赔偿”的主张，以及“并未对申请人造成额外损失，亦未另行侵犯申请人实体合法权益，因此申请人的申请不属于行政赔偿范围”的主张，没有事实根据和法律依据。

首先，被告的行政行为已被确认违法，被告就应依法进行赔偿。根据《国家赔偿法》第四条“行政机关及其工作人员在行使行政职权时有下列侵犯财产权情形之一的，受害人有取得赔偿的权利：……（三）违法征收、征用财产的……”之规定，行政机关对违法征收、征用财产的，受害人有取得赔偿的权利。Z省高院（2017）×××行终10号终审判决确认被告批准同意收回相应的国有土地使用权的行为违法，而该行为致使原告合法拥有的土地被违法占用并造成原告重大的经济损失。原告当然有权以被告违法征收侵犯原告合法的土地权益为由主张行政赔偿，被告也应依法进行赔偿。被告关于不能要求其行政赔偿的主张不能成立。

其次，被告要求原告向××指挥部主张本案赔偿没有依据，且根本无法解决本案赔偿纠纷。原告所主张的赔偿损失，是由被告违法作出批准收回涉案土地的行政决定造成的，而××指挥部作为项目实施单位无法承担行政主体应当承担的赔偿责任。原告认为，根据行政行为的相对性，因被告的违法行政行为对原告造成的损失，原告当然应当向被告进行主张，除非××指挥部已代替被告履行了赔偿义务，纠纷争议已经彻底了结。而本案中，原告已经多次与××指挥部的负责机关沟通赔偿事宜，但并未获得有诚意的答复，且故意拖延并将责任推回被告。因此，被告主张向××指挥部主张赔偿既不符合本案的行政相对性，又无法有效解决本案赔偿纠纷。

再次，行政赔偿不同于行政补偿，被告混淆了两者的区别。原告认为，行政补偿是指行政机关实施合法的行政行为，给行政相对人合法权益造成的损失，由国家依法予以补偿的制度；而行政赔偿是指行政机关实施违法的行政行为，侵犯行政相对人合法权益，由国家依法予以赔偿的制度。结合本案，被告因实施违法的行政行为侵犯原告合法权益，当然应当适用赔偿制度，而不是被告主张的“补偿”。因此，本案中即使××指挥部愿意承担占地的补偿责任，仍无法完全免除被告应承担的赔偿责任。

最后，被告关于其行政行为是程序性违法未侵害原告实体合法权益、本案不属于行政赔偿范围的主张没有依据。被告认为其收回涉案土地是程序性违法，“并未对申请人造成额外损失，亦未另行侵犯申请人实体合法权益，因此申请人的申请不属于行政赔偿范围”，这一主张与事实不符。而且，终审判决认为“作为对被上诉人恒泰公司相关土地使用权这一重大权益予以处分的行为，被诉收回决定显然属于对恒泰公司具有重大影响的行政行为”，这一认定确认了被告的被诉收回决定侵害了原告的实体权益。事实上，因被告的违法决定致使××指挥部占用该土地，对原告造成了无法使用涉案土地进行建设、生产、经营的重大损失，因此被告认为“并未造成额外损失，亦未另行侵犯实体合法权益”显然与事实不符，不能成立。

因此，被告认为应由九乔指挥部对原告的损失进行补偿，以及其违法行为未侵害原告实体权益的主张不能成立，被告应当就其违法批准收回涉案土地的行政行为承担相应的赔偿责任。

二、被告应当按涉案土地同类地段类似土地的市场价值向原告支付赔偿金，或者置换同等价值的土地。

根据《国家赔偿法》第三十二条“国家赔偿以支付赔偿金为主要方式。能够返还财产或者恢复原状的，予以返还财产或者恢复原状”之规定，返还财产、恢复原状是国家赔偿首选的赔偿方式。鉴于涉案土地被占用建设道路，具有公共利益属性，无法返还或恢复原状，被告应支付相应的赔偿金或采取其他赔偿方式，包括置换同等价值的土地。

本案中，原告因被告违法征收所遭受损失不仅有相应的土地补偿金，被告主张予以土地补偿远远无法弥补原告遭受的经济损失。2014 年涉案土地被占用前，原告经过相关部门规划审批，着手在涉案土地上建设房屋，但因该地块被占用而无法建房遭受损失，包括原告与建筑公司的建设合同违约损失，前期建筑设计测算及规划审批投入的损失。另外，原告本应在被告作出违法征收的决定前就获得涉案土地的补偿款，而现在原告已经损失了该补偿款的利息收益（利息从 2014 年开始计算），被告也应当作出相应赔偿。结合《国家赔偿法》第三十六条诸项规定，被告可以参考现在就近地段土地交易、拍卖的价值予以赔偿，也可以根据作出赔偿时有效的土地市场评估价格为基准计付赔偿款。

本案系因违法征收引发的赔偿，《国家赔偿法》第四条第三项规定，行政机关违法征收，侵犯财产权的，受害人有取得赔偿的权利。因此，为体现对违法征收行为的惩戒，并有效维护原告的合法权益（包括前期投入和土地补偿款的利息损失），被告对涉案土地的赔偿不应低于因依法征收所应得到的补偿，即支付原告的赔偿金，不应低于赔偿时就近地段类似土地的市场价值。

综上所述，被告不予赔偿的决定缺少充分的理由和法律依据，应当予以撤销，被告违法批准收回涉案土地应承担相应的赔偿责任。为此，望你院查明事实后，依法支持原告的全部诉讼请求。

此致

A 市中级人民法院

具状人：H 有限公司

××××年××月××日

（二）行政上诉状

行政上诉状，是指当事人对一审行政判决或裁定不服，而向上一级人民法院提起上诉的法律文书。行政上诉状需要符合规范格式。需要注意的是，行政案件与民事案件不同，双方争议的焦点可能更多地集中于对原告与具体行政行为之间的利害关系，被告所作出的具体行政行为是否符合行政法等法律的规定等，因此更多的是法律适用的问题。因此，行政上诉状应当把主要火力集中在原审裁判在法律适用上的不当之处。

[**范文**]

行政上诉状

上诉人(原审原告):方元投资发展有限公司,住所地某省某市某路。

法定代表人:钱某,董事长。

被上诉人(原审被告):某市国土资源局,住所地某市某路。

法定代表人:张某,局长。

上诉人因土地管理行政决定纠纷一案,不服某省某市中级人民法院(2008)行初字第24号行政判决,特向贵院提起上诉,上诉请求和理由如下:

上诉请求:(1)依法撤销原审判决,改判撤销被上诉人作出的《关于土管国用(2003)字第15020801—0603号土地使用证作废的公告》;(2)由被上诉人承担本案全部诉讼费用。

上诉理由:

一、被上诉人错误理解和适用《某省实施〈中华人民共和国土地管理法〉办法》第10条的规定,在未作出实体行政决定的情况下就直接宣告上诉人的土地使用证作废,在程序上是完全违法的。一审判决认定被上诉人的具体行政行为合法是明显错误的。

一审判决认为:被上诉人根据《某省实施〈中华人民共和国土地管理法〉办法》第10条的规定,公告土地使用证作废,其程序符合法律规定,上诉人无须再作出相关实体的书面决定。上诉人认为,一审判决的该认定是完全错误的。

首先,《某省实施〈中华人民共和国土地管理法〉办法》第10条的规定,仅适用于土地登记存在与实际情况不相符事项的情况,例如登记地址、面积与实际情况不相符,或者登记的土地权利已依法回收、征收,或者因人民法院、仲裁机构的生效法律文书致使原土地权利消灭而当事人未办理注销登记等情况。而本案中上诉人的土地使用证是经过合法的土地出让招投标手续,签订了相关的土地出让合同等程序办理的,不存在上述登记错误的情形,依法不能在未确认土地出让手续无效和土地出让合同无效,以及未作出实体行政决定的情况下就直接公告作废。

其次,宣告土地使用证作废的公告仅是程序上的手续,必须有相应的实体决定,被上诉人在没有作出实体决定的情况下就宣告上诉人依法取得的土地使用证作废，显然是无效和违法的。一审判决认为由于没有具体法律条文规定，被上诉人无须作出书面决定即可直接宣告土地证作废。上诉人认为，一审判决的这一认定不仅是对基本行政程序要求的一种否认，也是帮助被上诉人逃避行政义务的无理借口，与行政法的基本原则和法律规定相违背。

因此，本案不应当适用《某省实施〈中华人民共和国土地管理法〉办法》第10条的规定，一审判决适用该条款处理本案是错误的。

二、被上诉人作出的国土告字〔2008〕4号《关于土管国用（2003）字第15020801—0603号土地使用证作废的公告》中没有指出其具体行政行为依据的法律条文，因而是无效的行政行为。一审判决回避被上诉人行政行为无据的事实，认定其行政行为符合法律规定，是完全错误的。

上诉人在一审中指出，被上诉人在作出宣告土地使用证作废的具体行政行为中，没有指出其作出该具体行政行为的法律依据，属于没有法律依据的具体行政行为，是无效的。但一审判决却对上诉人的诉讼理由刻意回避，未在判决书中进行任何论述和认定，这是完全不符合行政诉讼审判要求的。

行政机关对自己作出的具体行政行为，应当指出其所依据的具体法律条文。《最高人民法院公报》2004年第4期刊登的“宣懿成等18人诉衢州市国土资源局收回土地使用权行政争议案”认为：“……被上诉人国土局……仅说明该决定是依照土地管理法及浙江省的有关规定作出的，但却没有说明确定收回各原告住宅国有土地使用权的具体法律依据……在决定收回各原告住宅国有土地使用权时，对所依据的法律条款应当予以具体说明而没有说明，属于适用法律错误”，明确指出了行政机关对具体行政行为法律依据的说明义务。被上诉人的国土告字〔2008〕4号《关于土管国用（2003）字第15020801—0603号土地使用证作废的公告》仅写道，“依据《中华人民共和国土地管理法》、《某省实施〈中华人民共和国土地管理法〉办法》的相关规定”，没有指出其作出该行政行为的具体法律条文依据，属于没有法律依据的行政行为，不符合依法行政原则，因此是无效的。一审判决刻意回避被上诉人这一具体行政行为存在的严重缺陷，认定该行政行为有效，是完全错误的。

三、被上诉人在违法宣告上诉人土地使用证作废的整个过程中，严重违背了行政法的信赖利益保护原则、正当程序原则及合理行政原则。一审判决认定被上诉人的具体行政行为有效是完全错误的。

上诉人在一审中指出:被上诉人在作出具体行政行为的整个过程中,严重违反了行政法的基本原则,是无效的行政行为。但一审判决袒护被上诉人,对其未履行正当程序原则、合法行政原则所要求的相关义务并严重侵害上诉人信赖利益的行为只字未提、刻意回避,这是完全不公平、不公正的。

首先,上诉人取得的国有土地使用证,经过了被上诉人及相关部门办理的一系列法定手续,其取得的国有土地使用证依法受法律保护。被上诉人未依法进行农用地转用手续,是其内部手续上的问题,应由其内部补正和完善。被上诉人因内部程序的瑕疵而否定原告依法取得的土地权益,是完全违法的,有失政府的诚信形象。本案中,被上诉人在没有妥善解决相关事宜,没有合法保护好、协调好上诉人的应有权益的情况下,就以一纸公告剥夺了上诉人合法取得的国有土地使用证,完全违背了信赖利益保护原则。

其次,被上诉人宣告原告依法取得的土地使用证作废的具体行政行为关系到原告的重大经济利益,按照正当程序原则和合理行政原则,以及按照《行政许可法》确立的相关听证原则,被上诉人应当事先告知上诉人可以申请听证的权利,但是,被上诉人在未给予上诉人要求听证权利的情况下,就在2008年8月25日作出了国土告字〔2008〕4号《关于土管国用(2003)字第15020801—0603号土地使用证作废的公告》,非法剥夺了上诉人依法享有的合法权益。

最后,被上诉人不仅未给予上诉人要求听证的权利,而且其在一系列通知、作废公告中,都没有告知上诉人要求申请复议或提起行政诉讼的救济权利,这些都是违反行政法上正当程序原则和合理行政原则的要求的。

综上所述,被上诉人宣告上诉人合法取得的土管国用(2003)字第15020801—0603号土地使用证作废的具体行政行为是无效的行政行为,一审判决在法律适用上存在严重的错误。因此,请求二审法院查明事实后,依法撤销原审判决,改判撤销被上诉人作出的《关于土管国用(2003)字第15020801—0603号土地使用证作废的公告》,维护上诉人的合法权益。

此致

某省高级人民法院

上诉人:方元投资发展有限公司

××××年××月××日

本章主要论述了民事、刑事和行政诉讼中最常见的法律文书的写作方法。从广义上而言，代理词、答辩状、辩护词等都属于法律文书范围，但这些文书没有通常的规范性要求，内容形式写法多种多样，且由于篇幅所限，故在此不一一论述，具体可参见本书各章的附录。